U0100905

中国近代史上的
关键人物

下

苏同炳 著

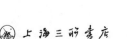

上海三联书店

目 录 ◆

第一章

同治与光绪

同　治　　　　　**光　绪**

一个桀骜不驯、倔强恣肆、纨绔不学的少年皇帝，年幼时备受压制，一旦大权在握便不顾一切，恣意行事，因风流病而致早夭，也使清政府的后来发展走向另一种不幸的局面。

醇亲王奕譞之子，秉性柔弱温驯，易于驾驭牢笼，但其思想高洁，并不是一个碌碌保位、不思建树之人。当他有机会亲政后，适逢外患日亟，国势阽危，更亟思在政治、外交等方面有所兴革，以挽救国家情势的危机，开启了此后一连串的变局。

同治与光绪

◆

　　同治与光绪，是清王朝入主中原以后，在位的第八、第九位皇帝，在历史上被称为清穆宗与清德宗；同治与光绪乃是他们在位时所用的年号。

　　凡是对中国历史稍有了解的人，大都会有这么一个感觉——历朝开国的皇帝寿命都很长，中叶以后在位的皇帝享寿渐短，而到了这个皇朝的末世，就都是大小不等的孩子在那里做皇帝了。以清朝为例，开国的"太祖武皇帝"努尔哈赤享年六十以上，继位的"太宗文皇帝"皇太极死于征战辛劳；入关的世祖皇帝顺治因出天花而享年只有二十四岁；继立的康熙在即位之前虽曾出痘，但后来寿至七十；之后，乾隆皇帝更活到八十四岁，乾隆的儿子嘉庆、嘉庆的儿子道光，也都寿逾六十。道光的儿子咸丰只活到三十一岁，咸丰的儿子就是同治，年才十九，便死于不明不白的风流病。同治无子，由堂弟光绪继立，即位时只有四岁，在位虽有三十四年，总共亦只活到三十八岁。光绪亦无子，由侄儿宣统嗣位，即位时只有三岁，三年之后，大清皇朝就宣告结束了。这是一个极明白的例证，足可说明皇帝寿命的长短，与国运之隆衰息息相关。因为，在位皇帝的年龄与他们的智能如果都能臻于成熟，这个皇朝的施政举措必不致颠倒错乱。如果换了小孩子来做皇帝，他自己不能真正行使其应有的权力，势必要使权力落于旁人之手，设若举措不当，或是迟疑瞻顾，难做委决，势必要使国家与社会陷入动乱不安的杌陧之境。清朝末年的情势便是如此。历朝为什么会由开国皇帝克享大年，渐至亡国时童稚在位呢？这不但与帝王之家的生活环境有关，也与他们所负担的精神压力与生理能力有关。

大致而言，开国的皇帝大抵由下层社会崛起，不但了解民间之疾苦，也因他自己历尽艰辛百战以得帝位之故，深知创业艰难，所以即使已做了皇帝，也还是兢兢业业地小心守持，唯恐失坠。所以，不但他们的政治举措都能顾到万民百姓的愿望，而且他们对个人生活与嗜欲也会谨慎约束，唯恐放纵。继位之君目睹他们的父兄在艰难困苦的环境下创业兴家，自顾守成不易，也总还能克遵遗训，黾勉从事于绍守先业。此所以在历代开国之初，大都能有一段政治清明的太平盛世，而在位的皇帝们也少有失德之行，因此都能活到中寿以上。然而，人们总不免"生于忧患而死于安乐"，帝王之家的富贵逸乐容易挫折人的奋斗志气，顺遂的生活环境更使人习于怠惰，不肯勉力向学，于是乃使皇子皇孙们容易流为纨绔不学之徒。富贵人家的子弟纨绔不学，充其量不过败家而已；帝王之家的皇子皇孙们如果也是纨绔不学，一旦他们登天位而君临万方，那后果就十分严重了。明朝后期的皇帝多纨绔不学之人。如明光宗，继立不过一个月，就因纵欲过度而死。光宗的儿子熹宗，年号天启，少不读书，又偏偏好做木匠，把国家大事都交付给太监魏忠贤全权处理，于是搞得一片乌烟瘴气，而明朝的国脉也因而遭斫丧殆尽。

清朝的咸丰皇帝因酒色自戕而促寿早殒，把一片江山留给了他的寡妇、孤儿去执掌。虽然慈禧太后号称精明强干，然而见识终究有限，她的权力欲望又使得有才能的大臣无法充分发挥其能力，而同治又恰恰是一个佻佻纨绔的无识少年。于是，同治与光绪在位之时，虽被史家美称为"同光中兴"，实则清朝的国运自此每况愈下，一天天走向衰败没落之道路。追源祸始，固由于女主当权、朝政不纲之故，而同治之纨绔不学，又复少年夭折，亦当为造成这种情形的重要原因之一。

此所以说，皇帝的年龄愈来愈小，对于一个朝代与一个国家的命运绝对不是好兆头。

清朝的文宗显皇帝年号咸丰，在位只十一年，死时只三十一岁。咸丰只一子，名载淳，六岁即位，即后来的穆宗同治帝。同治幼年即位，两宫皇太后垂帘听政，国家大事由恭亲王奕䜣尽心辅佐。同治初年之所以政治聿新，便是由于皇太后与恭亲王上下一心，宫府协和之故。但因慈禧太后旋即对恭亲王发生不满，恭王的权力被裁抑，宫廷对恭王的信赖也打了很大的折扣，因此政权握于太后，恭王事多掣肘，不免遇事多存顾忌观望。但慈禧对恭王的裁抑，多少还因慈安在位之故而不能不有所顾忌，而且慈禧亦自知政治经验不足，诸事有赖恭王的支持合作，所以恭王多少总还能舒展他的抱负。而自同治十二年皇帝亲政之后，政权归于十八岁的少年皇帝。由于他的浅躁无识及刚烈专断，遂因重修圆明园的问题而迁怒恭王，至于降旨将之罢黜，充分显示出君主专制时代的暴君面目。像这样一个纨绔不学而专断自恣的少年皇帝，如果不是因风流病而致早夭的话，清末政局的演变将会是何种模样？实在不可想象。但是，由于同治的早夭而导致慈禧之选立幼君，以便利她自己的大权独揽，又开启了光绪一朝母后专政的恶劣局面。是则同治之纨绔与早夭，所关系于清末政局之演变者，实在可说是至深至远。而清代历史上竟会出现这样一个佻达无行的少年皇帝，亦可说是大清朝的大不幸。

同治即位之初，年只六岁，凡事听命太后，自然谈不上对国家社会有何实质上的影响。他在此时虽尚未对国家社会发生任何实质上的影响，此后的影响却已种因于他未曾亲政以前的教育时期。这一层是我们所不可忽视的。

恽毓鼎《崇陵传信录》说：

> 两宫之垂帘也，帝中坐，后蔽以纱幕，孝贞、孝钦左右

对面坐。孝贞既崩，孝钦独坐于后。至戊戌训政，则太后与

上并坐，若二君焉。

这书中所说的"垂帘听政"与"训政"时期皇太后座次的变化，虽是光绪时的情况，但同治在位时两宫垂帘听政，皇太后与皇帝的座次情形亦复如此，正可借此作为当时事实的说明。两宫垂帘听政，政权握于太后，小皇帝虽高踞帝座，而凡百政事之可否，恭王所请示者为太后，决定可否者亦为太后，小皇帝不过在形式上算是临朝听政，聊备·格而已。

清朝的皇帝在历代以来的皇帝中应可说是最勤于政事的。他们不但日日召见军机大臣，对于内外臣工的奏章文牍亦复一一躬亲批阅，从不苟安偷闲。同治初年，皇帝的年龄太小，勤政是太后的事，与同治当然无关。但此时的小皇帝虽不必勤政，而临朝与召见军机，小皇帝都必须正襟危坐于皇帝宝座之上，即使对王大臣们叩头奏对之事一概不懂，亦不能稍微放肆随便，以免有失"人君"之仪度。临朝听政之外，小皇帝仍须每日按时至慈安、慈禧两太后所居宫中问安侍膳，随时听候皇太后查问功课。而每日半天所定的功课，更是无法偷闲。所以，皇帝的地位虽然崇高，在当时这位六岁小皇帝的心目中，却似乎并无可贵之处。丁国钧所撰的《荷香馆琐言》中有一条说：

> 毅皇帝尝与翁师傅言，自谓当差劳苦。盖每日须至太后
> 前问安侍膳，太后召见臣工必同临朝，又须至弘德殿读书也。

同治的庙号是穆宗，谥号是毅皇帝，所以"毅皇帝"即穆宗；"翁师傅"则指翁同龢而言。翁同龢做过同治、光绪两位皇帝的师傅，他所说的话当然有根据。而据此云云，同治虽做皇帝，却自视为"当差"。此话的意思很明白——虽做皇帝，却全无自由行使个人意志的权利，事事

受人牵掣摆布，做得不对还得接受训斥，这种被动式的"做皇帝"，非"当差"而何？

同治视做皇帝为"当差"的想法，可以显示出他内心中的几点意念：第一，他觉得这种生活太苦恼，没有趣味，因此可能在他幼小的心灵中萌生反叛的思想。第二，他当然知道做皇帝享有至高无上的威权，而如今他这至高无上的皇帝却须日日承受母后的训诲与师傅们的教督，皇权虽尊，全无行使之地。到了有朝一日他可以自由行使其皇权的时候，这种压抑已久的不满心理可能就会使他变得恣肆放纵，以补偿他在前一时期所受到的压迫。第三，太后与皇帝不住在一起，师傅们又只是在读书时才入宫随侍，平时并不见面。在这种制度规定之下，围绕在小皇帝四周一起生活的，事实上只是担任侍奉奔走之役的太监。太监们为了巴结皇帝，可以想出各种各样的花样来投其所好，当然也会教导他懂得皇帝的权威至高无上，即使读书偷懒，一样不妨碍他的皇帝地位。这样就会使小皇帝在积劳无味的生活中学会如何逃避的方法，从而使王公大臣们为他所设计的教育内容变得无效。有这三种原因，我们对于同治皇帝的将来，便不能存有太乐观的看法。

依照清康熙以来所定的成规，在位的皇帝不预立太子。这是因为康熙一朝的争储案所引起的反动，至以后乃形成了惯例。在不预立皇太子的规定之下，通常是由皇帝预先写下诏书二份，指定继承皇位之人。一份缄藏于乾清宫正大光明殿的匾额之后，一份藏于皇帝随身所带的小金盒内。到了皇帝临崩之时，取出金盒交付顾命大臣，再由顾命大臣将金盒中的诏书与藏于正大光明殿匾额后的诏书两相比对，知道某某皇子即指定的继立之人，于是便以先帝遗命为名，奉之为皇帝。

这种做法有几样好处：第一，既不预先宣示某人为太子，则此一选定之人倘因行为表现不佳而需要更换，便不必经过废立的手续；第二，没有太子之名，便可避免太子及其兄弟之间的朋党倾陷；第三，在没有正式继立为帝之前，每一皇子都有继立为君的希望，因此便不得不在学问品行方面努力砥砺进修，以博取父皇的好感。这第三样好处最足以诱致皇子敦品向学，所以清朝自雍正、乾隆以降，皇子的教育都很成功，不像明朝以前的皇子皇孙们十九都是纨绔不学之徒。清朝皇子及龄以后至上书房读书，由指定的翰林官充为师傅。除了年节放假，这些皇子们未明即起，由随侍的小太监们提着灯笼引导他们到上书房去读书，比起一般富贵人家的子弟还要勤谨努力。皇子们能努力读书，即意味着未来的皇帝能有良好的教育，造福于社稷民生者甚大。但这种良好的制度到咸丰以后就中断了。原因是咸丰死得太早，同治六岁即位，所受的教育不能与以前的皇子教育相比，其效果当然要大打折扣。

皇帝所受的教育与皇子的教育有何不同？最显著的不同之处，是前者已经做了皇帝，后者则尚必须经过极大的努力，方有登上皇帝宝座的希望，而此一希望正是有赖读书进德等努力方能达到的。由于这种显著不同而产生的显著歧异是，做了皇帝之后再读书，用不用功都不要紧；如果是未继承大位之前的皇子，那就非用功读书以求有所表现不可。既然是做了皇帝之后再读书，用不用功都不要紧，那么，能够用功读书的小皇帝就少见了。以同治与光绪这两个小皇帝而言，同治不用功而光绪用功，就可看出二人性格的不同之处——同治倔强而有个性，光绪则易受人影响而较有责任感。专制时代的皇帝是国家的实际统治者，皇帝的个性自必影响到国家的前途。由此一前提来窥测清王朝的未来命运，正好若合符节。

同治登位之初，两宫皇太后以懿旨特派醇郡王奕𫍽等人教习皇帝的蒙古文及骑射，爱仁教习满文，恭亲王奕䜣稽查弘德殿一切事务，惠亲王绵愉常川驻弘德殿照料一切。这弘德殿就是同治后来的读书上学之处。到了同治元年，两宫太后指定祁寯藻及翁心存为皇帝的师傅，正式开始了皇帝的教育。当时由恭王奕䜣奏准实施的日常作息时间及功课内容，据吴相湘先生《晚清宫廷实纪》一书所说，大致如下：

一、每日皇帝至书房，拟照上书房之规矩，先拉弓，次习蒙古语，读清书，然后读汉书（所谓清书，即满文所写之书；汉书，即汉文所写之书）。

二、皇帝入学时刻，现经皇太后钦定，每日俟召见引见后至书房。现系半书房，于下书房后传晚膳；将来整功课，即在书房传晚膳。

三、现在皇帝甫入书房，系半功课；于八岁时，拟改整功课。

四、诵读与讨论，二者不可偏废。皇帝读书之暇，总宜与师傅随时讨论，以古证今，屏除虚仪，务求实际。切勿诵声甫辍，旋即退息。

五、每逢慈安、慈禧两太后及皇帝万寿圣节，均于正日及前后各一日不入学。

六、年终自彩服日至次年初五日，不入学。

七、正月十三日至十六日，不入学。

八、弘德殿搭、拆天棚，及端午、中秋，均一日不入学。

九、每遇祭祀大典日，撤去拉弓及满、蒙文，仍酌减汉书。

十、皇帝亲祭坛庙日不入学。

十一、自初伏至处暑日，均半功课。

十二、现在皇帝尚在冲龄，只习拉弓。二三年后即应习步射，十岁后即应习打枪，以重根本旧俗。

十三、为重功课计，拟请懿旨严饬皇帝，于驾幸紫光阁习打枪时，不得各处游览。打枪毕，稍坐即还宫。

十四、骑马一事，必须自幼学，方臻娴习。拟自入学后，每隔五日，于下书房后即在宫中长街学习骑马，令是日教读清书之御前大臣一人压马，大臣三四人进内教习。祁寒、盛暑、风雨之日，均拟停。

十五、学习步射时，拟请由御前大臣及乾清门侍卫派出数人随同较射，以资观摩。

看了上面所列举的十五条功课内容及作息时间，可知小皇帝学习的功课内容甚多，其中计有蒙古语、满文、汉文、拉弓、射箭、打枪、骑马等。而"读汉书"则包括读经史及作文、作诗、写字等项，在各种功课中最为吃重而难学。至于一年中可以放假不上学的日子，只有年假、灯节、寿诞、端节、中秋等三十余日，及暑期中的半假四十余日，如此而已。以现代小学生的学业标准而言，如此繁重的功课及长时间的学习，大概可以与受尽恶性补习折磨的某些私立小学学生相比拟。即使如此，私立小学学生在课业之外并无其他精神负担，而当时的小皇帝同治在繁重的功课之外，仍须未明即起，辨色视朝，问安侍膳，恪尽孝道，以一身而兼任皇帝、儿子、学生等三种角色，而这种种角色又没有一种是他自己愿意扮演的。于是，我们仿佛看到一个被人操纵提挈的傀儡，在舞台上忙碌地上下进出，整天得不到空闲与自由。这在六岁小皇帝的幼稚心灵中，当然不会有好印象的吧！

由六岁以至十岁，还不过现代国民小学的中年级程度，小皇帝的课业，由"半功课"进入了"整功课"，负担更重，空闲更少。而十岁左右的儿童，正是好活动而耽于游戏的年龄，如今硬要将他像成人一般地施以繁重训练，所苦自必更甚。虽然我们在这方面尚缺乏实际的资料可以作为研究讨论的佐证，但由他在成童以后的入学情形见之，太后与师傅们所希望于小皇帝的，事实上恐未能达到。《翁同龢日记》有同治皇帝十六岁时的读书情况数则可以参看，摘录如下：

同治十年正月初七日。晨读懋勤殿。因极陈光阴可惜，当求日进之方。上颔之而已。

二十二日。照常入，读尚可，已初一（刻）退。生书五刻，熟书六刻，讲《书经》三刻。午初二（刻）来，午正二（刻）入，看折二刻，多讲《明史》及经，共三刻。古文诗三刻，写字一刻。

二十四日。读甚倦，仍如去年也。

二十五日。读稍振，已初二退。午初一来，午正二入。看折时精神极散，虽竭力鼓舞，终倦于思索，奈何？余亦草草。

二十九日。读生书犹可，余则倦不可支，且有嬉笑。满书极吃力，讲折尤不着力，真无可如何也。减去功课，申初一始退。

三十日。讲折仍嬉笑，不解其故。余忙促。申初一散。

二月初一日。读满文甚迟。辰正三始入，读生书毕。已初一即还宫用膳。已正二来，减去看折、讲《书经》及熟书二号，未正一刻匆匆退。

初四日。晨读生书尚好，熟书数号后忽尔发涩，遂不能背诵。已初二退，午初来，午正一入。再背前所未毕书，益支离。直至未初二刻背毕，减去讲史及论数语，尚到申初一刻。

初五日，背书极慢，讲折又倦，毕已未初三刻，遂减去《大学衍义》《明史》未讲。申初一始散，犹匆促也。

初六日。晨读尚好，讲折又极难，讲《大学衍义》时亦神情不属，不免动声色。数日来，无精神时则倦，有精神则嬉笑，难于着力，奈何？

初八日。课题《重农贵粟》，文思极涩，初稿几无一字可留，且虚字亦不顺。及逐字拆开讲过，仍凑拍而成，数数未毕。遂作诗，亦不佳。如此光景，奈何奈何？

十三日。军机见时，两宫询书房工课，并以上不能辨字体为言，有谯责之意。

十五日。晨读尚好。诸事甚不切实，神气极不聚也。

二十日。晨读极涩，总振不起，不过对付时刻而已。满书甚好，而汉书则又毫无神采，且多嬉笑，直是无可如何！

二十七日。两宫谕问书房功课极细，有"不过磨工夫"，"见书即怕"，及"认字不清"，"以后须字字斟酌，看折奏要紧"，等话。

以同治十年正、二月两月皇帝上学之情形做一抽样检查，所得结果略如上述。从上面这些文字记录中可以看出，当时的同治皇帝虽然年已十六，而且读书已有十年，仍然是文理欠通、辨字不清、见书就怕、精神散漫的纨绔公子模样。十六岁时的光景如此，十五岁以前亦可想见。由此可见，这位尊贵无比的皇帝学生，虽然有状元宰相为其教师，而且也竭尽诱导之能事，仍然是言者谆谆而听者藐藐，整天打不起精神来上学。即使来了，也是勉强敷衍，直等把时间消磨够了，便即放学回宫，好去自寻乐趣。少年人总是爱好游戏玩乐的，剥夺了他们的游戏玩乐时间，而一定要他们过成人般的生活，容易造成两种结果：一种结果是心灵的发育受到阻碍，有未老先衰之危险；一种结果是造成对教育的反感，由其内心产生抗拒的力量。同治皇帝的情况应属后一种，所以这种强迫教育不但不曾把他教好，反而更加强他的倔强与恣肆性格，这在他长大成人以后的行为中便看得出来。

同治一朝的皇太后垂帘听政，始于同治登基之时，迄于同治十三年皇帝亲政。自皇帝亲政以后，太后退养深宫，小皇帝也正式成了大清帝国的最高主宰。不久，便爆发了一件政坛大事，其原因便是他以皇帝之尊，必欲行使其权力意旨，而遭受到朝中群臣的普遍反对，因此一意孤行，必欲贯彻到底。是即同治十三年七月，皇帝降旨黜恭王为庶人，革去一切差使，翌日又降旨尽革惇王、醇王、景寿、奕劻、文祥、宝鋆、沈桂芬、李鸿藻等一班王公大臣之事。

同治亲政，事在同治十二年之春间。先期又册立后妃，举行大婚。到了同治十二年正月亲政告成，慈禧太后对于她自己十一年来的丰功伟绩踌躇满志，很想在归政之后，能有一处华丽宏伟的园苑，为其燕居游息之地。左右近幸窥知太后的此一意向，遂乘机劝导皇帝兴修园苑，以为承欢孝养之计。至于这班左右近幸的真正目的，则在借此大兴土木，以便利他们自己的营私图利。同治皇帝素好嬉游，有此正大题目可为借口，自然大为赞成。当时所选定的兴建目标乃是重修咸丰五年毁于英、法联军之役的圆明园。同治十二年九月，皇帝以颐养太后为名，正式降旨兴修圆明园。故宫藏有同治为此事所降的朱谕原文，中云：

> 朕念两宫皇太后垂帘听政十一年以来，朝乾夕惕，倍极勤劳，励精以综万几，虚怀以纳舆论，圣德聪明，光明四被，遂致海宇升平之盛世。自本年正月二十六日朕亲理朝政以来，无日不以感戴慈恩为念。朕尝观养心殿书籍之中，有世宗宪皇帝御制《圆明园四十景诗集》一部，因念及圆明园本为列祖列宗临幸驻跸听政之地，自御极以来，未奉两宫皇太后在园居住，予心实有未安，日以复回旧制为念……

这一道朱谕抬出了圆明园本是清代列帝驻跸听政之地的理由，以修复圆明园颐养太后为"复回旧制"，"庶可上娱两宫皇太后之圣心，下尽朕心之微忧"，题目极为光明正大。无如中国在经历了二十余年的内忧外患之后，大乱初平，疮痍未复，修复圆明园的工程须银一千万两以上，如此巨款，何从筹措？所以，不但御史、言官等纷纷上疏谏阻，师傅李鸿藻及翰林院侍讲学士李文田等亦以此为言。而同治一切不顾，反时时召见内务府大臣贵宝，指示各处园工的做法。同治之必欲兴修圆明园，是否果如所说，只为了颐养太后的孝思？事实殊不尽然。因为，圆明园不但擅水木庭园之胜，而且皇帝的园居生活远比宫中自由不拘，所以清朝自康熙以至咸丰诸帝，皆乐于居园而不乐于居宫。同治借颐养之名修园，名为尽孝，亦有自便之意。所以，一经定议之后，便不顾一切反对谏阻，必欲贯彻其意旨。无如兹事体大，而且所费太多，不但朝臣不肯苟且赞成，身为当国辅相的懿亲重臣如恭王等更是极力反对，于是激起了一场皇帝与大臣间的争执，而首当其冲者则是恭亲王奕䜣。

奕䜣于咸丰十年"辛酉政变"帮助慈禧夺得政权以后，一直以皇帝亲叔的身份在做领军机的首席军机大臣，执掌国柄，并且深得两宫皇太后的倚信。虽然中间一度亦因与慈禧有小摩擦而被削去"议政王"的荣衔，名位较前稍逊，他毕竟仍是当国柄政的亲王，处此大事，他理应据理谏诤。所以，他在御史沈淮、师傅李鸿藻、侍讲学士李文田等先后奏请停修园工被斥之后，也上了一个奏折，历举开国以来诸帝之创业艰难，以说明守成之不易，除坚请速停园工外，并逐条指陈同治亲政以后的种种疏失，请求皇帝"及时定志"，以"用济艰危"，词意极为危切。据清人吴汝纶所撰的日记说，当时恭王既草此疏，唯恐同治不愿细阅，故又请求召见军机王大臣，以便当面递陈。初请不许，再三请，始于七月十八日召见军机全班及御前王大臣。同治首阅奏疏，未数行，便说："我停工如何？尔等尚有何哓舌？"恭王说："臣所奏尚多，不止停工一事，容臣宣诵。"因于靴中取出折稿，逐条讲读，反复陈说。同治大怒，曰："此位让尔何如？"军机大臣文祥素怀忠义，又年高体弱，闻此语伏地一恸，喘息几绝，乃命先扶出。醇王奕譞继复泣谏。至"微行"一条，皇帝坚问："何从传闻？"醇王指实时地，乃怫然语塞。但即使如此，对于园工一事，皇帝仍坚持系为"承欢太后"之故，不敢自擅，需要转奏两宫皇太后决定。这一场激烈的廷争总算暂时停息下来。但此只是表面上的静止，暗中的政潮正复汹涌澎湃，有待以后的发作。果然，到了第十天，更严重的争执又发生了。

七月十八日的军机及御前大臣面奏廷争，曾经说到同治身为皇帝，不当微行私出。当时同治严厉诘责奕譞，一定要他说出从何听闻。经醇王指实时地而止。回宫以后，同治反复思忖，想不通他当时与宫中小太监们微服私出，为何会被醇王等人知悉，决定要查明此事的原委。

所以，到了这月的二十七日，皇帝再召醇王，欲再详细查询。适奕譞赴南苑验炮，不在，遂改召恭王细问。恭王无可抵赖，只好老实说出是闻自"臣子载澄"。有此一言，便注定了同治要借事重责恭王父子。按，恭王之子载澄亦与同治一样，乃是纨绔不学之徒。二人因年龄及习性相近之故，最为投缘，时常同服黑色之衣，微行于街坊间。其后且与翰林院侍读王庆祺沆瀣一气，同在内城之私娼馆寻欢作乐，其事固已数数。恭王因其子不肖而屡加训责，究出与皇帝一同微行之事，乃在谏诤时言及之，不料乃因此而大遭同治之忌。《清朝野史大观》载有恭王劝皇帝勿微行之事，且以皇帝好着黑衣为非祖制。同治即曰："朕此衣同载澄一色，尔乃不诫载澄，而来谏朕。"遂命王退，而召军机大臣文祥入，授诏令杀恭王云云。此事虽出自野史传间，事实上，亦颇有若干部分合于史实，不过所谓杀王之诏并无其事而已。《翁同龢日记》中亦有关于这方面的记载，说：

> 二十九日，晴热。辰入，闻有军机御前合起，已下矣仍上。午初一刻，忽传旨添臣龢起。午初三刻，随诸公入对。上首责臣："因何不言（指园工事）？"对曰："此月中到书房才七日，而六日作诗论，无暇言及。"今蒙询及，即将江南民间所传一一详述，并以人心涣散为言，语甚多，上颔之。其余大略诟责言官，及与恭、醇两王往复辩难，且有"离间母子，把持政事"之语，两王叩头申辩不已。臣龢进曰："今日事须有归宿，请圣意先定，诸臣始得承旨。"上曰："待十年或二十年，四海平定，库项充裕时，园工可许再举乎？"则皆曰："如天之福，彼时必当兴修。"遂令停园工，修三海而退。至军机处拟旨，递后留览。申初，朱谕一道封下，交文祥等四人，余等即退出。微闻数恭邸之失，革去亲王世袭，及伊子载澄贝勒也。

同治因兴修圆明园遭遇到的阻挠力量太大，而迁怒于反对之人，已对恭王怀恨在心；更因载澄泄露其行藏之故而并恨恭王父子，于是恭王的两罪俱发。这一道降旨革去恭王世爵的朱谕，据说原有如下语句：

> 恭亲王诸事跋扈，离间母子，欺朕年幼，奸弊百出，目无君上，天良何在？着革去一切差使，降为庶人，交宗人府严行管束。

旋因军机大臣文祥不肯奉旨，再三请见，请改，均不许，最后始另颁一旨，将恭王革去亲王世袭，降为郡王，载澄亦革去贝勒。翌日又降一旨，将御前大臣惇王奕誴、醇王奕譞、科尔沁博德勒噶台亲王伯讷彦谟诂、额驸景寿、贝勒奕劻，及军机大臣恭王奕䜣、文祥、宝鋆、沈桂芬、李鸿藻十人一并革去职务，指为"朋比谋为不轨"，将召集六部九卿等朝臣宣谕之。事情闹到这一地步，为两宫皇太后所闻悉，急御弘德殿召诸臣慰谕，谓："十年以来，无恭王何以有今日？皇帝少未更事，昨谕着即撤销。"即日明发上谕，仍复恭王父子所革爵职，而结束了同治的此一闹剧。此一闹剧虽因两宫皇太后的干预而中止，其因此事而显示出来的同治个性则已极为明白。由此不难使我们知道，在幼年时代备受压制束缚的少年皇帝，久已不满他当年所受的严格管制，一旦大权在手，便要不顾一切地恣意行事。即使如恭王之拥戴翊赞、立有大功大勋之人，倘若少有拂意，一样黜革不误。这种无理性的威严与愤怒，即便不是狂妄，亦应视之为倔强恣肆、桀骜不驯。宫廷教育所培养出来的少年皇帝个性如此，对于国家社会究竟是祸是福，已经不问可知。更因他表现在对于婚姻一事上的反对态度亦复如此倔强恣肆、桀骜不驯，不但因此而断送了他自己的宝贵生命，也使清政府的后来发展走向不幸的结局。然则，同治个人性格在清代历史上所造成的影响实在也太大了。

同治皇帝如何因不满婚姻而走向极端的反对态度？这事应当先从他的婚姻状况说起。

《清朝野史大观》记同治册立皇后之前情形说：

> 穆宗之将立后也，于同治十一年召满、汉诸大臣女入宫备选。慈禧独喜侍郎凤秀女，欲以中宫处之。凤女虽艳绝侪辈，然举止殊轻佻，慈安后及穆宗皆不之喜。侍郎崇绮女年稍稚于凤女，貌亦较逊，而雍容端雅，望而知为有德量者。慈安后深喜之，密询穆宗："于二人中意安属？"亦以崇女对，册立中宫之议遂定，即孝哲毅皇后也。凤秀女乃封为慧妃。穆宗成婚后，见后气度端凝，不苟言笑，始终敬礼之。宫中无事，尝举唐诗问后，则背诵如流，心益喜。故伉俪綦笃，而燕居时曾无亵容狎语。慈禧后以其子之敬礼后也，益愤怒，每值后入见，从未假以辞色，浸而母子间亦乖违矣。后乃谓穆宗曰："慧妃贤明，宜加眷遇。皇后年少，未娴礼节，皇帝毋辄至宫中，致妨政务。"且阴使内监时时监视之。穆宗大不怿，于是终岁独宿乾清宫。

同治大婚是十一年秋间的事。到了第二年的正月，两宫皇太后随即归政。皇帝既然亲政，太后对于宫闱以外的事知道得就比较少，而皇帝也就可以凭借他的威权自行其是，无须再事事禀命而行。慈禧干预皇帝的婚姻生活，其结果是使得同治愤而"终岁独宿乾清宫"。假如同治真的是终年独宿于乾清宫中，当然不会发生意外之事。问题在于同治本是一个纨绔恶少之类的人物，又当血气方盛之年，不但左右近习时有勾引，他所交结的载澄、王庆祺等人更会带着他去寻找未尝闻睹的异常乐趣。于是，独宿乾清宫中的皇帝时时背着人溜出宫禁，微服私行于娼寮、酒馆之中探胜寻幽去了。北京乃辇毂之地，城市繁昌而声色甚盛，要想在这方面满足他的好奇之心，当然极其容易。但是著名的娼寮、妓馆多有内务府官吏的踪迹，皇帝如私自前去，必定会被发现，于是他只好到内城的私窠子去光顾取乐。这些地方的往来人物极滥，最容易传染性病，不久就使光顾其间的少年皇帝染上了梅毒。《清朝野史大观》记叙此事，其言极妙，曰：

> 久之毒发，始犹不觉，继而见于面，盎于背，传太医院治之。太医一见大惊，知为淫毒而不敢言，反请命慈禧："是何病症？"慈禧传旨曰："恐天花耳。"遂以治痘药治之，不效。帝躁怒，骂曰："我非患天花，何得以天花治？"太医奏曰："太后命也。"帝乃不言，恨恨而已。

皇帝患梅毒，初听似乎骇人听闻，事实上则是势有必至，只是自皇帝以至太后都不曾有此经验，不知此病如治疗不当，必将致人死命而已。太医知为梅毒而不敢言，是因为据实说了恐将遭受严谴，只好以请命太后之法诿卸责任。而太后既然不知梅毒为何物，当然只好从"或是天花"方面去猜测，因为同治从未出痘，而所患梅毒又看似天花也。于是，梅毒被当作天花来医，送掉了同治皇帝的一条性命。

清代官修的史书，以及为官方人物所做的笔记、日记之类，无不称同治死于天花。这是由于他们的立场使然，不能不作如此之说。否则，不但攸关皇帝的颜面，也无法对同治之死做合理的交代——把梅毒当作天花来治，终于将皇帝医死，这岂不是天大的笑话吗？所以，如果要从官书或官方人物的有关记录中去查寻同治的真正死因，无疑乃是缘木求鱼之事。但野史无凭，仅据野史的传闻亦不能使人绝对相信同治死于风流病。折中之道，似乎应当先从当时人的目见记录中去探讨其间的真相，然后再做判断。在这一方面，《翁同龢日记》中所记的同治患病的情形就成了有价值的参考资料。

同治之病始于十三年之十月。《翁同龢日记》十月三十日的记事，有"连日圣体违和，预备召见者皆撤"语，可知其发病时间就在十月下旬，到了十一月的初一，又有"圣体发疹向安"之语。初二，"闻传蟒袍补褂，圣躬有天花之喜"云。大概野史所说，定同治之病为天花的时间就在此时了。既经太医诊断定为天花，自然就照天花的成法开方服药了。但迁延到了十一月的中旬以后，"天花"所结的疮痂，已渐脱落，而不似天花症状的其他病征反渐趋严重，"天花"之说显然有了问题。今按《翁同龢日记》所述同治病情，逐日摘记其重要内容如后：

> 十一月十八日。昨日卯频率案云："脉息浮数，痂落七成，肉色红润。惟遗泄赤浊，腰疼腿酸筋挛，系毒热内扰所致。"
>
> 十九日。看昨日方，脉案云："痂已落，泄渐止，而头眩发热，腰腿重疼，便秘筋挛肾虚，系停食感寒所致。"
>
> 二十日。看昨日方，按云："头眩发热，均惟余毒乘虚袭入筋络。腰间肿疼，坐痛流脓，项脖臂膝皆有溃烂处。药用保元化毒法，仍以膏散敷之。"
>
> 二十一日。看昨日方："痘痂已落，而余毒在腰，重疼漫肿流汁。脖项手膝亦成痘痈，烦躁少寐。"
>
> 二十三日。照常入，看昨日方，按云："溃处渐红，脓浆渐起，气血两亏，不能安寐。"并晤太医李竹轩、庄某于内务府坐处，据云："脉息皆弱而无力，腰间肿处两孔皆流脓，亦流腥水，而根盘甚大，渐流向脊，外溃则口甚大，内溃则不可言。意甚为难。"

"天花"的"余毒"何以会在腰部作一大痈？又由二孔中流出腥秽脓汁，犹且有内溃、外溃之虞？由主治太医之"不可言"与"意甚为难"之中，当可依稀想象得到，主治的太医当时必定已经知道，梅毒溃烂的情形到此地步，如果仍旧要照治天花的办法，用不痛不痒的"保元化毒法"来治疗，后果必然十分严重。但治天花只能用此办法，否则便无以自圆其说，其踌躇无计的"为难"之处，正在这里。后来的发展亦正是如此，治天花的"保元化毒法"抑制不了梅毒的急速溃烂，不但腰部毒痈旋即迅速深入扩大，而且四处蔓延及于内脏及口颊，终致处处溃烂，成为不治之症。再抄几段《翁同龢日记》中的记述于后，借以觇知其实际情形。

十一月二十日。至奏事处，适太医庄守和在彼。询以两日光景，则云："腰间溃处如椀，其口在边上，揭膏药则汁如箭激。丑刻如此，卯刻复揭，又流半盅。前进温补，并未见效，而口渴嘈杂作呕，万一阳气过旺，阴液不生，谁执其咎？今日改用凉润法，但求守住徐看，实无把握。"询以"人参当用？"则曰："数日前曾议及，恐风声过大，且非两宫圣意。"询以今日所用厚朴、竹茹，则云："停滞不化，稍稍推荡之。"语甚多，大略多游词也。

二十五日。传诸臣皆入，上侧卧，御医揭膏药挤脓，脓已半盅，色白，比前稍稠而气腥。漫肿一片，腰以下皆平，色微紫，视之可骇。

十二月初二日。见昨方，按云："脉弦数，腰间浆少而浓，口红知痛。牙龈黑肿，口气腥甚，颊肿稍减而未净，大便频数，所下黑粘而臭。"……与军机御前内务府同召见，上卧甫醒，近至榻前细细瞻仰，则两颊肿甚，唇鼓色红，虚火满面，目光却好。逡巡而退。再遇御医，问："究竟如何？"则云："所下尽是余毒，口靡又虑成走马疳。温补断不可进，只有如昨法，大致日有效验矣。"

初三日。细看昨卯刻方，按云："诸症皆平，腰间红活而牙龈黑烂，下利黑粘，系胃火郁滞，必须清利，不能止塞。"云云。酉刻一方，则称腮肿渐平，牙糜烂稍减，惟肿犹未净，靡黑犹未退，系阳元火炎，犹有余热。

初四日。见昨日酉刻方。按云："牙肿略消，诸处及腰间脓浆尚可。惟上唇连左颊肿硬，有作脓之势。口气甚臭，胸满胁胀，食少舌干，毒火上亢，药用补气化毒。……此时火在上焦，原难议进温补。惟毒热如此，牙痛欲溃，胃不纳谷，极可虑也。"

初五日。昨方按云："上唇肿木，腮红肿，硬处揭破伤皮，不能成脓，但流血水，势将穿腮。牙龈靡黑，口气作臭，毒热内攻，食少寐减。"药照昨方稍有加减，酉刻亦然。闻今日按内有"神气渐衰、精神恍惚"等语。荣仲华亦来，语于庭中。据李德立称："势恐内陷。"云云。

情势发展至此，同治身上的"毒"患，已经完全打垮了他身体内部的抵抗力量，所以不但糜烂及于口颊，而且腮部肿块不能成脓，只流血水。何况他连日以来食少不寐，气血两衰，显然他的精力已经无法再与病毒相周旋了。果然，就在十二月初五的酉刻，内监急召翁同龢随军机及御前诸王大臣同入，皇帝的牙关已闭，双目亦瞑，扶坐探视，则已回天乏术了。自发病至此，前后历时约四十天，要说他死于天花，显然与天花的症状不符。

为能明了同治究竟因何病致死，笔者亦曾仔细研究翁同龢的日记内容，结果只能得到此可疑的结论。翁同龢身为帝师，对于道路流传之言，自然不敢轻易笔之于书，尤其是皇帝之得病身死，事关"圣德"，更不敢以耳代目。但是，他即使如此谨慎小心，我们仍可从他的记述内容中确定同治所患必非天花。既非天花，则他之所以致死，当然与传说之"性病"有关了。承博闻多识的老北平唐鲁孙前辈见告：抗战以前他在北平居住时，曾经结识一位清朝的太医张午桥，此人当年不但曾充光绪朝的太医院院判，而且还曾为同治皇帝医过病。据这位张太医所说，同治病时，许多太医都只说是天花，只有他所开的药方断为梅毒。及后同治因梅毒身死，慈禧太后才知道其他的太医都看不出真正的病因，只有张某所诊断的病情不错，因此屡加升擢，终于升至院判之职。光绪末年，慈禧太后与光绪皇帝两人在前后两天中先后崩逝，外间传说，颇以为光绪之死因可疑。而据他所知，光绪之死确系由于中毒，指授之人即系慈禧。唐先生的见闻足以令人顿开茅塞。关于光绪之死，笔者亦曾引据了各种资料断为中毒，得此旁证，愈益增加笔者之信心。

张某所说光绪之死因既属不虚，然则他说同治死于梅毒，自然亦信而有征的了。自经唐先生破我疑团，因此笔者就敢于下此结论，认定同治之死确系由于梅毒无疑。此事官书虽然讳莫如深，但《德宗实录》中却有如下一些记载，亦可以作为此一疑案的旁证。引叙如下：

一、同治十三年十二月辛巳（十二日），谕内阁："御史陈彝奏《儒臣品谊有亏，据实参劾》一折。翰林院侍讲王庆祺，于同治九年伊父王祖培在江西途次病故，该员赴赣州见丧后，并不迅速扶柩回籍，辄即前往广东，经该省大吏助以川资，实属忘亲嗜利。又上年为河南考官，出闱后微服冶游。似此素行有亏，亟应从严惩办。王庆祺着即行革职，永不叙用，以肃官方。"

二、同治十三年十二月辛卯（二十二日），谕内阁："朕钦奉两宫皇太后懿旨，御史吴鸿恩奏《遵旨陈言》一折，所称'养君德、结人心、持公论'各条，均有可采。皇帝尚在冲龄，养正之功，端宜讲求。所有左右近侍，止宜老成质朴数人，凡年少轻佻者，概不准其服役，庶几始基克正，君德日隆……"

三、同治十三年十二月甲午（二十五日）谕内阁："朕钦奉两宫皇太后懿旨，我朝列圣家法相承，整饬宦寺，纲纪至严。乃近来太监中竟有胆大妄为、不安本分，甚或遇事招摇，与内务府官员因缘为奸，种种营私舞弊，实堪痛恨。所有情罪尤重之总管太监张得喜、孟忠吉，顶戴太监周增寿，均着即行斥革，发往黑龙江给官兵为奴，遇赦不赦。顶戴太监梁吉庆、王得喜，着一并斥革，与太监任延寿、薛进寿，均着敬事房从重板责，交总馆内务府大臣发往吴甸铡草，以示惩儆。"

这三条记载乍看似与同治之死无关，其实所惩办者均是当时陪侍及引导皇帝私出微行之人，不过因颜面攸关，不肯明白声言其引诱皇帝私出微行，以致传染淫疮致死的真正罪名，所以才借事黜革，以正厥辜。试将第二条所记御史吴鸿恩奏请整肃皇帝左右近侍，不准年少轻佻者在旁供役，而随即将张得喜、孟忠吉、周增寿等太监从严惩办的情形连在一起，更可知道这些人其实正是同治左右的得宠太监，不但年少轻佻，而且善于趋奉，能得皇帝之欢心，事后检讨，方知祸由此起，于是才作亡羊补牢之计，然而已无补于同治之因传染风流病而死了。

张得喜、孟忠吉等人之被谴发至黑龙江，据说其中颇有遭遇极酷的，盖即与其引导同治微行之事有关。柴萼所撰《梵天庐丛录》，卷六"陈国瑞逸事"中一条云：

　　陈复改戍黑龙江，将军遇之颇优。逮穆宗以恶疾崩，凡太监为所嬖幸者，均获罪有差，重者刑至死，轻者亦发黑龙江，给披甲为奴。故事，给披甲为奴，乃发予充军者执役也。各太监出入宫闱，且为嬖幸，岂能操作？故均各挟巨资为行贿计。盖得其为奴者，予取予求，莫敢或咨，否则任意驱使鞭挞，无可如何也。将军以一监予陈，监闻陈性暴悍，栗栗危惧，未见即先呈巨金为寿。陈怒斥之曰："老子的皇上被他们弄死了，老子要替皇上报仇，要他的钱干甚？"却巨金不受。及监既来，即令人褫其衣，痛鞭之，且数之曰："八大胡同逛得好么？"如是日令鞭一次，着为例。监急在将军处设法，改归他人，始已。

这一条记事明明说到同治之死是由于"恶疾"，而陈国瑞之所以要将发往黑龙江的近侍太监痛加鞭责，乃是因为他们陪了皇帝去逛窑子。然则，同治之死于风流病在当时必是人所共知之事，只因官书无征，才需要从各种相关资料去探索查究。现在我们既已弄明白了事实的真相，对于同治的反常行为，除了慨叹他婚姻生活之不幸及生母慈禧之无理干涉以外，对于宫廷教育之失败自然也应深致叹息。自古以来，亦有小皇帝在登基以后再由师傅们施予教育的前例，但从来未见教成一个有作为而有建树的事例，可见皇帝之不容易被教育成功。同治的课业负担如此繁重而紧迫，他的个性又如此倔强而偏执，由此而造成他在亲政之后过度放纵，更说明了强迫性教育之不宜施于个性倔强之人。这对清王朝的国运及中国的前途造成的历史性影响非常深远。

同治死时才十九岁，没有儿子，这就使得清王朝统治下的中国，面临一个重大的转变关键。同治无子，两宫皇太后势必要从皇室中择立一人为嗣皇帝，以延续清王朝的统治。假如择立之人英明干练，清王朝的积弱之势也许不久便可得到改善，中国的国运亦可由此而步入康庄大道。如果所立非人，当然一切的情形都会朝向相反的趋势发展。这是一个面临歧路的关键性时刻，何去何从，端赖两宫皇太后的抉择。很使人意想不到的，当时出现的情况竟是上述两种可能以外的第三种，第三种情况是什么呢？那就是出自慈禧太后一手安排，迎立四岁的幼帝为嗣君，而再度由皇太后垂帘听政，以便由慈禧继续执掌统治中国之权。这就决定了光绪一朝政局动荡而国脉危如一线的杌陧情势，其时间长达三十余年，其影响及于近代中国的命运者至深至巨。由此可知，因同治之死所面临的关键性变化，在历史上所造成的影响是何等巨大。

同治十三年十二月初五日皇帝驾崩，两宫皇太后随即召开御前会议，与王大臣商议择立嗣君的问题。翁同龢是参与会议者之一，他的日记中明白记述慈禧太后此时所表现的态度，足可使我们窥知其中心的意图。日记云：

> 戌刻，太后召诸臣入，谕云："此后垂帘如何？"枢臣中有言："宗社为重，请择贤而立。"然后恳乞垂帘。谕曰："文宗无次子，今遭此变，如承嗣年长者，实不愿，须幼者乃可教育。现在一语即定，永无更移，我二人同心，汝等敬听。"则即宣曰："某。"维时醇郡王惊遽敬唯，碰头痛哭，昏迷伏地，掖之不能起。诸臣承懿旨后，即下，至军机处拟旨。潘伯寅意，必宜明书为文宗嗣。余意必宜书为嗣皇帝，庶不负大行付托。遂参用两人说定议。亥正请见，面递旨意，太后哭而应之，遂退。方入见时，戈什爱班奏迎嗣皇帝礼节，大略蟒袍补服入大清门，从正路入乾清宫，至养心殿谒见两宫，方于后殿成服。允之。遣御前大臣及孚郡王等以暖舆往迎。寅正一刻，闻呼门，则笼烛数枝，入百门矣。余等通夜不寐，五鼓出，回寓检点物件，驰信出城。

这一段记事明白说出，御前会议时慈禧主张立幼主，又亲口提出醇王奕譞之长子载湉为其意中之人选，群臣别无异议，遂成定局。慈禧为什么要反对择立年长之皇子入继为君？这一点似与其内在意识中之安全感与权力欲望有关。说到这里，我们又需要将明朝历史上与此相似的一件往事提出来作一比较。

明朝的武宗皇帝，年号正德，乃孝宗之子，十五岁即帝位，性好盘游逸乐，所传微行逸事极多。他死于三十一岁，没有儿子。凡此种种，都与清朝的同治皇帝颇为相似。当明武宗在豹房晏驾时，皇太后张氏召集首辅大学士杨廷和等人商议皇位的继承问题。杨廷和以为，皇帝无子，而孝宗别无次子，依伦序，当迎立孝宗亲弟兴献王佑杬之子兴王厚熜为帝。皇太后张氏同意了杨廷和的意见，当即以皇帝遗诏的名义说明此意，遣大学士梁储、定国公徐光祚等，赍诏前往湖北安陆，将厚熜迎回京师，立为皇帝，是为明世宗。厚熜虽因张太后之善意赞同而得立为帝，他对张太后却并无好感。即位之后，首先声明他是继孝宗为帝，并非承嗣武宗所遗的天下。其后即援"父以子贵"之义，欲尊其父兴献王为帝，而称孝宗为伯。这就是明代历史上有名的"大礼议"。扰攘甚久之后，方才决定追尊其父为兴献帝，尊封母妃蒋氏为兴献太后，而尊张太后为皇伯母。等到这位兴献太后亦由安陆来京之后，由于礼数的问题，与伯母皇太后发生了不愉快的争执，厚熜就拿出了皇帝的威权，借事将张太后之弟张延龄下狱论死。张太后窘迫无计，多方请求，亦不获允许。不久，另一弟张鹤龄亦被逮下诏狱，以致张太后穿了破衣到皇帝宫前席藁请罪，哀求厚熜不要杀延龄、鹤龄兄弟，而厚熜竟漠然无动于衷。其后，张太后以忧愤致死，而张延龄仍然被杀，张鹤龄亦瘐死狱中，张氏竟至破家。张延龄与张鹤龄兄弟之死，虽说是由于他们作恶太多，咎由自取，而当张太后为兄弟祈乞免死而向世宗苦苦哀求时，世宗竟然毫不顾念张太后的援立之功，其冷漠绝情之处也实在使人觉得太寒心了。当明武宗驾崩时，应由何人继立为帝，权在太后。假如张太后不允厚熜入嗣，厚熜就不可能登上皇帝宝座。然而，他后来却毫不感恩，岂不令人感觉意外？慈禧之不愿迎立长君，是否亦有恐蹈张太后覆辙之顾虑呢？

清文宗乃宣宗道光皇帝的第四子，名奕詝。道光共有九个儿子，除二子奕纲、奕继早卒无嗣外，长子奕纬、五子奕谅、六子奕䜣、七子奕谖、八子奕詥、九子奕譓俱有子，奕纬一系在同治死时且已有孙。"国有长君，社稷之福"，慈禧太后如果为了国家及宗社着想，此时应在奕纬、奕谅等人的诸子中择其贤者，立为皇帝，使民生有赖，国社有托，这才是正当的举措。如果说，继立之人应该作为同治的嗣子，不能在同治的兄弟辈中去选择，则奕纬的长孙溥伦亦是很理想的人选。但慈禧既不肯在同治的兄弟辈中择立贤长，又不肯在奕纬一系中择立一人作为同治的嗣子，偏要以奕谖长子——年方四岁的载湉入继，显然只是出于她个人的私心，全不顾及宗社大计及承嗣的伦序。

由翁同龢所记，同治崩逝之日皇太后召开御前会议时的情形可以知道，慈禧心中早就有了垂帘听政的打算。所谓"垂帘听政"，名义上虽有一个小皇帝在做幌子，其实是由慈禧独揽政柄，做着大清帝国事实上的主宰。慈禧既有此强烈的权力欲望，自不愿政权落入他人之手，更何况还有明世宗与张太后的往事可鉴。此所以"立长"之说不能行。但"立幼"亦不能迎立溥伦，原因是溥伦乃是同治之侄辈，如以溥伦为君，慈禧的身份便由皇太后升格成为太皇太后，不便以垂帘之名把持政权了。所以，立幼虽是慈禧心中所想，溥伦则非所宜。为了兼顾这两方面的情势，载湉实为最理想之人物。何则？这可以举出几种理由来说明：第一，载湉与同治同一行辈，不妨碍慈禧继续做她的皇太后。第二，载湉之母乃醇王的嫡福晋，亦即慈禧的亲妹，以亲谊而言，载湉不但系咸丰之侄，亦系慈禧之姨侄，关系较他人尤为密切。有此双重亲谊，对于奕谖及载湉之驾驭，自较他人为易。至于第三种可能的理由，应当是慈禧与其妹往来密切之故，对于年甫四岁的载湉必定深有了解，知其赋性柔弱温驯，便于控制，故而乐于援引。这三种有利因素的考虑，决定了光绪入继为帝的事实，也决定了清代中国以后三十余年的演变方向。

虽说光绪之得立完全是由于慈禧个人的权力欲望所致，但如再进一步探讨这种情势之所以出现，则发生在咸丰十年的"辛酉政变"实为此事的祸胎。咸丰十年的"辛酉政变"，由于恭王奕䜣的个人恩怨使慈禧太后得以皇太后的身份垂帘听政，由此开创了清代历史上的一大变局——女主临朝而国事蜩螗。同治亲政本可结束这种不正常的政治情势，然而同治之早夭与慈禧之私心，又使这种不适当的局面再度得到出现的机会，于是种下了光绪一朝的悲惨境遇。如果同治一朝不曾出现垂帘听政的变局，同治身死之后的政局演变当然不致如后来的模样。追源祸始，慈禧之贪恋权势固是祸国之本，恭王奕䜣之作俑于先，亦当为此后的情势负绝大的责任。

载湉即后来的德宗皇帝，年号光绪，在位三十四年。光绪即位之初，年方四岁，童稚愚骏，不识人事。要希望他在及龄以后能够亲裁庶政，当然需要施予教育。这也就是《翁同龢日记》中所曾记述，慈禧太后所说的话："如承嗣年长者，实不愿，须幼者乃可教育。"所谓"须幼者乃可教育"，其实乃有另一种意义——幼儿性向未定，可以依照她所希望的形式加以塑造。话虽如此说，同治亦是在六岁时施予宫廷教育，依照皇家所定的模式塑造出来的。其结果乃是个性倔强、行为专断，并不如一般所想之温柔敦厚、勤政好学。然则，宫廷教育并不能造成理想的皇帝之材，慈禧对光绪又当存有何种预期目标呢？就光绪后来之行为表现看，其性格温驯，习惯于接受父母之训诲，乃是一个比较容易驱使驾驭之人，以慈禧之能力，加上长时间之陶镕范铸，当不虞其桀骜不驯，有如其亲子同治。此所以同治与光绪的教育内容彼此虽无差异，而同治与光绪二人之教育结果则大不相同。关于这一方面，可以从诸家记述所说光绪的性格与行事中得到证实。

柴萼《梵天庐丛录》"德宗遗事"中一则云：

> 光绪初，德宗典学，慈禧太后诏授常熟翁尚书、寿州孙
> 文正公为师傅，在毓庆宫行走。两公德器粹然，为海内儒宗。

常熟研求金石之学，尤工八法，既为帝师，尽心启沃。德宗聪慧，而尊师勤学，不好嬉戏，虽在冲龄，已如成人。光绪庚寅，德宗年力既富，太后命之批答章奏，多合机宜，由是归政之意遂决。德宗于万几之暇，悉发内府珍秘，殚精探讨，学识益进。而操觚为文，严重有法度，盖得力于金石之学为多。

同治六岁入学，翁同龢亦曾为其师傅多年，而至十六岁时，犹是文理欠通、辨字不清、见书就怕、精神散漫的纨绔少年，以其与光绪之学识阂通情形相比，可知烦闷枯燥而十分可厌的宫廷教育，在同治身上全未收到教育效果，而在光绪身上则大有效验。同样的教育方式，同样的教育内容，充任师傅之人又无大差异，何以所得的结果如此显著不同？很显然，便是由于同治、光绪二人的气质与性格有异了。同治的性格倔强，不乐接受硬性的管束，所以其读书始终只是敷衍塞责，终且对严格而枯燥的宫廷生活展现出极大的反动。至于光绪，则性格柔懦而易于塑造，所以他所接受的教育内容虽然同样枯燥，却仍能耐心接受。不过，这也养成了他惯于服从太后严命的畏惧性格，遇事不敢与慈禧抗违。这样，对于国家命运的影响就太大了。

恽毓鼎《崇陵传信录》说：

"上幼畏雷声，虽在书房，必投身翁师傅怀中。""性宽厚，侍臣或偶失仪，不究也。"

又说：

"上天表静穆，广额丰下，于法当寿。""畏太后甚。上本口吃，遇责问，益战栗不能发语。"

这两段记录说明了光绪的胆量本来很小，经过慈禧太后以严酷手段压制之后，变得愈加畏惧太后，至于口吃不能发语。凡此，更足以说明光绪之天性柔懦，易于驾驭牢笼，正是慈禧为便于揽权自恣而愿意立之为皇帝的人。

但光绪的性格虽然柔懦，其思想则甚为高尚纯洁，并不是一个碌碌保位、不思建树之人。尤其是在光绪十五年慈禧太后宣布"归政"，光绪有机会自亲大政之后，适逢外患日亟，国势阽危，更亟思在政治、外交等方面有所兴革，以挽救国家情势的积危、积弱，于是乃开启了此后一连串的变局。

光绪的"亲政大典"在光绪十五年的二月间举行。亲政大典完了以后，皇太后在理论上已经交出政柄，不再过问国家大事了。然而，这不过是表面的文章，事实上慈禧对政权尚有恋栈之心，名为归政，却仍留下一条尾巴，即规定光绪每日所阅的章奏都需在事后封送颐和园，以备太后阅看。二品以上的大员黜陟都须诣颐和园请示太后决定，皇帝不得自专。这就等于缚住了光绪的双手，使之不能自由行动，所以名为归政，实际仍居幕后操纵。慈禧之所以要这样做，意思十分明显，一是要把持政柄，二是对光绪不能完全放心。

慈禧当年在同治亲政时并未留此尾巴，显然由于她深知同治的个性倔强而刚烈，既已亲政，没有理由再做此不合理的干涉。而光绪的性格柔懦，久已习惯对慈禧绝对驯服，既不虞其反抗，自无妨借此充分满足她自己的揽权之心。但这样的做法显然十分不对——第一是使得朝中大臣知道政柄操于慈禧，对于光绪的旨意无须绝对遵从；第二是此举势将增加宫廷中争夺权力而起的摩擦。前者的不良后果在光绪二十四年的"百日维新"中表现得极为明显，至于后者，亦有清楚的事实可见。

据野史相传，慈禧揽柄的后期，渐通贿路。王照《方家园杂咏纪事诗》说：

慈禧卖各色肥缺，以为常事，珍妃曾一效之，遂立败。然墙茨之言，惟珍、瑾无之耳。凡太后所卖之缺，分为数类：一、粤、闽海、淮、崇文门、张家口、杀虎口、山海关各监督，宁、苏、杭各织造，此皆专为应卖之品，可以明挂招牌者也。一、各省三品以上大员。此为帝心简在，公私不易分晰也。一、学政主考。此乃清贵之官，似不至有此卑鄙。实因考差例不发榜，然心简所在，必有御笔暗记之名单，则近侍窥及，得以出而招摇，久之而风气自然败坏，翰林官与阉人遂成密切之地位。此奇怪之现象，实始于慈禧。一、道府内放之缺，遇有素称肥缺者，部中书吏，将应开列请简之名，赠与太监而招摇之，多为撞木钟，非真太后出卖也。至宣统年则外省出应外补之缺，忽由内放，摄政破坏祖法，竟过于慈禧，然亦由于女谒，实亦慈禧之遗毒也。

由于慈禧太后柄政时有这许多卖官鬻爵的前例，在她归政之后，光绪的宠妃珍他拉氏也很想尤而效之，以为营私聚敛之计，却不料因此而大遭慈禧之忌。珍妃通贿，最具体的是鲁伯阳放上海海关道之事。《清朝野史大观》记鲁伯阳以通贿得放上海道之事，说：

清光绪朝，沪道聂缉椝升某省臬司。次日，枢臣入见，袖关道记名单以进，请德宗简员补授。帝阅之无言，忽出白纸条寸许，署"鲁伯阳"三字，麾额授枢臣，俾详查其籍贯履历。诸臣奉旨，退至军机处，遍检各种道府存记名单，并无其人，即持以复命。帝犹欲召吏、户两部堂查询其出处。诸臣徐悟其故，乃顿首曰："果知此人可用，即径行简放可也；必欲确查出处，恐吏、户两部亦无籍可稽耳。"上凝思良久，乃太息而授之。鲁奉旨南下，时刘坤一方督两江，知其所由来，固靳之，终不令赴任。数月后借事劾罢之，奉旨开缺。闻鲁于此缺，先后运动费耗去七十余万，竟未得一日履任，因愤而入山，着道士服不复出。

《清朝野史大观》记述此事，以为鲁伯阳乃通贿醇王福晋，亦即慈禧之妹，故能得此美缺。而据胡思敬《国闻备乘》卷一，则云："鲁伯阳进四万金于珍妃，珍妃言于德宗，遂简任上海道。江督刘坤一知其事，伯阳莅任不一月，即劾罢之。"恽毓鼎撰《崇陵传信录》，亦以为此是鲁伯阳通贿德宗宫禁而得。然则，鲁伯阳之简放上海道，应当确是珍妃得贿之结果了，珍妃后来因此事败露而遭慈禧之责辱，降为贵人。黄濬《花随人圣庵摭忆》记此，谓：

> 珍妃初得罪之由，实不胜太监婪索，奔诉那拉后。太监恨之，因悉举发鲁伯阳等事，以有乙未十月之谴。

乙未，是光绪二十一年。甲午则为二十年。此年十月，珍妃降贵人，黄濬所记颇有错误，因为此事的发生时间在二十年甲午，而非二十一年乙未也。《翁同龢日记》中曾记其降谪缘由，云：

> 光绪二十年十月二十九日，太后召见枢臣于仪鸾殿，次及宫闱事，谓瑾、珍二妃有祈请干预事，降为贵人。臣再请缓办，不允。是日上未在坐，因请问："上知之否？"谕云："皇帝意正尔。"

这些记载很明显地说明了珍妃之被责降，是由于她胆敢收受贿赂，嘱托关说。但珍妃之敢于通贿，事实上是得于慈禧之启发。慈禧柄政时可以公然卖官鬻爵，珍妃通贿，则须责降，这不是分明在告诉人说，卖官鬻爵乃慈禧独有之权利，不容他人侵犯吗？名虽归政，事实上仍动辄干涉，一柄两操，自然容易引起这样的纠纷。但珍妃之遭责降，通贿以外尚存有其他的因素，即光绪夫妻与妻妾之间的感情纠纷是也。偏偏光绪的皇后又是慈禧的内侄女，遇事常作左右袒，于是，因感情方面的不愉快，借权力方面的争执而故重责，珍妃乃因之而大触霉头。其影响所及，则不只是宫廷中的感情关系，更牵涉到整个国家的政治事务。

关于光绪皇帝家庭间的感情纠纷，应当先从他的婚姻情形说起。光绪大婚是在光绪十五年之正月，皇后叶赫那拉氏乃副都统桂祥之女、慈禧之侄女；嫔二人，均侍郎长叙之女，长为瑾嫔，次为珍嫔，光绪二十年进位为妃。此一后两妃之选婚情形，《花随人圣庵摭忆》中曾有详细的记述，引录如下：

> 光绪十三年冬，西后为德宗选后，在保和殿召备选之各大臣女进内，依次排列。与选者五人。首列那拉氏，都统桂祥女，慈禧之侄女也；次为江西巡抚德馨之二女；末列为礼部左侍郎长叙之二女。当时太后上坐，德宗侍立，荣寿固伦公主及福晋、命妇立于座后。前设小长桌一，上置镶玉如意一柄，红绣花荷包二对，为定选证物。清例：选后中者，以如意予之；选妃中者，以荷包予之。西后手指诸女，语德宗曰："皇帝，谁堪中选，汝自裁之，合意者即授以如意可也。"言时，即将如意授与德宗。德宗对曰："此大事，当由皇爸爸主之（原注：据宦监谓，当时称谓如此），臣不能自主。"太后坚令其自选，德宗乃持如意趋德馨女前，方欲授之，太后大声曰："皇帝！"并以口暗示其首列者。德宗愕然，既乃悟其意，不得已，乃将如意授其侄女焉。太后以德宗意在德馨女，即选入妃嫔，

亦必有夺宠之忧，遂不容其续选，匆匆命公主各授荷包一对与末列二女，此珍妃姐妹之所以获选也。嗣后德宗偏宠珍妃，与隆裕感情日恶，其端实肇于此。以上皆宫监唐冠卿所言，盖深知其内事者，其人至今或尚存也。庚子拳匪时，守西陵贝子奕谟告逃难西陵之齐令辰曰："我有两语，赅括十年之事。因夫妻反目而母子不和，因母子不和而载漪谋篡。"谟贝子为清宣宗胞侄，其言如此。合上宫监言观之，晚清宫廷之内幕，可以概见。清之当亡，固有必然，而其演于外者，为新旧之争、和战之争，郁于内者，为夫妻之衅、母子之衅，此四者庶可以赅之矣。

太后干涉光绪的婚事，颇可以使我们联想到同治选婚时的情形，亦颇与此仿佛。只是当时尚有慈安太后在，慈安与同治之所见略同，慈禧无法迫使同治一定要接受她的主张，所以同治选立了慈禧所不喜的崇绮之女。其结果则因慈禧之干涉而使同治对自己的家庭生活产生反感，走向寻花问柳的荒唐道路，终于使皇帝死于风流病，而大清帝国的国运亦出现了太后再度垂帘听政的变局。现在，慈禧太后又来干涉光绪的婚姻了。此时已没有慈安太后的阻碍，她干脆在选立时示意光绪，必须立桂祥之女为后。光绪久已习惯接受慈禧的命令，至此自不敢抗违。但光绪在行动上虽不敢不服从慈禧的命令，在此后的婚姻生活上却永远无法建立起对皇后的感情。皇后到太后面前去哭诉，慈禧迁怒及于瑾、珍二妃，因此才借事责罚珍妃，而导致了慈禧与光绪之间的不睦。奕谟说："因夫妻反目而母子不和，因母子不和而载漪谋篡。"两语赅括，可说极为扼要。然而，光绪一朝之国家大变，也在这种情况之下预伏了祸根。

胡思敬《国闻备乘》卷一云：

德宗既由藩邸入承大统，孝钦偏厚母家，援立其兄桂祥女为后。后长德宗二岁，貌不甚扬。长叙二女同时入宫为贵妃，珍妃工翰墨，善棋，德宗尤宠爱之，与皇后不甚亲睦。二妃屡受孝钦鞭责，诉之上，上勿敢言，由是母子、夫妇之间微有隙。

光绪因夫妇感情不睦而招来慈禧之不快，致有二妃被责罚之事，这尚是母子不和之前奏。其继续发展，则因光绪所向用之长麟、汪鸣銮、文廷式、志锐等人，多主张皇帝应当自操政柄，亟图振起，如再泄沓因循，势将有亡国之忧。慈禧侦知其事，以为光绪将不利于己，将长麟、汪鸣銮、文廷式诸人先后斥逐；帝后之间，遂势同水火。柴萼《梵天庐丛录》云：

有清晚近诸帝，多荒淫无道，德宗则不然。析理颇清，持躬甚谨，见国中萎靡偷安，日思振作，以见抑于太后，故郁郁不获伸其志。甲午、乙未之交，德宗颇信用长麟、汪鸣銮言，一日三迁，由散秩而浮至卿贰，召对无虚日。二人均书生，宣室密陈，卒以出言不慎，为太后之太监所诇知。而长麟实妄人，扬言当唆百官上表，请太后外居热河，帝独专政。太监以谮于太后之前，遂立罢二人职，谕旨中有"迹近离间，永不叙用"语。嗣是母子之间猜疑更甚，而德宗之一举一动，无不在太后关注中矣。

又，费行简撰《近代名人小传》云：

乙未春，谕旨以侍郎汪鸣銮、长麟，于召见时肆意妄言，语涉离间，皆褫职永不叙用。盖日战方已，帝忧惕将图自强，而阻于孝钦。二人为帝言："帝入继文宗，惟当母嫡后，孝钦

犹其庶母，非所当敬。"适为后奄闻，归以告后，怒甚，欲予
骈诛。帝为覆掩，乃从薄谴。

汪鸣銮、长麟以主张光绪当自操政柄而为慈禧所逐，至于文廷式
与志锐，则因与瑾、珍二妃有关之故，更为慈禧所恶，其同遭谴谪，
自更在意中。

据野史相传，文廷式当年曾在长叙家中授读，瑾、珍二妃及其兄
志锐，均与之相契。及二人入宫，屡在光绪前言及文廷式之才学，遂
得以翰林大考第一名超擢侍读学士，浸浸向用。辽东事起，文廷式合
朝臣联衔上疏请起用恭王主军国事，慈禧虽因劫于众议，而不得已用之，
然由此深恶廷式。至翌年，珍妃因通贿事被责，太监又构蜚语，谓廷
式与二妃有连，遂因御史杨崇伊之劾奏，将文廷式革职驱逐，永不叙用，
志锐则远谪乌里雅苏台。黄濬《花随人圣庵摭忆》记此云：

> 以余所闻，道希（文廷式）被革，出于那拉后授意。其
> 时后与帝不相容，已如水火，道希在当日，则于外交、内政
> 已极有主张，西后必去之心，跃然愈急，论者乃以大考通关
> 节事并诬其才，非知言也。大抵清流党以后，所谓名士，意
> 气皆凌厉无前，前之张绳庵以此遭忌，后之文芸阁亦然。

将以上各种记述综合起来看，光绪在十九岁以后虽然名为亲政，
实际上处处受慈禧牵掣，时时受慈禧之监视，并不能畅行所欲，自裁
大政。在这种情形之下，犹复引用康有为、梁启超等一班维新党人物，
希图革新庶政，奋发图强，当然更不免要招致后党人物之反对与慈禧
之干涉了。胡思敬曾说："同光以来，内外重臣，皆孝钦所亲拔，德宗
虽亲政，实未敢私用一人，其势固已孤矣。丙申逐长麟、鸣銮，丁酉
逐廷式、志锐，戊戌逐同龢，德宗羽翼，已尽为孝钦所剪。有为败，

孝钦手无一兵，潜至宫中，制德宗如孤雏，居之瀛台，在廷诸臣，无敢为德宗进一言。"(《国闻备乘》卷四)寥寥数语，清楚明白地说明了当时的情势。然则，"戊戌维新"时即使没有袁世凯的告变，光绪也必定无法能有作为，因为兵权与政权尽在慈禧的亲信大臣之手，光绪孤掌难鸣，虽有新党人物为之参谋筹划，而亦都是一些无拳无勇的少年之人，空有血性，却无权力，如之何能借以抵抗慈禧与后党人物的合力反击呢？所以，"戊戌维新"之必然失败，正由于政权操于慈禧，而光绪只是居于虚位之故。至于慈禧之所以要反对新政，则亦与她的权力欲望有关。

王照《方家园杂咏纪事诗》第三首云：

> 内政何须召外兵？从来打草致蛇惊。
> 诐词已辟臧三耳，岂料乘机起项城。

此诗下有原作者之注，云：

戊戌之变，外人或误会为慈禧反对变法，其实慈禧但知权力，绝无政见，纯为家务之争。故以余个人之见，若奉之以主张变法之名，使得公然出头，则皇上之志，可由屈而得伸，久而顽固大臣皆无能为也。此策曾于余之第一奏折显揭之，亦屡向南海（康有为）劝以此旨。而南海为张荫桓所蔽，坚执扶此抑彼之策，以那拉氏为万不可造就之物。在袁氏奉诏来京之十日前，南海托徐子静（徐致靖）、谭复生（谭嗣同）、徐莹甫（徐致靖之次子仁镜)，分两次劝余往聂功亭（聂士成）处，先征同意，然后召其入觐，且许聂以总督直隶。余始终坚辞，曾有"王小航不做范雎"语。迨至召袁之诏下，霹雳一声，明是掩耳盗铃，败局已定矣。世人或议世凯负心，殊不知即召聂、召董（董福祥），亦无不败。倘余往聂处，则泄漏愈速。余知之稔，故决不为也。

　　王照所说的"召袁""召聂""召董"，指政变发生前康、梁等人密谋宣召有兵权之人，用其兵以为废黜慈禧之计，殊不知此正犯慈禧之大忌。所以，风声一露，不待袁世凯告密，后党人物早已有所防备，而袁世凯知道事必不成，反向直隶总督荣禄告密。于是，新党人物的一切动作俱为慈禧所悉，而政变亦终于发作了。由此看来，王照的说法实在很有道理——"维新变法"如果推慈禧为名义上的主持者，慈禧知道自己的权力不致受损，就不会立于反对方面，顽固守旧份子无法抬出慈禧来与变法运动对抗，光绪亦就不致失败。这虽然只是后见之明，但王照在当时既然已有此议，而康有为等人必不肯信，则王照的建议真还可以说是"前知"了。由此可见，维新之失败原因凡三：一是旧党人物之反对，二是帝后之间所存的嫌隙，三是光绪不知弥缝他与慈禧之间的敌视态度，反欲以召兵入卫的方式迫使旧党与慈禧合而为敌，乃至一败涂地。一场关系国家前途极为重大的变法运动，竟因家庭间的权力斗争而致彻底破坏，而其祸机之起，又只是一些细微的感情纠纷，说起来实在太使人觉得遗憾了。

　　政变发生的经过已有很多专门著述详细论列，这里可以无须多赘。只因恽毓鼎《崇陵传信录》的记述极为简明而生动，所以抄录一段在下面，以便利于本文的叙述。恽文说：

　　会上特擢谭嗣同、杨锐、刘光第、林旭参赞军机事，专理新政，时谓之"四贵"，枢府咸侧目。谭、杨愤上之受制，颇有不平语。上手诏答之，大略谓："顽固守旧大臣，朕固无如之何，然卿曹宜调处其间，使国可富强，大臣不掣肘，而朕又上不失慈母之意。否则朕位且不保，何有于国？"于是，蜚语浸闻西朝。御史杨崇伊、庞鸿书揣知太后意，潜谋之庆亲王奕劻，密疏告变，请太后再临朝，袖疏付奕劻转达颐和园。八月初四日黎明，上诣宫门请安，太后已由间道入西直门，车驾仓皇而返。太后直抵上寝宫，尽括章疏，携之去，召上怒诘曰："我抚养汝二十余年，乃听小人之言谋我乎？"上战栗不发一语，良久，嗫嚅曰："我无此意。"太后唾之曰："痴儿，今日无我，明日安有汝乎？"遂传懿旨，以"上病不能理万几"为词，临朝训政。凡上所兴革，悉反之。

这一段话叙述慈禧之发动政变，就如《国闻备乘》所说的："孝钦手无一兵，潜入宫中，制德宗如孤雏。"慈禧之鸷悍狠准，反衬出光绪之荏弱无能，双方的力量如此不敌，维新运动之必然失败，与光绪之必遭不幸，自然不会使人觉得意外。到此为止，剩下的问题便是如何处置这个胆敢"背叛"慈禧的皇帝了。

慈禧以光绪之意欲自持政柄为对她的"背叛"行为，那是因为她向来视大清朝的天下为她自己所有之物，光绪虽是皇帝，亦只不过是她自己所搬出来作为傀儡的幌子。所以，光绪欲行使皇帝的统治天下之权，在慈禧看来便是对她的"叛逆"。对付叛逆的办法自然非常容易，杀掉或废掉，都不是难办的事。但因光绪久已是中国臣民心目中的皇帝，真的要将他杀掉或废掉，实行起来倒也颇不简单，因为这必须对舆论与清议有所交代：皇帝之死是由于什么疾病？如果被废，则他的废黜原因又是什么？所以，为了要将光绪从皇帝的宝座上搬下来，慈禧也还得为制造证据与理由，而费上一番手脚。

恽毓鼎《崇陵传信录》云：

八月以后，内外藉藉，谓将有桐宫之举。每日造脉案药方，传示各衙门，人心惝惧。于是，候选知府经元善在上海联合海外侨民，公电西朝，请保护圣躬。虽奉严旨名捕元善，而非常之谋竟寝。

又，王照《方家园杂咏纪事诗》注云：

> 戊戌八月变后，太后即拟废立。宣言上病将不起，令太医捏造脉案，遍示内外各官署，并送东交民巷各国使馆。各使首侦知其意，会议荐西医入诊，拒之不可。荣禄兼掌外务，自知弄巧成拙。

"桐宫"乃是商朝的伊尹当年废放其主太甲的地方，所以一提到桐宫的典故，其意思就是要废放皇帝了。由上所述的两条记事，可知慈禧在戊戌政变以后颇有意置光绪于死地，所以先命医官假造脉案宣示中外，以制造空气，使人相信光绪患病沉重，一俟时机成熟，即可公行废立，而光绪之命不保矣。但因这样的做法太过明显，在为人窥破底蕴后便无法再行此鬼蜮伎俩，于是又幡然变计，择定端郡王载漪之子溥儁为继任人选，不再假装光绪有病，而只实行废黜光绪，另立溥儁为帝。却不料这一打算亦遭逢到意想不到的阻力，于是乃使慈禧恼羞成怒，酝酿出另一场更大的政治风暴。

恽毓鼎《崇陵传信录》：

> 次年己亥，上春秋二十有九矣。时承恩公崇绮（穆宗同治后之父）久废在私第，大学士徐桐觊政地綦切，尚书启秀在枢廷与徐殊洽，咸思邀定策功。而大学士荣禄居次辅，虽在亲王下，最为孝钦所亲信，言无不从，大权实归之。三公者，日夕密谋，相约造荣第，说以伊、霍之事。崇、徐密具疏章，要荣具名，同奏永宁宫。十一月二十八日，启朝退，先诣荣，

达二公意。荣大惊，伴依违其词，速启去，戒阍者毋纳客，二公至，阍者辞焉。次日朝罢，荣相请独对，问太后曰："传闻将有废立一事，信乎？"太后曰："无有也，事果可行乎？"荣曰："太后行之，谁敢谓其不可者？顾上罪不明，外国公使将起而干涉，此不可不慎也。"太后曰："事且露，奈何？"荣曰："无妨也，上春秋已盛，无皇子，不如择宗室近支子建为大阿哥，为上嗣，兼祧穆宗，育之宫中，徐篡大统。则此举为有名矣。"太后沉吟久之曰："汝言是也。"遂于二十四日召集近支王公贝勒、御前大臣、内务府大臣、南上两书房翰林、部院尚书于仪鸾殿。上下惊传将废立，内廷苏拉且倡言曰："今日换皇上矣！"迨诏下，乃立溥儁为大阿哥也。

溥儁者，宣庙之曾孙，惇慎亲王之孙，父为端郡王载漪。其时恭亲王溥伟、贝子溥伦依伦次皆可当璧，而载漪平日得太后欢心，故立其子，年十五矣，入居阿哥所。辟弘德殿，命崇绮充师傅。召陕西陕安道高庆恩入京，与翰林院侍读宝丰、崇寿俱授读，命徐桐照料弘德殿。徐相是日适考校八旗官学，遽以"使之主祭而百神享之，使之主事而事治，百姓安之"命题，盖隐寓推戴之意云。

清语称皇子为"阿哥"，载漪的儿子溥儁立为大阿哥，隐然具有皇太子的身份。假如载漪耐心等候，稍假时日，只须如光绪三十四年光绪皇帝暴崩那样地略施小计，溥儁便可安然坐上皇帝宝座。无如载漪却没有这份耐心，他要设法煽动慈禧太后早行废立，而慈禧太后也在拨弄之下堕其彀中，这就是义和团之乱的酿成原因。

赵凤昌《惜阴老人笔记》云：

戊戌以后，立大阿哥以前，西后急欲行废立。己亥，合肥

（李鸿章）在大学士任，一日法使访询："果有此事否？外国视一国君主无端废立，决难承认。"午后，荣禄往访，传西后意旨，欲探外使口气，合肥即以今晨法使言述之。同时，荣禄密电探江督刘新宁（刘坤一），刘复电有："君臣之义久定，中外之口难防。"李既不能助，刘又有违言，事即难举，不得已而先立大阿哥。

据此云云，则戊戌以后光绪之所以能保全帝位，一方面由于刘坤一之反对，另一方面亦因为外国公使之干涉。至于经元善在上海通电请求保护光绪之后，慈禧曾降旨指名严捕，亦因经元善匿居澳门炮台，得外国人的势力保护之故，竟不能将他逮捕归案，尤其使慈禧气愤不堪。这许多事情凑合在一起，使端王载漪引进义和团来发动仇洋运动的计划得以实现。《崇陵传信录》论此，云：

> 义和团之为邪教，即八卦、白莲之支与流裔，劳玉初京卿考证最详。顾朝廷所以信之者，意固别有所在——邵陵、高贵之举，两年中未尝稍释，特忌东西邻责言，未敢仓卒行，载漪又急欲其子得天位，计非借兵力慑使臣，固难得志也。义和团适起，诡言能避火器，以仇教为名，载漪等遂利用之以发大难。故虽廷臣据理力争，谓邪术不足信，兵端未可开，皆隔靴搔痒之谈也。

"邵陵"与"高贵"，都是三国时曹魏被废的皇帝。"邵陵"，指邵陵厉公曹芳；"高贵"，指高贵乡公曹髦。前者为司马师所废，后者为司马昭所杀。慈禧欲废光绪而畏外国使臣之干涉，适义和团有扶清灭洋及不畏洋枪大炮之说，于是慈禧的胆气大壮，打算用义和团来先灭洋人，再废皇帝。于是乃出现了庚子、辛丑年那一场滔天大祸，洋人未灭，而自己遭殃。恽毓鼎说："甲午之丧师，戊戌之政变，己亥之建储，庚子之义和团，名虽四事，实一贯相生，必知此而后可论十年之朝局。"再明白一点，我们甚至更可以说，凡此变局，事实上都因慈禧与光绪间之嫌隙而起，其肇端者则为慈禧，亦无不可。然则，慈禧太后之因揽持权力而成为晚清中国的祸胎，其事实也是十分明白的了。

自从戊戌政变光绪被囚禁瀛台之后，朝政大权尽出自慈禧之意旨，光绪虽然暂时尚能保持他的皇帝名义，却已变成了真正的傀儡皇帝，大小事情一切都不由他做主，备位而已。虽然如此，当"庚子拳乱"，北京不守，太后挈皇帝仓皇西奔之后，慈禧自己亦知道，这一场滔天大祸都由她攘夺光绪之政权而起，为了平息天下人民的怨愤，也曾在表面上颁一诏书，表示愿意变法图强，与民更始之意。这一诏书颁于光绪二十六年十二月，颁诏之人当然是名义上的皇帝——光绪。但其措辞却十分可笑，抄录一段如下：

> 世有万古不易之常经，无一成不变之治法。穷变通久，见于大《易》。损益可知，见于《论语》。盖不易者三纲五常，昭然如日星之照世，而可变者令甲令乙，不妨如琴瑟之改弦。伊古以来，代有兴革，即我朝列祖列宗，因时立制，屡有异同。大抵法积则敝，法敝则更，要归于强国利民而已。自播迁以来，皇太后宵旰焦劳，朕尤痛自刻责，深念近数十年积习相仍，因循粉饰，以致成此大衅。现正议和，一切政事，尤须切实整顿，以期渐图富强。懿训以为取外国之长，仍可补中国之短，惩前事之失，乃可作后事之师。自丁戊以还，伪辩纵横，妄分新旧，康逆之祸，殆更甚于红祸。殊不知康逆之谈新法，乃乱法也，非变法也。该逆等乘朕躬不豫，潜图不轨，朕吁恳皇太后训政，乃拯朕于濒危，而锄奸于一旦。实则剪除乱逆，皇太后何尝不许更新？损益科条，朕何尝概行除旧。执中以御，

母子一心，臣民共见。

这一道诏书，不但将主张变法图强的美意归于慈禧，并且斥康、梁之变法为"乱法"而非"变法"，其目的不过在离间宫廷，谋危社稷。照此说法，慈禧倒是主张变法图强之人，而"拳变"之来，反是由于光绪在位数十年来的政治积弊所造成，其责任全在光绪了。这种强颜回护、诿过他人的诏书，明是慈禧所授意，却要以光绪的名义颁发，等于要光绪在全国臣民之前自承有罪，自责自骂而自打嘴巴，又不管其事理上是否能说得通，看了实在教人莫名其妙。想不到光绪之频年未废，留到如今还有这一项用途——可以为慈禧文过饰非，做替罪之羔羊。事理之出人意想，恐怕没有比此更甚的吧！不过，据说慈禧在这一段时间内确实也很感到内疚，所以对光绪的钤制与约束也比较放宽，而监控多年稍得自由的傀儡皇帝，居然也能稍有表现，说来似乎颇为奇特。这可以举出两件事实来作为例证。

一是恽毓鼎的《崇陵传信录》所说，辛丑和议既成，太后与皇帝自西安回銮，驾至保定，诏旨询问礼部："回京后谒祭宗庙，当用何服色？"祠祭司司官议用素服以示待罪之意，而尚书徐郙则主张用吉服。光绪阅奏发怒，"掷诸地。乃改常服行事，乐设而不作"。由这一事例，说明了"庚子拳乱"以来，光绪在某些政事上似乎已可稍微表示其个人意见，不致成为十足的傀儡。

二是署名"酬鸣"所撰的《书庚子国变记后》，引"拳变"时扈从帝后西狩的某随驾官员所说："至太原，帝稍舒。一日，召载漪、刚毅痛呵，欲正其罪。西后云：'我先发，敌将更要其重者。'帝曰……'论国法，彼罪不赦，乌论敌如何？'漪等颡亟稽。时王文韶入，西后曰：'王文韶老臣，更事久，且帝所信，尔谓如何？'文韶知旨，婉解之。帝退，犹闻咨嗟声。漪等出，步犹栗栗也。未几，刚毅恚而死。"载漪和刚毅召拳速祸，同是拳乱之祸首，但二人深得慈禧之宠信，拳祸始起时，更是气焰万丈，红极一时，想不到在这时却会被他们视为傀儡的皇帝痛加斥责，甚至要将他们绳以国法，虽慈禧亦无法为之保护，真是"情何以堪"？载漪、刚毅尤为光绪所痛斥，则光绪之能够稍为"发舒"，当然亦应是事实。

不过，光绪即使因慈禧之钤制稍宽而稍能发舒，恐亦只是容他稍微表示意见而已，如果真欲有所行动，慈禧必不容他脱出控制能及的范围。这也可以举出两项事实为证。一是酾鸣所撰的《书庚子国变记后》所说：

> 已定议再西，帝尤愤。抵潼关，帝云："我能往，寇奚不能？即入蜀无益。太后老，宜避西安，朕拟独归。否则兵不解，祸终及之。"西后以下咸相顾有难色，顾无以折帝词，会晚而罢。翌晨，乃闻扈从士嘈杂戒行，声炮，驾竟西矣。帝首途，泪犹溢目也。某官又闻某黄门云，联军之炮击宫城也，帝冠服欲往使馆。西后亟止之。帝曰："彼军法文明，朕往，必无害，且可议款。"西后以为狂发，疾引之行。

这一段记述两次提到光绪欲自赴联军营中议和，但为慈禧所阻，挈而俱西。这一点，王照所撰的《方家园杂咏纪事诗》中也有类似的记述。其第七诗云：

> 胡骑原来识代宗，共钦中国有英雄。
> 早教拨雾青天见，单骑何劳郭令公？

其下注云：

> 太后之将奔也，皇上求之曰："无须出走，外人皆友邦，其兵来讨拳匪，对我国家非有恶意。臣请自往东交民巷向各

国使臣面谈，必无事矣。"太后不许。上还宫，着朝服，欲自赴使馆。小阉奔告太后，太后自来，命褫去朝服，仅留给一洋布衫，严禁出户，旋即牵之出狩矣。銮舆出德胜门，暮驻贯市李家。明日至昌平，遇岑春煊以甘肃马队来迎。上求春煊分护太后西巡，上自回京议和。春煊仰体太后之意，佯不敢任。于是西狩之局遂定，而中外之交涉扩大矣。

又，第九诗云：

> 召乱人知是牝鸡，来苏我后正同奚。
> 将军手把黄金印，不许回銮愿向西。

其下注云：

驻跸太原多日，上仍求独归议和，太后及诸臣坚持不放。其实，是时早归，赔款之数可少，而外人所索保险之各种条件，皆可因倚赖圣明而无须提出，公论昭然。怀、愍、徽、钦之祸，万不容拟议，其理至显。而诸人因识见腐陋，不知此者十之九，明知而佯为不知者十之一。此十之一，则为太后、荣（禄）、王（文韶）、岑（春煊）诸人也。时岑幕中有张鸣岐者，年少锐敏，力劝奉皇上回京，收此大功。岑词穷而不语。盖岑春煊奸人之雄，不论是非，专视多助者而助之，且素以夤缘太监得慈眷，至是因力主幸陕，得升陕抚，与袁世凯宠遇不相上下。高欢、宇文泰分道扬镳，非偶然也。

两书的记载并同，可知光绪当北京危急及由太原西行时，确有自与联军议和之意，只是为慈禧所阻，无法遂行其意图而已。慈禧不愿光绪自与联军议和，自然是深怕光绪脱出其掌握后无法控制。届时如果各国公使尊之为中国的真正元首，事事与光绪直接交涉，则慈禧所凭借以号令天下的本钱便告落空，而此正是她最恐惧的事实，如何可以容许其实现？因此，她与她所亲信的荣禄等人，明知光绪出与联军议和，必可减轻联军的要挟勒索，减轻国家人民所受的祸害，亦因基于个人利害之故而绝不容许。"庚子拳乱"后李鸿章与各国商定和约，各国以中国政府仇外态度无丝毫转变为理由，百端要索，多方勒逼，终于使中国所需要给出的赔偿费高达天文数目，国家人民所遭受的损害经年难缓。假如光绪当时能亲出与联军议和，各国的态度绝不致如此恶劣，当然可以因此而大为减轻国家的损失。由此而言，慈禧因权力欲望而不肯放弃对光绪的控制，因不肯放弃对光绪的控制而宁愿使国家人民所遭受的损失因此而大为增加，在她亦毫无顾惜。光绪与慈禧间的嫌隙，其间接影响如此之大，诚然使人慨叹！

光绪无法摆脱慈禧对他的控制，慈禧就可以挟持光绪的形式，始终做着大清帝国的最高主宰，富贵荣华，奢侈浪费，极尽人生之享乐。虽然如此，她对于光绪还要多方凌迫虐待，使他过着无法忍受的痛苦生活，其用心何居，实在使人无法了解。清代野史记有很多光绪被慈禧虐待的资料，一一胪举，无虑数十条之多，当然不可能逐一抄录。就中以《清朝野史大观》中的"寇太监述闻"一条，所叙比较概括，读之可以概见其余，所以将它抄录在后面：

　　奏事处太监寇连材，侍西后久，颇得力，太后深倚之，因派令伺候皇上，实则使之监督行止，侦探近事也。讵寇有义烈气，见皇上之无权也，愤甚。一日，长跪太后前，极言皇上英明，请太后勿掣其肘。又言国帑空虚，民力凋敝，请太后节省费用，罢颐和园工程。西后大怒，立杖杀之。据寇云："中国四百兆人，境遇最苦者无如皇上。自五岁起，无人亲爱，虽醇邸福晋，亦不许见面。每日必至西后前请安，不命起，不敢起。少不如意，罚令长跪。一见即疾言厉色。积威既久，皇上胆为之破，如对狮虎，战战兢兢。日三膳，馔虽十余，然离御座远者半臭腐，近御座之馔，即不臭腐，亦久熟干冷，不堪下箸。以故皇上每食恒不饱。有时欲令膳房易一适口品，管膳者必面奏西后，西后辄以俭德为责。至那拉后穷奢极欲，挥金如土。颐和园工程一年不停，陆则铁路，水则火轮舟。每夕数百盏电灯照耀达旦，远望如琉璃世界。即电灯一项，每夕须六百金。膳品，北洋大臣时晋海味，南方鲜果，西后身边使女反得染指，皇上不能。其伶仃孤苦，醇邸福晋言及，辄暗中流泪。"

寇连材因进谏而遭慈禧杖杀，事在光绪二十一年，戊戌政变发生之前。据此云云，则即使政变未曾发生，慈禧对待光绪已极严酷。洎政变发生，慈禧视光绪如仇敌，无怪乎种种不堪的虐待与禁制都要一一出现了。光绪自小受慈禧之严威酷遇，以致养成了他对慈禧之畏惧习惯，其后来之不敢萌生反抗之念，未始不是由此所造成。这是不是慈禧所有意安排的教育方式？不知道。若以慈禧之揽权欲望及后来之行事而言，则事实正有此可能。但她在当年又何以不能以此来训练她自己的儿子同治呢？推想起来，亦自有故。这是因为同治的个性远较光绪为倔强，倔强的个性不能过分摧折，即摧折亦未必便能陶铸成自己所希望的范型，此是理由之一。理由之二，则因其时尚有慈安太后在。同治虽为慈禧所出，但自幼即喜亲近慈安。慈安在名分上是嫡母，同治亲嫡母而不亲生母，慈禧虽狠毒，对此却无可奈何。到了光绪入宫教养时，一切条件均与此相反，于是光绪苦矣！

自戊戌政变以后，皇帝变成阶下之囚，不但行动不得自由，其所遇亦更苦。野史传闻，有所谓打落牙齿而不准医治，以致痛苦不堪之说；

又有故意赐茶、赐食，使之胀饱不堪，而慈禧及其近侍阉人反引为笑乐之说，不胜枚举。虽传说纷纭，其间究多附会揣测之谈，不可尽信。光绪时曾任监察御史的蜀人高树，曾撰《金銮琐记》一书，以其见闻所及随事笔记，语气和平，叙事平实中肯，颇有掌故价值。摘录数条于后，以见一斑。

《金銮琐记》中所写的掌故，均为史诗式，每事一诗，后附注记，读之颇饶兴趣。其中一首云：

> 朝罢归来撤御桥，湖边老屋冷萧萧。
> 神龙或挟风云遁，权用瀛台作水牢。

其下注云：

> 民间言光绪皇帝坐水牢，余甚疑之。近年往瀛台瞻仰，湖边老屋数间，破槛当潮，虚窗待月，风嗖嗖而树急，波淼淼而云愁。行人指桥之中有机关转换，朝罢归来，忽然桥断，诚与水牢无其异云。

又一首云：

> 郁垒神茶列队围，语传青鸟怕谗诽。
> 轩皇久厌人间世，一旦骑龙下殿飞。

其下注云：

> 自寇太监杖毙，皇上左右皆易之。闻有一日皇上逃出西苑门，太监多人扭御发辫拉入。山人乾清门缴还朱批，遇皇

上便衣步行墀下。山人避入南书房窥觇，见皇上仰首向天而望，又行至乾清门，太监十余人拦阻去路。皇上由桥洞穿出，升东阶，坐轿入东巷，左右前后围随有百人，不能逃也。

又一首云：

> 非无火枣与水桃，颐养还须判逸劳。
> 王母何尝添白发？圣躬腊瘦似唐尧。

其下注云：

> 太后无一茎白发，是善养；德宗腊瘦，是太劳。

这几首诗以皮里阳秋的笔调，反映出光绪境遇之酷与慈禧自奉之奢靡逸乐，虽着墨无多，而颊上三毫如见。历史学家多承认光绪是历史上最苦命的皇帝，而孰为之？孰令致之？说来怎不使人浩叹！

慈禧对待光绪一项最狠毒行为，见于"拳乱"西行之途中。王照所撰《方家园杂咏纪事诗》中有一首云：

> 辛苦挥戈盼日中，谈言微中狄梁公。
> 那知阴蓄滔天势，祸水横流汉火终。

其下注云：

> 自溥儁入宫，宫中诸人心目中，皆以儁为宗主，视上如赘旒。而儁性骄，谓上为疯为傻，昌言无忌，上佯若不闻。及西巡，所至，太后皆命儁与隆裕同室，意因上性刚烈，可

以挫辱致死。而上知其意，始终以呆痴应之。

由此可知，慈禧欲致死光绪之心，自戊戌政变至此，始终未变。其间虽一度曾因良心发现，而稍予光绪以发舒身心的机会，时间亦不会很久。而光绪在慈禧这种处心积虑的凌虐迫害之下，居然能假痴假呆地维持了十余年之久，其毅力亦实在很使人觉得惊异。光绪为什么要在这种常人所不堪的处境之下，忍辱偷生至十余年之久？这大概亦有两种原因：第一是他所秉承于父母的伦理观念与师傅的训诲，相信为人子者当敬事父母而恪尽孝行，父母即有失德，子女仍不可有抗逆颜行之举。所以，他认为"逆来顺受"并非可耻之事，无论慈禧对他如何恶意凌虐，他都需要无言忍受。第二是他知道慈禧年事已高，七十几岁的老妇人即使保养得好，毕竟总是老年人了，稍有不慎，随时可以发生变故。而光绪此时不过三十余岁，只要他能忍辱偷生地等到慈禧咽气，他就可以顺理成章地收回皇帝的大权，届时不但可以自由发舒其政治抱负，即平日所受的无穷怨气，亦可一朝而扫除净尽。但是，他的这种忍耐、等待的坚毅精神，却逃不过慈禧的耳目。光绪三十四年十月，慈禧病泄泻，数日不能起。有人在慈禧跟前进谗说，皇帝知道太后病重，面有喜色。慈禧听了大怒，说："我不能先尔死！"语见恽毓鼎《崇陵传信录》。由于慈禧有过这怒气冲冲的狠话，果然，就在慈禧病死前一天，光绪亦不明不白地"龙驭上宾"了。皇帝与太后在先后两天之内接连死亡，其中的疑窦实在太大。因此，光绪之死也成了清宫中的一重疑案，至今仍是众说纷纭，莫衷一是。

对于这个问题，笔者曾撰《光绪皇帝之死》一文，登在《大华晚报》的《淡水河》副刊，其后又收入拙作《阎罗包老与张龙赵虎》一书内。此文讨论光绪的死因颇为详尽，本可不必在此多赘。但因近来笔者对此颇有新的发现，觉得以前的观点并不十分正确。为了明白事理的真相，及使本文的读者对此能有完整的了解，所以必须重新在这里交代一番，一则便于文章的叙述，使文意不致中断，再则修正自己的不正确观念。

恽毓鼎《崇陵传信录》：

> 德宗天表静穆，广额丰下，于法当寿。颖悟好学，有以圣学叩翁师傅者，则以鲁钝对，盖知太后忌之，不敢质言也。上素俭，衣皆经澣濯缝纫，声色狗马之好，泊如也。孝钦嗜梨园曲，上不能不预；或传上善挝鼓，事亦无征。畏太后甚，上本口吃，遇责问，益战栗不能发语。归自西安，尤养晦不问事，寄位而已。左右侍奄，俱易以长信心腹，上枯坐无聊，日盘辟一室中。戊申秋，突传圣躬不豫，征京外名医杂治之。请脉时，上以双手仰置御案，默不出一言，别纸书病状，陈案间。或有所问，辄大怒；或指为虚损，则尤怒。入诊者佥云："六脉平和，无病也。"

"戊申"即光绪三十四年，光绪时年三十八岁。光绪无病而慈禧指为有病，至于降旨征集京外名医"杂治"之，其动机是否亦如"戊戌变法"之后，光绪初被幽禁于瀛台，慈禧有意借此害其性命的情形一般，实在非常使人怀疑。当时曾为光绪治病的医生中，有一人名力钧，字轩举，福建人。从力钧为光绪治病的情形中，我们可以看出光绪此时究竟害了什么病。

陈声暨编《侯官陈石遗先生年谱》中，有力钧的一段资料，说：

> 轩举名钧，永福人，己丑举人，号医隐，官农工部郎中，能医。庆邸荐供奉内廷，医西后屡效，赏赉优渥，加四品衔。德宗亦命诊病。有间，后怒曰："力钧胡尚不死？"而外间则以为力钧将为后药死德宗也。轩举丈危惧无以为计。先母

病中闻之，谓家君曰："轩举，君熟人，何忍坐视，不甚之称疾？"轩举丈乃以鸡血滴唾壶，伪称咯血。内廷遣太监来验而信，乃免。

与此可以参看的，是林纾所撰的《力医隐六十寿·序》，云：

> 泚笔为文，不能无感于涵元旧事也。涵元者，瀛台寝殿，德宗驻跸地也。医隐奉东朝懿旨，拜觐于乐寿堂，诊服署方，大称旨。赐羹、赐锦缎、赐克食、宠赉隆渥。一日，趋近辇道，崇陵驾至，医隐敛避不及，长跪道侧。崇陵曰："力钧，若供奉禁中，朕知若之深于医也。"医隐顿首谢。越月，手敕召力钧。既朝涵元殿，力请屏药弗御，调护得宜，圣躬当日健，稍陈服食数事。既退直，东朝之赐立止，巨珰相见，悉反恒状。供奉三月，引疾归，遂绝朝请，则日治田于南苑矣。国变后，与余同寓析津，出所录《崇陵朱书脉案》一卷，言外皆含幽郁之气，彼此怆唶。医隐珍秘此卷，不以示人也。

上文所说的"东朝"，指慈禧；"崇陵"，指光绪。照上面所说的情形看，光绪当时实无疾病，否则力钧何以劝他"屏药弗御"，只须"调护得宜"，"圣躬"便可"日健"呢？然而此却不是慈禧所乐见之事，所以一听说力钧为光绪诊病有效，便痛加署斥，而力钧亦不得不借病引退了。此时慈禧身体尚健，虽有致死光绪之心，尚未亟亟付之实行。及至慈禧自己患病之后，情形就逐渐不对了。《崇陵传信录》云：

> 十月初十日，上率百僚晨贺太后万寿。起居注官应侍班，先集于来熏风门外。上步行自南海来，入德昌门。门镶未阖，侍班官窥见上正扶奄肩，以两足起落作势，舒筋骨，

为拜跪计。须臾，忽奉懿旨："皇帝以病在床，免率百官行礼，辍侍班。"上闻之大恸。时太后病泄泻数日矣。有谮上者，谓帝闻太后病，有喜色。太后怒曰："我不能先尔死。"十六日，尚书浦良自东陵复命，直隶提学使傅增湘陛辞，太后就上于瀛台，犹召二臣入见，数语而止。太后神殊惫，颜黯淡。十八日，庆亲王奕劻奉太后命，往普陀峪视寿宫，二十一日始复命，或曰有意出之。十九日，禁门增兵卫，讥出入，伺察非常，诸奄出东华门净发，昌言："驾崩矣。"次日寂无闻。午后，传宫中教养醇王监国之谕。二十一日，皇后始省上于寝宫，不知何时气绝矣。哭而出，奔告太后，长叹而已。以吉祥轿舁帝尸出西苑门，入西华门，皇后被发，群奄执香，哭随之。甫至乾清宫，有侍奄驰告太后病危，皇后率诸奄跟跄回西苑。李莲英睹帝尸委殿中，意良不忍，语小奄曰："盍先殓乎？"乃草草举而纳诸梓宫。时礼臣持殓祭仪注入东华门，门者拒不纳，迫回部具文书来，乃入乾清门，则殓事久毕矣。

这一段记述有可注意之点二：第一，慈禧在十月初十日寿诞时已不适，乃不因太后有病免贺，反借口"皇帝卧病在床"，免其朝贺。第二，十月十九日群奄出东华门净发，已昌言皇帝"驾崩矣"。至十月二十日，慈禧谕令醇王监国。二十一日，皇后往视光绪，则已"不知何时气绝矣"。同日，慈禧亦死。有此重大疑窦，乃使人怀疑光绪之死实系慈禧之预先安排，其死因更疑不能明。假如光绪之死期果如清代官书所说，是死于十月二十日，何以在十月十九日那一天，太监们就敢公然宣言"驾崩"呢？《清稗类钞》"两宫先后升遐"一条亦说：

光绪戊申十月十九日，迎醇王载沣之子入宫。时孝钦后已病笃，尚召至床前。明日，德宗宾天，枢臣草遗诏，孝钦扶病披阅。又明日，孝钦上仙。盖两宫升遐，相去仅二（一）日耳。

光绪之有病、无病不能明，而慈禧在将死之前，即为光绪预立嗣君，又决定以醇王监国，及以皇后为皇太后，则慈禧必然已自知不起，光绪亦已不可能不死。光绪死于非命之说，其原因在此。而反观当时医者所传的光绪病况，则光绪之死，其可疑之处乃更多。

高拜石撰《古春风楼琐记》有《谁是毒杀光绪帝的凶手》一文，引述其时为光绪治病的医生杜钟骏所撰《德宗请脉记》，叙光绪于此年七月患病以至十月二十日驾崩的前后情形甚详。据杜书所说，杜钟骏于七月中开始为光绪诊病时，光绪确实有病，且其病在"积虚已久"，"非二百剂不能见效"。遂以"二至丸"及"归芍六君汤"为主，拟方呈进。至八月，一太监向杜夸赞其脉理甚好，说："太医开的方子，万岁爷往往不吃，你的方子可吃了三剂。"其后光绪的病情渐变，由腹胀而变为便溏、遗精，及腰酸腿软。由于所用医生多至六人，寒温杂进，攻补互用，杜的意见未被重视，病情日见沉重。至十月初十日，慈禧太后万寿，御仪鸾殿受贺。翌日召见军机，谓："皇帝的病，越来越重，头班用的药，完全没有效果。"云云。至十月十六日，光绪犹召见臣下。十七日夜间，内务府忽派人传知皇帝病重，催医诊脉。急至内务府，另一医生周景焘已诊毕退出，谓皇帝病重。杜由内务府大臣增崇领至瀛台，为光绪把脉。退出后至军机处拟方，脉案中有"实实虚虚，恐有猝脱"语。内务府大臣继禄谓如此写法恐不妥，杜云："不照这样写，若变出非常，实难负此责任。"继禄将此情禀报军机大臣，醇王载沣对张之洞："脉案不必写，我们知道就好。"至十九日，宫中电话频传，促内务府预备皇帝宾天仪式。二十日，由早晨候至中午，始有太监二人来传诊脉。至瀛台，光绪方合眼静卧，按脉时霍然惊醒，口耳鼻一时俱动，似为肝风之象。回至军机处，杜对继禄、增崇等人说："皇帝一定不能度过今晚，不必开方了。"继禄等坚持要开方，遂写"危在旦夕，拟生脉散"等数语而退。其日申时，光绪即告驾崩，云。

前述杜钟骏撰《德宗请脉记》，笔者未见原书。而据高拜石先生说，此书印刷精美，每版十一行，每行十七字，遇"皇太后"及"皇上"等字，均抬头书写，可见下笔时尚在清室逊位前，出版则在清亡之后，"其史料价值较高"。高翁以为此书乃清亡以前所写，于清亡以后印行出版，其说当或可信；但若以此书乃杜钟骏所写，而杜曾在光绪死前为之诊病，其史料价值便因之而"较高"，笔者之意，殊不为然。因为，当时为光绪诊病之医生凡六人，其中的周景濂（杜书讹为周景焘），亦曾对当时情形有所叙述。比对二说之同异，当可知杜钟骏在《德宗请脉记》一书中所写的，究有多少可资采信的价值。

《东方杂志》第九卷十二期，载有署名"谷虚"所写的《清宫琐记》一文，其中有周景濂所说的光绪宾天情形，录之如下：

> 太后以帝疾，召医诊视。向例，诸医入内时，须先集议，应用何项药物，亦必先为拟出，以期诊视大略相同，初不计方药对症否也。太医周景濂君与余最善，常侍帝。据云，帝原无大症，诸医皆以平和剂进之。且云，在宫内最惨之役，即景帝崩时。当景帝未崩前数日，予即得景帝驾崩之耗，其所宣布之日期，实非确期也。据云，在宫侍帝疾时，共有六人，死其二，其余诸医，日仅得一食，因饿失血又凡三人，请假亦不得出。当景帝宾天之日晨，内监召太医入，只周君与陈君二人膝行而进。帝在东床卧，以手召周医而前，瞠目指口者四。盖此时内监只有一人，而宫中器物，皆被宫人偷窃殆尽，只余一玉鼎。周知帝欲得饮食，然无处寻觅，且周君已两日未食，吐血皆纳诸袖中，彷徨无以为计。旋见帝转侧，吐血盈床，跪近视之，无少声息。近午，醇亲王到，问

帝状。周医以"当是驾崩"对。醇王以怀镜接近帝嘴，见无嘘器，即匆匆去。旋报皇后至，两医匿于阶下，闻哭声。旋有内监十余人到，人声渐杂，周君及陈君始得出宫。迨出宫外，见街市卖食物者，即就地而食，曰："此是天堂也。"而街市贸易如常，并未闻有人谈及帝崩消息，始知其事尚在秘密也。

《清宫琐记》的作者谷虚，前清时曾当差于内务府，所知宫廷掌故甚多。据他本人所说，这些掌故，"或由目睹，或由传闻，类皆事实，非如外间捕风捉影妄逞奇谈者可比。清廷改革后，市上所售清廷稗史及清后秽史等书，皆情节离奇，谬妄特甚，于事实皆大相违背。盖所传皆臆度之词，并无其事，不胜其驳正"，故将所知之事笔录为文，以为纠谬辟妄之用。果如所说，则谷虚之撰此文，当没有蓄意捏造史责，以淆乱视听之目的，所说理应可信。试将《清宫琐记》中所述有关光绪幽禁生活及慈禧临终择立溥仪等情形，与其他书籍比勘，大致翔实可信，则所记光绪宾天情形，应当亦为事实。以此文与杜钟骏的《德宗请脉记》比较，便可知道杜书显多不实之处。

杜钟骏说，他为光绪诊病，最初所见的情形是"左边尺脉弱，右边关脉弦。左尺弱为先天肾水不足，右关弦为后天脾土不调"，所以其症为"积虚已久"，"非二百剂不能见效"。此说不但与力钧劝光绪"屏药弗御"，"调卫得宜，圣躬当日健"，及恽毓鼎所说，"入诊者金去，六脉平和，无病也"的情形不符，而且与周景涛所说"帝原无大症"的情形，也对不上榫。若说杜钟骏当时乃是为光绪诊病之人，则同时为光绪诊病的力钧与周景涛，何以又与杜钟骏所说大不一样呢？何况撰《崇陵传信录》的恽毓鼎，乃是随侍皇帝的"起居注官"，地位接近光绪，所知又最为详细呢？据此可知，杜钟骏的《德宗请脉记》一书，是否有捏造史实及涉嫌为致死光绪之人洗脱罪名的可能，十分可疑。

再则，杜钟骏的书中并说，光绪在十月十一日慈禧寿诞以后，已有病势"越来越坏"之说。至十七日，更因虚极而有"猝脱"之虞。至二十日入诊，口耳鼻一时俱动，似为肝风之象，显已危在旦夕。至其日晚间，光绪果然驾崩，云。按，清代官书称光绪死于十月二十日之晚间，此书为其作证，可以证明官书所说不虚。但其中显然亦有两点与他书不符：一是恽毓鼎的《崇陵传信录》所说，十月十九日，"禁门增兵卫，讥出入，伺察非常。诸奄出东华门净发，昌言驾崩矣"。宫门增加兵卫而森严戒备，是表示宫中此时已出大事；而太监们群出东华门净发，"昌言驾崩矣"，更显示此时所出的大事是皇帝已死。既然在十月十九日那天就已言皇帝驾崩，二十日何以仍须传医入诊？二是谷虚所撰《清宫琐记》引叙医生周景涛的话说，早在十二月二十日官方所宣布的光绪死亡日期之前，他就得到光绪驾崩的消息，"其所宣布之日期，实非确期"。据周景涛所说光绪临死前之情形，光绪之死，乃是由于饥饿吐血，并非所谓"肝风""猝脱"。这两点与杜书所说出入更大。如杜说可信，则恽毓鼎与周景涛所说应皆属于虚构；但如恽、周二人所说属实，亦当是杜说出于虚构了。究竟何说可信，尚须以他书证之。

简又文先生曾于民国二十五年搜集到一项文字记录，名为《诊治光绪皇帝秘记》，乃是广东番禺籍的西医屈桂庭所撰，追述他在光绪三十四年充任北洋医学堂医官时，曾因庆王奕劻之奏荐，入宫为光绪诊病之情形。此文登载于民国二十五年所出版的《逸经》杂志第二十九期，所记颇可用来与以上诸说比较、参考。录之如下：

时太后与皇帝均在西山颐和园。十四日清晨，庆王带引余觐见太后及帝于正大光明殿，光绪正面坐，太后坐其侧。太后问余："如何诊法？"余答："按西医规矩，要宽衣露体，且听且看。"太后许可，余即对光绪施用望、闻、问、切的诊视工作。余细察其病征有：常患遗泄，头痛，发热，脊骨痛，无胃口，腰部显是有病；此外肺部不佳，似有痨症，但未及细察，不能断定；面部苍白无血色，脉甚弱，心房亦弱。其人体质本非强壮，属神经过敏之质，加以早年色事过度，腰病之生，由来已久。彼不禁刺激，神经稍受震动，或闻锣鼓响声，或受衣裤摩擦，或偶有性的刺激，即行遗泄。且不受补，愈食补药，遗泄愈频。……自后，每日早晨，余即到诊一次。光绪帝平素服中药至为审慎，必先捧药详细检视。余诊视多日，见其呼吸渐入常态，用药亦颇有效。关于食物营养之选择。余屡行进言，彼亦照行，故病状颇有进步。其后太后与帝复回北京，仍居三海，余继续每晨入宫在勤政殿照常诊视。……余诊视一月有余，药力有效，见其腰痛减少，遗泄亦减少。迨至十月十八日，余复进三海，在瀛台看光绪帝病。是日，帝忽患肚痛，在床上乱滚，向我大叫："肚子痛得了不得！"时中医俱去，左右只余内侍一二人，盖太后亦患重病，宫廷无主，乱如散沙，帝所居地更为孤寂，无人管事。余见帝此时病状，夜不能睡，便结，心急跳，神衰，面黑，最可异者频呼肚痛，此系与前病绝少关系者。余格于情势，又不能详细检验，只可进言用暖水敷熨腹部而已。此为余进宫视帝病最后一次，以后宫中情形及光绪病状，余便毫无所知。惟闻庆王被召入宫，酌商择嗣继位问题，未几即闻皇帝驾崩矣。

屈桂庭以西医身份入宫为光绪诊病，由其所述情形，大致可以使我们得到如下概念：

一、光绪的病自九月中始渐见麻烦，但亦并非严重难治。诊断似为肺结核，但未能确定。这一层与杜钟骏所说亦不一样。

二、在此以前，光绪并不轻服中药，虽屡经中医诊视，光绪亦只付之等闲。其实际病情，不过是面色苍白、身体虚弱、遗精、腰痛、食欲不振、心脏衰弱等病征，自服用西药及注意食物营养后，渐渐转好。但至十月十八日，突患剧烈的肚痛，且频数不已，其情形与前病绝少关联，究竟由何致此，无从知悉。大概此即光绪致死之因。据此云云，则杜钟骏所说，光绪虽不吃别的太医所开方药，他的方子可吃了三剂。继又命"照此开方，不必更动"云云，当然亦都是不实的叙述。

三、十月十八日屈桂庭入宫所见，因太后病重之故，宫中已乱如散沙，在光绪左右侍病者只余太监二人。此与周景濂所说，光绪宾天之日，内监只余一人，器物皆被偷尽，光绪久时不得饮食，医生亦因饿毓失血等情形若合符节。既然慈禧在十月十八日即已病重，而她在以前又曾怒气冲冲地说过"我不能先尔死"的话，那么，光绪之不免一死，当然即决定于此时。这一层与周景濂所说，光绪的实际死期在官方宣布日期之前，以及恽毓鼎所说，宫中太监在十九日即已"昌言驾崩"等并皆相符，可知光绪之死期一定在十八、十九两天之间。而杜钟骏却说他在二十日尚入宫为光绪诊脉，见其状似肝风，断为不治，至二十日申时果然驾崩云云，全系向壁虚构之言，其作用不过在证实官方所宣布之光绪死期确为十月二十日，如此而已。

光绪之死期可能在十月十八之晚间或十月十九日，据官方所宣布之时间，则为十月二十日之申时。杜钟骏撰《德宗请脉记》，不但为光绪妆点病情，以强调其确实因病不起，又恰与官方文书所宣布的光绪死期相配合，以证明官方文书之正确可靠，凡此动机，都无法使人相信他的著作不是另有目的。他的目的究竟是什么？配合国策，为清宫廷掩饰光绪之真正死因而已。这样的著作显然是有所秉承而作。高拜石先生却因杜钟骏曾为光绪治病之故，而误信其书之"史料价值较高"，岂不恰好符合清宫廷的愿望吗？

不过话虽如此，高拜石的《谁是毒杀光绪帝的凶手》一文，毕竟还是相信周景濂与屈桂庭二人的说法，确定光绪之死系由于中毒。按，清废帝溥仪所撰的回忆录亦说，光绪系死于中毒，只是他相信"光绪非慈禧所毒杀"，而"系袁世凯所为"云。笔者以前亦相信此说有理，其后乃觉得其中大有问题。《方家园杂咏纪事诗》第十九首云：

> 袁崔晨夕通消息，线索新加小德张。
> 莫赤匪狐同利害，可怜忐忑肃亲王。

此诗说，肃王善耆以军队教练之法训练其所管之消防队，计划在太后得病不起，而光绪之生命有危险时，入宫援救，其后却因消息难通，而肃王又不敢冒险，以致终无所用。但其注文之前半段，却大可玩味。注云：

> 袁世凯入军机，每日与太后宫进奉、赏赐，使命往来，交错于道，崔玉贵更为小德张介绍于袁。小德张，隆裕宫之太监首领也。三十四年夏秋之交，太后病即笃，又令太医以皇上脉案示中外，开方进药，上从来未进一口，已视为习惯之具文。当日江侍御春霖向李侍御浚言曰："皇上知防毒，彼辈无能为。"岂料彼辈之意，不在方药中置毒哉？

这段话最可注意处在最后几句。江春霖对李浚说了"皇上知防毒，彼辈无能为"，意思当然是说，光绪为了怕慈禧在方药中做手脚，所以干脆只开方而不服药，药中置毒，绝办不通。但后文却又说："岂料彼辈之意，不在方药中置毒哉？"既不在方药中置毒，当然是在食物中置毒了。皇帝的饮食来自御膳房，光绪的警觉性既然如此之高，应当不可能随便食用外间所进奉的食物。袁世凯如要用毒，光绪一不服方药，二不食外来之物，试问此毒如何能到光绪口中？倒是御膳房的饮食日日送来，亦非吃不可——不吃岂不要饿死？慈禧倘命人在膳食中置毒，必能使光绪在不知不觉中吃下，那就无法可防了。笔者在前面亦曾说过，唐鲁孙先生曾听清宫御医太医院院判张午桥说过，光绪实死于中毒，下毒则系慈禧所指授。将这种种信息综合起来看，光绪之死因遂明白如见。其确实的死期亦必定不是官方所宣布之十月二十日晚间，而要较此早上一两天。这是因为光绪被毒死之后，慈禧随即安排立溥仪为君，并以醇王载沣摄政，仍须以光绪名义颁诏。如据实宣布光绪之死期，则一切均将另费周章而措手不及，故在事实上不得不暂时匿丧不作宣布也。不过，如此一来，恰好暴露了杜钟骏的伪证，亦仍然是其始料所不及的吧！

走笔至此，我们又可发现另一个值得提出讨论的假设——假如慈禧不是如此心狠手辣，在她自己临死之前毒死了光绪，以实践她所说的"我不能先尔死"的那句语，那么，后来的情形又当如何呢？

光绪因仁弱柔懦而为慈禧所制，虽在位三十四年，却只是坐拥虚名，无所作为，这已是我们所知道的事，但他毕竟不是真的无可作为之人。他有过发愤图强的决心，他尝试过维新变法的空前壮举，而且一直到他临死之前，流亡在海外的维新党人还以极崇敬的心情尊称他为圣明的皇帝。假如他不死于慈禧之毒手，当慈禧寿终正寝之后，他必然可以顺理成章地收回他的皇帝大权，以他昔日从事维新变法的雄心壮志，重新收拾局面，亟图振起。果真如此，醇王载沣摄政三年中的亲贵揽权情势就不可能出现，而汉人中的高级知识分子，亦必定因时有可为而不愿轻言革命。亲贵揽权使清末的政治变得更加浊乱而不可收拾，汉人之有识者亦因此而更加相信清朝必将覆亡，从而促使革命情势急转直下。这些情形可能因光绪亲操大柄而不致出现，那么，清祚再延亦当是必然之理了。

笔者之发为此说，并非对清朝之亡尚有惋惜之意，因为此文所谈论的是一些决定历史转变的关键性人物与契机，而慈禧之死，正是光绪摆脱其掌握之关键性时刻，却不料此后的转变却因光绪被毒害而走上亲贵揽权的道路，坐使清廷的覆亡时刻提早到来。然则这一关键性的转变契机，又岂可略而不谈了呢？

同治在位十三年，光绪在位三十四年，前后合共四十七年。这四十七年中，名义上虽然先后有过两个皇帝在位，但大部分的时间是慈禧太后在那里独柄太阿。幼主临朝而太后称制，在任何一朝的历史上都很难出现清明的治世，此一时期自然也不能例外。而慈禧在临死之前，还要毒死光绪，再安排另一个幼主临朝而皇太后干政的局面，清室焉得不亡？革命焉得不成功？所以，光绪之死与清运之终实有密切的关系。虽然说此事完全是由慈禧一手所促成，而其祸机之伏，则早在辛酉政变以后出现的垂帘听政之局，只不过到此时方才结成恶果而已。追溯这四十七年间的清代历史，诚不能不令人感慨系之！

光绪一生受慈禧之挟制，除了戊戌维新时期那一段不太明朗的政治改革以外，并无其他表现。也许读者对此不无疑问——假如慈禧没有把光绪毒死，让他在慈禧死了之后自掌政柄，他又是否能将当时的危险局面重新收拾整顿，再使国家走上安定富强的道路呢？这也是一个很有兴味的问题，值得加以探讨。

对于不会出现的可能情势轻加揣测，这并不是历史研究的范围。不过，假如我们从光绪的性格、才能等方面留意观察，对于上述问题的了解，也不无帮助之用。

《崇陵传信录》是叙述光绪一生历史最为公正而客观的书，此书对光绪之批评甚佳，说他："天挺英明，豁达大度，奋发欲有所为。处万难之会，遵养时晦，以求自全，有不得已之苦衷焉。"亲政以后，木厂商人玉昆以捐资助建颐和园而得授四川盐茶道，召见之日，光绪见其举动粗鄙，不通文墨，即日罢斥。鲁伯阳以通贿得上海海关道，江督刘坤一以其行止不端奏劾，即降为通判。恽毓鼎说："方请谒之言得入也，未尝不以'人才可用'欺上，迨觉其不称，立斥之，而不稍一护前。此如日月之食，何足为圣明之累耶？"这些记载说明光绪颇能有所作为，又能不护己短，沉毅坚忍，以养晦待时，由此可知光绪不是一个碌碌无用之人。如以其他资料中的有关记述相参看，亦很能证明恽毓鼎的说法为可信。

王照《方家园杂咏纪事诗》第十八首下注云：

> 上虽久知韬晦，而英锐之气往往不能自抑。王士珍之补副都统也，上曰："你这要与旗人共事了，他们都糊涂哇！"袁世凯之留京议订宪法也，上冷语曰："你的心事，我全知道。"袁不敢对。

又，费行简撰《慈禧传信录》云：

> 锡良移川督，凡四召见，后所语多寒暄，不及大计，帝相向无言。及请训，后方言："峡江险，尔以议铁路，须自鄂入川，水道宜自小心。"帝忽曰："近英、俄皆窥藏，藏倚川为后援，庆善、安成等皆庸才，藏事尔幸留意。"良后入川，考善、成等治藏状，果如帝言。尝为予言："帝有知人之明云。"

袁世凯在光绪末年，借勾结庆王奕劻结好慈禧以逐步发展其势力，于北洋军之外，更伸展其势力于满洲八旗。王士珍乃其部下得力将领，居然补放八旗之副都统，其野心可知。及其假名"议订宪法"而留居京师，则又可借此交结朝官，扩张势力。光绪冷眼旁观，知其意存叵测。而人皆为其财势爵禄所笼络，所以故用言语警惕，使其知所惧惮，于是袁世凯乃凛然而知皇帝英明，非一般旗下贵人之颟顸可欺。至于光绪之能察知驻藏大臣庆善、成安之琐鄙庸才，更可知道他对于人才的观察亦颇有精到之处。像这样一个皇帝，如果让他自操政柄，不但袁世凯不敢存篡夺之想，即使吏治之澄清与人才之登进，亦必是可见之事。

　　清室之亡，亡于宣统间之亲贵揽权，失尽人心，而袁世凯则气候已成，可以用他的力量来左右政局，渐谋篡夺。假如慈禧死后光绪有机会自亲大政，这些情势就不可能出现。所以，清室之亡的最后一个关键，便在慈禧之毒死光绪一事。王照说，慈禧实为民国革命得以成功的元勋，由上述各点而论，王照的话确实是很有道理的。

第二章

大小醇王

醇亲王（奕譞）　　小醇王（载沣）

他是一个才具平庸而志向远大的人，在同治年间，就很希望在政治方面能有所表现，只因阢于恭亲王而没有出头的机会。当慈禧太后表示对奕䜣不满时，奕譞认为这正是可为国家做一番事业的机会，最终被慈禧利用来排斥恭王，乃有光绪十年甲申朝局的变革。

醇亲王奕譞之子，宣统之父。慈禧临终前决定以载沣之子溥仪为帝，载沣为监国摄政王。当他执掌大权后，乘机集中兵权，谋加强皇室地位，巩固大清皇朝的统治，但却造成亲贵揽权，各立门户，互分派系，从事各种政治利益之争夺，于是清代末年的政治每况愈下。

大小醇王

◆

　　清代末年的醇亲王，是宣宗系下的近支亲王之一。宣宗的年号是道光。道光九子，长子奕纬、次子奕纲、三子奕继，俱早卒。四子奕詝，后来被立为清文宗咸丰帝。五子奕誴，封惇亲王。惇王的次子端郡王载漪，即被立为光绪大阿哥的溥儁之父，因"庚子拳乱"而大为出名。六子奕䜣，即清末有"贤王"之称的恭亲王，谥曰"忠"。七子即醇王奕譞。八子为钟郡王奕詥，九子为孚郡王奕譓。以上诸子，除奕纬、奕纲、奕继早卒，及奕詝已为皇帝，俱不论外，其余诸子，以恭、醇二王最为有名。恭王之有名，是因为他在同治、光绪二朝柄政甚久，政绩卓著；醇王之有名，则因为他家连续两代都出皇帝——前一个是奕譞之子光绪，后一个是载沣之子宣统，所以大小醇王都是事实上的太上皇。只可惜他们虽然都有儿子做皇帝，他们本人却都忧谗畏讥，并没有真正太上皇的滋味可尝。

　　奕譞死后的谥号是"贤"，所以一般习称为"醇贤亲王"，以别于其子袭爵为醇亲王的小醇王载沣。奕譞出生于道光二十年。文宗即位时，奕譞尚幼，所以初封只是郡王，直到咸丰九年，方分府别居。醇王的福晋有二，正福晋是咸丰帝跟前称为懿贵人、小名兰儿、后封懿贵妃的叶赫那拉氏之妹。由于这一层渊源，不但使醇王一系的子孙中先后出了两个皇帝，也使恭、醇两王在争夺政权时，醇王得以占据上风。但也正是由于这些原因，大清皇朝就一天天地走向没落的命运了。

醇郡王时期的奕譞，事迹并无可称。唯一值得提起的，是当咸丰病卒于热河行宫时，以肃顺为首的顾命八大臣与两宫皇太后之间发生了垂帘与不垂帘的政权争夺，此时奕譞适在热河，其福晋因系慈禧亲妹之故，得以数数入宫，为慈禧传递消息，又使奕譞转达于恭王，终于促成了恭王与慈禧的联合，打垮了顾命八大臣，而出现了两宫皇太后垂帘听政的局面。关于这一段往事，王闿运所撰的《祺祥故事》中曾有记述，这里无须多赘。另据李慈铭《越缦堂日记补》咸丰十一年十月初一日所记，则当政变密谋达成之后，两宫皇太后由热河回銮京师以前，即曾命醇王预草罢黜肃顺、载垣、端华等三人之诏书，密藏于贴身小衣之中，人皆不知。及回到京中，恭王率留京王大臣迎谒，孝贞皇太后于小衣中取出所藏诏书，交付恭王宣布肃顺等三人罪状，即日拿交刑部治罪，于是，一场在晚清历史上影响至为深远的"辛酉政变"，便在两宫太后与恭、醇二王的密切合作下顺利完成。论功行赏，恭王奕䜣因此加封为议政王，食亲王双俸，世袭罔替；醇王奕譞亦由郡王加亲王衔，授为都统、御前大臣，领侍卫内大臣。那一年，奕譞只有二十二岁，奕䜣则三十岁。

费行简《近代名人小传》中有《奕譞传》，说他："仪表俊伟，工骑射，负气敢任事。"又将他的性格、才能与奕䜣相比，说是："聪颖弗逮其兄䜣，而劲爽过之。"所谓劲爽，当然是劲直爽朗之意。奕譞的学识、才能与聪明才智，样样都及不上恭王奕䜣，偏偏他又生来具有这种劲直爽朗的性格，那就不免使他在很多地方容易冲动而自以为是，误以为恭王柄政时的所作所为都有重大的缺失，还不如他自己的识见正确。就事论事，恭王奕䜣自咸丰"辛酉政变"以来出领军机，至光绪十年甲申朝局变革，罢职家居为止，其柄政时间凡二十三年。在这二十三年之中，由慈禧太后之牵制干涉，与朝中舆论之指摘，使得他在处理内政、外交时不免畏首畏尾、顾虑太多，难免予攻击者之口实。但若以慈禧在位四十余年中的国家大势而言，恭王柄政的二十余年，毕竟与他去职以后的二十余年大有霄壤之别。刘声木所著《苌楚斋随笔》，曾有一条综论恭王奕䜣的政绩，说：

> 自粤捻匪乱平，论者每归美于湘乡曾文正公国藩、湘阴左文襄公宗棠、益阳胡文忠公林翼、合肥李文忠公鸿章，天下谓之"曾左胡李"。而不知当日能削平大难，推贤任能，其功尤在恭忠亲王。恭忠亲王感念文宗显皇帝友爱之殷，任用之专，誓竭力致身以为国。自咸丰十一年入枢府，久秉国钧，外省大政，悉听文正主持，用能重光日月，返我山河，洵非易事。闻语人云："我前在枢府，正值十八省糜烂，存亡未卜之时。一、军饷虽极浩繁，从未借一外债。二、天下十八省督抚，除官文一人外，尽用汉人。三、当时颐和园并未兴修。"云云。是恭忠亲王治国三大政，果能历久不渝，满汉之意见既平，自不致有宣统辛亥之变。谨按，恭忠亲王当国时，用人行政，备极苦心孤诣，实有外人所不及者。成都将军宗室岐子惠将军元，尝谓先文庄公云："恭王当国时，京官自五品以上，外官自司道以上，恭王自书名册一本，每人增注考语于下，用人时凭册支配，举措一时称最。"将军亲见此册，并谓先文庄公名下注："结实开朗"四字，云云。是当时用人虽未必至公，容有一二出人意表，然大端皆是，不能以一眚掩，亦可见当时忧勤惕励之切矣。

刘声木乃是淮军将领刘秉璋之子。刘秉璋官至四川总督，卒谥文庄，文中一再提到的"先文庄公"，就是他。刘声木以世家子而熟悉前代掌故。其父官四川总督时，与成都将军满人岐元同处一城，习闻岐元谈及恭王所记人事手册，所述自然亲切可信。而上面所引的这段文字，更十分赞誉恭王柄政时期的举措攸宜，政绩丰宏，言外之意，自然也就是对于慈禧之斥恭王而用醇王，深致其不满之意了。类似的记载亦见于徐沅所撰的《白醉楝话》，云：

> 唐宪宗时，崔群尝因面对，论及天宝、开元中事，以为："安危在出令，存亡系所任。"开元二十年罢贤相张九龄，专任奸相李林甫，理乱自此而分，洵确论也。以同光朝局而论，亦有与唐事相类者。"同治中兴"而后，湘乡曾文正、合肥李文忠诸公夹辅于外，而恭忠亲王密运枢机于内，虽外患渐侵，国事犹不至遽坏，枢府得人故也。至光绪甲申三月，恭王屏出军机，而以贪庸之礼王继之，时局日非，遂如江河之日下矣。是年退出军机者，为恭王及大学士宝鋆、李鸿藻、尚书景廉、翁同龢；新入军机者，为礼王世铎，尚书额勒和布、阎敬铭、张之万，侍郎孙毓汶、许庚身。枢臣全行撤换，为前此所未有。且新枢臣中惟阎文介（阎敬铭）差负清名，其余非平庸即贪黩，不孚众望。相传孝钦屡欲兴修离宫，皆为恭王所阻，既蓄意予以罢斥。而醇亲王奕𫍯亦与恭王不洽，授意孙毓汶密先拟旨，遂成此变局。礼王既领枢府，仰承意旨，以海军经费移充颐和园工程。外人知我无备也，越十年，遂有东藩之役。识者以为，甲午之外侮，先肇于甲申之内讧，仲堪此举，国之亡征，洵不爽矣。

这一段话以光绪十年三月的甲申朝局之变，比拟于唐玄宗开元二十年之罢张九龄而专任李林甫，以为是"理乱自此而分"的界线，所论实至恰当。但光绪十年三月的朝局变革，表面上虽因恭、醇两王之手足参商而起，实际上却是慈禧利用醇王老实易欺，以达成其排斥恭王之目的，醇王奕𫍯在此时恰好做了慈禧的工具。及至他自肩大任，发觉政事丛脞，而慈禧的个人私欲又十分难以满足之后，他的身上已被慈禧套上一副辔衔，虽欲求摆脱而不可得了。这虽然是慈禧的精明厉害之处，相形之下，也显出了奕谭的糊涂。所以，费行简说奕谭的个性劲爽可爱，其实应视为赞誉过甚的溢美之词。《花随人圣庵摭忆》的作者黄濬说，他在初到北平时，曾听闻放庵先生谈及："老七爷（醇王奕谭）实至糊涂，迥不如六爷（恭王奕䜣）之稳健。"对奕谭的批评虽似严刻，而以他在光绪十年三月朝局变革以后的种种作为看，"糊涂"二字，倒也是十分恰当的批评，只是受之者未免难堪而已。

劲直爽朗的性格，说得通俗一点，其实就是"直爽"。直爽之人，胸无城府而洞见底里，最容易受人利用。如果这种性格更掺入了柔懦仁弱的成分，便更成为容易受人控制的弱点。醇王奕谭这个人的性格，相信便是如此。"直爽"的部分，已见费行简所述；仁弱柔懦的部分，则不但见于他不敢开罪慈禧而事事将顺的诸般作为，亦可由他的两个儿子——光绪皇帝与小醇王载沣这两个人的柔懦性格中看出来。很明显地，光绪与载沣之柔懦仁弱，便是禀赋于奕谭的遗传。慈禧太后是一个猜狠鸷悍而城府极深之人，她既十分明白奕谭性格上的弱点，自然知道如何控制运用，作为实现其权力目的之工具。首先见诸事实的，便是在同治皇帝因恶疾而致夭折，大清帝国的皇位继承发生问题之时，慈禧太后悍然不顾他人的反对，决定选立奕谭之子载湉为帝这件事情。

关于慈禧太后选立载湉为帝的大概情形，见于《清史》的《德宗本纪》，引述如下：

> 同治十三年十二月癸酉，穆宗崩，无嗣，慈安太后、慈禧太后召惇亲王奕誴、恭亲王奕䜣、醇郡王奕谭、孚郡王奕譓、惠郡王奕详、贝勒载澄、镇国公奕谟，暨御前大臣、军机大臣、内务府大臣、弘德殿与南书房等诸臣定议，传懿旨，以上继文宗为子，入承大统，为嗣皇帝。俟嗣皇帝有子，即

承继大行皇帝。

至于两宫皇太后召集各王公大臣定议立载湉为帝的详细情形，则见于翁同龢的日记。前撰《同治与光绪》一文已曾引叙，现在为了叙事明晰起见，再在下面复述一次：

> 戌刻，太后召诸臣谕："此后垂帘如何？"枢臣中有言："宗社为重，请择贤而立，然后恳乞垂帘。"谕曰："文宗无次子，今遭此变，若承嗣年长，实不愿！须幼者乃可教育。现在一语即定，永无更移，我二人同一心，汝等敬听。"则即宣曰："某。"维时醇郡王惊遽敬唯，碰头痛哭，昏迷伏地，掖之不能起。诸臣承懿旨，即下，至军机处拟旨。

当时慈禧太后所宣布的"某"，即载湉。奕譞乍听之下，突然"碰头痛哭，昏迷伏地，掖之不能起"。很明显地，他与他的福晋都对慈禧之为人了解太深了。费行简《近代名人小传》记此云：

> 比闻懿旨，则以其子载湉嗣文宗，入承大统也，惊惧失措，纵声哭。后令退，弗能起，（奕）䜣乃挥奄掖之出。归即具疏，谓突值大行皇帝之丧，复闻新命，悲悸不知所为，触发旧疾，步履几废。乞罢诸职守，苟尽余生，为宣宗留一顽钝无才之子云云，词颇悲楚。得旨，准开各差使，以亲王世袭罔替。然谭夫妇皆知后惨刻，天性凉薄，己子称帝非福。自是亘年余闭门不接宾客，亦可痛矣。

由慈禧太后对待光绪之严苛少恩，最后并因政权冲突而对光绪横加虐待的情形看来，奕譞夫妇之不愿慈禧选立自己儿子为帝的心理，是很有先见之明的。然而，专制时代的礼法最重君臣之分，慈禧以皇太后的地位决定选立载湉为帝，出口便是"懿旨"，有谁敢不遵从？所以，奕譞除了痛哭昏迷之外，实在也毫无办法。更糟糕的是载湉做了皇帝之后，奕譞就成了事实上的"皇帝本生父"。本生父虽然与太上皇不同，但如皇帝握有充分的权力，而又希望将本生父变为太上皇的话，未尝不是没有实现可能。这就使得奕譞的地位十分困难——与慈禧太后将会处于位偪势钧的敌对地位，而他又知道这位皇太后是万万招惹不起的。为了远避嫌疑以表明心迹起见，他只有更加对慈禧太后表示恭谨与服从，以免招致不必要的猜忌。有此顾忌存在心中，便更为慈禧太后提供了一个可资利用的弱点。

奕譞在光绪即位之初借病废为名，奏请开去一切差使，以"苟尽余生，为宣宗留一顽钝无才之子"，这在慈禧而言，是不能不准的。因为载湉既为皇帝，总没有让他的生身之父再在朝中供职，反倒向自己儿子称臣上奏的道理。所以，奕譞在此奏呈上之后，旋即奉准解去一切职任，只令其照料普陀谷的陵工。

假如奕譞能始终恪守自己的疏言，"为天地留一虚縻爵位之人，为宣宗成皇帝留一顽钝无才之子"，从此远离政治上的恩怨纠纷，也许慈禧太后倒还真的无法利用他来作为自己的工具。无奈奕譞素来是一个才虽平庸而志却远大的人，早在同治年间，他就很希望在内政、外交等政治事务方面有所表现，只因扼于恭王而无法得到出头的机会。到了光绪七年慈安太后暴崩，奕䜣失去了最有力的支持之人，而慈禧太后又一再显示出她对奕䜣的不满时，奕譞不甘寂寞，认为他这时可以为国家做一番事业了。他的这一意向正好被慈禧用来排斥恭王奕䜣，于是乃有光绪十年三月的甲申朝局变革。

说到奕譞与奕䜣兄弟间的手足参商，其由来还真是源远流长。吴相湘撰《晚清宫廷实纪》曾经谈到这个问题，说：

醇王奕譞，赋性保守固执，素不主重用汉人，又少与外国人接触，对外之知识有限，实不过一耿耿愚忠人物也。同治初元，清议诋毁教士，朝臣摭拾浮言上奏，彼多右之。当京师北堂旧址重建洋楼，御史奏其同于炮台，"俯瞰宸园大内，狂悖莫甚于此"时，太后下总署议覆，恭亲王称其应毋庸议，奕譞即大不谓然。及同治六年总署筹议条约，以传教一事询疆吏，三口通商大臣崇厚独称天主教无异释、道，奕譞深恶其言，奏称"没齿鄙之"。同治九年之天津教案，实为奕譞所主持，由直隶提督陈国瑞组织青帮群众之有计划的排外运动，而结果以惩道府、杀首祸、遣使去法道歉了结，遂愤而请辞一切差使。历经太后温谕，翌年正月二十六日，始销假上朝，并手缮密折面呈太后，云："办夷之臣即秉政之臣"，"此格不破，甚可畏也"。对恭王的攻击，可谓至矣尽矣。此疏关系晚清之洋务实至深切，其最直接、最迅捷之影响，即守旧派力请停办一切模仿西法之制造局、造船厂等自强新政设施，虚憍言论因益嚣张，恭王惟有深自敛迹，痛心而外，不敢别持可否。太后意旨，亦为众论所劫而渐致动摇。自"鸦片战争"以还，一般学士大夫即袭取南宋腐儒之唾余，不顾国家之强弱，不论事理之顺逆，侈口言战，自诩忠愤，苛责君子，几无容身之地，纵容小人，愈得宽然无忌。同治九年天津教案后，此风益炽，以至实心任事之人恐难以自存，足见顽固守旧力量之大，足以淹没一切亟谋迎头赶上西洋各国，以自强立国之亲贵重臣也。抑恭王之心灰气沮，不敢主持大计者，不能承欢太后意旨，及朝论庞杂而外，手足参商，醇王之无情打击，亦其主要原因。观乎上录同治九年醇王密疏，足见一般。

由这一段论述可知醇王与恭王之手足参商，最初是由于维新与守旧之思想冲突，后来又变成了应采取强硬还是妥协的外交政策之争。光绪十年，中、法因越南问题发生外交纠纷，恭王主持重，而激进派主对法作战，一时朝中议论蜂起。醇王奕譞不赞成恭王的忍让退缩，其议论与观点恰与慈禧相合，而慈禧对恭王早已心存不快，久欲排去恭王而自揽政柄，只是苦于没有可以代替恭王的人选。恰好醇王奕譞在此时有跃跃之心，慈禧因势利导，巧妙地加以利用，于是就有了光绪十年三月的朝局变革。

说到恭、醇二王对于越南和战问题的意见参差，应当先从法国之觊觎越南，并进而与中国发生冲突的往事说起。若追溯其渊源，可以一直上溯到越南后黎朝的嘉隆皇帝与阮朝作战，委托天主教神父百多禄前往法国请求援助，并以割让沱瀼港与昆仑港作为法援代价的那一段往事。不过，越南与法国的接触虽然始于此时，法国之侵略越南，却是道光、咸丰年间越南各地发生仇杀教士事件，法国乘机出兵问罪以后的事。法军攻破广南港，进踞西贡，并胁迫越南政府与之订立《西贡条约》，除了割让南圻三省予法之外，并承认法国有在越南自由从事传教、贸易及航行湄公河之权。《西贡条约》订立于清同治元年，自此以后，法国对越南的侵略行动便积极了起来。其与中国政府间的关系，也因此而逐渐密切相关起来。

越南因《西贡条约》而失去南圻三省，又须允准天主教势力深入越南内地，自然极不甘心。他们的兵力非法国之敌，出兵收复三省是办不到的。为了收回失地，他们采用资助叛徒与法国为难的办法，在法占三省境土之内屡次发动武装叛乱，破坏地方秩序，使法国占领当局大为头痛。法国政府当然知道叛乱迭起之原因何在，他们所采取的办法是以兵力进攻毗连三省的南圻其余各省，一起加以占领，以绝乱根，于是，整个南圻六省在同治六年尽为法国所占。越南全境分为南、中、北三圻，南圻既失，三分天下只存其二，形势当然很危急了。假如越南政府在此时正式要求中国政府以宗主国的地位出面与法交涉，或者在引起纠纷的传教、通商两大问题上，与法国谋求切实的解决办法，未尝不是戢止法国侵略野心的妥当办法。无如越南政府不此之图，一方面则讳疾忌医，不肯向清朝中国详细报告法、越交涉的实际内容，以免引起清政府的责难；另一方面，又不速图内政、外交的补救之法，于是乃使事态愈来愈形严重，最后并因法国之图占北圻，而直接与清朝中国发生冲突。

法国势力之向北圻发展，始于清同治十一年。其时，法国商人杜布益由香港出发往北圻，意欲探测由红河谷上溯至中国云南的航路。他持有云贵总督所发委托采购军械弹药的公文，越南地方官无法阻止，所以他就用两艘小炮艇由河内溯航红河，成功地到达了云南省境。第二年，杜布益再带了滇、粤二省的公文来贩运食盐。越南海关认为此举损失盐税太大，不准通行。滇、粤二省亦认为杜布益的贩盐行为越出了运输军械的范围，不肯承认其所为合法。于是杜布益的二次航行红河计划受阻，越南政府派了一个钦差大臣到河内来实行武力驱逐。杜布益向西贡的法国总督请援，法国总督杜白雷认为此举有益于法国航行红河的企图，派安邺带兵九十名前往支持。安邺到了河内，声明其此来任务系与越南政府议订开放红河航行的新约，而越南所派的钦差大臣以无权议约，嘱向驻在顺化的越南朝廷直接交涉。安邺不肯，并提最后通牒限期答复。交涉破裂之后，安邺攻破河内，越军溃却，钦差大臣阮知方亦重伤身死。安邺既占河内，以为越军尽皆易与，遂谋尽据红河三角洲，并与北圻巨匪黄旗军勾结，谋乘势尽占北圻。却不料被刘永福的黑旗军所败，安邺与其部将俱阵亡。

但安邺虽死，他在北圻获得的战绩却使在顺化的越南朝廷大为震动，竟与法国总督杜白雷签订新约，以法国放弃北圻为条件，换取越南承认红河开放通航。即同治十三年的《西贡政治条约》。

由表面上看起来，同治十三年法越之间的《西贡政治条约》，法国以放弃北圻换取越南同意开放航行是很大的让步，其实不然。因为，此约的第一条明白宣称越南为一自主之国，第六条更规定："此后越南的外交事务，悉由法国监督。"这两条条文，无异将存在了数百年之久的中越藩属关系一举而加以否定，而法国更成了越南的保护者。所以，此一条约被法国视为日后抗华侵略的最重要根据，其意义极为重大。到了法国派兵侵入北圻而中国出兵保护时，法国政府就以越南系独立自主之国为理由，要求中国军撤退，而两国冲突之基亦伏于此。

法国在《西贡政治条约》中尊重越南之主权独立，但却要越南政府开放红河通航，而此举则为中国政府所反对，认为法国的意图在舐糠及米，有进一步窥伺云南之野心，不可不防。为了要阻止法国人之通航红河，越南无此力量，而中国却又不能公然派兵，因为这样势将引起法国之抗议，以中国无权破坏越南之独立自主为理由，而导致中、法两国间之外交交涉。所以，当时朝中士大夫所设计的办法，是支持黑旗军刘永福及越南境内的抗法武力，使得法国通航河内的计划无法实现。法国人对付此事的办法，是指刘永福的抗法军为盗匪，恫吓越南政府将之消灭或驱逐，否则法国将以军力自行攻剿。情势发展到了这一地步，正所谓图穷匕见，中国政府再不能以幕后策动之法来戢阻法国的侵略野心，于是而有后一阶段的中法直接交涉，进而至于兵戎相见的局面。

罗惇曧《中法兵事本末》云：

　　光绪八年二月，法人以兵舰由西贡驶至海阳，将攻取东京（河内）。直督张树声以闻，谕直督相机因应。三月，移曾国荃督两广。法人攻越南东京，破之。张树声令滇、粤防军防守于城外，以剿办土匪为名，借图进步，并令广东兵舰出洋，遥为声援。五月，命滇督刘长佑遣道员沈寿榕带兵出境，与广西官军连络声势，保护越南。长佑奏："法人破东京后，每日增兵，悬万金购刘永福，十万金取保胜州。"时法人占东京后，焚而去，以兵舰东下海阳，分驶广南、西贡。刘长佑奏谓："山西有失，则法人西入三江口，不独保胜无障蔽，而滇省自河底江以下皆须步步设防。非滇、粤并力以图，不足以救越国之残局，非水陆并进，不足以阻法人之贪谋。"廷谕长佑密为布置。长佑命藩司唐炯，率旧部屯保胜。曾国荃至粤，命提督黄得胜统兵防钦州，提督吴全美率兵轮八艘防北海。广西防军提督黄桂兰、道员赵沃，相继出关。

这一段话大致说明了当法国势力侵入北圻以后，中国方面打算以实力相御的因应措施。其主要目的殆如当时总署大臣致函李鸿章所说："滇、粤出关各军，无坐视法人吞尽北圻之理。拟将法人种种挟制情形照会各国，并令防军，如法军来犯我驻守之地，不能不与开仗。"这是中国为保藩及自卫而做的必要措施，在当时情势之下，实在是不得不尔！然而法国对此，却以《西贡政治条约》为言，指出清兵之入北圻，为侵犯越南主权，为威胁法军的安全。中国政府当法越两国订立《西贡政治条约》以后，有数年之久，一直未对此事提出抗议，无异默认了法国在越的一切作为，也无异自动放弃对越南的宗主权。此时如果再要反对法国所提出的外交抗议，反而无词可解。而据李鸿章的见解，越南积弱已久，政府则贪污无能，军队则全无斗志，中国如欲伸张对越南的宗主权，势必要对法作战。而要以中国的力量来代替越南恢复主权，"揆之目下中国人才、兵饷，皆万万办不到者也"。所以，他认为处此情势之下，只有尽量运用外交折冲，能为中国争回几分利益，便是几分。恭王奕䜣当时也同意李鸿章的看法。光绪八年十月，李鸿章在总理各国事务衙门的支持之下，迭次与法国公使宝海交涉，最后得到如下各项协议：

一、中国将滇、桂军队自现驻地撤退回境，或离边境若千里之地驻扎。法国即照会总署，切实申明其无侵占土地之意，亦无损碍越南主权之谋。

　　二、法国切望自海口以达滇境通一河路，为商务起见，须使此河路直达华境，以便设立行栈埠头等。前有在蒙自设立口岸之说，今愿改保胜，中国当在保胜立关。洋货入关，照已开各口岸洋货运入内地章程办理。中国当使内地土货运往保胜畅行无阻，如驱除盗贼之类。

　　三、中、法在滇、桂界外与红河中间之地划界，界北归中国巡查保护，界南归法国巡查保护。中、法约明北圻现有全境永远保全，以拒日后外来侵犯之事。

　　这一草约的最大收获，是使法国同意放弃侵占北圻之意，并在中越国界以南至红河之间，另划一线，以为中法两国势力之分界线。如此，则中国既可达到不使法国侵占北圻之目的，又可在国境之外另建一安全缓冲地界，进一步保障边境的安全。由法国而言，中国既不再坚持在越南的宗主权，又使北圻在红河以南亦归法国保护，所得亦甚多。假如此一草约最后能得中法两国政府之承认，越南虽被牺牲，两国之间的武装冲突则可避免，中国更得有领土利益。所以，当朝旨饬令滇、粤疆臣就修约草案酌议意见时，所顾虑的只是执行方面的若干困难，原则方面都认为可以接受。而法国恰在此时发生内阁更迭，新内阁认为不能将北圻分割为二，使中国得到干涉越南事务的权利。于是，法国决定撤回宝海，而更派德理固为驻华公使，饬令重新与总署办理交涉。法国态度的突然转变，激起了中国内部主战分子的不满。他们以为法国的侵略阴谋已十分显著，而总署与李鸿章尚且亟亟图谋与法谈和，完全是惴怯示弱的行为。翰林学士张佩纶、御史刘恩溥、内阁学士廖寿恒，及詹事洪钧等人先后上疏，均主张出兵备战，外保藩属而内固疆圉。李鸿章既不敢冒众口之大不韪，自只好设法推托延宕，以求摆脱他的困难处境。正当交涉陷于胶着之时，法国在北圻境内对黑旗军所展开的攻击却正在猛烈进行。而法军更在此时攻破越都顺化，强迫越王签订条约，正式承认越南归于法国保护。

法国本希望借此造成已然之形势，以逼使中国无法再在越南问题上提出权利主张。殊不知如此一来，适足以激起中国士大夫之仇法思想。于是，乃有清流党人之"保朝鲜必先保越南，失越南必失朝鲜"的保藩论提出。主战派的言论愈盛，和议的进行亦愈困难。恭王奕䜣素来赞同李鸿章的和议主张，至此亦感到和战两难，不知应当如何处置才好。接着而来的，便是广西巡抚徐延旭、倪文蔚等人，屡次夸张黑旗军对法作战的胜捷，以为法兵实非黑旗之敌，法国并不足惧。于是，主战派的气焰更为高涨，慈禧太后亦转而反对总署的软弱态度。至此，恭王的处境就更加困难了。

中法两国为越南问题引起的战争危机，将来究竟会有什么样的发展？李鸿章在此时曾致总署一函，提出他个人的看法，尤其值得注意，摘引如下：

> 昔宝海过津，鸿章与之反复筹商，两相迁就，深知法志难餍，事局难了，欲及早收束，为羁縻勿绝之计耳。……今事势至此，更迥不如宝海会商之时。西国公法，以两国订立条约为重。本年七月《法越新约》，虽由逼胁而成，然越南固自为一国也，其君相既肯允行，各国无异其非者，岂中国所能代为改毁？今若声罪致讨，须为改毁此约，则必自量兵力、饷力，能驱逐河内、西贡等处法人否？能废易越王否？能诛击订约之奸臣陈廷肃、阮文祥等否？非办到以上三层，则法约不能改毁，揆之目下中国人才、兵饷，皆万万办不到者也。乾隆盛时，大军克河内月余，旋即败退，遂因阮光平崛起而封之，不加诘问。况在今日，况加以法国劲敌乎？倪、徐二

君，实不知兵，不知洋务大局，其言实不可信。……细绎尊议，拟令滇、粤防军，如法兵犯我驻守之地，不能不与开仗，似只有如此办法。第念开仗以后，我胜则法必添兵再战，我败则尚可退入本境，法必不遽深入，亦尚不至牵动大局，届时再徐议分界画守。……屈计冬内，北宁胜负已见，将来新使巴特纳来华，或与妥议收场。

此信一则认定越南既受《法越新约》之束缚，中国无法为之解救，再则以中法两国实力作一比较，知中国绝非法敌，战必无幸，而越南问题愈拖延，对中国愈为不利。此时既实在无法可处，则只好设法告一段落，俟将来情势转变，再图解决。最后，更指出越南问题终不能不妥协，边军一时之胜败，无关于整个问题之最后解决，胜不足喜，败亦不足忧。就事论事，当时清朝廷中，能对整个越南问题有如此深入透彻了解的人，实在不多。恭王奕訢亦知道李鸿章的分析极为正确，所以始终不肯轻启战端。无如当时的中国政府，上迄慈禧太后，下至朝中清流，大都以为和议是丧权辱国之事，责难诋抨无虚日，恭王主持军机及总署，处身其间，措置十分困难。最后，黑旗军被大举增援的法军痛创之后溃败不振，广西方面进驻北圻的防军亦为法军所败，越南的山西、北宁、太原等要地尽失，平日惯以大言欺人的广西巡抚徐延旭，此时方寸大乱，狼狈逃遁，朝命湖南巡抚潘鼎新接办广西关外防务，而并不将徐延旭革职拿问之事明发上谕。由于此一失着，于是，恭王的麻烦来了。

清流之主战与徐延旭之大言炎炎极有关系，而徐延旭之出任广西巡抚更出自清流巨擘张佩纶、张之洞二人所荐。徐延旭究竟是怎样一个"人才"？张佩纶、张之洞何致误采虚声，荐及驽骀下驷之材，其中渊源，可以先看徐宗亮《归庐谈往录》中所说的一段故事：

徐中丞延旭之抚广西也，由湖北襄郧荆道，不踰二年，迁擢之速，震耀一时。盖徐尝辑《越南纪略》一书，张制府之洞于奏保人材时并以进呈，朝廷重之。其书体例糅杂，姑不深论，而于越南地势民风、政教禁令，率皆撮拾大略，如官府须知册子之类。至今昔沿革、损益利害，均未之考。惟中、越边界各隘，历粤至滇，计有千八百里，详载无遗，尚足备览，然广西通志固有之矣。徐自言，任太平府时，款结贡使出关，抵一人家，雨，留数日，得抄册，纪载越事，携归，并采案牍，汇为是书，不意缘此致福也。徐以咸丰庚申进士即用知县至梧州知府，最为知名。梧州号称富区，税榷盈余，足供挥霍。徐极慷慨轻财，一时上下同僚，有求必获。鹿中丞传霖时亦以翰林改官，同在广西，公私积累，几不可收拾。徐先后资以万金，结为姻好，制府荐举，鹿盖与有力焉。

我们知道，鹿传霖是张之洞的姊夫，鹿传霖恰又与徐延旭结成了姻亲，然则张之洞与徐延旭亦是亲戚了。张之洞在光绪初年就早已是有名的清流党人之一，徐延旭在此时结交鹿传霖，是不是由于看准了这是一条有用的升官阶梯？很难说。不过，他因那本抄撮成书的《越南纪略》，后来被张之洞当作人才奏保，与鹿传霖之揄扬吹嘘必定大有关系。可知亲戚间的推挽汲引，在此时已经发生了很大的作用。张之洞与张佩纶交好，张之洞奏保徐延旭，而张佩纶又推荐徐延旭"知兵，堪任边事"（《清史·张佩纶传》）。徐延旭因此而升任广西巡抚，清流中人自然也相信他确实有此才干了。无如张佩纶其实只是为张之洞所误，而徐延旭也根本不"知兵"。罗惇曧《中法兵事本末》说他自赴广西关外督师以后，"老病，其下多所欺蔽，与赵沃有旧，偏信之。赵沃庸懦，其将党敏宣作奸欺肆，以蔽延旭。"北宁既失，"把总石中玉谒延旭于谅山，痛数北宁将帅之误。延旭曰：'汝胡不早言？'中玉曰：'吾数请谒，而左右拒我，何言耶？'中玉寓延旭行馆侧，訾延旭左右弄权蒙蔽，达旦不休。延旭从容呼曰：'石中玉怒何盛耶？休矣，吾知之矣。'……"这两段话说明徐延旭其实只是一个夸诞昏庸而愚昧无知之人。清流党人误信他有御边却敌的将才，更希望能由他来建立保藩安边的大功，所以才在和战问题上一力反对李鸿章的和议主张，并竭力攻击恭王之赞同和议为失计。但是，徐延旭的实际将才如何呢？这只要看他在光绪九、十年间北宁失陷时的表现，便知其一斑。

北宁之战，法军来乐将军以一万六千之众分为两军，一军由河内趋新河，攻北宁之正面；一军由海阳趋六头江攻芹驿关，拊北宁之侧背。两路之中，正面一军实为牵制性之佯攻，其主力全在侧面一军。徐延旭所部广西防军原为十二营，因筹办边防之故，遽增为五十余营。兵虽多而不精，又未经严格训练，不习火器，粮饷不充，军乏斗志。而左右两军的统领黄桂兰与赵沃二人又复意见不合，军中久存分裂之见。光绪十年二月，法军两路节节推进，沿途击溃中国军之抵抗。至十四日，两军会合于扶良，翌日进攻涌球炮台及新河、三江口各处。十五日，涌球炮台失守，由北宁通往谅山的后路被截断。于是，桂军望风崩溃，黄桂兰退至黄云社，赵沃退至太原，北宁虽为军事要地，法军仅发炮数响，即轻易而得。当时，云贵总督岑毓英亦率兵出关防边，其奏报此战情形的奏疏中曾说："北宁防军共计四十余营，不为不多，经营防备，不为不久。……竟不能固守待援，殊非意料所及。"法国统军将领米乐亦说："华军为数达二三万人，经营守备累月，锐卒名将云集，乃望风溃退，以城界法。"所以然之故，两广总督张树声在两月前所上的奏疏，就曾对此有极清楚的分析，说：

> 岑尚百战之余，且所部能耐烟瘴，徐则虚㤭之气耳。桂军有三十余营在北宁、谅山，颇不为少。果皆精炼，将帅一心，尚可相持。奈勇饷太薄，军中又不甚和辑，前敌事殊可虑。

北宁自当属黄桂兰坚守，惟现在黄尚须听命于赵，所处亦大

难。……如得琴轩（潘鼎新）任事，则能联岑用黄，前敌一气，

庶望有济。

由此可见，北宁之败，一在徐延旭之虚骄使气而全不知兵，二在
信任赵沃而致所部将领不睦，三在士卒无训练而军乏斗志。以如此这
般的军事布置及作战实力，而犹复侈言法人不足畏，岂不是误国而兼
自误？所以，徐延旭偾事失机之后，詹事府左庶子盛昱奏劾张佩纶举
荐非人，连带奏劾恭王以下的全班军机大臣轻信滥用，其本来目的，
只希望参倒张佩纶而使军机大臣们受到谴责之后知所振惕，却不知道，
朝中的政变暗潮早在酝酿之中。慈禧太后受到醇王的怂恿，久欲罢恭
王而起用醇王，只是苦无适当的借口。盛昱此奏恰好为慈禧太后提供
了罢斥恭王的理由。于是，酝酿已久的政局变革，终于在盛昱奏劾张
佩纶及全班军机大臣之后得以实现。

盛昱上疏参劾张佩纶滥保匪人，并严责恭王以下的全体枢臣蒙蔽
诿卸，其原来的本意，只是"请明降谕旨，将军机大臣及滥保匪人之
张佩纶，均交部严加议处，责令戴罪图功，认真改过，讳饰素习，悉
数涤除。迅将拿问唐炯、徐延旭，及更调各省抚臣之谕旨即行明发，
并责令将沿边各督抚孰堪胜任，孰是替人，于五日之内和衷商榷，公
同保奏，将来即以此数人功罪为诸大臣等之功罪，一有败衄，刑即随行。
倘复互诿，即予罢斥，以专责成"。这期间并无请求罢斥恭王诸人之意。
不料四天以后所发下的明降谕旨，却是恭王以次的军机大臣全班尽撤，
换上以礼亲王世铎为首，而由额勒和布、张之万、阎敬铭、许庚身、
孙毓汶等六人所组成的新军机处。霹雳一声，不但上奏弹劾的盛昱为
之莫名其妙，阖朝臣僚亦都大为震惊。这当然是由于新枢臣远不如旧
枢臣之孚于人望。但如以李慈铭及翁同龢的日记中之见，则在盛昱上
奏后的三天之中，朝局变革的端倪已经隐约可见，只是外人不曾察觉

而已。《李慈铭日记》光绪十年三月十七日日记云：

> 闻十三日朝廷有大处分。先是，同年盛庶子疏言法夷事，因劾枢臣之壅蔽讳饰。次日，东朝幸九公主府赐奠，召见醇邸，奏对甚久。是日，恭邸以祭孝贞显皇后三周年在东陵，至十三日甫回京复命，而严旨遂下，枢府悉罢。易中枢以驽骀，代芦菔以柴胡，所不解也。

至于《翁同龢日记》所记，则是：

> 初九日，皇太后亲临寿庄公主府第赐奠，在公主府传膳，醇王进。
> 初十日，头起，急急退，而四封奏皆未下。二起三刻多，窃未喻也。
> 十二日，军机起，孙毓汶、醇王凡五起。而前日封奏总未下，必有故也。
> 十三日，御前大臣六部等满、汉尚书一大起，军机无起。闻昨日内传，大学士尚书递牌，即知必非寻常。恭邸归，于直房办事，起下，传散，遂诣书房。谙达未来，余等先入。已而伯王到，余即退。闻有朱谕一道，钦奉懿旨…是日未正一刻退，退后始由小军机送来谕旨，前后数百字，真恫目怵心矣。

清代制度，皇太后或皇帝召见臣下，必先令递绿头签，又名膳牌，每一牌书一人之官职、姓名。牌被留下之人，即由御前大臣传令入见，谓之"叫起"。若臣下有事须请面对，亦可自行递牌请见，而由皇太后或皇帝决定是否叫起。所以，醇王在盛昱上奏之后先后数次被召见，初次可能是出于慈禧之传召，后来则可能是醇王遵旨自递膳牌请见，所谈即商量易枢之事。等到新枢臣人选决定，御前大臣传旨，令内阁大学士及六部满、汉尚书递牌，备明日"叫大起"，则已到了宣布易枢的时间了。此时，军机全班反而被摒除在外，并不参与此一御前会议，翁同龢亦觉得事情不对。果然，诸臣召见退下之后，小军机传出慈禧所颁懿旨，即是责备恭王以下全体军机大臣，与谕令开去一切差使。醇王之一再召见，与易枢之关系如此密切，当然可以相信此举出自慈禧与醇王之密谋。《李慈铭日记》中又有一条说：

> 盛昱等上疏阻和议。前月二十四日，东朝召谕盛昱曰："尔等外廷谏官，所言多与予意合，而军机总署诸臣皆不然。"又曰："与予意合者，惟醇亲王耳，他无一人任战事者。"

由慈禧的谈话更可明白看出，恭王之被黜即由于他的和议主张与慈禧不合；而醇王主战，为慈禧所乐闻，于是两人意见相投，恭王自非去不可。只是，醇王当时已是皇帝本生父的身份，不能如恭王那样公开出面绾军机，所以名义上的领军机大臣乃是贪庸无能的礼亲王世铎。礼亲王世铎的才识、行事如何？可以看费行简《近代名人小传中》的《世铎传》：

> 礼亲王者，清初八王之一，世袭罔替者也。世铎袭爵，当咸丰中，以行辈高，令掌宗人府。同治初，以承志袭郑亲王爵，载敦袭怡亲王爵，皆以旁宗入继。铎持之，各自贿万金，乃报可，京师人形诸歌咏。然接人谦穆，终身无疾言厉色。对内侍尤恭谨。李莲英向之屈膝，亦屈膝报之。诸王以敌体仪报诸奄，前此所未有也。甲申，奕䜣罢政，遂令预机务，而以奕譞家居，遥总其成。铎日走谒所取进止，不以仆仆为苦。而益务求贿，赘二百金者以门弟子畜之，杀至五十金，亦可

乞其荐牍，达诸疆吏。时有"非礼不动"之嘲，言非礼物不属托也。

礼王之贪庸在这一段文字里刻画如见。由此可知，慈禧之所以命礼王领枢，一是利用他的爵尊班高，可以作为名义上的领袖，二是利用他的易于驱使。若是换了别人，未必就肯以领枢亲王之尊，仆仆奔走于醇王府邸，事事恭候奕譞之裁定了。至于礼王以次的其余诸人，阎敬铭虽差有清介之名，李慈铭在日记中诋之为"谙于大体，颇喜操切"。张之万虽出身状元，而文廷式《知过轩随录》谓其"一无所长，惟作画颇有家法，为数十年来显官所未有"。若额勒和布，则更是自郐以下的庸才，其唯一的长处是"廉洁自守，时颇称之"（《清史》本传）。再数下来，就是许庚身与孙毓汶了。据费行简《近代名人小传》所说，许庚身以应对敏练为慈禧所倚信，唯其人好货贿，亦如其家之许乃普、许乃钊，虽位至通显，而莫不贪财好货。至于孙毓汶之索贿，则更为其中之翘楚。费行简说他：

> 权奇饶智略，尤有口给。初颇励操行，及入枢府，顿改节，孜孜营财贿，通竿牍。时领枢府者为世铎，懦庸无能，毓汶遂专魁柄。夙值南斋，多识群奄，恒于后前称其能，宠日以固。黔藩王德榜入觐，谒之，索门包白金千。德榜起行间，负气善骂，怒曰："吾国家官，非孙家官也，不见何害，安用贿？"竟去。及还任，黔抚适缺员，毓汶为后言："德榜不通文理，不可摄封疆。"遂以臬司黄槐森权抚，德榜愤死。又，闽臬司黄毓恩馈冰敬二百金，却之，曰："八年夔州，仅足办此乎？"盖毓恩任夔州守久，赒仕也。已而竟调黔臬，惧馈万金，未及黔，遂晋闽藩，其弄权类如此。时称齐天大圣，言如小说中孙悟空之善变化。

费行简说孙毓汶"权奇饶智略"，照上文所说，只是他如何善于利用权势勒取外省官吏的馈遗贿赂，究竟他怎样权奇多智，还需要参看另外的记载。黄濬《花随人圣庵摭忆》中有一条说：

> 名御史屠仁守，以时事孔殷密折封奏，懿旨饬其乖谬，罢御史，下部议，原折掷还，盖援御史朱一新降为主事之事例也。时适济宁（孙毓汶，孙系山东济宁人）因病休沐，及假满视事，厉声诘问秉笔之宽纵。故事，京曹以资俸升迁，若谪回原衙门行走，则自奉旨日与新进比肩，六鹢退飞，永无翱翔之望，罚亦重矣。于是，群叩其术。则曰："若辈好名，死且不惧，何有于一官？惟简放一苦缺知府，密嘱其长官持搏细故，弹劾罢官，则石沉大海矣。"闻者莫不咋舌。

奸臣弄权，最好用这种暗箭中伤的办法施行报复。《明史·奸臣传》中的宰相严嵩与温体仁之流，便是最善用这套手段的人。孙毓汶的"权奇饶智略"原来如此，然则他之为人，既贪财而又阴险，无疑正是严嵩、温体仁一流的人物了。醇王所倚为谋主的"人才"如此，以与恭王柄政时代的李鸿藻、沈桂芬相比，无疑正是李慈铭所说的："易中驷以驽产，代芦菔以柴胡，所不解也。"为什么醇王所信的人才便是非庸懦即奸佞的世铎、孙毓汶诸人？这其中的原因大致亦可以猜想得出来。第一，醇王在恭王柄政的时期内，从未有过担当大任的机会，所以他没有机会可以延揽人才，贮之夹袋，以备自己柄政时之用。第二，醇王素有守旧顽固之名，不为士大夫所亲附。第三，孙毓汶的父亲曾为醇王的教读。由于这一层渊源，孙毓汶本来就与醇王过从甚密。醇王以孙毓汶足智多谋而向用之。据说甲申朝局之变，便是孙毓汶为醇王策划筹议的。然则，醇王掌权之后，又如之何而不以孙毓汶为其心腹呢？《清史·孙毓汶传》说：

醇亲王以尊亲参机密，不常入直，疏牍日送邸阅，谓之过府。谕旨陈奏，皆毓汶为传达，同列或不得预闻，故其权特重云。

由于有此事实，故而以礼亲王世铎为首的新军机处，名义上虽是礼王领枢，实际上却是醇王执其柄而孙毓汶操其权，世铎、张之万、额勒和布之流，都只是一些傀儡人物而已。孙毓汶有智略，许庚身机敏而熟谙朝章制度，加以位尊而份亲的醇王奕𫍽，这样的新军机处组成之后，理应一改恭王时期的软弱委蛇，而代之以明快决断的爽朗作风了。然而事实所见，正不尽然。即以当时最为时人所诟病的对法交涉而言，醇王当政以后的举措，似乎并不就能比恭王当政时代好到哪里去。

在光绪十年三月十四日恭王罢政以后，已因广西关外军事失利之故，将广西巡抚徐延旭及云南巡抚唐炯二人俱逮系下狱，广西巡抚以潘鼎新代之，云南巡抚以张凯嵩代之。醇王柄政以后，亟谋挽救军事上的颓势，乃奏请起用湘、淮军的宿将鲍超、刘铭传等人，而以大学士左宗棠为钦差大臣，督办福建军务。孙毓汶为了迎合慈禧的意旨，打击清流党人，更以清流巨擘张佩纶会办福建军务，陈宝琛会办南洋军务，使他们以文人出掌军事，用违其才，以为借刀杀人之计。而对于如何抵敌法国人在大炮巨舰上的优势，则并无实际筹划。在这种实力远不如人的情势之下，不顾事实上的强弱而空言备战，其最后之不免招致败衄，当然是可以想见之事。所以，到了光绪十年的七月，终于有马江之败。

马江之败，在光绪十年六月法国海军司令孤拔率舰驶入闽江之后，即已伏下祸根。只是当时两国尚未明白宣战，而法国公使巴德诺尚以照会致送两江总督曾国荃，抗议中国军不应在李鸿章与法使福禄诺签约议和之后，仍在谅山攻击法国军。所以，中国方面实在不明白，孤

拔率舰进入闽江的真正意图不过是先行占据有利位置，以便一发而尽
歼闽江水师。此战发生之后，闽江中的中国兵舰十一艘，在几分钟之
内全被法舰轰毁。一般的记载，多归咎于当时的闽浙总督何璟及会办
大臣张佩纶不知战机，在收到法国海军司令孤拔所送来的最后通牒之
后，犹复不知及时备战，以致法国海军得以先发制人，一举而将中国
兵舰十一艘悉数击沉。这一说法现在已颇有人表示怀疑，以为法舰强
而华舰弱，即使先事戒备，又有何用。所以，颇以为胜败之机实决于
两国军舰的性能及装备，于战机之迟早并无太大关系。这一看法，若
以当时驻在福州的外籍海关人员的报告书参考之，便可知其不然。

光绪十年七月间在福州担任闽海关关务的英国人法来格，在他所
写给总税务司赫德的报告书中，曾对马江海战的发生经过有过详细的
叙述，引述其中一段如下：

战事在八月二十三日（按系阳历，中国史书所记则用阴历）
下午一点五十六分开始。这时，双方舰队正随着退潮动荡掉
转船头。法舰"伏尔他"号升起红旗后，"豺狼"号首先开炮，
其他法舰继之，这时有些法舰已经升了火。中国军舰"琛航"
和"永保"，在几秒钟内沉没，"艺新"和"伏波"逃向上游，
在林浦搁浅。"福胜"和"建顺"因为船头指向上游，不能以
它们的十八吨大炮加诸敌人，不久就在沉没状态中漂浮中流。
"扬武"用它的尾炮很准确有效地回答"伏尔他"号的第一阵
排炮，第一弹就打中了"伏尔他"号的船桥，轰毙引水和五
个法国人。在炮弹爆发时，孤拔正站在引水人身旁，仅免于死。
"扬武"发射了一阵舷炮得胜后，闪在"伏尔他"号旁边的一
艘法国鱼雷艇向它扑去，鱼雷在"扬武"的右舷下爆炸，它
就在战斗开始以后二十七秒钟被轰碎了。"福星"、"济安"和
"非云"，在第一阵排炮后就受了伤。那骁勇的"振威"，虽然

暴露在"维拉"号和"台斯当"号的舷炮下，并且在驶过"特隆方"号之前时，为敌船的重炮烈火所洞穿，随波漂向下游，慢慢下沉，但是它仍奋战到底，一次又一次地发射炮火，直到一艘法国鱼雷艇在烟火中冲进，才完全毁灭了它。就是在它最后沉没的一瞬，这勇敢的小船还以最后一炮击中它的敌人，重创了敌舰舰长和法国兵士两名。

上面这段报告中最可注意处有二：第一是它所报告的中国兵舰奋战不屈的斗志，第二是它指出了中国海军之致败，是由于战争发生时，中国兵舰所处之位置不利。这后面的一点，便是何璟、张佩纶误失战机所造成的结果。

按照上面这段报告的叙述，可知在战事未发生时，中国兵舰都以船头系泊于碇泊之处。这种系泊的位置，给予了孤拔以自由选择有利战机的便利。因为，闽江口距海甚近，江水随潮汐之涨落而有上下。上午潮涨时，船头系泊处的位置不动，船尾则因江水上流之故而漂向上游；到了潮退之时，船头的位置仍然不变，船尾则因潮退之故而漂向下游。而兵舰的主炮都装于船前，一旦兵舰以船尾向敌，就是最不利于击敌的恶劣位置。何璟与张佩纶在收到孤拔的开战通知时并不实时采取战备行动，一任所部兵舰系泊于原来的位置不变，孤拔自不难依照他所选择的时间，利用退潮时中国兵舰船尾向敌、处于受攻而不利于还击的大好时机，升起红旗，令所属法舰集中炮火攻击仍留于停泊位置的中国兵舰了。在这种挨打的情势之下，"扬武"与"振威"二舰仍能奋战不屈，并不因双方强弱不侔而失去战志，可知中国兵舰士气之高昂可用。而何璟与张佩纶竟不能利用这种高昂的士气，以劣势装备抗优势装备，竭力获致牺牲的代价，以致十一艘兵舰都在挨打的情况下迅速被法舰击沉。这种昏聩愚昧的谬误措置，才是蹈致失败的重大错失。张佩纶在当时以强硬主战出名，由他出任会办大臣以后的认识与措置看，足以证明当时之所谓主战分子，其实都只是些纸上谈兵的人物。即以醇王奕譞而言，他对于当前局势的认识与作战能力的了解，又何尝不是如此？

故宫博物院所编的《文献丛编》，自第七辑至十八辑，收有光绪十年中法战争期间醇王奕譞致军机处函一百余件，其中数函的内容极为可笑。第四函录之如下，以见一斑。

　　昨由译署致丹初协揆一函，谅承公阅。华安抵台无恙，可见断援济一说，绝不可持之甚力，自致束手。台兵数原不少，近得四批接济兵械，又自招土勇四营，且地本膏腴，银粮足用，何以省三谓"拼死望援，呼天不应"，急迫至于如此？未识今日此电呈递否？如系明日呈览，似当一面饬南北洋乘其封口之船不多，兵亦新败，设法以师船播扬声势，以图牵缀，并多造或就现有舢板，雇募善水人，照前奉懿旨"以散攻聚"之法，筹办胜算；一面请旨申谕刘铭传，勿似此迹涉慌张，自隳声望。总以就地取材，出奇扯拄，以建不世之功，以受不次之赏，以勖勉而激励，免予冀和者以口实，方于大局有裨益。

此函所注发信内容为"初五未正"，不知是哪一个月的初五？但若由《刘铭传奏议》卷三《保台略》中的各奏日期推算，则刘铭传到台湾筹办防务时，是光绪十年之闰五月二十四日，其时法国业已宣布封锁海防，并于六月十六日轰破基隆炮台之后，派兵登陆，企图加以占领。刘铭传率提督曹志忠、章高元等拼死力战，击退法军，伤毙其官兵一百余人，法军乃退回船上。此电中之所谓"兵亦新败"，当指此言，所以此信应为七月初五日所写。刘铭传在台，目睹台湾的防务单薄，不但粮饷一无可恃，而且军械、弹药全须由海上运来接济。值此法军握有制海权，中国舰船既无法突破封锁，将粮饷、弹药送来台湾接济，相持日久，必有无可为继之苦。所以，他才要以"拼死望援"之说，企盼朝廷方面的全力支持。然而醇王却以为他的最急迫呼吁为"迹涉慌张"而"自隳声望"，当责以"就地取材，出奇扯拦，以建不世之功，以受不次之赏"，未免不思之甚。更有甚者，据福建海关副税务司贾雅格的报告书中所说，当时法国海军所拥有的战舰是"现代造船技术的产物，它们的炮是机械技巧的结晶"，不但火力极为强大，而且装甲坚厚，远胜于中国海军的木造舰艇。对付这种新式的铁甲战舰，慈禧太后与醇亲王所能想出来的战术，却是希望用无数的舢板"以散攻聚"的办法来加以围攻，既不顾及双方船身大小及坚瓵之悬殊，更不了解法国军舰的炮火何等厉害，完全出之以《三国演义》及义和团的口吻，未免太迹近儿戏了。醇王赞同慈禧的主战思想，而所赖以克敌制胜的方法如此，宁不令人失笑？若由马江战役之后醇王所写的另一信中看来，他的识见与思想更有十分可笑之处。原信编次为第三十七函，信中所说如下：

> 快读西报，喜欲距踊。马尾此次恶战，实足以彰华威而寒法胆。参观敌船回港之言，则孤茵伏诛，已无疑义，而犯淞、犯津之说，正牵制我师之计耳。张成等无恙，尤足胜庆，将来创立水军，以此辈充教习，必大得力。至于船沉挫败，乃制造之不坚，非战之罪。日内奏报细情折到，吾侪须破格恩施，宣示中外，再加密防，俟其重来报复也。匆匆布臆，即候哺佳。醇亲王渢，中元戌正三刻。

马江战役发生于光绪十年之阴历七月初三日，据当时的记载，是中国军舰十一艘全被击沉，官兵阵亡二千余人，生还者只十一人。法国方面，船舰全无损失，官兵亦只死伤二十余人而已。双方损失的对比如此悬殊，而醇亲王居然因外电误传法国海军司令孤拔死于此战，而为之"喜欲距踊"，更以为此战实足以"彰华威而寒法胆"，真是从何说起？以此战的实际情形而言，中国惨败而法获全胜，"华威"有何可彰？"法胆"又有何寒？醇王在了解实情之后，必定能有新的领悟。于是他在第四十二信中便说：

> 早间慈谕，谓法人连日寂然，必有诡谋，兹观劼（驻法公使曾纪泽劼刚）电，信然。山东防务未足深恃，北洋子健均宜亟电，陈抚亦当严为责成也。

以此与前函所说"犯淞、犯津之说，正牵制我师之计耳"相比，可知此时的醇王已深知法国的海军势强，或南或北，随处有突犯之虞，非复前此之深有自信了。所以，在第七十五信中所筹议的战守大计，便全然没有从前的夸张口气。在这一封信中，醇王说：

> 查此次法人犯扰，一战而基隆炮台毁，再战而马尾兵船沉，是我之炮台不固，战船不坚，历有明证。若仍恃二者拒敌，定无获胜可操。及至岸上获胜，我兵伤亡已多，实为非计。近观南北洋不肯拨船援闽，非曰恐为敌抢，即曰难敌铁舰，所虑诚是。然不援他处则可，若敌以大帮铁木等船来犯，仍将恃此不足恃之兵船、炮台御之乎？抑当幡然变计乎？王去年曾有坚壁清野、陆路设伏之议，近与善都统论及，亦不谋而合。宜乘敌船未犯之先，请旨严询南北洋，除战船、炮台外，有何必胜之策？断勿置兵于万不足恃之地，徒丧精锐，致隳士气为要。醇亲王议。

中法之战，法国以其海军优势而握有制海之权，无论是东攻台湾或北攻吴淞、津沽，都悉听其便。而法国在北圻的陆军虽然为数不多，由于器械犀利及训练精良之故，滇、桂之军亦非其敌。直到这时，醇王奕譞方才完全了解，无论是水战、陆战，都没有取胜之道。而如果真的要实施"坚壁清野、陆路设伏"的战法，那时必定已是法军大举深入，而内地各省亦因战事扩大而遍受侵袭，即有胜算，中国方面所遭受的损失亦已难以计算了。在这种情况之下，醇王所坚持的主战论，必定已经有了很大的转变。适当李鸿章授意海关总税务司赫德设法与法人重提和议，赫德遣英人金登干赶赴法国试探交涉。法国总理费茹理表示，法国之所以决心与中国开战，目的不过在求确定法国对越南之保护权，只要中国能承认法国的此一权利，双方不难经由谈判恢复友好关系。于是，金登干以李鸿章、福禄诺之谈判草案为基础，与法国政府展开交涉。费茹理坚持，中国不得要求在北圻划界区分双方的势力范围。赫德以此议转达总署，当政的醇王迫于情势，表示法国如愿退出基隆，中国当可接受法国的意见。双方的意见既已接近，此后的《巴黎和约》便已具备了订立的基础。其中的关键在于慈禧及醇王由主战转为赞同和议。

当金登干受命在法国斡旋和平，而和议渐有成功之望时，和议的消息亦逐渐传播开来。其时广东方面的防务颇为巩固，不惧法舰窥伺，因此在粤负责防务的钦差大臣彭玉麟及两广总督张之洞都反对和议，理由是法国既在马尾毁我军舰，又在台湾大肆骚扰，中国未曾加以惩创，若遽以和议结束，又须负赔偿军费之责，无疑将为举国所唾骂。所以，张之洞致电李鸿章说："和议负千载骂名，中堂须慎重。"李鸿章复电谓，和议系"二赤与兴献议"，咎不在彼。"二赤"指赫德，"兴献"则是借用明世宗之父兴献帝之名，暗指醇王奕譞。可知此时的醇王已深知中国不能再战，非与法国议和不可了。

醇王由最初的主战转变为后来的赞同和议，显然是由于他逐渐认清了中、法双方间的实力悬殊，既然制胜无望，除了转圜下台之外，别无他途可循。所以，他最初虽然竭力攻击恭王及当时的军机诸人软弱退让，及至他自己亲总枢政，却仍然走的是恭王的旧路，说起来实在可笑可叹！所以，醇王以反对和议的理由攘夺恭王的政柄，实在只是意气用事。慈禧太后巧妙地利用了此一情势，排去恭王而换以醇王，此后的大局便完全置于她一人的意旨之下了。比较恭、醇二王的差别，恭王更事多而有识见，有执持，醇王在这些地方处处都不如他的兄长。加上醇王之个性柔懦而易受挟持，于是，慈禧在恭王柄政时期所不能实现的愿望，在换了醇王之后，便一一都能得到实现，最显著的事例，便是修建颐和园一事。

《清宫遗闻》卷上，"慈禧之侈纵"一条说：

> 光绪初，恭王奕诉当国，事无大小，皆谨守绳尺，无敢逾越。其时三海虽近在宫禁，自庚申后，不免小有残破，亦未尝兴修。每当慈安、慈禧率帝后等幸海时，恭王必从。慈禧辄以言探之曰："此处该修了。"恭王正色厉声而言曰："喳。"绝无下文。慈安则曰："空乏无钱奈何？"及慈安不得其死，遂内外交相媒孽，逐恭王出军机，以礕聩继任。于是迎合慈禧，先修三海，包金鳌、玉𬯀海中。时阎敬铭为户部尚书，举库中闲款无多寡皆册报。旧例，凡年中户部册报，仅各项正款，他如历年查抄之款、罚款、变价之款，皆不呈报，一以恐正项有亏，以此弥缝，二则堂上及库官亦于此小有沾润。阎掌户部，此等杂款多报出七百余万。慈禧大喜，遂有兴复圆明园之意。又有人奏言："修圆明园须三千余万，不如万寿山，地大而风景胜园明，估计千余万足矣。"乃定议修颐和园。设海军衙门，以每年提出之海军经费二百万两为修园费。又开海军报效捐，实银七千两作为一万，又得数百万，亦归入修园费。不三年，园成，慈禧率帝后、宫眷等居之。

此云慈禧欲修园而恭王守正不阿，及慈安太后暴崩，慈禧独掌太阿，遂借事逐去恭王而以瞽瞍代任，于是迎合慈禧，而颐和园兴修矣。这所谓"瞽瞍"，当然是指醇王奕𫍽而言。因为"瞽瞍"二字语出《书经·尧典》孔传："无目曰瞽。舜父有目不能分别好恶，故时人谓之瞽。配字曰瞍，瞍亦无目之称。"瞽瞍既是虞舜之父，借用作为皇帝之父的代名，自然很为适当。

而由"瞽瞍"之名，更可知道当时人实在以为醇王是有目无珠而不能明辨是非的庸才。醇王不敢违慈禧之旨，并为之多方筹措经费，终于修成耗资三千万的颐和园，这在清代末年的历史上，可说是一件大事。前文说阎敬铭呈报户部积存的杂款七百余万，致启慈禧修园之心云云，参之其他记载，事实或非如此。如毗陵张怀奇所撰的《颐和园词》后有注云，阎敬铭长户部时，搜罗爬剔，遇事撙节，岁得羡余百余万。至光绪中叶，几盈千万。阎欲贮此以待国家非常之用。及园工起，慈禧知部中有此巨款，一意提用，而阎每峻拒之，于是眷阎骤衰。阎知事无可为，称疾去职。阎去而户部之款数月立尽，云。此一段资料，笔者前撰《咸丰、慈禧与恭王》一文中已曾引述。《凌霄一士随笔》中亦有一条类似的记述，说到阎敬铭之去官，即由于他之持正惜费，不肯以库帑供慈禧滥费，可以与此参看。引述如下：

> 敬铭之为户部尚书，西后委任甚隆，值枢密，晋端揆，志气颇得发舒。而卒以持正不阿，不肯以库帑供后滥费，驯致眷遇大衰。光绪十四年，江西布政使李嘉乐、陕西布政使李用清，均奉旨开缺，另候简用，以疆吏年终密考之故。二人故敬铭以廉吏荐拔者。敬铭疏争之，谓为近时藩司之最，赣抚德馨、陕抚叶伯英劾之去，行图自便。后大怒，命将原折掷还，并谕责敬铭甚厉，盖借题发挥耳。时敬铭在病假中，且已疏请致仕也。

阎敬铭之去官是在光绪十四年，颐和园之修即在此前不久。胡思敬《国闻备乘》卷一云：

> 慈安崩后数年，始更变大臣。又二年，始兴园工。

"更变大臣"是指甲申易枢之事，甲申之后二年是光绪十二年，三海之修即在此时，然后再是兴修颐和园之事。除了前引《清宫遗闻》卷上所述之外，《光绪东华录》中有煌煌上谕，可资引证，抄录一段如下：

> 光绪十四年二月癸未朔，谕："朕自冲龄入承大统，仰蒙慈禧端佑康颐昭豫庄诚皇太后垂帘听政，忧勤宵旰，十有余年，中外奠安，群黎被福。上年命朕躬亲大政，仍俯鉴孺忱，特允训政之请。溯自同治以来，前后二十余年，我圣母为天下忧劳，无微不至，而万几余暇，不克稍资颐养，抚衷循省，实觉寝馈难安。因念西苑密迩宫廷，圣祖仁皇帝曾经驻跸，殿宇尚多完整，稍加修葺，可以养性怡情。至万寿山大报恩延寿寺，为高宗纯皇帝侍奉孝圣宪皇后三次祝嘏之所，敬踵前规，尤臻祥洽。其'清漪园'旧名，谨拟改为'颐和园'，殿宇一切，亦量加葺治，以备慈舆临幸，恭逢大庆之年，朕恭率群臣，同伸祝嘏，稍尽区区尊养微忱。吁恳再三，幸邀慈允。钦奉懿旨：'自垂帘听政以后，夙夜祇惧，如临渊谷。今虽寰宇粗安，不遑暇逸之心，无时稍弛。第念列圣敕几听政，问民疾苦，凡苑囿之设，搜狩之举，原非若前代之肆意游畋。此举为皇帝孝养所关，深宫未忍过拂。况工料所需，悉出节省羡余，未动司农正款，亦属无伤国计。……深宫隐愿所存，岂在游观末节，想天下亦应共谅。惟念皇帝春秋鼎盛，此后顺亲之大，尤在勤政典学，克己爱民，不可因一意奉亲，转

开逸游宴乐之渐。……' 钦此，朕仰承慈训，惟当祗服懔遵……"

这一道上谕将修建颐和园的动机完全归因于光绪皇帝的颐养孝思，然后又以皇太后的口吻训勉一番，诲以顺亲当以勤政爱民为先，"不可因一意奉亲，转开逸游宴乐之渐"云云，一唱一和，真可说是母慈子孝，谦逊为怀。究其实际，只不过是慈禧太后自己欲以国家的库帑供其个人靡费挥霍，假借了光绪的名义来此一番逊让做作，以为涂饰耳目之计而已。关于这件事的真正内情，《翁同龢日记》中的一段话说得最清楚。翁记光绪十二年十月二十四日云：

> 庆邸晤朴庵，深谈时局，嘱其转告吾辈，当谅其苦衷。盖以昆明易渤海，寿山换滦阳也。

"庆邸"即庆王奕劻，"朴庵"则是醇王奕譞之号。所谓"以昆明易渤海，寿山换滦阳"，意思是说，慈禧太后本有重修热河行宫的计划，后来几经磋商，方才允诺以修建颐和园为代。颐和园中有昆明湖与万寿山，所以"昆明"与"寿山"都只是颐和园的代名词。至于"渤海"，则本是醇王在中法战争结束后，与李鸿章计划大兴海军，并多方筹措经费，议建海军三大支。其后因经费难筹，又议暂建北洋海军一支，余俟经费情形陆续兴办。及修园之议兴，海军经费多有挪借用于园工者，海军报效又专为园工而用，海军建设徒有空名，于是乃有"以昆明易渤海"之说，事实上亦正是醇王为求解于当时舆论责备的乞哀之词。慈禧太后如何"以昆明易渤海"？《说元室述闻》中有如下一条记述，可以参看：

> 初，法、越战事起，侍讲学士张佩纶上疏请大兴海军，朝议是之，未遑行也。乙酉春，中、法和议成，始决议兴办。

于是，建海军署于京师，以醇贤亲王督其事，贝勒奕劻、李鸿章副之，而曾国荃、刘铭传、曾纪泽、容贵皆为会办。醇邸固不知海军为何事，李文忠总其成，而小事不暇过问，且京、津路隔，亦无由遥制。国荃、铭传皆疆臣，不过与议而已，故署中事悉决于纪泽一人，规划甚密。惟署中各科司员，全用满人，什九纨绔子，非第不知海军，亦且未谙军旅，第车马、衣服、酒食相征逐。纪泽病之，谋所以参用汉员者。那拉氏疑焉，密敕容贵为之备。容贵者，本市井无赖恶少年，徒以出身勋阀，得挑乾清门侍卫，因缘媚事宫闱，不数年洊至都统，那拉氏特用之会办海军，第以钤制诸汉大臣而已。容贵至署，既尽用所亲为司员，又欲以满人充海军将校。纪泽不可，容贵遂大憾，所以龃龉纪泽者甚至。纪泽愤，遂病。容贵更荐一欧医使诊之。纪泽本非笃疾，服其药，则大困，竟不起。纪泽既卒，海军署遂无复汉人纵迹，都人士目为新内务云。

慈禧太后为什么要使容贵龃龉曾纪泽使不得竟其用？海军衙门为什么在后来会被人称为"新内务府"？很明显，慈禧之所以命奕谭出任总理海军大臣，其真正目的并不在使这个新设的海军衙门办理建设海军之事。因为，当时的中国海军既然决定只建北洋一支，则自有北洋大臣李鸿章总其事，此新衙门名义上虽然称为海军衙门，事实上则只在使奕谭挂一总理大臣之名，以便过问实际政治事务，而海军经费又多与园工经费相纠葛，更不能使曾纪泽认真处理，所以才有这许多借事排斥之事，而海军衙门到后来，也终于成了一个徒具形式而专供进御的"新内务府"了。

情况如此，曾纪泽之死与阎敬铭之去，正可说是都由于他们不曾明白慈禧太后的真正意向之故。醇王奕谭虽然很明白慈禧的真正意向，然而他既已因遥总军机而成为事实上的柄国之人，在这些地方不但不能谏阻慈禧之动用国帑以事丹青土木，并且更有将顺迎合之嫌，与恭王奕䜣相比起来，就未免显得太没有骨气。

醇王奕譞如何在兴修颐和园一事上，有将顺迎合慈禧意向之嫌？除了前引《翁同龢日记》中所说的话外，更明白具体的表现便是他因筹措修园经费而不惜破坏政治制度之事。

颐和园修建工费巨大，阎敬铭所辛苦攒积的户部积余不足一千万两，并不敷实际费用，于是就得再在其他方面设法玩弄新的花样。新花样有时不免违法，如此一来，对国防建设及政治风气的影响就太大了。

胡思敬《国闻备乘》卷二，"李文忠徇私坏法"一条说：

> 湖北候补道杨宗濂初为御史邓承修所劾，改官直隶；太仆少卿延茂、御史屠仁守再劾之，遂革职永不叙用。总督李鸿章与宗濂有旧，极力为图开复。时部例方严，久之不得当。适园工兴，费无所出，醇亲王奕譞假巡阅为名，赴天津与鸿章筹商移用海军经费。鸿章曰："海军筹款不易，常捐为部例所限，亦所获无几。无已，其令诸臣报效乎？"因授意宗濂，令乘机报效二万金。醇王大喜，回京师取中旨复宗濂官，交北洋委用。此朝廷坏法之始。

又，同书同卷"报效"一条云：

> 凡奸臣喜迎合者，多借言利以结主知。岁入有常经，不能过求于户部，民穷虑走险，不能苛责于闾阎，则报效之说以起。当光绪十二年兴海军报效时，革员杨宗濂、姚宝勋、马永修、陈本，各献多金谋开复。主事延熙以五千金得郎中，郎中岑春荣以五千金得道员，道员周绥、沈永泉各以万金得记名简放。阳借海军为名，实用以给园工。在内醇亲王奕譞

主之，在外李鸿章主之，罔非献媚宫闱，以得固宠求容之地。然当时利孔初开，内外稍知畏忌，受授之间，不过如此而止。后练兵处祖袭海军故智，仍用报效之法罔利鬻官，辇金求进者自十万以至数十万不止。然交通关说，必得要人指引，取径而入。闻诸员报效海军时，副都统恩佑得贿独多。张振勋进二十万金报效练兵，擢太仆寺卿，私酬枢府，乃过其数。始作俑者无后，李鸿章盖不得辞其责矣。

又，同书卷一，"颐和园"一条说：

孝钦初兴园工，游百川、屠仁守先后入谏，几罢者数矣。李鸿章等虽善迎合，不能不借海军报效之名掩饰国人耳目。

游百川、屠仁守之谏修颐和园在光绪十四年。由此可知，当光绪十四年园工初兴之时，由于经费无着，而御史游百川与屠仁守又一再上疏谏阻，慈禧与醇王基于事实困难，不得不打算将修园之事停止。而自李鸿章想出了以海军报效名义的筹款办法以后，奔竞者流趋之若鹜，幸门大开而财源日盛，加上提用户部积存款项之所得，终于能使修园的计划在隐蔽的方式下继续进行。言路诸人既不能得悉经费来源的实情，于工程进行的情况又懵无所知，自无法从旁阻挠。这当然都是醇王奕𫍽与李鸿章的设计之功，但其后果却是十分恶劣的：第一，此举开启了慈禧太后浪费国帑、从事丹青土木的奢纵靡费行为，此后的踵事增华正无底止。第二，报效滥进破坏了国家的用人行政制度，开创了晚清末年政以贿成的恶例。这可以分为两部分来加以说明。

颐和园初建所耗的费用大概并不很多。这其中的原因是可想而知的——经费筹措困难，而且规制草创，在不很长的兴修时间内也不易投掷巨额的营建费用。关于经费筹措的困难情形，前面已有大概叙述。

至于当时所耗用的修园经费究有若干，下文所引的几段资料可以约略透露一些其中的端倪。

胡思敬《国闻备乘》卷二"颐和园"一条说：

> 园工初兴，立山为内务府大臣，报销八百万金，浸以致富。

清代惯例是宫廷中的营建工程及采买等项，无论是由内务府还是由太监经手，照例都只有三四成是实用，其余都属于经办之人的利益，由此分润各部门的有关人员，人人都可以餍足所欲。立山以内务府大臣的职务主管园工，报销工款八百万金，所侵吞的数目当然很可观，"浸以致富"之说即由此而来。但由立山所报销的初期工款只有八百万金而言，可知这一阶段的工程费用并不太多。其踵事增华奢侈无度当是后来的事。

《清宫遗闻》卷上，"颐和园之来历"一条说：

> 清孝钦后欲起颐和园而苦于筹款无术，鸿章乃使恭（醇王之误）邸为孝钦言，以兴办海军名义，责各疆吏年拨定款，就中挪移十分之六七，园可起也。孝钦闻之大喜，用其言，北洋海军卒底于成。甲午败后，尽移各省所解海军经费以修颐和园。识者谓清廷荒奢，以海军费为宫室、台榭、陂池之用。不知当时若无颐和园，即无北洋海军，甲午之役，虽欲求一败之海战而不可得。鸿章独能委曲筹划，以求大业之必成，其苦心奇计，诚有足道。

按，关于慈禧太后在甲午战争以前挪用海军经费以修建颐和园之说，史学家吴相湘先生曾撰文考证，证明其说不确。根据吴先生的考证，慈禧在甲午战争以前利用海军经费修园，所用的其实只是各省每年解缴海军经费的存款利息。其后甲午战争既经失利，北洋海军全军尽燔，慈禧始将此项存款用于园工，其说与《清宫遗闻》所述相同。既然园工初起时所动用的只是海军经费的利息，其数目当然不会太多。八百万的数目，还是凑合了户部积余、海军报效等项所合计起来的。但园工既兴，各项装饰布置及更新的设备方兴未艾，而慈禧对外国传入的新奇事物甚感兴趣，举凡电灯、铁道、汽船等，都在颐和园中陆续添置起来，这在当时都是需要大量金钱的。张怀奇所撰《颐和园词》，中有句云：

> 六曲屏风云母饰，九间殿柱水晶雕。
> 凤亭回护仙霞紫，昆明池馆翡翠巢。

又，成多禄所撰《昆明曲》中亦有句云：

> 仓皇劫火圆明后，明德遂称天下母。侍臣方进游仙诗，海客又斟祝厘酒。奇肱车与宛渠船，经营不惜水衡钱。费尽水师四百万，好歌慈寿亿千年。长廊香阁白云殿，宝月琼花开夜宴。歌管春灯燕子词，彩绘夜火萤儿苑。濯龙门外好楼台，趋直车声哓若雷。

凡此所咏，俱是颐和园的靡费华丽之处，所费何止以千万计？而其开端则始于醇王之迎合意旨，献谀宫闱。虽初时所费未逾千万，而此途既开，后来的耗费遂无纪极，蠹国病民，可胜叹息。这是因醇王创议修园而导致慈禧后来耗费无度的部分。以下续论园工报效所影响及于后来的政治风气部分。

《左传》中有一段话说："国家之败，由官邪也；官之失德，宠赂彰也。"这一段话说明了官吏操守与政治隆污之间的关系。清代末年，官以贿进，政以贿成，上下征逐，唯利是图，而政治风气乃不可闻问。推原其始，固然是源远流长，而光绪十四年开始的海军报效着实加速了贪污风气的发展。胡思敬《国闻备乘》卷四，"京朝馈遗"一条说：

> 王闿运尝入肃府，见肃顺受礼，与近时悬绝，私语人曰："余尝遨游公卿间，见咸、同风气，虽招权纳贿中亦具先正典型。"词虽近谑，亦谠言也。自来贪贿之臣，未有一举而得十万、数十万者。闻光绪初年，政府颇有私交，虽恭王不免。然当时督抚入京，应酬政府，人不过三四百金，不受者却之，受者报以貂褂一袭，鹿茸两角，尚不失礼尚往来之意。嗣后乃有岁馈，亦只三节两寿。最后指缺进贿，直与交易无异。且恐货币不足以动心，有借衽席为媚献之地，如杨士琦、段芝贵、丁乃扬之流，盖愈趋而愈下矣。

丁乃扬不知何许人。据胡思敬《国闻备乘》卷四，谓度支部尚书载泽初出任政时，亦颇有廉谨之名，"后乃扬饰美姬以进，亦欣然受之"云云，则丁乃扬当是光、宣之间新设度支部的丞、参等官，以献美得载泽之欢心，由此而成为知名人物了。至于杨士琦与段芝贵，则前者曾献妾于袁世凯，后者更因费十万金买天津名妓杨翠喜，以献于庆王奕劻之子商部尚书贝勒载振，即由候补道擢升为新设的黑龙江巡抚，这些都是清末政坛的有名事件。以之与李伯元所撰的《官场现形记》及吴沃尧所撰的《二十年目睹之怪现状》二书所写的官场丑闻对照，正可说是若合符节。可见晚清官场风气之败坏，正由醇王与李鸿章作俑于先的海军报效开其端。胡思敬慨然于此，乃曰："始作俑者，其无后乎？"虽其指责的主要对象在李鸿章，醇王奕譞其实应负更大的责任。

醇王奕譞为什么要在国家财政如此困难的情况之下，百计罗掘，设法兴修颐和园来供慈禧太后一人的奢纵逸乐呢？试为探讨其中的原因,实可以数言尽之:第一,他天性柔懦无能,不敢拒绝慈禧太后的指授。第二,光绪既已立为皇帝,他以皇帝本生父之尊,对慈禧太后有位并势逼之嫌。为了避免招致慈禧太后猜忌而引起不测之祸,他必须比别人更加谦谨恭顺,小心翼翼地博取慈禧的欢心。而慈禧太后也看准了他这两方面的心理弱点,有时予逾分的恩宠表示笼络,有时则施不测之威使其格外知所畏惧。于是,醇王凭借一时的冲动排去恭王而自掌枢柄之后,就等于孙悟空被观音大士套上了金箍,除了任由驱使之外,毫无躲闪退让之余地。这样的地位与遭遇说起来真是够可怜的。

《光绪东华录》卷七十二,十一年九月辛丑条记事云:

> 钦奉慈禧端佑康颐昭豫庄诚皇太后懿旨,前因海防善后事宜关系重大,谕令南北洋大臣等审议具奏。嗣据该大臣等各抒所见,陆续呈奏,复经谕令军机大臣、总理各国事务衙门王大臣会同李鸿章妥议具奏,并令醇亲王一并与议。兹据奏称:"统筹全局,拟请先从北洋精练水师一支,以为之倡,此外分年次第兴办"等语,所筹深合机宜。着派醇亲王总理海军事务,所有沿海水师,悉归节制调遣。并派庆郡王奕劻、大学士直隶总督李鸿章会同办理。

这一道谕旨就是光绪朝设立海军衙门之始。当甲申朝局变革时,醇王以皇帝本生父之故不便出面领枢,所以不得不以礼王世铎作为名义上的傀儡,而事事由醇王遥领其政。现在距甲申朝局变革只有一年多的时间,何以醇王又可以公开出面来充当海军衙门的总理大臣了呢?这一个矛盾问题恐怕任谁也无法解答。所谓政治,大概就是这类莫名其妙的事。研究近代史的学者中颇有人以为,慈禧太后之所以要在此时设立海军衙门而以醇王为总理大臣,其目的即在分军机之权,俾便醇王得以海军衙门的名义过问军国大事。其说法颇有见地。这只要看光绪十三年二月庚辰，醇王所奏《修建天津至山海关间之铁路》一折，便可知其梗概。原奏见于《光绪东华录》卷八十一，中云：

> 总理海军事务衙门奏：铁路之议，历有年余，毁誉纷纭，莫衷一是。臣奕譞向亦习闻陈言，尝持偏论。自经前岁战争，复亲历北洋海口，始悉局外空谈与局中实际判然两途。当与臣李鸿章、臣善庆巡阅之际，屡经讲求。臣奕劻管理各国事务衙门，见闻亲切，思补时艰，臣纪泽出使八年，亲见西洋各国轮车、铁路，于调兵、运饷、利商、便民诸大端为益甚多，而于边疆之防务、小民之生计，实无危险窒碍之处。近在总理各国事务衙门行走，于此更加留意，探询所闻相同。现在合同酌核，华、洋规制自古不同，铁路利益虽多，若如外洋之遍地皆设，纵横如织，不惟经费难筹，抑亦成何景象？至调兵运械，贵在便捷，自当择要而图，未可执一而论。

此奏之主要目的在于请求展筑开平煤矿原有之运煤铁路，使北达山海关而南达天津，"于军旅、商贾，两有裨益。平日借资拱卫，遇事便于援应"。醇王的此一奏折，对于他素来所抱持的反洋务、反新政思想自是一极大转变。足证他前此之所以力诋恭王推行自强维新运动，无非是因他之顽固守旧、愚昧无识而已。而此一奏折所反映的另一种意义，则是此时的醇王虽在名义上只是海军衙门的总理大臣，而铁路并非海军所管，造铁路之目的又在通商贾而利国防，更非海军衙门之专职，然则醇王此时之职司，非侵越军机处之原有职掌而何？很显然，醇王不居领枢之名而实际过问军机之事，他无法与全体军机大臣一同入对，一同商讨军国大事之故，以致事事需要由孙毓汶往来醇邸请示进止，这种处理公事的办法已有极大的不便。为了补救事实上的困难，他们想出了这一变通办法——新设一个海军衙门而以醇王为总理大臣，渐夺军机之权，而在处理以修建颐和园为主的经费筹措问题上，慈禧与醇王之间更可借直接沟通意见之便，而收指臂呼应之效。经由这样的安排，醇王亦可由旧时的幕后指挥而出居幕前，直接对有关人员做调度指挥，以免除不必要之中间隔阂了。这种转变终于使醇王成为直接担负国家大政的柄政之人，与从前恭王所处的地位大致相同。只是，恭王终究没有"皇帝本生父"的特殊身份，他在与慈禧发生意见龃龉时，还可以侃侃而争，没有太多的顾虑；醇王则因与光绪为父子之故，深恐招致慈禧的猜忌，以致事事必须忍辱含垢，以避免发生不测之祸。其间的矛盾就使醇王的处境困难得多。

《光绪东华录》卷七十五，十二年三月癸丑条记事云：

> 钦奉慈禧端佑康颐昭豫庄诚皇太后懿旨："醇亲王奕譞、醇亲王福晋，均着赏坐杏黄轿。"

两天之后，即同月之乙卯，又有另一条记事云：

> 钦奉慈禧端佑康颐昭豫庄诚皇太后懿旨："醇亲王奕譞《恳请收回成命》一折，情词恳挚，出于至诚，实堪嘉许。……醇亲王奕譞素来忠勤诚敬，醇亲王福晋温恭淑慎，均足为懿亲矜式，为天下所共知。自皇帝入承大统以来，醇亲王及福晋翼翼小心，愈加谦谨，稽诸史牒，实为从来所未有。昨降旨赏坐杏黄轿，实因醇亲王及福晋德性福泽足以承受，是以特沛恩施。王其谨受恩命，毋庸固辞。"

自唐宋以来，金黄、明黄、杏黄等项色泽被规定为皇室专用，除了帝后以外他人不得僭越。慈禧太后特赐醇王夫妇乘坐杏黄轿，表面上看来是皇太后所特沛的恩典，其实深有用意。假如醇王夫妇老老实实地以为此是太后恩典，居然真的乘坐起来，那就一定会引起慈禧太后的猜忌，以为醇王自居帝父，以后或将有更进一步的觊觎；即或不然，亦将是他不能如往常之"愈加谦谨"的表示，以后是否能谨守臣节，恪恭无违，也很难说。所以，这虽然是名义上的"恩典"，事实上应视为慈禧对醇王的试探——试探醇王对于"拟于至尊"的仪物感受如何。王照《方家园杂咏纪事诗》中之第一首，即为咏此而发。原诗云：

甘棠余荫犹知爱，柳下遗邱尚禁樵。
濮国大王天子父，南山莫保一株槁。

诗中所咏乃为记述慈禧因惑于风水之说，伐去醇贤亲王墓前之大白果树而致其不平之叹，但诗后之记事，则明白说出了慈禧对奕譞多方试探，而奕譞始终恭谨惕励之光景，引叙如下：

醇贤王之掌海军衙门也，太后提用筹备海军之积款以大兴土木，王不敢违。及王赴烟台阅海军，懿旨赐乘杏黄轿，王不敢乘，而心益加惕，力请派李莲英偕往。出京后，每见文武各员，皆命莲英随见，正意在避本生擅权之嫌也。而莲英怵安德海之祸，布韡、布衣，每日手执王之长杆烟筒、大皮烟荷包，侍立装烟。退则入王之夹室中，不见一人。时直、鲁两省卑鄙官员欲乘机逢迎大总管者，皆大失所望。王之左右与莲英，皆一介不取而归，王大赞赏之。此一事，足以见一主一奴，皆据恭谨为盘石之固。夫死后之白果树尚不容，况生前之杏黄轿哉？王之知几，其神矣乎！

王照以醇王奕譞之不敢"遵懿旨"乘坐杏黄轿为"知几"，确实是洞见底里之言。而奕譞之恭谨而知几，其实尚不止此。例如，当光绪十三年正月皇帝届满十六岁而依例需要亲政时，醇王为了表示恭顺，特以"宫廷政治内外并重"为由，专折奏请慈禧于皇帝亲政之后，再予训政数年。"俾皇帝有所秉承，日就月将，见闻密迩，俟及二旬，再议亲理庶务。彼时寰宇之局益安，皇帝心志益定，实为宗社苍生之福"云云。及慈禧降谕表示应毋庸议之后，醇王又再上一折重申前请，更暗示光绪自己亦向慈禧面求训政。这一回，慈禧太后总算是"勉允所请"，以免"固执一己守经之义，致违天下众论之公"了。醇王奕譞为什么要在光绪亲政期届之前，一再要求慈禧太后再予训政数年，这显然也是他的学问经济所在。因为由后来的事实演变可知，慈禧太后对于揽持国柄始终富有极大的兴趣。当初她要选立载湉为嗣，目的就是要利用载湉年幼，以便继续垂帘听政，做实际上的女皇帝。现在光绪年届十六，照规定慈禧应交出政权、退隐深宫了，其实这何尝是慈禧心中所愿之事？又假如慈禧真的在此时交出政权，醇王奕譞以帝父之尊遥执枢政，又总管海军事务，权任甚重，姑不论他在皇帝亲政之后，是否在名义上一概辞卸这些职位，只要他在这些职务方面的影响力始终存在，则必然会因父子一心的结果，使醇王的政治地位上升，从而影响到慈禧的权力与地位，而这正是慈禧所极不愿看见的事。慈禧太后自己不愿说这样的话，在醇王奕譞而言，却不能不见机而作。此所以他要一再力请慈禧在光绪亲政之后，再予训政数年，"俟及二旬，再议亲理庶务"，其用意无非是希望将垂帘听政的局面再拖延几年，以延缓不愉快时刻之来临，可谓用心良苦。然而，不到三年，另一种意想不到的情势却又出现了。

光绪十五年二月，慈禧太后在"训政"两年之后，表示真正地倦于政事，要退居到新近完工的颐和园中去颐养天年了。皇帝这一次虽是名义上做到了真正的"亲政"，事实上则朝中的一切重要章疏都还要送到颐和园中去让慈禧太后亲阅，二品以上大臣的进退也都要听候慈禧太后的决定，所以慈禧太后的权力实际上并未完全交出，而醇王奕譞也还未解除海军幕后领枢之职。在这些事情之中，最使人感到不能忍耐的，还是醇王当政以后的君子道消而小人道长的情形，使得国家政治日见败坏。胡思敬《国闻备乘》就说："醇党多小人，通贿赂，政事日脞。"费行简《近代名人小传》亦说他待诸阉甚优厚，以致李莲英等一班用事太监得以公然弄权取贿，而醇王一切懵然不知。在这种情形之下，唯一有效的办法是能够把醇王从实际政治事务中请开，使得凭借醇王地位弄权纳贿的那一班社鼠城狐无所寄托，然后方能渐收澄清吏治之功。基于此一构想，于是乃有光绪十五年正月，东河河道总督吴大澂奏请饬下廷臣会议，尊崇醇亲王称号礼节之事。

吴大澂的原奏见于《光绪东华录》卷九十三。疏中大指，以为醇亲王在皇太后前则尽臣下之礼，在皇帝则有父子之亲。"我朝以孝治天下，当以正名定分为先。凡在臣子，为人后者例得以本身封典移封本生父母。此朝廷锡类之恩，所以遂臣子之孝思，至深且厚。况贵为天子，而于天子所生之父母，必有尊崇之典礼。"继引乾隆御批《通鉴辑览》所论，宋英宗尊称其父濮王为皇伯父之不当，与明世宗追尊其父兴献王为出于人子至情。故结论谓，乾隆之"圣训煌煌，斟酌乎天理人情之至当，实为千古不易之定论。自制礼之圣人出，而天下后世有所遵依，本生父母之名不可更易，即加以尊称，仍别以本生名号，自无过当之嫌"。"恭逢皇太后归政之期，拟请懿旨饬下廷臣会议醇亲王称号礼节，详细奏明，出自皇太后特旨，宣示天下，以遂我皇上孝敬之怀，以塞薄海臣民之望。"由于这一道奏疏的立论根据是出于"高宗纯皇帝"的御批《通鉴辑览》，有煌煌圣训可资依凭，慈禧太后颇难加以驳斥。为了应付这件意外之事，倒也着实费了一番周章。

从过去的历史看，帝系中断而以旁支入继的事例不是没有，只是在入继以后常常不免引起对亲生父母的尊崇问题之争议。远在宋朝，就有过宋英宗时的"濮议"；近在明朝，则有明世宗时的"大礼议"。

宋英宗和明世宗，都是原有帝系中断之后以旁支入继的嗣皇帝。他们做了皇帝之后，虽然所承继的乃是原有的帝统，需要以"嗣子"的身份过继做大行皇帝的儿子，但他们各有其本生父母，援据"父以子贵"及"追尊所亲"的道理，也应该对自己的父母有所尊崇。宋英宗的生父是濮王，其时就因应否尊崇与如何尊崇的问题，在朝中引起了一番争议，历史上称之为"濮议"。乾隆御批《通鉴辑览》论此云：

> 英宗崇奉濮王，事由韩琦等申请，且所议并非加尊帝号，更无嫌疑凌替之虞。必执"为人后者不得复顾私亲"以相辨析，既与大记所云不合，使濮王尚在，又将何以处之？且以本生之亲改称伯父，固非所安；而加皇于伯，名亦不正。王圭、司马光之说，并无经传可据，徒以强词争执，自不若欧阳修援引《礼经》之为得也。

至于明世宗的情形，虽相似而有不同。当时的大学士杨廷和与礼部尚书毛纪等人，执定宋英宗时的"濮议"之说，以为明世宗既然入为孝宗之后，就不得再以兴献王为父；称父尚且不可，当然更谈不上追尊乃父了。而张璁、桂萼等一班新进士，窥知世宗实有追尊之意，乃别创一说，以为宋英宗固是濮王之子，然因仁宗无子，英宗自小养于宫中，"其为人后之义甚明"，所以"濮议"之说尚无不当。至于明孝宗之子乃是武宗，武宗承嗣孝宗而本身无子，世宗以旁支入承大统，"与预立为嗣、养之宫中者较然不同"，何得援"濮议"之说，以父为叔，而自绝于所生之父母？所以，他们不但主张应尊兴献王为皇考，且应进一步称帝、称宗，以示尊崇所亲之意。由于张、桂之说深合帝意，于是杨廷和、毛澄等人相继被斥，而兴献王亦旋即被追尊为兴献帝，庙号睿宗。乾隆御批《通鉴辑览》论此云：

嘉靖欲推崇自出，本属人子至情。诸臣必执宋时"濮议"相持，无论事理不同，且亦无以慰尊亲本愿。盖旁支入承大统，于孝宗固有为后之义，然以毛里至亲，改称叔父，实亦情所不安。诚使集议之初，即早定本生名号，加以徽称，使得少申敬礼，则张璁等亦无由伺间陈言，或可隐全大义。

乾隆的评论虽以明世宗之追尊其父称帝、称宗为过当，而其立论亦颇平允公正，以为倘使杨廷和、毛纪等人不过分坚持反对"早定本生名号，加以徽称"的尊礼，当不致使明世宗因偏执己见之故，而导致后来之矫枉过正，其说甚有见地。若以光绪入承咸丰为嗣的情形与此相比，与两者都有相似之处而又并不完全相同。更为不同的一点，则是宋英宗时的濮王与明世宗时的兴献王都已去世，而光绪之父醇王奕譞尚健在，子为皇帝而其生父屈居臣下，当然不是人情所能堪。吴大澂利用这一点来加以发挥，主张在皇太后归政之后，以懿旨加予醇王尊号，而使其退出实际政治事务，其手法不可谓不高明。但以慈禧太后的立场而言，加上皇帝本生父的徽号，无异于抬高醇王的身份与地位。倘使此事一经开端，后此必有更加趋奉附和之人。则在皇父之外，或者更有称太上皇之可能，到了那时，她的皇太后地位就岌岌可危了。所以，当慈禧一看到吴大澂的奏折时，她首先考虑到的并不是醇王的出处进退问题，而是她本身的权力与地位问题。为了巩固她自己的权力，即使牺牲醇王亦在所不惜。但因吴大澂的立论据引乾隆的御批《通鉴辑览》中语，"圣训煌煌"，难以驳倒，究竟要如何应付方是面面俱到之计，实在很不容易。

《光绪东华录》卷九十三，十三年二月己卯一条云：

钦奉慈禧端佑康颐昭豫庄诚皇太后懿旨："本日据吴大澂奏，《请饬议尊崇醇亲王礼节》一折，皇帝入继文宗显皇帝，寅承大统，醇亲王奕譞谦卑谨慎，翼翼小心，十余年来，深宫派办事宜，靡不殚竭心力，恪恭尽职。每遇优加异数，皆再四涕泣恳辞。前赏杏黄轿，至今不敢乘坐，其秉心忠赤，严畏殊常，非徒深宫知之最深，亦天下臣民所共谅。自光绪元年正月初八日，醇亲王即有豫杜妄论一奏，内称：'历代继统之君，推崇本身父母者，以宋孝宗不改子称秀王之封为至当。虑皇帝亲政之后，佥壬幸进，援引治平、嘉靖之说肆其奸邪，豫具封章，请俟亲政时宣示天下，俾千秋万载，勿再更张。'其披沥之忱，自古纯臣居心，何以过此？此深宫不能不嘉许感叹，勉从所请者也。兹当归政伊始，吴大澂果有此奏。若不将醇亲王原奏及时宣示，则此后邪说竞进，妄希议礼梯荣，其患何堪设想？用特明白晓谕，并将醇亲王原奏发抄，俾中外臣民，咸知我朝隆轨，超越古今，即贤王心事，亦从此可以共白，嗣后阚名希宠之徒，更何所容其觊觎乎？将此通谕中外知之。"

慈禧谕旨中所谓的醇亲王光绪元年正月初八日奏上《豫杜佥壬妄论》折，在谕旨后亦有引叙，一并抄录于后：

奏为披沥愚见，豫杜佥壬妄论，恭折具奏，仰祈圣鉴事。臣尝见历代继承大统之君，推崇本生父母者，备载史书。其中有适得至当者焉，宋孝宗之不改子称秀王之封是也。有大乱之道焉，宋英宗之"濮议"，明世宗之议礼，是也。张璁、桂萼之俦，无足论矣；忠如韩琦，乃与司马光议论抵牾，其故何欤？盖非常之事出，立论者势必纷沓扰攘，虽乃心王室，不无其人，而以此为梯荣之具，迫其主以不得不视为庄论者，正复不少。恭维皇清受天之命，列圣相承，十朝一脉，至隆极盛，旷古罕觏。讵穆宗毅皇帝春秋正盛，遽弃臣民，皇太后以宗庙社稷为重，特命皇帝入承大统，复推恩及臣，以亲王世袭罔替，渥叨异数，感惧难名，原不须更生过虑。惟思此时垂帘听政，简用贤良，廷议既属执中，邪说自必销匿。倘将来亲政后，或有草茅新进之徒，趋六年拜相快捷方式，以危言故事耸动宸聪，不幸稍一夷犹，则朝廷从兹多事矣。合无仰恳皇太后将臣此折留之宫中，俟皇帝亲政时，宣示廷臣世赏之由，及臣寅畏本意，千秋万岁，勿再更张。如有以治平、嘉靖等朝之说进者，务目之为奸邪小人，立加屏斥。果蒙慈命严切，皇帝敢不钦遵？是不但微臣名节得以保全，而关于君子、小人消长之机者，实为至大且要。所有微臣披沥愚见，豫杜金壬妄论缘由，谨恭折具奏，伏乞皇太后圣明洞鉴。

看慈禧谕旨发抄的醇王此奏，有两点恰与吴大澂的原奏针锋相对：第一，是吴大澂的奏折中引乾隆御批《通鉴辑览》，以宋英宗治平年间的"濮议"，及明世宗嘉靖初年的"大礼议"为言，建议应对皇帝本生父加以尊号徽称。此奏亦以"治平、嘉靖等朝之说"为言，指为"迫其主以不得不视为庄论"的"奸邪小人"，应该立加屏斥。第二，是吴大澂的原折引乾隆评论嘉靖朝"大礼议"之言，以为是"圣训煌煌，斟酌乎天理人情之至当"。倘于本生父母加以尊称，"自无过当之嫌"。而醇疏亦以至当、至不当为言，以宋孝宗继统之后，不改其父子称秀王之封为"至当"，以"濮议"与"大礼议"为至不当的大乱之道，一若醇王预见十五年后吴大澂必上此疏，而预先做此驳议，以为驳斥吴疏之用者。揆之清高宗所作的《濮议辨》，其中曾说："为帝王者苟不违君道，自无有无嗣旁支入继之事。万一有其事，何不称所生曰'皇帝本生父'，殁则称'本生考'，立庙于所封之国，无国则于其邸第，为不祧之庙，祀以天下之礼。"乾隆对于宋英宗治平年间的尊崇之争，早就定有折中的解决办法。醇王的奏疏不论宋英宗的"濮议"则已，如果论及，就不能不援引乾隆在《濮议辨》中所定下的办法。如今吴大澂援引乾隆之说，而醇疏则诋之为"奸邪小人"的"金壬妄论"，不但于理不顺，而且明明寓有驳斥乾隆御批为不当的口气，醇王何人，岂敢如此明目张胆地违背祖训？所以，着眼于醇王奏疏中的这几点疑窦，就很使人怀疑，此奏究竟是醇王奕譞在光绪元年正月初八日所上，还是吴大澂在光绪十五年正月上奏之后，由慈禧所临时伪造？若是细加追究，倒也是一个颇为有趣的问题。

我们之所以要怀疑醇王此奏系出于慈禧之事后伪造，是因为奏疏中的内容有如上三点可资怀疑之处。如果再从别的方面探索，则可以怀疑的地方更多了。试为逐一列举，便可以举出如下四点为证。

第一，醇王此奏只见于慈禧谕旨中的"将醇亲王原奏发钞"一语，从未有人见过醇王的原奏。按，清代的军机处对于递呈皇太后或皇帝阅看的封奏，每一件都有纪事档。即使此件原系密封，阅后由皇太后或皇帝"留中不发"，纪事档中亦仍注明某人所上折片被"留中"，从没有无案可查的例子。稽之军机处光绪元年正月初八日纪事档中，并没有醇王上奏的记录。民国以后，军机处档及宫中档屡经检阅，亦只见有此奏的抄件而未见原折。慈禧谕旨，明言"原折发钞"而不言"原折发下"，可见当时军机处据以发布的，只是慈禧交下的抄件，而原折则从无人见。醇王当时究竟有没有上过此折，就是很值得怀疑的事。

第二，慈禧所颁谕旨之中，一则褒扬醇王之谦卑谨慎，寅畏小心，一则指斥吴大澂为梯荣躁进之奸邪小人。果如所论，则在慈禧此谕颁发之后，何以不将吴大澂严行申饬？醇王奕譞何以并不具折参劾吴之金壬妄论，以资儆诫其余？即使醇王自己不愿具折奏劾，何以亦不指授朝中的御史、给事中等官代为发言？由于慈禧及醇王事后一无举动，反足以使人怀疑正系出于伪造，由于理不直而气不壮，所以才不能再接再厉地对吴大澂采取进一步的行动。再则，醇王在蒙谕褒嘉之后，宠遇优渥，于理应再上一奏折，以表示感激天恩之忱。而军机档中亦未见有此项奏折，一似"贤王心事，从此可以共白"之说，与醇王痛痒不关者。由此一点更可推想此折系出于事后之伪造，其目的则专在驳斥吴大澂之奏疏。

第三，果如慈禧所说，醇王在光绪元年正月初八日即预上此折，以防杜日后之金壬妄论。以光绪初年之政治情势而言，慈安、慈禧两宫皇太后并出垂帘，政权并未归于慈禧一人独掌，而恭王柄政已逾十三年，此后亦很难预卜何时有更迭之可能。当此时会，醇王已因恩恩放废而终老林下，无形中成为一个闲废之人。朝中既无奸谋，尊为皇帝本生父亦不是为梯荣之阶，何必在光绪甫经即位之时，便汲汲为防杜之谋？这又是极不合于情理的地方。

第四，醇王为人胸无城府，以他的识见及学问，当光绪元年朝局扰攘之时，烦愁忧虑之不暇，亦不可能博考历代往事，因忧谗畏讥而预上此疏。这是从醇王之才具与性格方面，证明其不可能之处。

综合以上各点的怀疑不实之处，很可以使我们相信，慈禧谕旨中所说"原折发钞"的醇王此奏似乎是出于后来的伪造。从前钱基博撰《吴大澂传》，亦主此说，云：

> 方是时，大澂盛负时誉，颇发抒意气。见孝钦皇后浸骄侈逸乐，颇以醇亲王帝父，为天下归望也，使奄人风人，倡帝以天下养之说。会海军议兴，以王总理海军衙门事。王揣知后意，预思所以媚之者。于是岁责成各直省大臣筹巨帑供海军衙门费，犹不足，开海军捐例，所入亡虑数千万，泰半耗宫中以兴筑颐和园。孝钦皇后大悦，而天下顾非王所为。大澂夙与王善，治河有成功，诏实授东河河道总督，赏加头品顶戴，旋锡兵部尚书衔，宠命稠叠。自恃眷倚方隆，具疏请饬议醇亲王称号礼节。疏中大指，引高宗御批《通鉴》论

治平濮议，嘉靖议礼为据，意醇王名帝父，义当拥号归邸，嫌于预政也。自谓立论遵依祖训，尊称本生，于义当无罪。疏草具，以示河南巡抚倪文蔚，辄怂恿上焉。孝钦得疏震怒，意尊帝父即以倾己势也，随发钞元年五月醇亲王《预杜妄论》一奏，严旨斥大澂阚名希宠，不容觊觎。传者谓，王奏实大澂疏上后，孝钦后以其引高宗御批，无能以折之，不如托王小心寅畏，枢臣承旨代草奏，倒填年月，假说王密陈留中，故能与大澂疏针芥相投。事秘莫能明，然说者不为无因也。

钱基博怀疑，醇王的《预杜金壬妄论》一折是慈禧授意军机大臣所代撰，以倒填年月之法传旨发钞，所以才能与吴大澂奏疏的内容针芥相投，其说甚为有理。亦正因为有此可能，所以军机档中没有醇王上奏的记录，而醇王原奏也始终无人曾见。慈禧之所以要这样做，一方面是为了驳斥吴大澂之建议，另一方面也是为了不让醇王逐渐造成位尊势逼的形势。在这种情势之下，最使慈禧太后觉得讨厌的，当然不是吴大澂而是醇王。然则，奕譞当何以自处呢？

奕譞因儿子做了皇帝而具备了"皇帝本生父"的资格，这本不是他自己所愿意的事。早在同治皇帝因风流病而暴崩，慈禧太后当众宣布选立载湉为咸丰的嗣子，入继为嗣皇帝的时候，醇王奕譞就曾经"惊遽敬惟，碰头痛哭，昏迷伏地"，至于"掖之不能起"了。醇王此时之哭，是由于惊悸恐惧，是由于他不愿将自己的儿子送入慈禧手中去遭受折磨。准此而言，他当然更不愿意因为牺牲了儿子之故，而得到"皇帝本生父"的尊崇。但形势之来，实逼处此，这却不是他所能左右的事。而且，不管他自己对于"皇帝本生父"的荣誉有没有兴趣，一旦这种形势造成之后，势必要招来慈禧太后更大的猜忌与疑惧。在这种情形之下，究竟要怎样才能使慈禧太后不致视他为危险的敌人，这就需要加倍小心谨慎了。前引王照《方家园杂咏纪事诗》已曾说到醇王对慈禧，素以"恭谨为盘石之固"。为了表示恭谨，除了谦卑恭顺之外，就是事事先意承旨，处处委曲将顺，以求博取慈禧的欢心。所谓劝导皇帝以天下为太后养，以及耗费巨款为慈禧兴建颐和园供其奢靡逸乐，都是所用的方法之一。到了光绪亲政有期，又倡率群臣恳请皇太后再予训政数年，亦此之类。现在吴大澂忽然奏上此折，要在皇帝自亲大政之初议上醇王尊号，姑不论其本意原在希望迫使醇王退出实际政治，却无法不使慈禧滋生疑虑。为了不使慈禧太后增加更多的猜忌疑虑，醇王本人对于慈禧驳斥吴大澂之疏并痛加詈斥之后，既不敢多表示一点意见，也不敢引嫌退政。总而言之，他此时的进退只有以慈禧太后之意见为意见，以免动辄得咎。而慈禧对此竟然也没有指授，所以醇王只好仍然以帝父之尊，"在皇太后前，则尽臣下之礼，在皇上则有父子之亲"，在矛盾的夹缝中做他非君非臣的柄国亲王，就像他以海军衙门总理大臣而实际主管中枢之事一样地名既不正，言又不顺。即使醇王奕譞如此寅畏恭谨，慈禧太后还是要对他来一些不测之威。费行简《近代名人小传》中说他：

> 后以责李莲英通外纳贿，为所中伤。入问孝钦疾，后曰："尔太上皇矣，何顾我为？"譞悚惧退。

慈禧太后讥讽奕譞为"太上皇"，意思自然是明白告诉他不要想当太上皇。奕譞本无此想法，而慈禧太后仍然要当他有此想法，这种心理上的威胁自然太大了。由于有了这种猜忌心理存在，当时颇有传说，以为奕譞之死是慈禧太后的有意安排。胡思敬《国闻备乘》卷三，"宫闱疑案"一条说：

> 奕譞之死也，皆云遘恶疾。先是，孝钦从勾栏中物色一娼妇入宫，旋以赐奕譞。秽而善淫，奕譞嬖之，遂得疾不起。

奕譞素善趋承，何以见忌于孝钦？以末年砍伐陵树事度之，
或有因，不尽诬也。

与此相似的记载，亦见于《清宫遗闻》卷上，"慈禧致疑于奕譞"
一条，云：

> 奕譞病亟，直督李鸿章荐医往视。奕譞弗与诊脉，诏医曰：
> "君归言少荃，予病弗起矣。太后顾念予，日倩御医诊视数次，
> 药饵、医单，悉内廷颁出，予无延医权，而病日深。"奕譞病，
> 后往视，必携德宗，暮必携德宗偕返。德宗归，必怒杖内监，
> 击宫中什具几罄。人多讥德宗失狂，不知实有以致之。

这两条记载的内容虽然并不一致，但其意义所指，则均在指陈慈禧
对奕譞存有猜忌之心，而必欲速其死。按，奕譞于光绪十三年亦曾得病
甚危，后以延请吴兴世医凌初平为之诊治得瘥，事见赵凤昌《惜阴堂笔
记》。奕譞本可自行延医，而内廷派御医为之诊视，"药饵、医单，悉内
廷颁出"，外示优礼，实不欲其有瘥愈之望。由此可知，吴大澂之请加
奕譞徽称，正是奕譞的致死之由。当时，慈禧虽假借奕譞之名义，以预
有封章防杜妄论之说，痛斥吴大澂为心存觊觎，却从此对奕譞深怀戒心，
生怕他的声望与地位随光绪的年龄以俱长，故而不得不多方设法以速其
死，以免除她的肘腋之患。由此而言，奕譞之死，一是他不应该有一个
做皇帝的儿子，二是由于慈禧之猜狠鸷悍。至于吴大澂的奏折，虽然其
真正的意图不过是希望把醇王请开，却不料成了奕譞的催命符。奕譞的
儿子载沣后来也同他一样成了事实上的太上皇。只是载沣的运气比较好，
他既不曾遇到慈禧这样猜狠鸷悍的皇太后，而且不久便国体变更，他的
地位已不值得别人猜忌。相形之下，奕譞以五十一岁的壮盛之年不幸早
死，就很值得同情了。

奕𫍽在光绪十年三月朝局变革之后出当大政，至光绪十六年十一月病卒为止，柄国时间前后凡六年八个月。在这段时间之内，他的最大政绩不过是与李鸿章合作，建立了北洋海军。而在建设海军的美名掩饰之下，海军报效的名目出现了，由此而使此后的政风败坏，更导致了慈禧以举国财力从事于土木游幸的恶劣风气，实为清末政治之两大弊政。奕𫍽排去乃兄奕䜣自柄大政，所建树的政绩如此，诚然太使人失望。所以然之故，则是由于慈禧利用奕𫍽之庸黯作为实现她个人私欲的工具，奕𫍽的才具与性格又不能与之抗衡，才造成这种情势。"同光中兴"的业绩在恭王柄政的后期，已不免因慈禧的牵掣及朝中顽固守旧分子的反对而日见黯淡。至醇王柄政，更日益走向下坡。清政府之不免覆亡，在此时已明显地奠定了基础，其责任则应由慈禧及奕𫍽二人共同负之。

不过话虽如此说，奕𫍽的操守与人品在当时的政治环境中还是颇值得称道的。费行简《近代名人小传》说他：

> 势虽赫奕，而励廉隅，苞苴不入。李鸿章以各关羡余，矿、船空股馈要人，䜣亦染指，独𫍽不纳，操行为诸王冠。

又，何刚德《春明梦录》中一条云：

> 醇王旧邸即德宗诞生之邸，例名为潜邸。醇王薨，以其邸改为醇贤王庙，由世宗潜邸今改为雍和宫也。余时派往查估工程，见其房屋两廊，自晒煤丸，铺满于地，俭德殊不可及。后来亲贵，非常骄奢，不数年便覆败，可见祖宗世业守之难而失之易也。

这两条记载，一则说他极能砥砺廉隅而苞苴不入，一则说他的家居生活甚俭朴，都值得注意。按，所谓煤丸，是将碎煤屑和泥搓成圆形的球状，使能物尽其用的穷人燃料。醇王贵为帝父，而一物不肯浪费如此，足见其俭朴生活之一斑。古语说："惟俭可以养廉。"醇王奕譞之廉，正因他能俭约自守之故。他死后被谥为醇贤亲王，于政绩虽不足道，于私德却大有可称。比诸光、宣之间的那些权要亲贵，奕譞在这些地方倒是不易企及的。

奕譞有子七人：一、三两子早殇，二子即载湉，正福晋叶赫那拉氏所出，后被立为德宗光绪帝。四子载洸，光绪十年卒。五子载沣，侧福晋刘佳氏所出，后袭封为醇亲王。六子载洵，出继为瑞郡王奕誌嗣子，七子载涛，出继为钟郡王奕詥嗣子，故二人在光绪末年均已封为贝勒。我们不能确定载洵与载涛之出继为瑞、钟二王的嗣子，使他们得以从辅国公的封爵升至贝勒，是不是由于慈禧太后对奕譞的推恩报答。若以载沣之子溥仪入继为皇帝一事而言，则显然尚有其他的因素在内，关于这一层，且留在后面再说。现在先说慈禧太后与载沣之间的关系。

载沣既为老醇王奕譞之子，于慈禧即为侄辈。但因光绪系载沣亲兄之故，所以载沣于慈禧虽为侄行，其关系却要比其他的侄儿如载泽、载瀛等要显得亲密些。王照《方家园杂咏纪事诗》中有一条说：

> 荣禄女早有艳名，太后常召之入宫，认为养女。某亲王先已订婚，系勋旧将军希元之女，太后勒令退婚，改订荣女。某王之太侧福晋入宫哭求太后曰："我之儿妇已向我磕过头，毫无过失，何忍退婚，教人家孩子怎么了？"太后坚执不许，希公女闻而仰药死。某亲王既被此牢笼，惟视太后为圣明，日见亲任。太后用以抵制庆王，亦如任崔玉贵以抵制李莲英。盖凡老臣、老奴，皆务妥慎，对于干犯礼义之端，不敢有一字唯诺，故太后皆防其掣肘而预制之也。若某亲王之童骏，

则可玩之于股掌之上。

此一条记载虽未明说"某亲王"是谁，考之事实，盖即袭爵之小醇王载沣是也。慈禧将荣禄之女指婚予载沣，有两重意义。第一是由于她感念荣禄在"庚子拳乱"时的保全之功，欲有所补报；第二是她希望通过荣禄之女的关系，将载沣收揽为自己的臂膀。王照已说此举使载沣"视太后为圣明，日见亲任"，胡思敬《国闻备乘》更说慈禧后来直用载沣以牵制庆王奕劻，使奕劻不能达到援引其子载振入军机之目的。胡记原文如下：

> 奕劻屡被弹劾，太后以庚子（戊戌之误）告变功，未遽遣斥，然确知其黩货，心甚疑之。奕劻既倾去瞿鸿禨、林绍年，自顾年老怨多，内不自安，亦谋引退而援其子载振入军机，副以杨士琦，遣两格格达意宫中。太后虽阳许之，心实犹豫。因召见大学士孙家鼐、吏部尚书鹿传霖告以故。家鼐力言士琦不可任，太后颔之。翼日，奕劻入见，阳以好语慰留，谓："时事日艰，老臣不可轻去。今当使载沣随汝学习一二年，再从汝志未晚。"奕劻闻载沣用则载振将为所压，遂不敢再萌退志，而引袁世凯相助。太后曰："袁世凯与张之洞，皆今日疆臣中之矫矫负时望者，可令入直。"奕劻虽不悦之洞，而无辞以拒之。盖太后之意，始欲借载沣以防载振，继又欲借之洞以抵制世凯，其虑不可谓不周。世凯入，交欢奕劻，而与载振结盟为兄弟。阳以礼貌尊事之洞，推为老辈，凡朝廷不甚经意、视为迂阔可缓之事，如崇祀三先生、推行金币等案，悉让之洞主政，而各省疆吏、各部要臣，尽安置私人，内外联为一气。太后年老多病，方以后事为忧，日见废弛，外情亦不能尽达也。

慈禧使载沣入军机，用意本在杜绝载振入军机而对奕劻有所防维。但载沣入军机后，对于袁世凯交结奕劻以扩张其个人势力的行为，既不能察觉亦不能防止，不能不说是他对实际政治的体验实在不够。及至慈禧太后在临终之前决定以载沣之子溥仪为帝，并"入继同治，兼祧光绪"。载沣以监国摄政王的名义摄行国政，欲对袁世凯施行裁抑之时，却因袁的羽翼已成，其旧部遍布于各镇新军之中，不敢轻加杀害，只好借事将之罢黜回籍，而袁的势力却已有渐移国祚之虞了。载沣之才识庸黯，不足以担任慈禧之付托，在此已可见一斑。

在慈禧太后将荣禄之女指婚予小醇王载沣之后，荣女所生之子溥仪就注定了有希望可以做皇帝。其原因当然还是慈禧有意借此报荣禄之功，使荣禄可以做皇帝的外祖父之故。可惜荣禄已身死多年，否则的话，对慈禧太后这样的安排一定会更加感激涕零的。不过，这样的安排也使后来的政局更加增添了麻烦——载沣庸懦而荣禄之女精明强干，加上载沣的两个弟弟载洵、载涛也都野心勃勃，他的母亲刘佳氏却又支持载洵、载涛而反对载沣之妻，这样，就更使载沣处身在三方面的夹攻之中，无以为计了。胡思敬《国闻备乘》卷四有一条记述此事，甚为有趣，云：

> 监国性极谦让，与四军机同席议事，一切不敢自专。躁进之徒，或诣王府献策，亦欣然受之。内畏隆裕，外畏福晋。福晋与老福晋争权，坐视无可如何。载涛忿甚，操刀向福晋寻仇，几酿大变。载涛归自西洋，欲借国债，大张海陆军，并主张剪辫，廷议大哗。载涛唠唠不休，监国避三所，兼旬不敢还家，其狼狈如此。

载洵与载涛就是宣统朝有名的"洵贝勒"与"涛贝勒"。洵贝勒为海军部大臣，涛贝勒为军咨府大臣，掌握兵权，在当时声威甚为赫奕。

载洵和载涛究竟有多少军事学识，可以出任掌全国海军与军事行政的海军部大臣与军咨府大臣？要回答这个问题，便得先从载沣本人的政治思想说起。

"庚子拳乱"时，德国驻华公使克林德被"拳匪"所戕。迨《辛丑条约》签订之后，中国方面除了在北京城中为克林德建立纪念碑之外，并派遣专使一人，专程前往德国谢罪。当时此一被派充任谢罪专使之人，就是小醇王载沣。载沣抵德，目睹德国皇室的权势甚盛，因向德国亲王威廉·亨利请教。亨利告诉他："欲强皇室，须掌兵权；欲强国家，须修武备。"载沣谨记其言，奉为金科玉律。当慈禧太后未死时，载沣不敢言掌握兵权，以免招致不必要之疑忌。现在他自己当了监国摄政王，政权在握，遂欲乘机集中兵权，以谋加强皇室地位，巩固大清皇朝的统治。所以，他从光绪三十四年十二月接掌政柄之时开始，便采取了一连串的步骤，以实现其逐步集中兵权的计划。比较显著的事实，如编组禁卫军，以作为直隶摄政王的亲军；裁撤近畿各省的新军督练公所，命近畿各省新军均归陆军部统辖；成立军咨府以执掌军事行政，成立海军部以建设海军；等等。这些措施足以使新建陆军及未来的海军均归于中央直辖之下，而军咨府犹如今日的参谋本部，军权集中，指日可期。既然集中兵权之目的是在加强皇室之地位，所有掌握兵权的负责大员，便不能不由皇室成员担任。所以，他先命载洵与萨镇冰同为筹备海军的筹办大臣，及海军部成立，又专任载洵为海军部大臣。继设军咨府，又命载涛为军咨府大臣。一方面因为洵、涛二人都是他的亲弟，另一方面亦因为这两个人都有出当大任的政治野心，非载沣所能遏阻。于是，载沣欲借集中兵权以加强皇室地位的计划，到后来就造成了亲贵揽权的恶劣情势。其发展演变，迥非载沣个人所能支配控制。

清朝末年之亲贵揽权在当时是最失人心的弊政。更恶劣的是这些亲贵在把持政柄之余，犹复各立门户，互分派系，从事各种政治利益的争夺，乃使清代末年的政治情势愈变愈形浊乱不堪。胡思敬《国闻

《备乘》记此云：

> 孝钦训政时，权尽萃于奕劻，凡内外希图恩泽者，非夤缘奕劻之门不得入。奕劻虽贪，一人之欲壑易盈，非有援引之人，亦未易攫身而进。至宣统初年，奕劻权力稍杀，而局势稍稍变矣。其时，亲贵尽出专政，收蓄猖狂少年，造谋生事，内外声气大通。于是，洵贝勒总持海军，兼办陵工，与毓朗合为一党。涛贝勒统军咨府，侵夺陆军部权，收用良弼等为一党。肃亲王好结纳，勾通报馆，据民政部，领天下警政为一党。溥伦为宣宗长曾孙，同治初本有青宫之望，阴结议员为一党。隆裕以母后之尊，宠任太监张德为一党。泽公于隆裕为姻亲（按，载泽之妻乃隆裕之妹），又曾经出洋，握财政全权，创设监理财政官盐务处为一党。监国福晋雅有才能，颇通贿赂，联络母族为一党。以上七党，皆专予夺之权，茸阘无耻之徒，趋之若鹜。而庆邸别树一帜，又在七党之外。

其时，清政府方图以实施宪政缓和国内之革命趋势，至宣统三年四月，监国摄政王载沣任命庆亲王奕劻为第一届内阁总理大臣，组织责任内阁，并将原有之军机处及旧内阁均予裁撤，表示有意实行宪政。新内阁设总理大臣一人，协理大臣二人，下设十部。总计阁员十三人。这第一届的新内阁，需要将当时的各派人物一一容纳，颇不容易。最后的结果如下表所示：

内阁总理大臣	奕劻	皇族
内阁协理大臣	那桐、徐世昌	满、汉各一
外务大臣	梁敦彦	汉人
民政大臣	善耆	皇族，肃亲王

度支大臣	载泽	皇族，辅国公
学务大臣	唐景崇	汉人
陆军大陆	荫昌	满人
海军大臣	载洵	皇族，贝勒
司法大臣	绍昌	满人
农工商大臣	溥伦	皇族，贝勒
邮传大臣	盛宣怀	汉人
理藩大臣	寿耆	蒙古人

将阁员名单细加分析，其中满人有八人，汉人四人，蒙古人一人；而满人八人中，皇族又有五人，于是舆论称之为"皇族内阁"。载沣在当时既有实施宪政以顺应民情之意，为什么又要在新内阁中安置这许多皇族阁员，以致大滋物议呢？推究其原因，这几个人均为前述皇族八党中的重要首领人物，各擅势力，不得不依照他们的愿望界予阁员一席，以资均沾政治利益。当时这些亲贵权要攘夺政权的争斗，若依胡思敬《国闻备乘》所说，极为紧张激烈。如卷四"政出多门"一条说：

海军本肃王建议，载洵等出而攘之，故用载洵为海军大臣。派毓朗、载搏专司训练禁军大臣；搏载振弟也。载涛见载洵等已握兵权，恐遂失势，争于摄政王前，几有不顾而唾之势。王大窘，次日，复加派涛管理军咨府。唯溥伟以倔强与诸王不合，只派禁烟大臣，权力在诸王下。

又，同书卷二，"一门两皇后两福晋三夫人"一条云：

孝钦为嘉湖道惠征女。惠征没于任，遗二子二女。子长日桂祥，次曰兆祥。女长为孝钦，次为醇亲王奕譞福晋。自是连三代皆婚帝室。桂祥三女，一为隆裕皇后，一为端郡王福晋，一为泽公夫人。兆祥女为溥贝勒夫人。桂祥子曰佛佑，佛佑女为伦贝子夫人。宣统初，载泽、溥伦皆缘妻宠出而任事。载泽尤横，以其夫人与隆裕为同胞姊妹，时往来宫中，私传隆裕言语以挟制监国也。

又，同书卷一，"盛杏荪办洋务"一条说：

> 盛宣怀办洋务三十余年，电报、轮船、矿利、银行皆归掌握，揽东南利权，奔走效用者遍天下，官至尚书，资过千万，亦可谓长袖善舞矣。袁世凯为北洋大臣，先夺电报局以授吴重熹，又继夺铁路以授唐绍仪，又严诘招商局报销。宣怀不得已，乃尽卸各差，脱身归里。癸卯服阕还朝，遍交朝贵，皆不得其欢心，卧病僧舍几不起。后数年，度支部办预算表，梁士诒与唐绍仪把持邮政，泽公谋欲去之，莫能窥其底蕴。宣怀乘机进贿，遂起用为邮传部尚书。

综合以上各条记述，可知宣统初年载沣以监国摄政王柄政的那一段时间内，正可说是朝纲浊乱而政出多门。只要是利权所在之处，亲贵权要之流莫不挟持其特殊势力，争相攘夺。载沣虽然贵为监国摄政王，既不能正己，亦不能正人。兼之宫中还有一位隆裕皇太后可以时时掣他之肘，更加使得载沣无所适从。集中兵权与加强皇族地位的策略，其结果只是增加了政治的混乱而失尽了人民期望清廷立宪改革之心。处此时会，虽然都察院各御史及各省咨议局迭次奏请实行内阁官制章程，勿使皇族参与内阁，更不可任用懿亲出任总理大臣，而载沣一切置之不理，并谓："朝廷用人、审时度势，一秉大公。尔臣民等均当凛遵钦定宪法大纲，不得率行干请，以符君主立宪之本旨！"这样的旨意使得全体人民对于清政府实行君主立宪的诺言完全丧失了信心，而革命排满的思想也为之愈益澎湃勃发，清朝之覆亡终于无可避免。试为探讨其中的原因，亲贵权要们不顾国家民族的危亡而一味攘夺权利，固然是失尽民心的主要因素，载沣优柔寡断、庸懦无能，尤不能辞咎。

早在慈禧与光绪先后驾崩之前，军机大臣张之洞、世续与载沣同被召至慈禧榻前共商立嗣问题。慈禧主张立载沣之子溥仪而以载沣辅政，张之洞与世续恐怕光绪的皇后隆裕成了皇太后之后，再出现垂帘听政的局面，因此就合词奏告慈禧："国有长君，社稷之福，不如径立载沣。"终因慈禧顾虑到同治并无嗣子，而载沣与载湉一样，同为载淳之兄弟，并不相宜，所以还是决定立溥仪为帝，而以载沣为监国摄政王。监国摄政王虽是皇帝之父，可与自己做皇帝大不一样。因为载沣名义上虽是监国摄政王，而慈禧所颁遗诏中，尚有"军国大事，摄政王当秉承隆裕太后意旨办理"之语，所以载沣在事实上不免受制于隆裕，载泽、溥伦也因此而敢恃隆裕之势横行无忌。假如载沣自做皇帝，隆裕无可掣肘，情形当然要对载沣有利得多。但如慈禧当时果真信从张之洞与世续的建议，不立溥仪而径立载沣，后来的政治情势是不是又会变得好些呢？

以载沣的才具、性格与识见而言，慈禧如果真的径以载沣为帝，后来的情形也不一定能好到哪里去。这有很多事实可作证明，试逐一为之举例说明。

胡思敬《国闻备乘》卷四，"张翼倚醇府势盗卖官矿"一条说：

> 载沣初监国时，咸谓宜移宿宫中。太福晋不许。其弟载洵、载涛，倚太福晋，肆意要求，监国不能制也。监国正福晋即荣禄女，亦时与外廷通关节，有所祈请，监国以二弟故，不得不屈意从之。于是，福晋又毁载洵、载涛，监国大为所困。

张翼旧在醇府饲马，官至内阁侍读学士。庚子乱时，盗卖开平矿产，为袁世凯所参，入英涉讼经年，久之始议赎回。至是，恃监国宠，与英商勾结为奸，力护前非，主中外合办。直隶士绅联名力争，监国不能诘，卒从老福晋言，徇翼谋，悉依前约。凡开平附近之唐山、西山、半壁店、马家沟、无水庄、赵各庄、林西等处，地脉相接，数十里之矿产，以及秦皇岛通商口岸地亩，与承平、建平金银等矿，悉归英公司掌握。中国自办商务以来，唯开平获利，至是竟不能保，闻者恨之。

这一条记录说明载沣监国以来，由于其母妻以至兄弟，人人都奋臂攘利，甚至其奴才张翼盗卖国家资产予外国人，其母亲亦出面为之包庇，而载沣无法加以制止。作为一个国家的掌柄之人，不能正己，焉能正人？从前慈禧太后掌握政权时，虽然威福自恣，但因太阿独操之故，任何人都不敢抗违她的意旨。所以，才能以一介女流统治大清帝国达四十余年之久，无论是她的兄弟姐妹与伯叔子侄，人人都须承望颜色。载沣甫经执政，他的家族成员就已彼此争权夺利，视载沣如无物。这证明了载沣的威权尚不能行于家人，然则又如何能行于国中？其不免于上下失序、治丝益棼者，几希？

又，同书卷四，"监国之黯"一条说：

杨士骧倚袁世凯以治事，世凯既罢，惧甚，阴贿张翼，求解于醇府。后数日，北洋折上，大得褒奖，张翼力也。东三省总督锡良、湖广总督瑞澄以疆事同时入见，召对时只寻常劳慰，无他语。瑞澄欲有所陈，监国曰："汝痰疾尚未愈乎？"盖厌其烦聒也。出使日本大臣汪大燮屡疏密陈日本阴谋，皆不报。驰驿径归，请面对，词极警动。监国默无语，徐以时辰表示大燮曰："已十钟矣！"麾之退，其倏来倏去，听其自便，不问也。予两参粤督袁树勋，皆不省，末一折指山东、上海两赃款，引载泽为证。次日，召载泽入见，以折示之，载泽不敢隐。监国曰："既确有此事，则不必交查可矣。"载泽出，以为必有处分。越数日寂然，折仍留中。

这一段话说明监国摄政王载沣对于国家大事之轻重缓急全无分别。疆臣入见，例当有所训示，尤当逐一为之指授，使其有所秉承。若是驻外使节因机密重情亲来面奏，更应视情况立作处置。而载沣对于此一切漠然，岂不使内外大臣无所遵依而轻视朝廷？至于疆臣因贪赃而被御史奏参，又已知其罪证明确，竟亦毫无处置，则国家的法纪又将置于何用？载沣于国家大事之举措若此，证明他的心中实在茫无主张。然则，即使他亲居帝位，又如何能胜任元首之职呢？

恽毓鼎《崇陵传信录》中有一段说：

二十年前，嘉定徐侍郎尝语毓鼎曰："王室其遂微乎？"毓鼎请其故。侍郎曰："吾立朝近四十年，视近属亲贵殆遍，异日御区宇握大权者皆出其中。察其器识，无一足当军国之重任者，吾以是知皇灵之不永也。"

上文所说的"嘉定徐侍郎"，即徐致祥，光绪十六年任左副都御史，后迁兵部侍郎，二十五年卒。恽毓鼎撰《崇陵传信录》，已是清亡以后之事，以此上推二十年，正是光绪二十年前后之时。其时载沣已近弱冠之年，与溥伦贝子、袭恭亲王溥伟、端郡王载漪等均为徐致祥所识。当时他所看见的这些天潢贵胄，竟然都是不足当军国重任的樗栎庸才，然则载沣即使真的做了皇帝，又如何能肩负得起这一副重担呢？胡思敬亦说："国统再绝而家无令子，识者早知其必有乱矣。"历数当时有资格承继帝位的近支诸王贝勒，溥伦、溥伟、载沣、载洵、载涛等人，哪一个可称为克振家声的"令子"？所以，载沣之驽骀庸才，只可视为当时的清皇室气数已尽，实在不能对他有太多的期望。

有一件关于大醇王奕𫍽的趣闻。赵凤昌撰《惜阴堂笔记》中有一条云：

> 醇邸戊子患病颇剧，延吴兴世医凌初平诊治。余七月至京，其病已愈，凌尚居府中。适余亦感冒，因与凌系粤省同寅旧交，即延之拟方。日常过谈，谓醇邸人极霭然，喜吟咏，时相唱和，惟起居皆听阉人指使。相处数月，日常每见阉对邸曰："爷此时应小解，此时应大解。爷几日不逛园子，今日应逛了。"邸竟亦首肯之。此则大奇，使人发笑。余谓此汉人用奶妈保抱孩提，亦如此状，长近垂髫，则由其知觉自主之。清制，王子生，亦雇保姆与太监共同保抱，且不得时近其母，虽长依然，成为习惯。宫廷动称体制不可改，此亦祖制之流弊耳。

据此所述，原来清宫中的皇子、皇孙因自幼习于太监、保姆照顾其生活之故，虽至长大成人，其饮食、便溺等一切生活起居，仍须由太监为之提调照料，有如乳母之照顾婴儿。从前人每讥刺那些"生长于深宫之内，养育于保姆之手"的皇子、皇女不知稼穑艰难，如照上面所说的情形，清代的皇子、皇孙们，似乎只有过之而无不及。载沣在这种生活环境中养育长大，已经不容易懂得世途崎岖与人情善恶，再加上他的资质庸愚而识见浅陋，自然更足以覆车偾辕。这大概是任何一个朝代到了将要灭亡时的共同现象，不足为奇。值得我们体认的是，君主专制制度有赖英明干练的皇帝作为掌舵之人。如果他的后代子孙只是载沣之流，此一朝代必定不能再维持。试以后来东山再起的袁世凯与载沣相比，袁之权谋机诈，又岂是载沣所能对付得了的呢？

袁世凯再起组阁之后，借口以实行宪政遏阻国内的革命浪潮，迫使载沣辞去监国摄政王之位。再过了不久,隆裕太后也不得不下诏逊位,清祚于焉告终,国体改为共和。由于民国政府优礼清室之故,溥仪虽然不做皇帝,但还可以居住于故宫,而以帝号自娱。载沣此时不须再顾虑隆裕的挟制,他和溥仪终于也恢复了正常的父子关系,而且可以安享余年。比较起来,载沣的遭遇比他父亲奕谖要好得多。

第三章

端王、刚毅与荣禄

端王（载漪）　　　　刚毅　　　　　　荣禄

本系惇亲王弈谅之次子，因出嗣瑞亲王弈志而得袭封郡王，再进亲王。慈禧与光绪母子不和，有废立之意，又以载漪之次子为大阿哥，显有取代光绪之势，遂启载漪窥伺大位之野心。其引进义和团乱民，发动杀洋人、攻使馆等乱事，皆为迎合慈禧意志而发。和议时洋人指目为罪魁祸首，赖慈禧之庇护得免死发往新疆充军，后卒于宁夏。

极得慈禧宠信之军机大臣，附和载漪，致酿民"拳乱"及八国联军之祸，可谓罪孽深重、死有余辜。因籍隶满洲镶蓝旗而得由潘泽生员补官，不数年即由刑部司官升至卿贰大员，骎骎向用，卒以不学无术而酿乱致祸，因病死而免遭显戮，幸矣。

工于心计而善观风色，乃是荣禄的最大特点。在"庚子拳乱"发生之初，他虽然也与载漪、刚毅一样是纵拳酿乱的祸首，最后却能安然脱身事外，坐享尊荣，而死谥"文忠"，与载漪、刚毅之永被恶名相比，荣禄是最幸运的。

发生于清光绪二十六年的"庚子拳乱"，乃是中国近代史上的一场空前巨变。此一乱事直接造成了八国联军的武装干涉，其后乃以丧权辱国的《辛丑条约》恢复和平。《辛丑条约》使中国严重丧失主权，赔款四万万五千万两积数十年难以偿还，各国可在使馆区及北宁铁路沿线驻兵，驯至国防门户尽失，堂奥洞开。尤其糟糕的是，俄国人借出兵之机而占领了辽、吉、黑三省，以致东北沦入俄国的势力范围，更为此后的日俄战争及日本侵略东北种下了祸根。追溯这一场乱事的起源，固然是由于中国的民智落后及全国上下普遍痛恨外国侵略而起，而当时执政人物的态度尤其具有决定性的作用。《凌霄一士随笔》中曾有如下一段话，说：

> 光绪戊寅，曾纪泽奉简出使英、法大臣，召对时，言及教案。曾氏谓："中国臣民，常恨洋人，不消说了。但须徐图自强，乃能有济，断非毁一教堂、杀一洋人，便算报仇雪耻。"西后曰："可不是么？我们此仇，何能一日忘记，但是慢慢要自强起来。你方才的话说得很明白，断非杀一人、烧一屋，就算报了仇的。"是时西后之见解如此。后竟中风狂走，倒行逆施。盖其心理，公仇可忍而私忿不可忍也，罪魁之实，舍彼其谁？乃诿过臣下，诛杀多人以自解于敌，毫无愧怍之意，诚所谓哀莫大于心死矣。

光绪戊寅，即是光绪四年。那时德宗光绪皇帝嗣立未久，且年只九岁，童稚未能理事，由慈安、慈禧两宫皇太后同时垂帘听政。由于还没有后来的戊戌政变及洋人反对废立之故，所以慈禧太后对外国列强的态度能够很理智，也很客观，看她与曾纪泽的对话便可知道。但在戊戌政变之后，由于各国列强对光绪表示同情，不但关心他的安危，并且公然反对慈禧废光绪而另立溥儁的企图，又对慈禧所切齿痛恨的康有为、梁启超、经元善等人给予政治庇护，于是乃使慈禧的理性为之丧失，而义和团的仇教排外主张乃得到慈禧的赞同。《凌霄一士随笔》所说慈禧能忍公仇而不能忍私怨，指的便是这事实。此书中另有一段续论此事，说来更见具体，亦为引叙如下：

> 庚子义和团之乱，召八国之兵，遂有《辛丑条约》之订立，创深痛巨，中国盖几于不国矣。故事后道及义和团，莫不痛加诋斥，视为妖孽。然溯其动机，盖起于洋人以传教为侵略之阴谋，入教者挟外人之势鱼肉良民，无所不至，有司迎合政府惧外之心理，务抑民以伸教，民间疾苦，无可告诉，义愤所激，遂取仇外以自卫之行动。而外人枪炮之可畏，人尽知之，义和团乃以"诸神附体，枪炮无灵"之说起而号召，蚩蚩之氓，翕然附和，亦固其所。西后方衔外人以国事犯待康、梁，不肯引渡之怨，复以欲谋废立，见格于外交团，骤闻义和团有神术足以歼外人，因利用之以泄怨，而大祸成矣。梁启超尝论此事谓："义和团实政府与民间之合体也，而其所向之鹄各异。民间全出于公，愚而无谋，君子怜之。政府全出于私，悖天不道，普天嫉之。"实为中肯之语。

这一段话把当时义和团所代表的人民仇外思想，与清政府利用民众运动以图达到排外目的之不正当企图，分析得极为清楚，足可使我们知道"庚子拳变"之由来究竟为何。义和团之仇外思想固不仅由外国列强之侵略而来；外国传教士恣肆凌虐，中国奸民借教会势力欺压良善，小民积怨难申，日久必求报复泄愤，此方是人民仇外思想之形成主因。胡思敬《国闻备乘》卷二"教案"一条就说：

> 甲午议和以后，中国畏敌如虎，教士势力日益滋长，奸民失业者从之如归。蒙倛以弱良善，浸而告诉无门，私相仇杀，或以口语相怨恶。教士受教民播弄，遇事不关白地方，辄诉之领事。领事诘外部，外部得夷书一纸，怨然恐开边衅，即请旨严诘督抚。督抚责州县保护不力，不问事曲直，辄劾罢之。于是外吏以媚夷为得计，选人捧檄出都，不暇问缺肥瘠，闻属地无教堂，即额手称庆。报馆惧封闭，奸商苦关卡需索，出资购取洋旗，十居八九。粤人借丛林房屋上之当道，议改学堂，顺德某僧挟金赴洋行保险，遂免。近十余年来，民畏官，官畏督抚，督抚畏外部，外部畏公使领事，内外隐忍，层累压制，民积怨不伸。好乱者掉弄笔舌，因之驾长官，倡新法，积非成是，牢不可破，浸成不可收拾之势。考世变者，当知中国之弱不弱于甲申、甲午、庚子之失败，而弱于总理衙门外务部之媚夷，可叹也！

胡思敬所说的情形虽然已是"庚子拳乱"以后的事，但外国教士之横行恣肆与中国教民之倚势欺压良善，则是在"庚子拳乱"以前早就普遍存在的事实，否则义和团就不可能以烧教堂及杀二毛子作为号召人民普遍仇外的口实了。梁启超说，义和团的排外运动是政府与民间结合起来的合体，这话实在很有道理。不过，慈禧太后虽是一手促成"拳乱"的罪魁祸首，而她之所以决定走上此一道路，也还是因为受了当时一班当政人物的影响。由于这些当政人物各有不良企图，多方怂恿慈禧太后利用义和团从事排外运动，最后方使慈禧太后做成此一错误决定。追源祸始，慈禧的罪魁之名固属无可卸脱，当时那些当政人物导致慈禧太后蹈犯此一重大错误，厥罪亦复相当。研究近代史的学者专家们早就对此有了共同的结论。一般认为帮同慈禧太后闯下这一大场滔天大祸的执政大臣，除了端王载漪与军机大臣刚毅二人的罪孽最重外，较轻一些的，亦只是毓贤、徐桐、启秀、赵舒翘、载勋、载澜、英年等人而已。这些人在签订《辛丑条约》时经联军当局提出要求惩凶，业已由清政府分别按斩首、赐死、流放等定罪处置，而其中独无荣禄。不仅如此，荣禄在和约签订以后随同慈禧及光绪回銮，仍旧在京中做他的领班军机大臣，安享尊荣，以迄于死；后世史家亦不曾有人做过摘奸发伏的工作，正确地指出他在"庚子拳乱"时所犯的罪孽，实应与端、刚诸人同科。为此，笔者要把端王与刚毅、荣禄这三个人放在一起来写，借以说明：他们在造成"庚子拳乱"这一空前大变之中，所扮演的是些什么角色，以及在历史上应当担负何等责任。

载漪本是宣宗道光帝第五子惇亲王奕誴之次子，光绪帝的嫡堂兄弟。奕誴有八子，其中有封爵者五人：长子载濂，贝勒加郡王衔，"庚子拳乱"后革爵，由四子载瀛袭贝勒；次子即载漪；三子载澜、五子载津，俱为辅国公。

按清朝的制度，除了奉旨"世袭罔替"的亲王可以世世承袭亲王以外，其余封爵，自亲王以至辅国将军，在父死子继时照例要降一等承袭。所以奕誴虽为亲王，其长子却只能袭封贝勒加郡王衔，余子只能封公。奕誴在道光二十六年初封为惇郡王，文宗咸丰六年时晋封亲王，光绪十五年奕誴死，其长子载濂封贝勒，加郡王衔。到了光绪二十六年"庚子拳乱"，载濂因庇护义和团被外人指为祸首之一，革爵，改由载瀛袭爵。这里看起来便不免有了些问题：既然奕誴一支下的承袭爵位最高不过贝勒加郡王，而且已由长子载濂承袭，奕誴的次子载漪何以反能被封为郡王呢？

端郡王载漪的封爵，原本是由瑞亲王绵忻的封爵降袭而来。绵忻是清仁宗嘉庆皇帝之子，排行第四，为排行第二的宣宗道光帝之弟，早在嘉庆二十四年就被封为瑞亲王。绵忻死于道光八年，只有一个儿子奕约，当绵忻死时尚只满一周岁。奕约长大后袭封瑞郡王，改名奕志。到了道光三十年奕志死时，连儿子亦没有，得有封爵的皇子因无嗣而致"国除"，未免可惜，继立的咸丰帝就叫奕誴的第二个儿子载漪前去承继，袭爵为贝勒。这样一来，奕誴就有两个儿子得封为贝勒了——如其不然，载漪顶多只能封个辅国公，离贝勒还差两等，要想封为郡王，差得更远。封建时代的皇帝在自己的家族里等于就是族长。他利用皇帝和族长的特权，指定由某人承继某人的爵位、作为此人的嗣子，谁也没有反对的余地。可是，谁可以继承谁又不可以继承，就取决于皇帝的权衡了。他要借此照应他父亲一支下的叔伯、弟兄、侄儿，这些人当然可以借此多沾润泽。载漪由惇王的次子出继为瑞王的嗣子，由此而得封贝勒，正此之类。可是绵忻与奕约的本爵都是"瑞王"，如何到了载漪手里又会变成"端王"的呢？《清史·瑞怀亲王绵忻传》叙此云：

> 咸丰十年，命以惇亲王载漪为奕志后，袭贝勒。光绪
> 十九年，加郡王衔。十九年九月，授为御前大臣。二十年，
> 晋封端郡王。循故事，宜仍旧号，更名端者，述旨误，遂因之。

所谓"述旨"，乃是军机大臣承奉皇帝或是太后谕旨后退至直庐拟具书面的旨意，交付有关衙门遵办之意。由于军机大臣在撰写书面旨意时把载漪应封为瑞郡王误写为端郡王之故，"王言如纶，其出如綍"，既然已经写在书面上，就没有再加更改的道理。所以绵忻与奕志的"瑞王"之封，到了载漪封王时，就糊里糊涂地变成"端王"了。

载漪出为奕志之后，照例只能袭封贝勒。他之所以能够晋封为郡王，

似与他之善于趋承钻营及裙带之亲大有关系。

　　光绪皇帝的皇后叶赫那拉氏是慈禧太后的内侄女，她的父亲桂祥就是慈禧太后的亲弟。桂祥有三个女儿，长女即后来的隆裕太后，次女即端郡王载漪的福晋，三女则是辅国公载泽的夫人。桂祥之弟兆祥亦有一女，嫁与贝勒载澍，后因夫妻反目之故，被兆祥之妻赴诉于慈禧太后之前，竟惨遭痛责，并长期禁锢高墙，形同罪囚，由此可见慈禧母家势力之大。载漪娶桂祥之次女为妻，不知道是否出于慈禧之指婚？但不管是否出于慈禧之指婚，载漪在这件婚事上必然居于主动的地位，否则他又如何能得到慈禧太后的欢心，至于要以侄女嫁与载漪为妻，借以加强彼此间的亲谊呢？光绪大婚是在光绪十五年之正月；其后不久，桂祥次女就成了载漪的夫人；又其后不久，载漪就由贝勒晋封为郡王。由这一连串先后而来的变化，可知载漪能得慈禧之欢心，而其原因则与他之善于趋承阿谀大有关系。戊戌政变发生后，光绪失欢于慈禧，慈禧欲行废立而先以载漪之子溥儁为大阿哥。这俨然是皇太子的地位，载漪在慈禧跟前极为得宠的事实也就更加明显了。

　　《清史·瑞怀亲王绵忻传》内所叙的载漪事迹极为简略。而私家文集中又无载漪传记，不得已只好从笔记及野史中去搜辑一鳞片爪，借作了解载漪其人之用。日本吉田良太郎所辑《西巡回銮始末记》卷二，有一条说：

　　　　端邸以近支王公，谋窃神器，其骄暴乐祸，性使然也。或传其父惇亲王有隐德于太后，故太后亲之。戊戌政变，漪与其兄载濂、其弟载澜告密于太后，故太后尤德之，使掌虎神营，而祸自此始。大阿哥既立，欲速正大位，其谋甚亟，而外人再三尼之。故说者谓端邸之排斥外人，非公愤，实私仇，诚笃论也。

这条记载说到载漪之得为慈禧所倚信，事因戊戌告密之功，不知其说何据。一般而言，戊戌告密是袁世凯告之荣禄，荣禄又告之慈禧。载漪兄弟在这里面所扮演的是何角色？不能详。另外则郭则沄所撰的《十朝诗乘》卷二十三，有一则云：

> 国朝自康熙后不立储宫，光绪初元，懿旨于异日继统承祧者，固已权衡至当。至是东朝再训政，忽别议为穆宗立嗣，盖预为废立地也。近支中惟端王福晋出入椒掖，承眷特隆。吴炯斋宫词所谓"佛香高阁盘旋上，亲挽箯舆有福金"者，即咏其事。溥儁得立，实由此。此时朝士虽无敢昌言抗议，而私忧窃叹，每见篇章。黄公度《感事诗》云："谁知高后垂帘日，又见成王负扆图。"又云："怪事闻呼奈何帝，俛诗敢唱厉怜王。"皆寓讽谏。李亦元《陶然亭题壁》云："车走雷声不动尘，千门驰道接天津。杜鹃九死魂应在，鹦鹉余生梦尚新。抱瓜黄台成底事？看花紫陌已无春。汉家陵阙都非故，残照西风独怆神。"词婉义严，则春秋之笔也。

由这一条记载更可知道载漪福晋因系慈禧侄女又特被宠眷之故，不但载漪因此而得封为王，并且连他的儿子溥儁也因此而沾了光，得立为大阿哥，隐隐然要取光绪而代之了。只是，溥儁之得立为大阿哥，虽由慈禧对载漪夫妻之宠信而来，却未能得到各国使节之赞同。好事多磨，遂致载漪因此而迁怒于洋人。李希圣《庚子国变记》叙此，云：

> 戊戌八月，荣禄嗾杨崇伊请太后复出听政。康有为以言变法获罪，所连坐甚多。逢迎干进者，皆以攻康有为为名，稍与龃龉，则目为新党，罪不测。张仲炘、黄桂鋆密疏言："皇上得罪祖宗，当废。"太后心喜其言，然未敢发也。上虽同视朝，

嘿不一言。而太后方日以上病危状，告天下。各国公使谒奕劻，请以法医入视病，太后不许。各公使又亟请之，太后不得已，召入。出语人曰："血脉皆治，无病也。"太后闻之不悦。已而康有为走入英，英人庇焉。遂以李鸿章为两广总督，欲诡致之，购求十万金。而英兵卫之严，不可得。鸿章以状闻，太后大怒曰："此仇必报。"时方食，取玉壶碎之曰："所以志也。"而梁启超亦走保日本，使刘学询、庆宽并刺之，无所成而返。乃立端郡王载漪之子溥儁为大阿哥，天下哗然，经元善等联名上书，至二千人。载漪恐，遣人风各公使入贺。太后亦召各公使夫人饮，甚欢，欲遂立溥儁。各公使不听，有违言。太后及载漪内惭，日夜谋所以报。会江苏粮道罗嘉杰以风闻上书大学士荣禄言事，谓："英人将以兵力胁归政，因尽揽利权。"荣禄奏之，太后愈益怒。

慈禧太后因外国列强阻挠她废光绪而立溥儁的密谋，又传说英国将以武力胁迫慈禧太后交出政权而愈益愤怒，遂欲"必报此仇"，其情形大致如上。只是，上文所说，江苏粮道罗嘉杰奏报"英人将以兵力胁归政"而"荣禄奏之"之说，据胡思敬《国闻备乘》卷四所记，则又以为奏其事者乃是端郡王载漪。原书"孝钦仇恨外人"一条说：

> 康党既败，太后再出垂帘，外人颇有违言，上海各国领事因欲联盟逼太后归政。江苏道员罗嘉杰闻其谋，密告政府，电函为端郡王载漪所见，怀以奏太后。太后大恶之，噤不敢发。及己亥谋废立，英公使私探其情于李鸿章。鸿章力辨其诬，因留之饮酒，徐试之曰："顷所言，仆实毫无所闻。设不幸而中国果有此事，亦内政耳，岂有邻好而肯干人政乎？"英使曰："无干与之权，然遇有交涉，我英认定'光绪'二字，他非所

知。"鸿章以告荣禄，为太后所知，益恨之刺骨。此庚子拳匪之祸所由来也。

记述"庚子拳乱"事件的史料极多，其中的《景善日记》据说乃是"庚子拳乱"时退职居家的前任内务府大臣景善亲笔书写的日记。《景善日记》记载"庚子拳乱"发生时京中逐日动态及政府要员的言行议论，史料价值极高，很久以来，都被中外史家视为研究义和团事件的重要史料。此日记中，在光绪二十六年的五月二十四日，也记有外国使馆致函清政府要求慈禧归还政权之说，原文如下：

> 今日召见王公、六部尚侍、九卿等垂询一切。嗣由端王、启军机、那阁学，将各使适才致送之照会呈览。该照会竟敢请老佛立时归政，将大阿哥革职，仍请皇上复位，兼之由彼族请皇上允准，一万洋兵来京为弹压地面。刚相云以未曾见慈颜如此之怒容。康、梁之变，虽大发雷霆，尚不如此之甚也。老佛有言："彼族焉敢干预予之权？是可忍，孰不可忍也？"现老佛定准立决定死战，慈意所属，虽沐恩甚深之荣相，亦不敢劝阻，恐生意外之故也。

上文所说的"启军机"即军机大臣之一的启秀，"那阁学"即内阁学士那桐，"刚相"即协办大学士兼军机大臣刚毅，"荣相"则是大学士兼军机大臣荣禄。以上诸人，俱系满人，在《辛丑条约》缔定后，除了荣禄与那桐，都被联军方面指为纵容"拳匪"、酿祸召衅的罪人，分别由清政府定罪有差。再据同一书的后文所记，则荣禄在后来曾经查明，此一引起慈禧太后极端震怒，决定不顾一切地与各国开战的照会四款，原来是端王载漪授意军机章京连文冲伪造，借以刺激慈禧发怒，达成载漪、刚毅之宣战目的者。果如所说，则"庚子拳乱"之所以会终于酿成八国联军的滔天大祸,载漪的罪孽实在是死不足惜。只是,此一所谓史料价值极高的《景善日记》,在1940年时曾经史学家程明洲先生考证,实系出于伪造。其目的盖为荣禄洗脱其罪名,所以日记中不但处处记述荣禄之竭力反对纵拳酿祸,以见其忠诚为国之高尚品格,即使荣禄本人曾有纵拳酿祸的行为,亦不惜嫁罪他人,以谋为荣禄脱祸。上文所引述的照会四款,便是极显著的一例。程明洲先生的考证原文见于《燕京学报》第二十九期,其中本来没有深究此一照会四款的首先提出之人究竟是荣禄还是载漪。但我们若留心在别的有关史料中探索,便可查明此一事件的真相,并确信程明洲先生的考证结论极为正确。

"庚子拳乱"发生后,清廷方面有五大臣先后因反对与各国开战而被顽固分子指为勾结外国的"汉奸",惨遭刑戮。这五大臣乃是太常寺卿袁昶、吏部侍郎许景澄、兵部尚书徐用仪、户部尚书立山、内阁学士联元,时称为"五忠"。袁昶在生前写有日记,关于光绪二十六年五月二十四日慈禧因外国照会胁迫归政而致大怒一事,日记中亦有记载,但其内容却与《景善日记》所说的完全不同,引述如下:

> 决战之机,由罗粮道嘉杰上《略园相国书》,称夷人要挟有四条(原注云:"相出示同列,其一条称请归政,不知确否?各国公使无此语,岂出于各水师提督照会北洋耶?北洋不以上闻,而罗轻启当国者,此人乃祸首也。"),致触宫闱之怒。端邸、徐相、刚相、启秀等又力主惩治外人,推枰之几遂决。推原祸本,苏粮道罗嘉杰密禀大学士荣禄所称夷人要挟四条,多悖逆语云云,乃五月二十一至二十三等日圣慈所由激愆,王贝勒等众情所由愤怒,兵衅所由骤开。然罗嘉杰所称,即非各国提督照会裕禄,亦非天津各领事扬言,又李鸿章、刘坤一等先后电奏,各国外部绝无此说。各国外部佥言:"此次

调兵，系为保护使臣，助剿乱民，断不干预中国国家政治家法。"当时战争未交绥，何所施其要挟？可知罗语妄诞不根，荒唐无据，轻率密禀，实为祸魁，非请旨革职拿问、讯明严惩不可。

袁昶在"庚子拳乱"时原在总理各国事务衙门行走，对于外交事务颇为熟谙，也很了解当时的各国情势。他的这一番推测分析，深合实情。假如当时执掌实际政权的军机大臣荣禄也能像袁昶一样，在收到江苏粮道罗嘉杰的此一密禀之后，先经过一番研究推敲，或与当时熟悉外情的许景澄、袁昶等人详密考虑，确定其消息来源并不可靠，便当在奏明慈禧太后之后，治以轻率密禀之罪，那就不致因招来误会而酿成后来的滔天大祸了。

关于这一层，后文所引的吴永《庚子西狩丛谈》中另有详细论述，可知此事实因荣禄之处置不当而起，荣禄之责任甚大。据此而言，罗嘉杰之轻率密禀，固然其咎甚重，而荣禄身为枢相，竟亦不加分辨，张皇入告，比之罗嘉杰之轻率，其咎戾似更过之。八国联军入京以后，曾经要求清廷惩治酿衅招祸的"战犯"，荣禄几乎亦列名其中。只因荣禄长袖善舞，又能得当时的议和全权大臣李鸿章为之斡旋，终于使荣禄得以安然脱身事外，不但生加太保，卒赠太傅，而且予谥"文忠"，终其身荣宠无比。由于他终身居于显要，当《辛丑条约》签订，两宫回銮之后，他便需要洗刷他当年造成此一大祸的罪愆，甚至不惜伪造史料，以便嫁祸他人。程明洲先生考定了《景善日记》是出于伪造，《景善日记》中有关这一部分的记述，便可知道是荣禄嫁祸载漪的诡计之一了。荣禄之为人如何？日人佐原笃介所撰的《拳事杂记》中有一则名为"记客谈某中堂事"，所指即荣禄，颇可与程明洲先生所说相参看。

《拳事杂记》原文说：

惟庚子九月，有客造余庐而问曰："顷者刚毅既死，吾子以三大罪论定之说，诚当矣。虽然，自戊戌八月以后，北京政府执大权者，某中堂与刚毅并称。夺政之事，某中堂谋最多，事后则刚毅负谤独深，某中堂不及也。及排外议起，某中堂主持最先，事败则外人又以其罪并归刚毅，亦不及某中堂，其果操何术，抑比之刚毅有巧拙之分耶？"余答之曰："是诚然矣。虽然某中堂内主阴阳，外博时望，海内人士，为之延誉者甚多，非详语之则不足以尽事实而抉幽隐。吾子其粗略言其所以，愿卒闻之。"客曰："某中堂之给事内廷也，在三十年前；及初得志任步军统领时，与今上师傅常熟相公为最不协，而与提督董福祥称最善，任西安将军时，深结之。暨重入京师任尚书，亲见两宫嫌隙日深。是时上倚常熟，委任甚隆，某中堂则大恨，而无如之何，益自亲附于太后。数预宴见，陈密谋，因力言董福祥可任，召赴京师，又令御史某上奏，请太后观香山京营兵，厚加赏赐以要之，俾应缓急。谋既定，则先以全力退常熟相位，且即令出京，以剪其羽翼，己则任直隶总督，为北门锁钥，以制京师。复谋奏请太后幸天津，观聂、宋、袁、董诸军，将以其时行大事，皆某中堂之谋也。及八月事发，某中堂乘传直驱京师，遂入政府。先是，军机章京林旭与某中堂有旧，曾入其幕中，七月间，方为上信任。某中堂恐所谋万一不成，则无以自立于上前，故其时致林信，通殷勤，多寓依托。至是，欲急杀以灭口，乃使御史奏促诛之，而外对人言极力保全而不得也。与端邸尤至密，大阿哥之立也，实某中堂一人主谋，刚毅并不预闻，事后刚毅犹恨。以屡谋废立，西人每力阻之，尤恨经元善等阻止立嗣一电，欲悉诛之。赖仁和营救，得免兴大狱，而求经甚急，西人复力保之，则又大恨。而是时义和团适起京师，因力保而可用于太后之前。至五月二十日，遂奉命督兵亲攻使馆。

闻聂军在天津，方痛剿匪，则大不怿，以书致聂曰："贵部装束颇类西人，故团民不无误犯。团民念在报国，具有忠义之忱，似不宜行剿戮，惟公慎之。"云云。方攻使馆命下，上焦甚，无如何，惟徐顾某中堂曰："董福祥恐不受节制，如何？"某中堂对曰："若董敢如此，臣得以军令斩之！"上默然。此当日情事如此。及后数日见事不顺，则又持两端。因又有电致南方一举，则与当日结交帝党同用意。然则，合前后观之，某中堂之视刚毅："孰拙乎？孰巧乎？"余曰："噫，子休矣！方今政权一翻覆，党派歧出，是非恩怨之说日以淆乱，余不能辨。请以子所中言，公诸当世可也。"

这一段话洋洋洒洒，几一千言，概述荣禄之善于投机取巧，两面讨好，事成则功归于己，事败则诿过于人，可说曲尽其态。凡此所述，由于在清末以来的稗官野史中极少见有如此坦率明白的叙述之故，看来颇与荣禄之生多口碑、卒谥"文忠"的情形不尽符合，因此又不免使人怀疑这所说是否实在。因此，我们需要先将荣禄的生平事迹覆按一番，以为查证比较之用。

荣禄，字仲华，姓瓜尔佳氏，乃是满洲的正白旗人，初以父祖余荫赏主事，屡迁至户部侍郎兼管内务府大臣。光绪嗣立，荣禄已官至工部尚书兼步军统领，甚得慈禧太后之倚信。其后乃因意图排挤军机大臣沈桂芬之故，反为李鸿藻、沈桂芬、翁同龢所合力排斥，出为西安将军，淹滞不振者几二十年。到了光绪二十年，方因得到恭亲王之汲引，再授步军统领。由此再升尚书，晋授协办大学士，复见向用。关于他因与沈桂芬交恶之故而左迁西安将军、近二十年不调的情形，笔者前撰《翁同龢》一文时亦曾提及。荣禄与翁同龢本来私交甚笃，由于翁同龢在这件事情上出卖了他，所以他恨翁刺骨，后来翁同龢之被排挤去官，未尝不是由于荣禄的挟怨报复之故。在这方面，佐原笃介的叙述可谓颇能得其肯綮。翁同龢是帝党，荣禄要报复宿怨，当然要攀附慈禧太后，借帝后不和的情势助后倾帝。戊戌政变虽因袁世凯之告密而起，而荣禄在得到袁世凯的密报以后立即专程晋京面禀慈禧，慈禧随即以迅雷不及掩耳的行动一举逮捕新党，尽翻朝局，光绪因此被囚，慈禧再出临朝，凡此即荣禄后来以军机大臣而兼掌北洋兵柄，成为朝中最具实权的宰相之由来。佐原笃介文中历叙他在戊戌政变前后的宦途升沉及投机善变情形，大致与荣禄的实际行事相合。文中的"常熟"相公，即翁同龢。至于他厚结甘肃省提督董福祥及驱令董军围攻北京使馆的情形，很多史料都为他尽量洗刷，如前述之《景善日记》，迹象更为明显。引述一段如下：

　　六月初四日。戌刻，刚相来谈，云："董军门今早至荣相府第请谒，因意欲借大炮也。先是，司门者未敢回上，令董等候一小时之多。于伊入见之后，颇有暴躁之态。荣不应，引几而卧。董不悦，乃荣相哂笑之，云以：'如君必用我炮，请君向老佛爷恳求鄙人之头。君为老佛爷所器重，当不难邀允，盖君真可称朝廷柱石耳。'董大怒，因损之太苦，立时上朝，叩请入觐。彼时王大臣早已退值，时交午正，董于皇极殿外胆敢喧哗多时，命太监入告老佛，以：'董军门在外，可否准其进见？'适老佛画竹字花，虽大怒董之无体，命太监将伊带进。老佛言以：'又以使馆尽毁入告乎？从上月以来，闻知此耗已有十次，所惜者，不真也。'董面奏以：'奴才应请慈恩将荣禄革职，伊实汉奸，心谋不轨，虽迭蒙老佛之命，令将洋人从速灭尽，仍不肯借我军所用之大炮。'老佛益怒，命伊缄默，云以：'汝挟有宿仇，妄言他人所不敢言。汝本系甘肃土匪，穷迫投诚，随营效力，积有微劳，予恩宽大，既往不咎。但现时汝之举动形同寇贼，大有尾长不掉之势。今日，汝蒙予厚恩召入，岂非旷典耶？现命立时退出，再不许擅行入内，免有他患。'等因。"

这一段话的主要意思在说，当"庚子拳乱"北京使馆被围攻时，董福祥所统率的甘军久攻使馆不下，其原因全在董军缺乏攻坚所需的大炮，故而亟亟向统领武卫军的荣禄索讨。假如不是荣禄之坚持不予，董军一得大炮，使馆就非被攻破不可。那时，使馆中人势将尽遭屠戮，而此后《辛丑条约》中的赔偿数目也更将大到不可收拾。就此而论，庚子拳祸之未至不可收拾的地步，实在是荣禄居中调护之功。按，此即荣禄所自夸自诩的"功绩"，而其实际情形并不如此。他不具论，即以董福祥在兵败被谴以后所写给荣禄的一信而言，所暴露的事实就是与此十分不合的。柴萼《梵天庐丛录》记此云：

> 甘肃提督董福祥受荣禄指，统兵入京，纪律不严，率意鲁莽，围攻使馆。和议成，有旨革职降调。董以受荣之欺，怨之甚，上荣禀曰："中堂阁下。谨禀者：祥负罪无状，仅获免官，承手书慰问，感愧交并，然私怀无诉，不能不愤极仰天而痛哭也。祥辱隶麾旄，忝总师戎，一切举动，皆仰奉中堂指挥，无一敢专擅者。此固部将之分，而亦敬中堂舍身体国，故敢竭驽力，撄众怒，冒不韪而效驰驱。戊戌八月时，中堂欲为非常之举，七月二十九日电饬祥统兵入京，祥立刻奉行。去年拳民之事，累奉钧谕嘱攻各国。祥以事关重大，迟疑未决，承中堂驱策，故不敢不奉命惟谨。后又承钧谕及面嘱累次：'围攻使馆不妨开炮。'祥始尚虑得罪各国，杀戮其使，恐兵力不敌。祥承此重咎，又承中堂谕谓：'戮力攘夷，祸福共之。'祥是武夫，无所知识，但恃中堂而为犬马之奔走耳。今中堂巍然执政而祥被罪，祥虽愚驽，窃不解其故。夫祥于中堂，其力不可谓

不尽矣。中堂命行非常之事，则祥冒死从之；中堂欲抚拳民，则祥荐李来中；中堂欲攻外国，则祥拼命死斗。而今独罪于祥，麾下士卒解散，咸不甘心，且有欲得中堂之元者。祥以报国为心，自拼一死，将士咸怨，祥不能弹压，惟中堂图之。"荣得禀，急送五十万金，将士赏赉有差，董乃已。

上面的这段记事说出了一件很隐秘的事实——"庚子拳乱"之时，由于董福祥屡受荣禄之指挥进攻使馆，所以在《辛丑条约》签订之后，荣禄因此而颇受董福祥的挟制，至于不得不斥巨金以使其缄口不言。假如荣禄在拳乱之时没有驱使董军进攻使馆，荣禄对董福祥又有何忌惮可言？而董福祥的信中更曾透露，当乱事未成之时，荣禄也是赞成招抚"拳匪"而用之的！然则，佐原笃介所说，荣禄于拳事初起时本与端王、刚毅等主张相同，及义和团、董福祥军屡攻使馆不下，始知事机不顺，然后又阴持两端，致电南方诸省表示未尝赞成对外国宣战而力不能挽回，以为预先卸责之地，实在可说是史家之直笔，既无讳饰可言，亦不曾冤枉了他。江庸所撰的《趋庭随笔》亦有一条类似的记载说：

> 庚子拳乱时，前参谋总长张怀芝子志，时方为荣相武卫军炮队长。一日，诏谕荣相炮轰东交民巷，荣禄乃召子志轰击。子志不奉命，问荣禄："太后真欲毁使馆耶？上谕给中堂，怀芝走卒，不知有上谕。果决意轰使馆，请中堂发手谕。"荣局促曰："太后不闻炮声，吾不能复命。"子志笑曰："太后欲闻炮声，此易事耳，今夜当有炮声。"荣禄喜，语子志曰："汝退，好小子，有出息！"子志为荣禄所激赏，由此始。

这也是一条很明显的证据，足以证明荣禄在慈禧太后决定围攻北京使馆时，他不但不敢抗违慈禧的意旨，而且对炮轰使馆的谕旨亦奉命唯谨，并不顾虑到使馆攻破之后将会造成何等严重的后果。但当张怀芝坚持要荣禄颁发手谕始能执行此一命令时，他却踌躇退缩了。张怀芝为什么坚持要由荣禄颁发书面的命令以后方能付诸执行，是不是由于此事可能造成的后果太大，张怀芝深恐荣禄到时拒绝承认曾经由他下令作实弹轰击，自己将有可能成为替罪的羔羊？还是荣禄屡次有过这种食言背信之事，以致张怀芝不敢相信他的口头命令之故？这些都已经是难以明了的事了。不过，由荣禄之踌躇，不难看出他虽然对慈禧太后奉命唯谨，对于可能发生的严重后果却又不肯自担责任。由此可知，他是一个善持两端之人。善持两端的人必定善于见风转舵、随机应变。以这样的性格，当慈禧决定接受载漪与刚毅的抚拳主张时，他应当只有迎附而不致谏阻，何况端王在当时深得慈禧之宠信，他又何敢显为抗拒，以致为自己招来不测之祸呢？在这里，我们可以举出另一段证据，以证明荣禄附和慈禧及载漪的仇外思想之实情。小横香室主人所辑《清朝史料》卷下内一条云：

> 庚子以前，北京劲旅，以神机、火器两营为最。荣禄又新练一营，名之"虎神"，皆不知其命名之所在也。荣禄语其所亲曰："今之为患于中国者，非洋鬼子乎？夫洋者，羊也。惟虎吞羊，为神制鬼，故曰虎神。"后联军入都，此营不知所终。

荣禄在"庚子拳乱"之前执掌京畿兵权，所以他可以练兵，也可以创立新营。他以虎神营来对付为患中国的洋人，其爱国思想无可厚非。只是他创立虎神营适在"拳匪"起事之时，而此营创立之后，又专门交付与端王载漪，使他可以借兵力而肆其张牙舞爪的仇外行动。由此而言，荣禄创立虎神营，便明显寓有迎合慈禧与端王之意了。然则，荣禄在"拳匪"初起时确曾有过附和抚拳、袒拳的行动，自无可疑。《清史·荣禄传》不作此言，后来所流传的稗官野史又竭力标榜荣禄是明白事理而始终反对"拳匪"之人，毋宁是很失实的记述，需要加以纠正。费行简所撰的《近代名人小传》对荣禄曾做不客气的批评。如记述他早年的仕履则说："晋太子太保，年仅三十，时号为宠臣云。"记述慈禧欲行废立大事时则说："后数思废帝，禄老谋，知未可卒行，乃劝后存帝虚名。"记述其贪财纳贿之情形则说："其在枢府，权侔人主。务植财纳货，门烦于市。"记述其智能权术，则说："趋跄合度，工善酬酢，与人语不烦，而皆如其意以去。"这样的人才自然适合趋奉应酬。何况货贿既多，以其余财灌输宫闱，借以为结交慈禧左右的给事大奄及进献太后之用，自然更足以博慈禧之欢心了。由这些地方更可知道，荣禄确实是一个长袖善舞的政治动物，最适于专制时代的官僚政治。当清政府与各国接洽和议时，朝命曾派荣禄与李鸿章及奕劻同为全权大臣。各国以荣禄所统的武卫军曾经围攻使馆之故，拒绝接纳。李鸿章婉转电奏，请将荣禄召回西安行在，慈禧方于光绪二十六年十月初六日降谕，令荣禄至行在军机处办事。在此以前，荣禄徘徊于定州、获鹿一带，既不敢遵旨入京议和，又不敢擅赴西安行在，其内心之焦虑惶恐，莫可名状。既至西安，慈禧太后又多方为之庇护开脱，终于得免列入肇祸诸臣的名单之内，而荣禄亦得以利用他的权势与地位，来伪造有利于他的文献记录，以求脱免于千秋骂名。吞舟漏网，而附从者得罪，这就是董福祥致荣禄函中讥刺备至的原因了。

以上所述，目的在将荣禄附和慈禧、载漪等人的"祖拳抚匪"行为查勘清楚，以免读者为不确实的错误记载所蒙蔽，误信荣禄乃是"庚子拳乱"时力挽狂澜的中流砥柱。实际说来，他的咎戾仅次于载漪与刚毅，而应与徐桐、启秀等人同科。更因他当时身居中枢重任，其得慈禧太后倚信之故，他的错谬行为所造成的不良后果乃更为严重。说到这里，我们便应该回过来再谈义和团与载漪、刚毅的事。

白莲教于嘉庆年间作乱于川、陕一带，清政府调发大军征剿，扰攘数年，方将大股教匪剿灭，而其余孽仍旧在民间秘密潜伏，不能悉数铲除。其中有一支称为"离卦教"的，后来就逐渐演变成了八卦教、义和拳，成为义和团的前身。罗惇曧《拳变余闻》说：

> 义和拳源于八卦教，起于山东堂邑县，旧名义和会。东抚捕之急，潜入直隶河间府景州献县，"乾"字拳先发，"坎"字继之。"坎"字拳蔓延于沧州、静海间，白沟河之张德成为之魁，设坛于静海属之独流镇，称天下第一坛，遂为天津之祸。"乾"字拳由景州蔓延于深州、冀州，而涞水，而定兴、固安，以入京师。天津、北京拳匪本分二支，皆出于义和会，其后皆称义和团。

根据清光绪二十四年五月十二日山东巡抚张汝梅所上的奏折，所谓义和会，乃是各地民间基于"自卫身家，守望相助"而组织的乡团，其目的专在防御盗贼，并非专与洋教为难云云。可知此时的山东，已因民众仇视外国传教士欺压良善之故，而为义和拳所逐渐渗入，驯致地方大吏视其为义民，有意袒护。所以在地方上则鼓励民众仇教排外，奏报朝廷则混称乡团以欺掩耳目。曾任山东巡抚的满人毓贤，后为"拳祸"罪魁之一。他曾对人说："义和团魁首有二，其一鉴帅，其一我也。""鉴帅"即李秉衡，是张汝梅任山东巡抚时的前一任巡抚，张汝梅调职后的继任山东巡抚，便是毓贤。由此可知，"拳匪"之所以能在山东迅速蔓延，李秉衡与毓贤二人的倡导为力最多，到了张汝梅继李秉衡为山东巡抚时，这种情势已经逐渐形成了。

李秉衡是清代末年有名的廉吏，在当时甚著循声。"庚子拳乱"时八国联军攻向北京，李秉衡奉命督师勤王，战败兵溃，自杀殉国，不愧是临危授命的忠节之士。只可惜他在后来被联军指为祖拳酿祸之人，以致夺官削谥，在历史上留下了"拳党"人物的恶名，说起来实在是很可惜的。由李秉衡的传记资料看来，他本是辽东海城县人，字鉴堂，以佐杂官直隶时，受知于总督曾国藩及李鸿章，不次拔擢至知府，誉为北直廉吏第一。其后因事降调同知，山西巡抚张之洞奏调为文案，荐授朔平知府，渐升至浙江按察使。光绪十年，中、法两国因越南问题发生战争，李鸿章奏其"廉公有威"，请改调广西，以便整饬吏治、简练军实。到广西不久，巡抚潘鼎新兵败革职，由李秉衡护理巡抚，在职期间，与督办军务冯之材分任战守，和衷合作，遂有谅山大捷。钦差大臣彭玉麟与两广总督张之洞极赞他能调和主客各军，以致军心齐一，克奏大功。由此以后，李秉衡的声誉日起，终于以佐杂起家的非正途出身之人，居然开府山东，做起独当一面的封疆大吏来了。他在做山东巡抚时，治绩亦甚有可称，砥砺廉隅，澄清吏治，在同时的疆吏中称为贤者。然而，他之扶植义和拳而加以奖许，实为义和团得以兴起的主要原因。罗惇曧《拳变余闻》记此云：

> 拳乱始于毓贤，成于载漪、刚毅，人所习闻，然最初实为李秉衡。光绪乙未，秉衡抚山东，仇视西人。山东有大刀会，主仇西教，秉衡恒奖许之。丁酉，大刀会杀二教士，德人请褫秉衡职，不许，转秉衡川督。德人憾不已，乃命开缺。德人坚谓不足蔽辜，卒革职去。毓贤以曹州知府至藩司，秉衡所最亲善也。及为东抚，循秉衡之旧，护大刀会尤至。

又云：

> 山东大刀会仇视西教，毓贤奖借之。匪首朱红灯倡乱，以灭教为名，毓贤命济南府卢昌诒查办。匪击杀官兵数十人，自称义和拳，建"保清灭洋"旗，掠教民数十家。毓贤庇之，出示改为"义和团"。匪树"毓"字黄旗，掠教民，焚教堂，

教士屡函乞申理，总署令保护，毓贤均置不问，匪势愈炽。

光绪乙未，即光绪二十一年；丁酉，则二十三年。由此可知，义和团始起的时间便是在这一段时间内，而最先加以扶植奖借的则是李秉衡，其后乃有毓贤。李秉衡为什么要扶植"拳匪邪教"，这是一个颇难索解的问题。若以外国方面的记载为参考，则联军统帅瓦德西的《拳乱笔记》曾说：

> 中国排外运动之所以发生，乃由于华人之渐渐自觉，外来新文化实与中国国情不适之故。更加建造铁路之时，漠视坟墓，以致有伤居民信仰情感。重以近年以来，瓜分中国常为世界各国报纸最喜讨论之题目，复使中国上流阶级之自尊情感深受刺激。最后更以欧洲商人时常力谋损害华人以图自利，此种阅历，又安能使华人永抱乐观？至于一二牧师做事毫无忌惮，以及许多牧师为人不知自爱，此则吾人不必加以否认怀疑者。

这些话足以说明，由于西方势力之侵入与中国人深受侵略压迫之故，自高阶层的上流社会人物以至低阶层的一般民众，对外国人都存着普遍的恶感，加以外国传教士利用教会势力欺压愚民，遂使顽固守旧的民众反感愈深。陈恭禄《中国近代史》说："山东为拳匪发难之地，其民迷信深痼，风气强悍，乐于战斗。会遇凶年，人民艰于得食，一方面感受德国侵略之刺激，蠢然思动。无如外人之枪炮锐利，而力不能胜之。其能胜之者，自群众心理而言，唯有神道，义和团之说遂起。"这一论点与山东省在此时所遭遇的外国侵略事实相比照，诚可谓若合符节。故宫博物院编印的《清季外交史料·中德山东教案类》中仅光绪二十二年至二十六年就录有多达十五件教案。其因教案纠纷扩大而为胶澳事件及铁路事件的来往文件更多。所显示的事实便是由传教纠纷而引起人民仇教。其大致情形如下：

光绪二十二年五月，兖州府发生殴伤德国教士案。德国公使向总理衙门提出强硬抗议，要索多端。山东巡抚李秉衡以德国要求无礼过甚，不肯屈从，并自请处分。

前案未结，二十三年十月，巨野县又发生德国传教士二人被匪杀死事件，德国乘机出兵强占胶澳。清政府交涉甫有端倪，十二月间，忽又有曹州府驱逐教民、杀害洋人说。德国乘机尽反前议，并增加多项要求。最后胶澳卒为德有，清政府并允许德国修建胶济铁路，以路权予德。

光绪二十五年五月，德国铁路公司所雇路工，与高密县大吕乡乡民发生冲突，初则口角，继则互殴。乡民因愤而拔去路桩，德兵遂以保路为名，开枪击毙乡民二十余人。山东巡抚毓贤赔偿桩价及兵费银三千四百余两，而置高密乡民之被杀者于不问，事始得已。

光绪二十六年正月，高密乡民以铁路阻挡流水而发生暴动，围攻铁路局之工程处。德国指称山东地方官保护不力，调兵遣将，大肆威胁恐吓，经新任巡抚袁世凯饬营捕获为首二名，余众逃散，事始得已。

从光绪二十一年到二十五年，历任的山东巡抚是李秉衡、张汝梅、毓贤。张汝梅以善酬应及工经营著称，宦囊甚丰而政绩无闻。至于李秉衡与毓贤，都是在地方上很有表现的"贤吏"。他们不满意德国侵略者及外国传教士之恃势横行，压迫良善，对于那些倡言灭洋、灭教的"会匪"有所左袒，自然是无可厚非的事。只是，他们以为"祖拳即所以保民，灭教即可以灭洋"，这种观念所引发的错误就太大了。尤其是毓贤，其人思想顽固而知识落后，误以"会匪"所倡言的神权迷信思想为可信，以为中国如欲尽驱洋人，即应借重"会匪"所凭仗的神力，这种谬妄荒诞的错误认识更使当年的"教匪余孽"得以乘机发展，与民众仇教排外的思想相结合，造成了一股不可遏阻的力量。于是乃有后来的"庚子拳乱"事件。

毓贤就是刘鹗在《老残游记》中所描写的"清官"玉贤，其行事之刻毒与头脑之顽固，读过《老残游记》的人对他一定留有深刻的印象。《凌霄一士随笔》中曾有一段批评他的话，说："毓贤官山东曹州知府时，即大著酷吏之名。然勤政事，励操守，誉亦日起。上官力荐之，遂洊历封疆。在晋屠杀外侨，惨无人理。然仇外实秉朝旨，而以积忿外侮之凭陵，遂躬为屠伯而不顾。其事至谬，其心则不无可谅，不学无术害之也。"此云毓贤之行事荒谬是由于"不学无术"所害，其论点极为正确。而且不仅毓贤一人如此，当时一班竭力为"拳匪"张目的当政人物，如刚毅、载漪、徐桐、启秀等人，又何尝不是一些"不学无术"之徒？盲动的群众、盲目的仇外思想、存心以神权迷信欺惑民众的"拳匪"，再加上一些不学无术的当政领导人物，这一切的一切，合起来就成了光绪二十六年的"庚子拳乱"，说起来真是可叹之至。

毓贤于光绪二十五年二月继张汝梅为山东巡抚，至同年十月，即命毓贤来京陛见，而另以工部右侍郎袁世凯署理山东巡抚。据《清史》本传所记，毓贤之召还是由于他继任山东巡抚之后，"护大刀会尤力。匪首朱红灯构乱，倡言灭教，自称义和拳，毓贤为更名曰'团'，建旗帜皆署'毓'字。教士乞保护，置勿问，匪浸炽。法使诘总署，乃征还"。此时清政府对山东民教冲突迭起所持的态度是："着袁世凯严饬各属，遇有民教之案，持平办理，不可徒恃兵力，转致民心惶惑。"如遇"拳民聚众滋事，万无宽纵酿祸之理"，但亦"不可一意剿击，致令铤而走险，激成大祸"。可知此时清政府已因李秉衡、毓贤的影响而不主张一力剿灭拳民。《清史》毓贤本传说他在交卸山东巡抚之职，回到北京以后，"至则谒端王载漪、庄王载勋、大学士刚毅，盛言拳民得神助"。这些当政人物相信了毓贤的说法，觉得这些具有神力的义和拳众正可作为驱除外国势力之用，于是使得清政府的对外政策起了根本变化，而义和团入京矣。

义和团由山东入京，有直接与间接的两种因素。直接的因素当然是由于载漪、刚毅等人的汲引；间接的因素则由于袁世凯继任山东巡抚后，对"拳匪"采取不客气的剿捕政策，以致"拳匪"无法在山东存身，由北面向直隶发展，遂致蔓延及于河北省的南部，进而至于京师。吴永《庚子西狩丛谈》记此云：

> 直隶拳匪，初发生于新城，而盛行于涞水，旬日之间，天津、河间、深、冀等州，遍地皆是。其时大阿哥已立，其父载漪颇怙揽权势，正觊国家有变，可以挤揆德宗，而令其子速正大位，闻之喜甚，极口嘉叹。诸亲贵因争竭力阿附，冀邀新宠。大臣中亦尚有持异议者，谓："究近邪术，恐不可倚恃。"然太后意已为动，顾犹持重不即决，乃派刚毅、赵舒翘前赴保定察看。刚、赵皆为军机大臣，甚见向用。复命时，刚阿端王旨，盛称拳民有神术；赵又阿刚，不敢为异同。太后遂一意倾信之。于是派端总率国务，端益跋扈恣肆，而顺、直拳匪同时并起矣。

光绪二十六年初的军机大臣共计六人：领军机礼亲王世铎，其余五人分别为文渊阁大学士管兵部事仍节制北洋海陆诸军荣禄、兵部尚书协办大学士刚毅、户部尚书协办大学士王文韶、礼部尚书启秀、刑部尚书赵舒翘。礼王世铎名义上虽为领班军机大臣，其实庸碌无作为。王文韶与赵舒翘均为汉军机大臣，王文韶软熟圆滑，时称之为"油浸枇杷核"，其做官之诀窍为"多叩头，少说话"，可见他在很多事情上都不大能做积极负责之担当。赵舒翘以廉能明敏起家，素著清名，只因他之得为军机大臣是出于刚毅之汲引，以致事事阿附刚毅之意旨而不能有所执持。其余的三个满军机大臣，启秀以谄事道学家徐桐起家，徐桐顽固守旧而极端憎恶洋人，所以启秀也是排外人物中的健将。荣禄号为慈禧之宠臣，自戊戌政变后入军机，一直最得慈禧太后的倚信。刚毅与荣禄为争夺权势而互相倾轧，不但挟载漪以自重，而且汲引赵舒翘入军机以增厚自己的力量。荣禄至此，亦不得不见风使舵，以迎合慈禧及阿附载漪作为对抗刚毅之法。载漪、刚毅的袒拳主张因此能在清政府的最高决策阶层中得势。

关于荣禄与刚毅在政府中彼此不协的情形，高树所撰的《金銮琐记》一书中曾有记述，说：

> 荣仲华相国为堂官时，考笔正，刚毅与考，文尚未通。后官至协揆，同为枢臣，在直庐午酌，刚有不豫之色，以酒杯击案有声。荣相问："何事？"刚曰："公与昆晓峰各占一正揆缺，我何时得补正揆？想及此，是以怏怏。"荣笑曰："何不用毒药将我与晓峰毒毙。"二公从此如水火。

"正揆"即内阁大学士，以别于协办大学士之称为"协揆"。清代的制度是内阁大学士额设四人，满汉各半；协办大学士二人，亦满汉各半。刚毅于光绪二十年以礼部侍郎入军机，二十二年升尚书，二十四年再升协办大学士，始终兼军机大臣。而此时在内阁的大学士，汉大学士是李鸿章与徐桐，满大学士是昆冈与荣禄。这昆冈便是前文所说的昆晓峰。昆冈于光绪二十二年四月由协办升大学士，荣禄就补了昆冈所空出的协办；到了二十四年，另一个满大学士麟书病死，荣禄又由协办补了麟书的缺，这腾出的另一个协办，方才补了刚毅。刚毅补协办的时间虽然很晚，入军机的时间却比荣禄要早四年。他自己觉得既是军机前辈，便没有理由老被荣禄压在上头，何况以各个军机大臣的"帝眷"而论，哪一个都比不上荣禄之能得慈禧的宠信。为了争权与争地位，刚毅自然希望能够和荣禄比上一比。然而，昆冈不死，荣禄的官运又如日中天，他不但无法与荣禄争权夺势，甚至连补个大学士好与荣禄并驾齐驱的希望也不能实现，如之何不使刚毅气愤填膺呢？于是他必须要另外设法。这设想出来的办法便是拉拢未来的太上皇载漪做帮手，以便共同来对付荣禄。据小横香室主人所辑《清朝史料》卷下"刚毅导匪入京"一条说：

> 孝钦后愤外国之庇康、梁，必欲报仇，益恨德宗，思废之，立端王载漪之子溥儁为大阿哥，将于庚子正月行废立，刚毅实主之。力引载漪居要职，宠眷在诸王上。

溥儁之被立为大阿哥，我们已经知道这是出于荣禄的献议。现在刚毅为了要与荣禄别苗头，所以他更建议立溥儁为皇帝，而且就在光绪二十六年庚子的元旦举行。这一项建议虽因慈禧不敢付诸实施而并未能成为事实，但是他的另一项建议却得到了慈禧的赞同：委派载漪为管理总理各国事务衙门的大臣，兼管虎神营，外交及兵权并归掌握。其权势远在当年的恭亲王奕䜣之上。自载漪出任政府要职之后，荣禄在慈禧太后面前的声光顿时就降低了许多。这在刚毅固然自诩为得计，而另外的问题也就来了。

刚毅因为要与荣禄争权之故而竭力援引载漪，载漪本人亦很希望在儿子得立为大阿哥之后揽权怙势，好对未来的废光绪而立溥儁有所帮助，所以二人意气相投，甚为合拍。恰好在不久前，因为慈禧太后以光绪名义降诏立溥儁为大阿哥，明白宣示是为穆宗同治皇帝立嗣，隐为废立之渐，曾经引起上海电报局总办经元善等人的干涉。慈禧大为震怒，欲将经元善绳之以法，而竟因国际保护之故，致使慈禧对之无可奈何。于是不但慈禧因痛恨经元善而仇视外人，端王载漪亦因溥儁之不能速登大位而迁怒洋人，愤无可泄。关于这一件事的经过情形，赵凤昌所撰的《惜阴堂笔记》中曾有详细记述，先为引述如下：

经莲珊元善，上虞芳洲善人之嗣。莲珊读书好学，著有《趋庭纪述》。席其先人之业约五万金。光绪八九年间直隶大灾，莲珊尽携此五万金航海至津，亲赴灾区散放。从此每遇各省水旱，尽力筹赈，奉旨嘉奖至十一次。旋北洋创议商办电报，派盛杏生（盛宣怀）督办，莲珊即与苏人谢家福招股五十余万附入，方能着手，莲珊即任上海电局总办。向留心中外政治，痛中国之不振。予于光绪十五年自粤调鄂，过沪识之。甲午大东沟海军一熸，至《马关条约》，爱国之士群起，如康长素、梁卓如诸君，均集海上，频相讨论，予亦时与诸君晤。至戊戌而新旧冲突，宫廷生隙，旋立大阿哥之命下，遽违本朝祖制。莲珊感德宗有志振作，甚不惬于此举。其时盛杏生在京，即电请上言挽回。杏生复电仅一语，云："大厦将倾，非一木能支。"莲珊得此电，以为大局垂危，乃以候选知府衔名，径电总理衙门王大臣，大意言此举有违祖制，中外惶惶，请收回成命。深宫震怒，消息至沪，郑陶斋即力劝其姑往澳门暂留，当日即行。旋杏生与何梅生电，谓经事由予袒护，言官并欲劾予。旋知都下喧传此事时，御史余诚格即参盛杏生，谓经系盛用之人，应勒令交出。盛即上奏："经系臣办事所用之人，康有为乃是余诚格之门生。"盛此奏针锋相对，前覆经电，仅作空洞之惊人一语，惹出一场烦恼，关系之际，措辞欠酌矣。立储本违祖制，内外廷臣竟无一人敢放言，乃待疏远闲员突然电请，莲珊可谓朝阳鸣凤，足传千古。江督鹿传霖密派道员洪某来沪，言鹿传霖欲予劝莲珊回沪，仅办永远监禁，绝无他虑。予即告之曰："我与彼固挚交，此时何有定谳？亦岂有劝一亲友就狱以候不测之诛？一旦有旨严办，鹿亦何能说，将来史笔，书两江总督鹿传霖杀经元善，亦殊不值。即指为康党。莲珊著有《趋庭纪述》刻本，载答康之信，责备甚周，足证不能以康党罪之。书在此，可带回宁，望芝帅再思之。"
洪去，自此寂然，想已纳予言，芝帅尚是君子人也。因恐由
粤就近拿办，予为函致合肥傅相幕僚徐赓陛，劝合肥勿承内降。
合肥云："我绝不做刀斧手。"此语真爽快，使人放心，即延
为宕案。经则安居澳门炮台，为国际保护。至拳祸事毕，逐
大阿哥后，始回沪上也。

以上这段话，述慈禧痛恨经元善，至欲百计钩致而不能得之情形，
甚详。以下另有一段，则是叙述废立之谋如何为外交使团所阻的情形：

戊戌以后，立大阿哥以前，西后急欲行废立。己亥，合
肥在大学士任，一日，法使访询："果有此事否？外国视一国
君主无端废立，决难承认。"午后荣禄往访，传西后意旨，欲
探外使口气。合肥即以今晨法使言述之。合肥知都下不可居，
谋出外，旋督两粤。同时荣禄密电探江督刘新宁。刘复电有：
"君臣之义久定，中外之口难防。"李既不能助，刘又有违言，
事即难举，不得已而先立大阿哥。乃忽有闲员放言高论，谓
违祖制，干怒可知。荣禄只探两人，因湘、淮军仅存之硕果，
不无顾虑，而先探其意，外此疆吏，盖可置之。荣禄早年为
清流弹劾罢职，南皮，清流推为党魁，荣向不与通函电，亦
在可置之列。传言同有电询，非悉当年之情事者也。

这一段话论述经元善电请收回立大阿哥成命一事，是在慈禧探询
废立不成之后，所以经元善此举更干慈禧之怒云云，读之当可知慈禧
与载漪等人之积忿，至此当更深一层。只因经元善避居于澳门炮台且
受国际保护，非中国官方之力所能及，积忿既深，自然更增加了对洋
人的反感。这也就是《凌霄一士随笔》等书所说的，慈禧与载漪之所

以要策动"庚子拳祸",其动机全在"报私仇,非公愤"之由来了。慈禧女流无识,载漪纨绔不学,他们的错误荒谬行为都有理由可说。刚毅身为军机大臣,负有"平章军国重事"的大责重任,在这重要关头如何可以不为慈禧、载漪等人譬说利害,使他们从正当的途径上去谋求富国强兵之道,以为"君子报仇,三年不迟"的长远打算,反而以神权迷信的义和团为可信,鼓励他们利用义和团来做"扶清灭洋"的愚蠢行为,置国家民族的命运于孤注一掷呢?在这一方面,刚毅的思想与作为比慈禧与载漪还要荒谬离奇。

据《清史·刚毅传》所记,刚毅本是满洲的镶蓝旗人,由翻译生员考取笔帖式,官刑部司员。曾经参与"杨乃武与小白菜""崇厚辱国"两案的审理工作,以此为慈禧太后所知,先升郎中,由郎中外放为广东的惠潮嘉道。一迁江西按察使,再迁广东布政使,三迁山西巡抚。自光绪六年到十一年,前后只不过六年的时间,就由刑部直隶司员外郎超擢至二品的巡抚,升迁之速,一时无两。到了光绪二十年,更由广东巡抚内调为礼部侍郎,简充军机大臣,俨然成为柄国的重臣了。自此以后,他的官阶愈升愈高,先则尚书,继则协办大学士,浸浸乎与慈禧的宠臣荣禄并驾齐驱。

荣禄之为人,甚有智略权术,看他在光绪二十五年对付徐桐、崇绮请废光绪帝的那一套,就可知道他极擅于机变,而且他的幕府中也颇有人才。至于刚毅,虽然在慈禧太后看来颇有干练之才,其实则并不如此。费行简撰《近代名人小传》说他:"未尝学问,而刚愎自是。娴习例案,以为当官能事毕。迨任封圻,设馆课吏,以为人才尽在于此。然所课则申呈文结格式及赴官期限,皆人所尽知者,实不关吏治也。所至惟科房吏书言是听,盖此辈皆熟于成案,毅奉之若神明焉。"这段话对刚毅的挖苦似乎过分了一点,但是他所举的皆事实,似乎无法加以怀疑。就事实而论,刚毅的出身既然只是一个熟谙满洲文字的翻译生员,服官以后所长期接近的又只是刑部的一些文书例案,如之何不使他以为当官之能事尽在于此呢？清末野史所传的笑话中，关于刚毅的便有好几条。《凌霄一士随笔》尝为之辩证，以为"世传其种种笑柄，如以'追奔逐北'为'追奔逐比'，'瘐毙'为'瘦毙'，称孔子为孔中堂，皆恶之者甚其词，不足信也"云云。然而言之者既然凿凿有据，我们似乎亦没有理由一概相信他们是无的放矢。例如刘声木所撰的《苌楚斋随笔》就说：

> 满洲刚子良中堂毅，任广东臬司时，尝辑《洗冤录异证》四卷、《经验方歌诀》二卷刊之，似非胸无点墨者。乃北京传其一诗，甚觉风趣，云："帝降为王尧舜惊，皋陶掩耳怕呼名。荐贤曾举黄天霸，远佞能驱翁叔平。一字难移惟瘦死，万民何苦不耶生？"因中堂平日素喜称尧王、舜王，皋陶呼为皋陶（按应读作"皋遥"）。保举将才龙殿扬，面奏云："此臣之黄天霸。"翁叔平同龢出军机，中堂极喜，语人曰："此举可谓远佞人矣。"《洗冤录》中凡刊"瘐死"者，中堂谓乃"瘦死"之讹。"聊生"每误作"耶生"。此诗可谓谑而虐矣。

上文所说刚毅以龙殿扬为他的"黄天霸"，亦见于江庸之《趋庭随笔》，云：

> 刚毅在苏抚任，奏保周莲、龙殿扬。吴人为之诗云："文有周莲武殿扬，看他才具亦平常。如何竟作人才保，笑杀满洲刚子良。"逮刚内用，犹面奏云："龙殿扬为奴才之黄天霸。"京师一时传为笑柄。周官福建布政使，阘茸无闻。龙官曹州镇总兵，光绪三十一年曹州匪起，鲁抚杨士骧以酿乱劾去。

这些记载充分写出了刚毅之愚妄无识。当国大臣之识见如此，无怪乎义和团所编织的神权迷信思想能为他们所接受了。但即使如此，刚毅也还是颇有可取之处的。费行简《近代名人小传》举其死后家无余资一节，指其不贪；又谓其并无鸦片烟的嗜好。这两点正是造成清末政治风气普遍败坏的主要因素，刚毅在这些地方能够卓然有所表现，足见他之能邀慈禧太后的宠信，不无道理。再看当时极端迷信义和团的神权思想而竭力主张用之以对敌洋人者，亦有很多著有一节之长的有名人物。如徐桐，乃是当时公认为最有学问、道德的理学家；如李秉衡、毓贤，则是当时最有名的清官与能吏。刚毅在这些地方，似乎也被慈禧太后看作李秉衡、毓贤一流的人物。

封建时代的统治者们最看重臣下的操守。他们以为，居官而不贪污的人，当国家面临危难的时候，就不致因顾恋身家财产而不肯竭忠尽节，这样的人必定是忠臣，是可以倚信的。唯其封建时代的统治者们存有这样的想法，所以他们不但鼓励清廉之臣，也愿意加以不次之拔擢，以作为一般臣僚之表率。李秉衡以出身佐杂微员而得至封疆大吏，毓贤以居官清廉与奏革陋规而得慈禧之嘉赏，都是这一类的事实。刚毅在刑部充任司官时，以勤能受知于慈禧，及出为外官，又能清廉自守，卓著循声，自不难由此一帆风顺地入军机、擢卿贰，卒致大用。虽然这些人物的道德与操守各有可称，他们的学问与识见实在太浅薄愚陋。慈禧太后误以他们的见解、行为与道德操守一般地可信，那就不免要如"盲人骑瞎马，夜半临深渊"似的自蹈危地而不知了。"庚子拳乱"时的情势，不幸正是如此。在这些酿祸召衅的主要人物中，头脑比较清楚的，应数赵舒翘。无奈他在重要关头上所表示的意见，并不能为慈禧所接受，这样一来，后果就太严重了。

赵舒翘在《清史》中与徐桐、刚毅、启秀、毓贤等人同传，可知他亦被列为首祸诸人之一。然而他的情形实在与徐桐、刚毅、启秀、毓贤等人并不一样。这只要看他在"拳祸"初起时的表现，便可知道。

赵舒翘，字展如，同治十三年进士，由刑部主事累升至郎中，出为安徽凤阳府知府，不十年，擢至江苏巡抚，迁转之速，可与刚毅相比。所以然的道理，则以他居官甚有清名，足以与刚毅、李秉衡等人媲美。后来他由巡抚内调为刑部侍郎、升尚书，乃是因为他曾经久官刑曹，谙熟律令，政府当局有意倚用之故。刚毅与荣禄争权，为求增厚自己的力量，需要汲引朋类以为党羽，而赵舒翘当年曾与刚毅同官刑部，颇为相得，因此加以援引，于光绪二十五年入为军机大臣。军机重资历与官爵，赵舒翘最后入军机，官位只是尚书，远在兼任文渊阁大学士的荣禄，及已升为协办大学士的刚毅、王文韶之后；何况刑部尚书在六部尚书中序列第五，又比序列第三的礼部尚书启秀差了一截。由于这几种缘故，赵舒翘在同时的六个军机大臣中，只能屈居"打帘子"的军机大臣，而且需要事事仰承刚毅的意旨。小横香室主人所辑《清朝史料》卷下"刚毅导拳匪入京"一条说："及拳匪据涿州，朝议剿抚不决，乃命兼管顺天府事尚书赵舒翘，同府尹何乃莹驰往解散。刚毅虑舒翘或戾己意，自请偕往。"刚毅于此时自请与赵舒翘、何乃莹同往涿州，其目的显然是要运用他对赵舒翘、何乃莹的影响力量，尽量做适合于自己计划的安排。后来情形虽未如此，但结果仍然差不多。关于这一点，吴永《庚子西狩丛谈》中的论述最为详尽，需要加以引述，原书说：

> 拳匪之事，当刚、赵查验时，是一祸福转捩关键。如此时能将真实情状剀切陈奏，使太后得有明白证据，认定主张，一纸严诏，立时可以消弭。过此以后，乌合蚁附，群势已成，虽禁遏亦已不及。后来酿成如此大祸，赵、刚二人，实不能不负其全责。太后谓其"死有余辜"，确系情真罪当。刚之为人，愚陋而刚愎，或真信拳匪之可恃，亦未可定。赵则起家科第，扬历京外，开藩陈臬，并皆卓有政声，而且学问淹通，持躬廉正，此儿戏鬼混之义和团，能否成事，明白易晓，绝

不至于不能鉴别。第以劫于刚势，不敢立异，遂致与之骈殉，身陷大戮而死负恶名，未免太可惜矣。

此云赵舒翘不比刚毅之愚陋无识，彼明知义和团为儿戏鬼混而不能成事，竟因劫于刚势而不敢显为异同，遂致慈禧为之蒙蔽，误信"拳匪"可用，终于酿成大祸，其说甚有见地。但其实在情形则尚不至此，原书中亦曾详细记述，云：

> 近闻某公言及赵事，则尤不觉为之扼腕。谓当拳匪在涿州时，太后命刚、赵往验，刚实未往，赵独挈何君乃莹同行。何字松生，本刑部老司员，殊干练有卓识。二人回京后，均力言拳民之不可恃，何因为赵拟就一折，言之颇甚剀切。赵审阅再三，似碍于端、刚，踌躇不敢上。末谓："上折太着痕迹，不如面陈为妥。"乃先赴荣相处详悉报告，再见太后复命，亦经一一据实奏陈。而彼时太后已受魔热，辞色颇不怿。先时，赵之僚友曾有以大义相责者，赵出告人，谓："幸不辱命，我对军机、太后均已尽情倾吐，应说尽说，抚心自问，庶几可无罪矣。"后来点派带团差使，并无其名，赵益自引为幸，谓："从此可以脱离关系。"云云。某公所言，委系得之当时事实，并非泛泛。准此而论，则赵于拳匪并未有阿附之事。最后赐尽上谕中，只坐以"毕竟草率"四字，且有"查办拳匪亦无庇护之词"等语，即据太后口中所言，亦足证明其始终未言拳匪可靠，参稽互考，情节昭然。只因当时稍有瞻顾，少此一折之手续，又凤因刚援引，相处亲密，致后来中外责言，均以刚、赵并举，李文忠亦有"刚赵袒匪"之电奏，空言无据，无法辨白，卒陷于不测之大戾。然则，彼之失足，不在查验拳匪之役，而在于受刚援引之时。因失其亲，子云中郎，所

以同抱千古兰漪之恨也，悲夫！

按，费行简《近代名人小传》中《赵舒翘传》有关于这方面的记述，云：

> 舒翘任监司，为近百年来良吏第一。及入枢府，乃碌碌随刚毅后，罔有建白。迨奉命抚拳匪，一奉命于毅，不敢持异同。坐此为外人指摘，竟赐死，人无矜其冤者，是可叹也！

据此云云，可知赵舒翘在后来已被公认为阿附刚毅而欺蒙慈禧之人，虽枉死而无人矜其冤，这真是所谓千古冤了！由于赵舒翘的冤狱莫申，后世之人也就只知道赵舒翘与刚毅扶同欺蔽，而不知道慈禧太后当时已深信载漪、刚毅之言，决心利用义和团从事排外运动，而根本置赵舒翘的直言谠论于不顾，这实在是很可惜的。诚如吴永《庚子西狩丛谈》所说，清政府对义和团的剿抚政策此时正为关键性的决定时刻，不言剿而言抚，后来的发展便非政府力量所能控制。在这一件事情上，载漪与刚毅固然如慈禧太后所说的"死有余辜"，而慈禧太后自己又当如何呢？

李秉衡、毓贤袒护"拳匪"的仇外行动，载漪迷信义和团的神力和法术，刚毅有心利用义和团的排外行动来达到他的政治目的，其结果当然会使仇恨洋人的慈禧太后大为心动。此时如果再有慈禧所看重或倚信的人物从旁构煽，那就很容易使这个知识不足的老妇人走上错误的道路，真的以为"洋人当灭，中国当兴，其机会便在此时"了。在这时候表示其重要意见与言论的，第一是道学家徐桐，第二便是慈禧太后身边的亲信太监们。

日本人佐原笃介所撰的《拳乱纪闻》中有一条说：

当团匪滋事以后，太后曾召见诸大臣，商议剿抚事宜。诸臣皆无定见，惟徐中堂叩首力争，当团匪立意扶清灭洋，实是中国义民，不宜剿办，以挫其气。太后以徐为老臣，所言必不误，故一意主抚。

又，王守恂撰《杭居杂忆》记义和拳事云：

拳匪入京时，太监在孝钦左右为之先容，谓烧毁教堂，祝祷则火起；且指烧何处，火若听命，绝不延烧他处。孝钦亦神之。大栅栏老德记药房卖药，与教无涉也，拳匪率人烧之。此火一起，不可复遏，将北京精华之地一炬成空，直延到正阳门箭楼。拳匪见烧及国门，事已不妙，相率向火祝祷，而火愈猛，自日中烧至日末方熄。次日晨起，拳匪偃旗收械，不见踪迹，余以为此事或有转机欤？未一日，依然势力膨胀，反胜于前，不解其故。嗣闻人言，太监对孝钦云："此次延烧正阳门，神仙降旨，系因皇上做事不好，天示之罚。"大合孝钦意旨，以此拳匪气焰不稍退步，转加厉也。

徐桐是清朝末年有名的理学家，思想顽固而排外甚力。他在光绪二十二年就做到了体仁阁大学士，虽然资序在李鸿章之后，却以崇尚宋儒学说而恶西学如仇之故，甚合慈禧太后的胃口。所以，在戊戌政变以后就极蒙慈禧太后之优礼，每次上朝至令太监为之扶掖，以示光宠。慈禧欲废光绪而立溥儁，徐桐与同治皇后的生父蒙古状元崇绮同为最热心的赞助人之一，以此与溥儁的生父端王载漪最为投缘，时人将他称为"商山四皓"之一。义和团起事，载漪与刚毅导之入北京。徐桐出门亲自迎接，"谓中国当自此强矣"（语见《清史·徐桐传》）。慈禧太后以为徐桐是有学问的理学名臣而其言可信，岂知他在这方面的认识并不比愚妄无识的载漪和刚毅高明，相信他的话，其实也就与相信载漪、刚毅的话一样。至于义和团所宣称的各种神术，说穿了都只是一些骗人的玩意，只是在"拳匪"势大之时，没人敢冒险开罪"拳匪"以求得证而已。慈禧太后的亲信太监们在此时为"拳匪"做义务宣传，又将火灾延烧及于正阳门一事说成是神仙示罚光绪云云，恰恰投合了慈禧的意之所好，于是连本来已被戳穿的谎言也被包瞒得天衣无缝了。国家的最高统治者与最负学问、道德盛名的朝中大臣，都像这样鄙陋无识，纵使朝中尚有若干明白晓事之人，亦绝不能挽狂澜于既倒，在举朝风靡的情况之下起到回转乾坤之作用。"庚子拳乱"之终将演变成燎原之祸，至此已明白如见。

自光绪二十六年的三月间开始，京师"拳乱"渐见具体。两个月之后，慈禧就以光绪的名义颁发诏书，明白宣布与各国交战。自此以后，就是围攻使馆及八国联军之役。在拳祸酝酿渐成的这段时间之内，载漪、刚毅、徐桐、荣禄以及慈禧太后诸人的言行举动，在在都对大局具有直接的影响。为了易于明白起见，也需要先将当时所有这方面的记载摘要做一概括的叙述，以见一斑。

柴萼《梵天庐丛录》卷二"庚辛纪事"云：

> 拳匪起于山东，而大祸之发，乃在直隶，东省得安闲无事，则巡抚袁慰庭剿匪立功不可没也。东省义和团，创始于嘉庆时，蔓延至于直隶，数十年来，人俱视之为邪教。及毓贤任东抚，颇尊信之，于是直隶古城、清河、威县、曲周等处之匪渐渐南下，流入东昌之冠县，自冠县及于东昌各属，再由东昌、曹州、济宁、兖州、沂州、济南等处潜萌滋长，至己亥秋间，其势大炽，然仍出没黄河以西，而以直隶为老巢。十一月间，袁慰庭到任，试拳匪妖术不验，斩之以徇。即毅然以调和民教、缉办拳匪为务，出示剀切晓谕，至十余次之多。匪等抗不遵谕，

始派道府大员督同营队搜捕，并令各属悬赏购缉。先后拘获
匪首王立言等数十人，置诸极刑，格毙散匪无算。不及两月，
匪势日衰，地方一律安靖。匪于东省不能驻足，则尽遁而至
直隶。

己亥，即光绪二十五年，翌年即庚子。袁慰庭，即袁世凯；直隶，
即现在的河北省。这一段记事说明"拳匪"由山东入直隶的原因，是
由于袁世凯做了山东巡抚之后，以强硬的手段对付那些不肯解散归农
而随处以妖术欺惑愚民的教匪，剿捕杀戮，不遗余力，以致"拳匪"
无法在山东立足，不得不北向直隶发展之故。袁世凯因此被义和团痛
骂为汉奸、二毛子，街头巷尾贴满辱骂袁世凯的文字，然而山东境内
的义和团毕竟因此而肃清了。与袁世凯之态度恰好相反的，是此时的
直隶总督裕禄。当袁世凯主张对"拳匪"采取剿捕杀戮的态度时，"裕
禄承风指，忽主抚"（《清史·裕禄传》中语）。于是"拳匪"由山东北
窜直隶后，无所阻挡，发展极为迅速。《梵天庐丛录·庚辛纪事》云：

> 庚子春间，北直保定州、遵化州、绵州一带，喧传有神
> 师降世，专收幼孩为徒，教以咒语，云能召请先朝名将护身，
> 教以练拳、练刀，功候满足，即能枪炮不入，刀箭不伤。未
> 几，即日盛一日，强年壮丁，举信从之，乡野村庄，莫不有
> 坛，始大张义和团旗号。嗣后从者益众。直隶总督裕禄不之禁，
> 且迷信之。迎大师兄张德成、曹福田至署，黄轿鼓吹，百官
> 屏息侍立，如天神降。因是练拳从之者尤众。更名曰义和团，
> 日夜操练刀矛、拳法。

裕禄是满洲正白旗人。在《清史》中与徐桐、刚毅、赵舒翘、毓
贤等人同传，后来被洋人指为纵匪作乱的祸首诸人之一。因为他早在

北仓兵败之后便已引罪自杀，所以未遭显戮。由他之迷信义和团并以黄轿鼓吹恭迎大师兄张德成、曹福田至总督衙门，奉如神明的态度看来，裕禄的头脑大概亦与端王载漪、庄王载勋及刚毅等人差不多。

张德成与曹福田在北仓兵败之后携带清政府所发的巨额饷银逃走，中途被获因系，当年所自诩、自夸的神功法术毫不灵验，可知这些匪徒所用来欺世惑众的，不过是些邪门妖法而已。然而，上自皇太后、王公大臣，下至乡里愚民，都以为义和团果然拥有抵御洋人枪炮的法术，那就实在太糟糕了。自此以后，"太后遂欲令拳匪灭洋。匪得密旨，因于'灭洋'之上，加'扶清'二字，而滔天之势成矣"（《梵天庐丛录·庚辛纪事》）。下面所引，乃是李希圣的《庚子国变记》，以其记事时间较为明白，故与《庚申纪事》等书杂引之。

《庚子国变记》：

> 而义和团自山东浸淫入畿辅，众亦渐盛，遂围涞水。县令祝芾请兵，直隶总督裕禄遣杨福同剿之，福同败死。进攻涿州，知州龚荫培告急。顺天府尹何乃莹揣朝旨，格不行，荫培坐免。太后使刑部尚书赵舒翘、大学士刚毅，及乃莹先后往，导之入京师。刚毅等复命，均力言拳匪无他心，可恃。遂焚铁道，毁电线，至者数万人，城中为坛场几满。其神曰洪钧老祖、骊山老母，来常以夜，燎而祠之，为巫舞欲以下神。神至，能禁枪炮全不燃。又能指画空中，则火起，刀槊不能伤。出则呼市人向东南而拜，人无敢不从者。以仇教为名，至斥上为教主。太后与载漪谋欲引以废立，故主之特坚。

又，柴萼《梵天庐丛录·庚辛纪事》：

> 四月二十九日，将京津铁路各车站焚毁，遂乘势占据涿州。

声言涿州兵备空虚，洋兵将来，愿为代守。由是城墙上万头攒动，刀矛林立，如将有大敌者然。朝廷命尚书赵舒翘、顺天府尹何乃莹驰至涿州，相机办理。刚毅以赵与己志趣不同，恐致决裂，言于朝，愿自请行，准之。乃亟驰往，则赵与何已先在。召匪首入见，谕以朝廷德意，不得暴动。而匪首以聂功亭军门（提督聂士成）尝痛剿其党，衔之次骨，答言："须将军门斥革，始可从命，否则当与一战。"赵以军门办事认真，且其罪尚不至斥革，况宿将无多，正资倚畀，岂可遽言斥退？何亦以其言为然，不从所请。刚既至，力言拳民可恃，聂不可用，反复讨论，坚持己意。其时何已为刚言所惑，亦力翻前议，唯唯从命。赵以刚势出己上，且审此系内廷意，与辩无益。乃微笑言："既二公意议相同，谅非无见。仆不才，当先回京复命。"刚颔之，赵乃回京，含糊覆奏。刚则与匪首密商一切。五月十三日，董福祥奉召入都，宣称已命义和团充先锋剿灭洋人，我军为之后应。闻者骇走。

以下再引李希圣的《庚子国变记》：

五月初十日，俄使恩格尔思上书言："乱民日益多，英、法借之将不利于中国。俄与中国方睦，逾二百年，义当告。"总理衙门得书，不敢上。俄使欲入见，乃封奏焉，亦不答。

十四日，以礼部尚书启秀、工部侍郎溥兴、内阁学士那桐，入总理衙门，而以载漪为管理。

十五日，日本书记生杉山彬出永定门，董福祥遣兵杀之于道，剖其尸。

十七日，拳匪于右安门内火教民居，无老幼妇女皆杀之，一僧为之长。

十八日，往宣武门内火教堂。又连烧他教堂甚众。城门尽闭，京师大乱。连两日有旨，言拳匪作乱当剿，而匪势愈张。

二十日，焚正阳门外四千余家，京师富商所集也，数百年精华尽矣。延及城阙，火光烛天，三日不灭。

是日，召大学士、六部九卿入议。太后哭，出罗嘉杰书示廷臣，相顾逡巡，莫敢先发。侍郎许景澄言："中国与外洋交数十年矣，民教相仇之事，无岁无之，惟不过赔偿而止。惟攻杀使臣，中外皆无成案。今后民巷使馆，拳匪日窥伺之，几于朝不谋夕；倘不测，不如宗社生灵，置之何地？"太常寺卿袁昶言："衅不可开，纵容乱民，祸至不可收拾。他日内讧外患，相随而至，国何以堪？"慷慨唏嘘，声震殿瓦。太后目摄之。太常寺少卿张亨嘉言："拳民不可恃。"仓场侍郎长萃在亨嘉后，大言曰："此义民也！臣自通州来，通州无义民不保矣！"载漪、载濂及户部侍郎溥兴和之，言："人心不可失。"上曰："人心何足恃？只益乱耳！今人喜言兵，然自朝鲜之役，创巨痛深，效亦可睹矣。况诸国之强，十倍于日本，合而谋我，何以御之？"载漪曰："董福祥剿叛回有功，以御夷，当无敌。"上曰："福祥骄，难用，敌器利而兵精，非回之比。"侍讲学士朱祖谋亦言祥无赖，载漪语不逊。上嘿然。群臣皆出，而载漪、刚毅遂合疏言："义民可恃，其术甚神，可以报仇雪耻。"载濂亦上书言："时不可失，敢阻挠者请斩之。"闻者莫不痛心，诋为妖孽，知其必亡，然畏太后，不敢言也。

是日，遣那桐、许景澄往杨村，说夷兵，令无入。道遇拳匪劫之归，景澄几死。其后，夷兵援使馆者，亦以众少不得达，至落垡而还。

二十一日，又召见大学士、六部九卿。太后曰："皇帝意在和，不欲用兵。余心乱矣，今日廷论，可尽为上言。"兵部尚书徐用仪曰："用兵非中国之利，且衅不可自我先。"上曰："战非不可言，顾中国积弱，兵又不足恃，用乱民以求一逞，宁有幸乎？"侍读学士刘永亨言："乱民当早除，不然，祸不测。"载漪曰："义民起田间，出万死不顾一生以赴国家之难，今日为乱，欲诛之，人心一解，国谁与图存？"上曰："乱民皆乌合，能以血肉相搏耶？且人心徒空言耳，奈何以民命为儿戏？"太后度载漪辩穷，户部尚书立山，以心计侍中用事，得太后欢，太后乃问山。山曰："拳民虽无他，然其术多不效。"载漪色变，曰："用其心耳，何论术乎？立山敢廷争，是且与夷通，试遣山退夷兵，夷必听。"山曰："首言战者载漪也，漪当行；臣不习夷情，且非其职。"太后曰："德亲王亨利昔来游，若尝为供给，亨利甚德之，若宜往。"山未对，载漪诋立山汉奸，立山抗辩，太后两解之。罢朝，遂遣徐用仪、立山及内阁学士联元至使馆，曰："无召兵，兵来则失好矣。"

二十二日，又召见大学士、六部九卿。载漪请攻使馆，太后许之。联元顿首亟言曰："不可。倘使臣不保，洋兵他日入城，鸡犬皆尽矣。"载澜曰："联元贰于夷，杀联元，洋兵自退。"太后大怒，召左右立斩之，庄亲王载勋救之而止；联元，载勋包衣也。协办大学士王文韶言："中国自甲午以后，财绌兵单。众寡强弱之势既已不侔，一旦开衅，何以善其后？望太后三思。"太后大怒而起，以手击案骂之曰："若所言，吾皆习闻之矣，尚待若言耶？若能前去，令夷兵毋入城，否者且斩若！"文韶不敢辩。上持许景澄手而泣曰："朕一人死不足惜，如天下生灵何？"太后阳慰解之，不怿而罢。自是憾景澄。

太后意既决，载漪、载勋、载濂、载澜、徐桐、崇绮、启秀、赵舒翘、徐承煜又力赞之，遂下诏褒拳匪为义民，予内帑银十万两。载漪即第为坛，晨夕必拜。太后亦祠之内中。由是燕、齐之盗，莫不搤腕并起而言灭洋矣。

城中日焚劫，火光连日夜，烟焰涨天。红巾左握千百人，横行都市，莫敢正视之者。凤所不快者，即指为教民，全家皆尽。死者十数万人。王培佑以首附义民，擢顺天府尹；士大夫诡谀干进者，又以义和团为奇货。当是时，上书言神怪者以百数。王公邸第、百司廨署，拳匪皆设坛焉，谓之保护。两广总督李鸿章、两江总督刘坤一等合奏言乱民不可用、邪说不可信，兵端不可开，其言至痛切，不听。

遂以载勋、刚毅为总统，载澜、英年佐之，籍姓名部署，比于官军。然拳匪专杀自如，载勋、刚毅不敢问。

二十三日，德使克林德入总理衙门，载勋伺于路，令所部虎神营杀之。乱初起，令各国公使皆返国，期一日夜尽行。各公使请缓行，故入总理衙门议，而德使死焉。克林德已死，许缓行，又请迁入总理衙门，各公使不敢出。

二十四日，遂令董福祥及武卫中军围攻东交民巷，荣禄自持橄督之，欲尽杀诸使臣。炮声日夜不绝，屋瓦自腾，城中皆哭。拳匪助之，巫步披发，升屋而号者数万人，声动天地。夷兵才四百，四面为营垒，穿地道，令教民分守之，人自为必死，皆奋。围攻五十余日，昼夜番战，苦相持。董军及武卫中军死者，无虑四千人，拳匪亦多有伤亡，皆引退。

二十五日，下诏宣战，军机章京连文冲草也。以法领事杜士兰索大沽炮台为词，其实炮台先于二十一日失守矣。时有诏征兵，海内骚然，羽书相望。乃以载漪、奕劻、徐桐、崇绮主兵事，有请无不从。政在军府，高下任心。奕劻枝梧其间，嗫不敢言，取充位。桐以暮年用事，尤骄横。太后亦以桐旧臣，更事久，以忠愤号召揣摩取富贵之士，负当时大名，思壹用其言以风动天下，遂遣仓场侍郎刘恩溥往天津招集拳团，至十余万人，传太后旨，资给之。来者日益多，颇不得赏，则公为寇盗，掳掠杀人，胁取财物，不能应，辄夷其宗，自天津以南，民大徙，乃候于道，遮杀之，坐死者又十数万人。

以上所述，自光绪二十六年春间"拳匪"由山东窜入直隶为始，至同年五月二十五日正式降诏宣战，欲恃义和团的神术尽驱洋人，以为"扶清灭洋"的中兴大计，其经历过程极为明晰。上面的叙述可以使我们发现如下一些问题。

一、慈禧之决定用义和团来驱灭洋人，刚毅的招引，与载漪、载勋、载濂、载澜、徐桐、崇绮、启秀、赵舒翘、徐承煜等人的大力赞助，都是举足轻重的关键因素。在上面这些纵拳酿祸的重要人物中，只有赵舒翘是汉人，他是否确实曾与上述诸人一样地力赞"拳匪"，也还是很值得怀疑的问题，其余都是满洲显要。载漪、载濂、载澜、载勋是皇族，崇绮是皇室懿亲，徐桐、徐承煜父子隶汉军旗，而汉军旗的假满洲人一向以满洲奴才的身份为荣，也就与真正的满人无异。这些人之外，再加上仇杀洋人最多的毓贤，与同罪而幸免于罚的荣禄，凡是名单上有的，可说无一不是当权的显要人物。宣统之世，满人为了排斥汉人而组成所谓"皇族内阁"，这是由于狭隘的种族观念与权力思想而来的政争，其动机容易使人了解。而当庚子之时，满人的政权既未受到汉人的威胁，便没有理由要以发动对外战争的方式来巩固自己的统治权。那么，这些清廷显要们又为什么要在此时发动这一场莫名其妙的对外战争呢？由于这个问题难以解释，我们只好假定，他们之所以如此做，大概是由于他们的愚昧、无知与自私。愚昧无知使他们对世界大势缺乏认识而迷信义和团的神力，自私则使他们误以为借此可以达到某种利益——慈禧与端王载漪希望借此以行废立大事，其他的投机趋附之人则希望借此分一杯羹，以便同沾实利。载勋、载濂、载澜与刚毅，都是这一类人；徐桐与崇绮早已列名为"商山四皓"，也可视为一丘之貉。启秀以迎合徐桐起家，荣禄又是最擅长投机的人物。算来算去，只有毓贤的仇洋排外思想比较单纯。所以，这些首祸人物虽然都打着"扶清灭洋"的招牌，其纯粹出于爱国动机的，实在少之又少。

二、当五月二十日至二十二日三次"叫大起"讨论宣战问题时，虽然主战派与反对派的言论都表现得相当激烈，但是慈禧太后似乎早已成竹在胸，所以尽管自光绪皇帝以至许景澄、袁昶、王文韶、刘永亨、朱祖谋、立山、联元等人相继发言反对，慈禧的主意早已打定，许景澄、袁昶、立山、联元四人因此被扣上"通夷"的帽子，连性命也送掉了。关于这件事情的前后始末，吴永的《庚子西狩丛谈》言之颇详，可以参看。引述如下：

> 予狃于此事（按系指进言罢斥大阿哥溥儁事），以为幸有进言机会，凡理所应言者，均当言之。但有一次则险碰一大钉子。一日入见，奏对事毕，太后与皇上同坐倚窗匟上。予见太后意尚闲暇，因乘间奏言："徐用仪、许景澄、袁昶三臣，皆忠实为国，当时身罹法典，当然必有应得之罪，顾论其心迹，似在可原。据臣所闻外间舆论，颇皆为之痛惜，可否亮予昭雪？"方言至此处，意尚未尽，突见太后脸色一沉，目光直注，两腮迸突，额间筋脉悉偾起，露齿做嚜龁状，厉声曰："吴永，连你亦这样说耶？"予从来未见太后发怒，猝见此态，惶悚万状，当即叩头谢曰："臣冒昧不知轻重。"太后神色略定，忽将怒容尽敛，仍从容霁颜曰："想你是不知道此中情节，皇帝在此，你但问皇帝。当日叫大起，王公大臣都在廷上，尚未说着话，他数人叨叨切切，不知说些什么，哄着皇帝。至赚得皇帝下位，牵着许景澄衣袖，叫：'许景澄你救我！'彼此居然结着一团，放声纵哭，你想还有一毫体统么？你且问

皇帝，是否实在？"皇上默无一言，予只得叩头，谓："臣实不明白当时情形。"太后复霁语曰："这难怪你，咱们宫里的事，外间哪里知道？你当日尚是外官，自然益发不明白了。"予见太后意解，始逡巡起立。莽遇此劈天雷电，忽而云消雨霁，依然无迹，可谓绝大喜事，然予真已汗流浃背矣。……

后有耆旧某公，为述当时真状，谓此番叫起情形，实误于上下隔膜。先是，有浙人罗某，常奔走荣文忠门下，一日，不知从何处捕得风影，急投荣处密报，谓："各国已分头调兵来华，决定攻打北京，与中国宣战。"云云。荣素持重，此次竟为所惑，径自缮密折，入宫呈奏。太后得奏，当然着慌，既惧且愤。端、庄正喜师出有名，益乘间竭力蛊煽，且哄且激，太后遂亦主张开战，因此乃宣叫大起。故太后一到场莅座时，开首即言："现在洋人已决计与我宣战，明知众寡不敌，但战亦亡，不战亦亡，同一灭亡，若不战而亡，未免太对不起列祖列宗，故无论如何不得不为背城借一之图。今当宣告大众，诸臣有何意见，不妨陈奏。"云云。当时似有数人发言，不甚清晰。朱古薇阁学祖谋曾出班陈奏，谓："拳民法术，恐不可恃。"一旗员即从旁搀言曰："拳民法术可恃不可恃，臣不敢议，臣特取其心术可恃耳。"联学士元继续发言，其言颇憨，谓："如与各国宣战，恐将来洋兵杀入京城，必至鸡犬不留。"太后色变。即有御前大臣大声叱之曰："联元这说的是什么话？"太后意正含愤，正于此时，皇上望见许文肃，即下坐执其手曰："许景澄，你是出过洋的，又在总理衙门办事多年，外间情势，你通知道。这能战与否，你须明白告我。"许奏言："闹教堂、伤害教士的交涉，向来都有办过的；如若伤害使臣、毁灭使馆，则情节异常重大，即国际交涉上亦罕有此种成案，不能不格外审慎。"等语。皇上固知万不能战，而劫于端、庄，不敢径宣己意，以文肃久习洋务，特欲倚以为重。闻许言，深中其意，因持其手而泣，文肃亦泣。袁忠节班次与文肃相近，亦从旁矢口陈奏，一时忠义奋发，不免同有激昂悲戚之态度。许奏语本极平正，太后似亦未甚注听。第见皇上与之相持，三人团聚共泣，疑二公必有何等密语刺激皇上，不觉大触其怒，即注目厉声曰："这算什么体统？"德宗乃始放手。故上谕中有"语多离间"之词。当时颇疑此谕出于端、庄矫旨，其实两公之死，即由于此。究其症结，盖太后已入荣言，以为各国业经决定宣战，故开此会议以谋应战之方略，是战与不战已无复拟议之余地。而廷臣中多半不知就里，或以为尚是片面商议和战问题，或则以为政府已得有宣战实据，因之不必此多陈奏，锋针相对，以致愈激愈偏。后来退班出宫，彼此互讯此项消息，茫然不知何来。军机既未呈报，总署亦无照会，方始大家愕异。盖荣相上次密折，外间固绝无人知道也。若当时明白内容，只须将洋人并无宣战事实委曲开释，未尝不可消解，乃彼此均走入岔道中。夫洋人已决战而尚主张不战，则惟有降之一法，宜其不能相入也。大风起于苹末，蚁穴足以溃堤，因罗某之一言而酿成如此掀天大祸，当亦彼所不及料者矣。

上文所说的"罗某"，即江苏粮道罗嘉杰；荣相，即荣禄。荣禄因深信罗嘉杰所密报的要求四款并奏之慈禧，慈禧因而大为发怒，决计与洋人开战云云，这在前面所引的《袁昶日记》中已有记述，只是伪造的《景善日记》则说是端王载漪与启秀、那桐等人所呈进的各国照会，若以《袁昶日记》与《庚子西狩丛谈》所述内容互相参看，可知照会之说全出诬捏，其目的不过在为荣禄洗脱罪名。由此可以知道，慈禧之决定与各国宣战与"拳匪"之围攻东交民巷使馆，完全由荣禄的这一件密折而起，所以荣禄在"庚子拳乱"一事中所应担负的责任甚大，他后来之得免列名为首祸诸人之一，实在太侥幸。了解到这其中的实情之后，我们对于荣禄在当时的各种作为，也应该另有一番不同的认识才是。

上文所引李希圣《庚子国变记》说，慈禧既决定与各国交战，"遂令董福祥及武卫中军围攻东交民巷，荣禄自持檄督之，欲尽杀诸使臣"。这一条记述对荣禄非常不利。荣禄当时以大学士兼军机大臣节制北洋海陆军，所建武卫军共分五支：前军聂士成驻芦台，后军董福祥驻蓟州，左军宋庆驻山海关，右军袁世凯驻山东，他自己所直接统辖的中军驻南苑。拳乱事起，董福祥亦由荣禄调入京，所以当时在京的武卫军，即是荣禄自统的中军与董福祥所统的后军。既然荣禄在当时是持檄亲督武卫军进攻使馆，"欲尽杀诸使臣"的激烈分子，他的立场应当便是主战派。然而《景善日记》却说：

> 二十四日，酉刻，走访贤弟刚相，询以今日召见之情势。……先由荣相泣叩天恩，披沥密陈，言以："洋人本无礼，中国本应宣战，乃端王与军机大臣所主张攻击使馆一举，实为非计之至。今祸乱日亟，愚妄之见，不敢不冒死渎陈于圣明之前，以春秋之义，两国构兵，不戮行人，蔑视各国公使，即蔑视其国。若任令拳匪攻毁使馆，尽杀使臣，各国引为大耻，连合一气，致死报仇，以一国而敌各国，愚谓不独胜负攸关，实存亡攸关也。务须维持大局，庙社不惊，万民幸甚。"等情。慈颜颇不悦，力言其非，"如此怀挟私见，不顾大局，万难允从。如愿令洋人立刻出京，则无所不可。义和团尚未攻击使馆，惟从今以后，未便再行拦阻。朝廷不得已之苦衷，非臣子所知，惟荣禄如此之愚，实非逆料所及也。所请万难采纳，勿庸再为渎请，准其立时下朝"等谕。嗣由荣相叩请圣安。立退。

果如所说，不但攻击使馆的不是荣禄的武卫军，荣禄更是竭力反对攻击使馆的开明人士了。由此推论，则荣禄当时之"持檄"督率各军进攻东交民巷使馆，"欲尽杀诸使臣"云云，又可看作他之被迫而出此，并非他的本意。所以，恽毓鼎《崇陵传信录》中所说的，"使馆皆在东交民巷，南迫城墙，北临长安街，武卫军、甘军环攻之，竟不能克。或相实左右之，隆隆者皆空炮，且阴致粟米瓜果，为他日议和地也"云云，看来又似有可通之处了。但如我们再看另一类记述，荣禄在这件事情上的责任，更为清白干净。

陈夔龙所撰的《梦蕉亭杂记》卷一说：

> 端亲王载漪少不读书，刚愎自用。自己亥冬间其子溥儁立为大阿哥，朝中视线均集于该邸，满大臣中竟有先递如意，希冀他日恩宠者。所管虎神营，于神机营外独树一帜。"庚子拳乱"起，一意提倡之。维时某相国（指徐桐）、某上公（指崇绮）均授溥儁读，皆笃信拳匪，恃以仇教灭洋，漪遂深信不疑，谓拳可恃。步军统领庄亲王载勋、右翼总兵其弟载澜复附和之。凡拳民入京，赴庄王府挂号，即为义民。旬日之间，乱民集都城不下数万，均首缠红布，手持短刀，杀人放火，昼夜喧嚣，有司不敢过问。各公使馆出天津调兵入京自卫，苦于兵数无多，仅于东交民巷东西巷口设卡驻兵，与我相持。董福祥一军，经调扎正阳门东安门一带保护内廷，严斥不准与洋兵冲突。董福祥带武卫后军，归荣相节制。讵载漪暗相结纳，引为己用，福祥亦以灭洋自任，荣相再三戒饬，竟不听命。

同书另一条又说：

董福祥围攻使馆，相持日久。一日，端邸忽矫传旨意，命荣文忠公以红衣大将军进取。红衣大将军者，为头等炮位，国朝初入关时，特用以攻取齐化门者，嗣后并不恒用，弃藏至今。炮身量极重大，非先期建筑炮架不适于用。以地势言，此项炮架，须建立于东安门内东城根，城外即御河桥，桥南西岸，迤逦数十步即英使馆。统计由城根至使馆不及半里，各国公使参随各员并妇孺等均藏身于馆内。该馆屋宇连云，鳞次栉比，倘以巨炮连轰数次，断无不摧陷之理，不知该邸何以出此种政策。此炮放出，声闻数里，宫中亦必听闻，亦断不能演而不放，文忠心颇忧之。继得一策：以炮弹准否全在表尺，表尺加高一分，炮位放出必高出一尺之外。密嘱炮手，准表尺所定部位略加高二三分，轰然发出，势若雷奔电掣，已超过该馆屋脊视线，出前门，直达草厂十条胡同山西票商百川，过屋顶穿成巨窟。该商等十数家环居左近，一时大惊，纷纷始议迁移。越日，收拾银钱帐据，全数迁往贯市暂住。厥后洋兵入城，各种商号均遭损失，西号独克保全，不伤元气，未始非此炮之力。各使经此番震撼，益切戒心。当议约时，各使犹复提及此事，意颇悻悻。余私谓李文忠公曰："当日演放炮弹时尺码若不加高，恐使馆已成灰烬，各使亦难幸存。不过肇祸愈烈，索款愈多，求如此时之早定和局，戛戛乎其难矣。"文忠亦以为然。

照此书的前一条所述，董福祥的武卫后军所以会参加进攻使馆之故，一是由于端王载漪的收买，二是由于董福祥的个人野心，所以荣禄虽为统帅，董福祥竟敢不听他的戒饬，违令进攻。所说的不但与《庚子国变记》中所记述的事实不符，亦与董福祥后来写给荣禄的信中所说："祥辱隶麾旄，忝总师戎，一切举动皆仰奉中堂指挥，无一敢专擅者""去年拳民之事，累奉钧谕同嘱攻各国，祥以事关重大，迟疑未决，承中堂驱策，故不敢不奉命唯谨。后又承钧谕及面嘱累次，围攻使馆不妨开炮。祥始尚虑得罪各国，杀戮其使，恐兵力不敌。祥承此重咎，又承中堂谕谓，勩力攘夷，祸福同之。祥是武夫，无所知识，但恃中堂而为犬马之奔走耳。今中堂巍然执政而祥被罪，祥虽愚驽，窃不解其故”云云，完全是背道而驰的事。荣禄对于董福祥的责让之辞无可辩解，那就等于承认董福祥所说的全是事实，然则陈夔龙即使有心为之开脱，岂不等于是“不描尚可，愈描愈黑”的作伪招状吗？刘声木所撰的《苌楚斋随笔》曾说陈夔龙是“荣党”，所以他虽然在《梦蕉亭杂记》中竭力辩说他并非荣党，亦仍是徒劳无功的“愈描愈黑”。由《苌楚斋随笔》比对陈夔龙存心为荣禄开脱罪名的记述，更可知道刘声木所说的话很有道理。一事如此，他事可知。然则，《梦蕉亭杂记》夸诩荣禄在“庚子拳乱”时保全北京使馆之功的后一条记事是否可靠，亦就很有问题。

“庚子拳乱”时，有一个在教会机构中任职的中国人鹿完天，因“拳匪”围攻使馆之故，他亦处身在包围之中，日夕在枪林弹雨中过着万分危险的生活。根据鹿完天所写《庚子北京事变纪略》中所叙的围城实况，则围攻使馆区的清兵不但拥有洋枪、洋炮，且有能发射极大炮弹的大炸炮。大炸炮所发射的大炮弹，从六月初一日早晨开始发射。此日的记事记云：

> 初一日早六点钟，自皇城内打来大炸弹，西花园西北隅望楼连受数弹，即倾倒矣：炸弹重十余斤，上有螺丝，中装生铁，落地开裂，方圆十余步内外，撞之即成粉碎。十点钟，又将大官房脊背打崩，院中飞铁齐鸣，丁丁有声，合院惶恐，中外畏惧，妇女皆藏暗室。

自清兵从六月初一日开始以大炸炮轰击使馆房屋起，《庚子北京事变纪略》几乎逐日都有大炸炮轰击使馆区的记录。少则一日发射十数炮，多则数面夹攻，处处墙崩屋倒，致死或受伤的，多是避难其中的教民。到了六月十六日，又改用更大的炮位发射二三十斤重的炮弹。"幸中兵不明算法，长短远近，酌量不准，每从城墙越过，至城外始落。"所以，连日以来发射虽多，不是过高，就是过低，竟不能对使馆外围防线造成突破的作用。到了六月二十一日，炮声渐稀。至是日下午两点钟，更有荣禄所派清兵摇白旗，持名片前来议和。自此攻击改向西什库教堂，而使馆暂时得到安宁。由这些记述可以知道，"庚子拳乱"时武卫军对使馆的攻击，不是不曾使用大炮，也不是只发空炮或测距故意过高，只是使用之人不善射击而已。

这种由于不善射击而致未曾造成重大损失的事实，是否出于荣禄的授意？目前已经无法查考；但若与荣禄在攻击甫经开始之时，便持檄亲自督战的情形看来，彼此之间似乎颇有矛盾。是不是荣禄在后来发觉义和团法术不灵而使馆难破，因亟图补救而改用这种釜底抽薪之法？根据某些史料的记述，这种情形正大有可能。

胡思敬《驴背集》卷二：

> 交民巷被围月余，比、荷、意、奥使馆，华俄银行，日本筑紫办馆均毁。惟英使馆最坚，墙厚八尺，高二丈有奇，其大可容千人。十一国使臣初议聚而守之，后知失策，乃派日、意兵守肃王府，英兵守翰林院，美、德、俄、法各分段拒守。其东有法教堂名"北堂"，其西有意教堂名"仁慈堂"，选练教民三千四百余人，分二队为使馆声援，捍御甚力。

这项记载，一则说英国使馆的墙垣极为高厚，再则说使馆防军在比、荷等国使馆尽毁之后，改向外扩展，攻占肃王府、翰林院及联络法、意两国之教堂，守御甚力。以此与李希圣《庚子国变记》所说的，使馆守军"四面为营垒，穿地道，令教民分守之。人已为必死，皆奋"
的情形合看，便可知道使馆守军是以壕堑及堡垒构成坚固阵地，易守
难攻，所以使馆日久不能攻下。使馆难攻而义和团的神仙法术不灵，
日久相持，必有后患，聪明如荣禄，当然会有他的打算了。吴永《庚
子西狩丛谈》说：

> 围攻使馆久不下，众意稍懈。荣相见大势弗顺，已迁回
> 改道，隐与使署通消息，或称奉诏送瓜果蔬菜至东交巷口，
> 听洋人自行取入。一面设法牵制兵匪，使不得急攻。

据此云云，则荣禄倘使真有令武卫军只发空炮或测距故意放高之
事，也必定是屡攻不下以后的事，并非一开始便曾有此"保护"措施的。
荣禄之善于见风使舵、临机应变，在这里有了明显的证据。事情过去
了之后，他为了湔洗自己的恶名，自然需要设法制造许多言过其实或
似是而非的记录，以资转移视听、混淆耳目，庶几可以使人黑白难分，
甚或至于颠倒黑白。《景善日记》如此，《梦蕉亭杂记》亦然。所不同的
是，前者出于他的主动伪造，后者则承其指授而已。

不过，即使荣禄能够伪造记录以湔洗他的祸首之名，当时的舆论
还是留有许多不利于他的记录，足以使我们看清他的真正面目。例
如光绪二十六年十月十六日的《中外日报·论北京死难诸臣》一文
中就说：

> 鄙哉徐桐，以道德欺世，忠孝传家，晚节不慎，致与荣、
> 刚作贼。

此文以荣禄与刚毅并论，同称之为"贼"，则其名誉之恶劣可想而
知。又同年十月初二日《中外日报·戊己间训政诸大臣论略》一文中说：

荣禄、刚毅并以夤缘贵显，得至大官。荣给事内廷，恭亲王尤狎之，任步军统领多年。刚浮沉部署，远不能及。迨得政后，其意反抗皇上，故太后因而用之，其宠任遂与荣埒。大抵荣险而巧，刚悍而愎，每欲举大事，荣阴谋于室，刚公言于朝。荣起于但贪富贵，刚出于有所憾恨，此其显殊。至其同为国贼，同酿国祸，则二人之所共谋，虽及没世，不能别也。而近日议者，见刚已死，则从而下石，闻荣犹贵，则为之游说。欲以按之入地、举之升天，难哉，难哉！

这一段话亦以刚毅与荣禄同称，谓之国贼，指为同谋，然则荣禄当年确实曾经与载漪、刚毅同为祸国殃民之事，不是更显而易见了吗？所不同的是，刚毅愚愎而荣禄聪明，刚毅所行之事明显而荣禄隐蔽，荣禄善于见风转舵而刚毅则至死不悟，所以他们之间的祸福休咎有了明显的分别。更何况载漪、刚毅后来都成了万众指目的元凶罪魁，一切祸害都转嫁到他们的头上，荣禄就更可以利用他的显贵之身伪造历史记录，为自己洗脱罪名。于是，我们现在所能看到的，便只是《清史·荣禄传》中所加于他的赞誉之辞，歌颂他对"庚子拳乱"时对使馆有如何如何的调护之功，而《景善日记》等伪造的史料又从而证实之，如之何不使这一位漏网的巨魁不成为安邦定国的功臣呢？荣禄之善变反衬出了端、刚诸人之顽梗不化。为叙述便利起见，仍以前法摘抄有关史料加以排比，以明了当时的变化情形。

日本佐原笃介所辑《拳乱纪闻》云：

六月二十四日，下午四点钟，甘军在王府大街长安牌楼北，与奥使署洋兵开仗，枪炮声大作，竟夜不绝。闻此役系荣中堂发令，饬董军开仗。又是日，匪攻天津租界。

二十五日，未刻，甘军攻破奥国使署，纵火。

二十九日，天津紫竹林一带，已被团匪烧成一片荒地。

六月初一日，攻英使署。至夜，枪声愈密。

初二日，天津又复大火。

初四日，拳匪华兵复攻天津租界，相持至七点钟之久，兵匪大败。

初六日，华人在城南乾清门东面海德门上置炮一尊，其他各城门上虽亦均安设炮位，尚未开炮攻打使馆。

初七日，在京各西人现俱被围于英使馆中，情形危急。

十一日，北京团匪势焰稍衰，故围困使馆亦较前大松。

十三日，各国联军总统调齐兵士六千名，攻击天津城，聂功亭军门即于是役阵亡于天津城西八里台地方。

十七日，洋兵占据天津。

上述资料乃是从上海方面的外国报纸辑录各方来电所做的新闻汇报。其未记京中使馆被围情形，系因电报不通，不悉双方战事情形使然。其后乃据《泰晤士报》访员玛礼孙所发电信，知使馆被围以来，各使署官兵之阵亡及受伤者不知凡几，幸各公使及眷属尚安好云。其时各国已组成联军，由天津出发攻向北京，以解使馆之围。以下所记，则是李希圣所撰的《庚子国变记》。

六月二十九日，李秉衡至自江南。太后大喜，三召见宁寿宫，语移日。秉衡主战，且言拳民可用，当以兵法部勒之。太后闻天津败，方旁皇，得秉衡言，乃决。遂命总统张春发、陈泽霖、万本华、夏辛酉四军。

七月初三日，杀许景澄、袁昶，秉衡有力焉。

初十日，北仓失，裕禄走杨村。

十一日，杨村又陷，裕禄自戕死，宋庆退蔡村。敌方得天津，画地而守，兵久不出。一夕大至攻北仓，炸炮居阵前，更番迭击。马玉昆大败，退至武清，不复能战矣。荣禄以闻，太后泣，问计于左右。以新斩袁、许，无敢言者。

十三日，以李鸿章为全权大臣。时已停攻使馆，使总理章京文瑞赍西瓜、菽麦问遗之。是日，李秉衡出视师。

十五日，张春发、万本华、夏辛酉败于河西务。陈泽霖自武清移营，闻炮声，一军皆溃，秉衡走通州。

十六日，太后议西幸，阴戒荣禄、董福祥以兵从。计已定，或谬言秉衡军大胜，乃止。自北仓之败，又围攻使馆，誓必破之以泄愤。

十七日，通州失，李秉衡死之。乃召宋庆、马玉昆守京师，驻南苑。是日，杀徐用仪、立山、联元。

十八日，太后闻秉衡军败而哭，欲遣王文韶、赵舒翘至使馆乞和，荣禄曰："不如与书观其意。"遂遣总理章京舒文持书往。时方攻使馆，舒文至，董福祥欲杀之，称有诏乃免。

十九日，夷兵自通州踰时而至，董福祥战于广渠门，大败。

二十日，黎明，城破。董福祥走出彰义门，纵兵大掠而西。是日，召见大学士、六部九卿，无一至者。拳匪在城中者尚数万人，俄顷而尽。

二十一日，天未明，太后青衣徒步而出，发不及簪，上素服及后随之。至西华门外，上坐英年车，太后坐载澜车，从者载漪、溥僎、善耆、奕劻、载勋、载澜、载泽、刚毅、赵舒翘、英年，及内监李莲英，诸宫人皆委之而去。是日，驾出西直门，日暮，抵昌平贯市，上及太后不食已一日矣。

二十二日，出居庸关，至岔道。

二十三日，暮，至怀来。

二十六日，至宣化鸡鸣驿。

二十七日，至宣化。是日，载濂、载滢、桂春至，令百官赴行在。留三日然后行。

八月初二日，至怀安，命奕劻回京议和，许便宜行事。

初六日，至大同，留三日。以载漪为军机大臣，载澜为御前大臣。

十四日，至崞县、原平。以荣禄为全权大臣，夷人拒不纳。拳乱起，禄以武卫中军攻使馆，董福祥又禄所部也。夷人诛首祸，禄名在约中，乃求解于李鸿章，鸿章出之。至其所以脱，事秘，世不尽知也。禄内主拳匪附载漪，而外为激昂，称七上书争之不能得，颇扬言自解，世或多信之。

十七日，至太原。

二十日，李鸿章、刘坤一、张之洞、袁世凯连名劾载漪、载澜、载勋、刚毅、英年、赵舒翘庇拳匪。奏至，上呼载漪等严斥之。太后色不怡。久之，乃谓王文韶出草诏，自载漪以下，得罪有差，然甚轻。

八月初八日，幸陕西。

十七日，李鸿章至京。

十八日，至闻喜。刚毅以病留，太后使何乃莹护视之，三日而死。是日，以奕劻为全权大臣。

二十日，李鸿章、奕劻等合劾载漪等罪重法轻，请严议。时德、美书请杀首谋，乃并奏焉。久之而论分别圈禁遣戍。

二十日，李鸿章领武卫中军，荣禄赴行在。禄初由保定走太原，刚毅忌之，诏不许前往，至平定而还。及载漪出军机，刚毅死，李鸿章为禄请，太后亦念之，故复用。

九月初四日，至西安，居北苑。夷议首祸，持益急，乃令载漪、载勋留蒲州。载勋私入临潼，勒还之。载漪走宁夏。

十一月初三日，日斯巴尼亚等十一国使臣以约来与奕劻、李鸿章，为纲十二，要必行。奕劻、李鸿章不敢议，乃奏闻焉。太后得约，度不许，兵且西，又方以首祸当议己，常悒栗不自安。及见约无之，喜过望，诏报奕劻、鸿章尽如约。自各国请重惩首祸诸臣，太后意终庇之，不忍决。瓦德西过李鸿章曰："今罪人方居中用事，吾当自引兵往取之，郁郁久居此，无益也。"鸿章遂疏言："联军将渡河，不速诛首谋，西安必不保。"太后不得已，恨甚，许之。

二十七年正月初三日，赐载勋自尽于蒲州。

初四日，杀毓贤于兰州。

初六日，赐英年、赵舒翘自尽。

初八日，杀启秀、徐承煜。载漪、载澜论永戍新疆。董福祥夺官归甘肃。

八月二十四日，自西安启跸。

十二月初二日，至开封。

二十日，废溥儁，仍食八分公衔俸，即日出宫。

综观载漪、刚毅等人一生最伟大的事迹，就是迷信义和团的神权思想而引起"庚子拳乱"，最后则以缔结丧权辱国的《辛丑条约》了结此一场空前大祸。所以，历叙"庚子拳乱"的大概情形以至和约签订，首祸诸人分别依照外国列强的要求从严惩处，载漪窜而刚毅死，其余亦得到极悲惨的下场。载漪与刚毅二人的评传，至此应可结束。只是《清史》载漪等人的列传对于首祸诸人之末路遭际与慈禧太后对这些人的态度，一概没有记载，前引李希圣《庚子国变记》亦语焉不详，尚不足以了解"庚子拳乱"与这些人的真正关系。需要另外引据有关的资料，在此作一补述。

刚毅之死，《清史》本传只说他"道遘疾，还至侯马镇死。其后各国请惩祸首，以先死免议，追夺原官"。《庚子国变记》所述与此相似，皆不详其死因。柴萼《梵天庐丛录》则说：

> 刚毅从驾西奔，适患痢疾。念祸由己肇，惧不免死，方秋暑酷热，瓜正熟，刚日坐舆中食西瓜不绝口，座下置马子一，身踞其上，痢下注亦不绝。由此以迄于殂，卒稽大戮。此为当时侍从某学使言，信可证也。

"马了"是苏杭的土语，实际则应称为"马桶"，乃是南方人家的便器。刚毅自知纵拳酿祸而惧罪不免，这或者是他到太原而屡遭光绪诟斥之后方有的感觉。在此之前，他总以为，策动义和团从事仇洋排外，乃是慈禧太后所完全同意的，若论酿祸的罪魁，慈禧太后当为第一号主谋。基于祸福与共的道理，只要太后不倒，他的安全就不会有问题。但自播迁出奔以来，光绪以几废之身，居然屡次对之詈斥，而慈禧默不表示意见，加以中外舆论之指责，使他憬然憬悟到，慈禧太后或者会牺牲他们这几个帮凶人物来保全她自己。与其到那时因被各国指为罪魁祸首之故而惨遭慈禧之毒手，不如自己及早打算，尚可幸逃显戮。于是，他借患痢疾的机会多方增加自己的病势，终得如愿以偿。这是他自觉罪孽深重的自知之明，虽然觉悟得晚了一点，总还比另一些冥顽不灵的人稍微聪明些。此外诸人，则尽有懵然不知大祸之将至者。《梵天庐丛录·庚辛纪事》中另有一条，说：

> 行在顽固党有谓何乃莹者曰："肇祸诸臣，究竟何如？"曰："亦不过做王允耳。"或曰："拟之韩侂胄，似乎相当。"何语塞。

王允是《三国演义》中设计连环计而使董卓、吕布自相火并，卒为汉献帝除去大憝巨奸的忠臣，以之与纵拳酿祸诸人相比，似乎不伦。

至于韩侂胄，则是宋宁宗时因轻开边衅而被金人指为祸首的当朝宰相，最后由南宋政府曲徇金人之请，将韩侂胄杀死之后函首请罪，方才得到金人的谅解，其遭遇很像清政府无法拒绝联军之要求，而将毓贤、载勋等人分别斩首赐死一般。何乃莹亦是庇拳酿祸者之一，他们在闯下大祸之后居然还以王允自比，实在可说是至死不悟。倒是赵舒翘的遭遇，说来颇为可怜。《梵天庐丛录·庚辛纪事》云：

前尚书赵舒翘之赐令自尽也，据十二月二十五日上谕，本欲定为斩监候罪名，已由臬司看管，家属均往臬署侍候。先一日，太后谓军机曰："其实赵舒翘并未附和拳匪。但不应以'拳民不要紧'五字覆我。"赵闻，私幸老太后可以贷其一死。二十九日，外面纷传，洋人定要赵"斩立决"之罪，于是西安府城内绅民咸为不服，联合三百余人在军机处呈禀，愿以全城之人保其免死，军机处不敢呈递。至辛丑正月初二日，风声愈紧。军机等自晨六时入见太后，至十一时始出，犹不能定赵之罪。而鼓楼地方业已聚集数万人，有声言欲劫法场者，有声言如杀大臣，吾等即请太后回京者。军机处见人情汹汹如此，入奏太后，不如赐令自尽。至初三日，上谕乃下。是日，晨八时降旨，定酉刻复命。于是岑中丞衔命前往，宣读谕旨毕，赵跪谓中丞曰："尚有后旨乎？"岑曰："无。"赵曰："必有后旨也。"其时赵夫人谓赵曰："我夫妇同死可耳，必无后命矣。"遂以金进。赵吞少许，午后一时至三时，毫无动静，精神犹大足，与家人讲身后各事，又痛哭老母九十余岁见此大惨之事。其时赵之寅友亲戚往视者颇多，岑中丞始止之，继亦听之。赵谓戚友曰："这是刚子良害我的！"岑见赵语音洪亮，竟不能死，遂命人以鸦片烟进。五时，犹不死，又以砒霜进。至是始倒卧呻吟，以手捶胸，但说难过而已。其时已半夜十一时，岑急曰："酉刻复命，早逾矣，何为仍不死？"左右曰："大人何不用皮纸蘸烧酒，扪其面及七窍，当气闭也。"而岑如法扪之，共扪五次，久之不闻声息，而胸口始冷。夫人痛哭后，亦遂自尽。赵之体最为强旺，故不易死，又有意候旨，故服鸦片烟不多，以期延捱时刻也。

赵舒翘之延捱时刻，希冀不死，如照吴永《庚子西狩丛谈》所说，当是因为他自知并无纵拳酿祸及欺蒙慈禧之事，不当与载勋、英年等人同科，希望慈禧最后能分辨其中的差别而收回前旨；殊不知道，此时的慈禧已因联军要求惩凶的压力太重而急求自保，无法再为赵舒翘理清冤情。于是，赵舒翘终于不免冤死，而且死得很惨。比起前述诸人，他是最值得同情的。此外，毓贤虽亦未能逃过一死，他的表现却相当不错。李林撰《拳祸记》上编说，毓贤在兰州奉旨处斩时，慷慨就戮，毫无难色。既无载勋之满腹怨恨，亦不像英年之哭泣畏死。临刑之前，毓贤并自撰挽联二副，其一曰：

> 臣罪当诛，臣志无他，念小子生死光明，不似终沉三字狱。
> 君恩我负，君忧谁解？愿诸公斡旋补救，切须早慰二官心。

其二曰：

> 臣死国，妻妾死臣，谁曰不宜？最堪悲老母九旬，娇女七龄，髫稚难全，未免致伤慈孝治。
> 我杀人，朝廷杀我，夫复何憾？所自愧奉君廿载，历官三省，涓埃无补，空嗟有负圣明恩。

字里行间，一心一意认为他所为是为了救国救民与上报圣主之恩，虽志愿未酬而慷慨就义，耿耿愚忠。毓贤在当时社会中是颇著廉声的清官，他之仇教排外，完全出于狭隘的爱国情操，其间并未夹杂有个人的私怨。虽然因他之愚昧行为导致后来的"庚子拳祸"，深为人所痛恨，但是他这种因爱国而仇外的热情总还是值得同情的。比诸慈禧、载漪、刚毅诸人之企图利用民众的爱国情操来达成他们的政治目的之卑劣动机，毓贤的行为要高尚得多。所以，毓贤之慷慨赴死，与徐桐之城破自尽，及崇绮之投水自杀，纵使不能说得上是以一身殉其理想，总还不失为有骨气的负责态度。比较起来，最使人看不惯的，是端王载漪那种临难苟免、全无改过之心的恶劣作风。

李抗《拳祸记》上编《惩治罪魁》中一条说：

> 端王载漪随两宫至西安，继而至宁夏，及奉旨发往极边。谓人曰："这已是皇上的恩典了，咱们尚等什么，快些往新疆走，不要动皇上的怒了。"急问左右曰："咱们大阿哥有罪乎？"曰："不闻旨。"端王曰："却不与他相干，谅无妨也。"嗣以西人念国亲之谊，不愿深求，故端王虽褫爵，而发边之令未行，至今在宁夏。

另据柴萼《梵天庐丛录》所说，端王确曾发往新疆，在新疆居住二十年，至民国十一年，忽私自回京。外交团大哗，北洋政府乃将他押往新疆，永不许回。柴萼之书成于民国十四年，端王此后的生死如何？不详。仅只由上面的事实而言，他似乎颇以幸逃显戮为得计，不但全无悔过之心，并且还因不耐荒凉岑寂而想重新回到北平的繁华故乡来。然则，此人之全无廉耻之心可想而知。比之毓贤之慷慨就戮，与徐桐、崇绮之自办一死，岂不是差得太多？慈禧太后倚仗这样的亲贵人物为心膂，自难怪要为国家民族招来一场滔天大祸了。最后，则要说到慈禧立意要行废立大事的另一个中心人物——大阿哥溥儁的结局。

溥儁于光绪二十六年被立为大阿哥。养于宫中，随即以徐桐、崇绮为师傅，开弘德殿教读，俨然储君。这一年，溥儁十六岁。慈禧以光绪蓄意与之反抗而欲改立溥儁为帝，不明了内情的人一定不知道：这溥儁究竟是怎样一个人物？他是否具备继立为君的条件？这一点就需要看看当时的各种有关记录。

清人叶伯高于溥儁得立为大阿哥之后，曾有诗咏之，郭则沄《十朝诗乘》卷二十三曾加转录，中一首云：

> 北场南馆好驱车，博簺弹棊乐有余。
> 周鼎轻重君莫问，楚弓得失子原虚。
> 龙潜邸宅堪归否？驿角山川竟舍诛。
> 日月光轮谁望气？贺兰山下白云居。

这首诗的前两句明显在讥讽溥儁只是一个性好冶游作乐之人，佻佻不足以当大器。据郭则沄说，这些事情"固都人所共闻见者。盖不待撤号归藩，识者知其不称矣"。费行简撰《慈禧传信录》，说溥儁举止佻佻非大器，而颇有小慧，亦甚能得慈禧之欢心云。其说如下：

> 儁虽慧而佻佻，素涉猎小说家言，风流自喜。出入慈宁，殷勤承顺，趋跄合度，颇得后欢。又时与诸阉戏谑，众乐其不持威仪，争于后前颂其贤。独隆裕知其非令器，尝为桂祥言："此人若真继统践大位，国祚必丧厥手。"世谓儁尝戏后侍女，适为隆裕所见，尝面斥之，说固有因矣。后戒儁勿朝帝，或在慈禧与帝值，请安后亦不交一言。后偶令讲史，德宗适至，闻其舛错，嗤之以鼻。后怒，挥令帝退，然自是不复课儁讲读。高赓恩（儁之师傅）告予，儁慧，好为诗赋，而记忆力弗强，

诵过辄忘。而徐桐则以帝王学不在章句，每为俊讲释《大学衍义》，兼及朱、程语录。俊则不待辞毕，已敧几垂头睡矣。

又记其在西安时之生活行动云：

报章载其出随诸阉滋扰剧团，或宿土娼家，然皆訾说。第尝策马游近郊，而必白后始敢出。平居举止颇佻侻不自重，亦喜戏剧。然工属对，且能为小诗。高赓恩为予言，尝以"朔方十郡耕牧策"命对，即应曰："秦中千古帝王州。"虽声未近调，而字义工整，时方西巡，言尤有当。所作《雁字诗》，有"聊将天作纸，挥洒两三行"，亦工切。其《望终南》诗："入夜宫中烛乍传，檐端山色转苍然。今宵月露添幽冷，欲访楠台第五仙。"则斐然成章矣。宋伯鲁谓此赓恩自作，然予见高诗甚多，颇拙重，无此流利也。

据此云云，则溥儁虽佻侻轻浮，不乐读书，而其人颇有诗才。假使清室不亡，也没有"大阿哥"这一场公案，也许溥儁在当时的皇子中，还是能成为以诗词名世的风雅之士。然而自有"大阿哥"这一场公案之后，皇太子当不成，嗣皇帝更做不成，等到清室灭亡，他以后的命运就艰难了。关于溥儁后来的遭遇，高伯雨所撰《听雨楼杂笔》中曾有记载，民国三十一年他曾看到某报署名瘦记者所写的一篇《大阿哥近状访问记》，对溥儁当时的生活潦倒情形有很详细的记述，抄录一段如下：

大阿哥于回北京时，即住于瀛贝勒府中，尚有仆人六十。二十五岁时，大阿哥告假六月，回安那善旗省亲，亦于是年结亲。民元返京，即住地安门外三座桥夹道之达王府现址矣。

是时生活已渐不裕……固定进项已丝毫皆无，更惨之命运遂迫目前，只有典当度日矣。……大阿哥今年五十八岁，他的夫人小他一岁。膝前一子，任警界，收入颇鲜。儿媳一，孙子一。人口虽然不算繁多，可是说出来也许不会令人相信，他老人家的每日三餐，几乎每日都不能获得一饱了。……在生活高压之下，他日夕都为衣食问题所困，终于在去年四月间左目失明……九月，右眼又失明。……现在，大阿哥已经是一个与世隔阂的人了。坐在那个不知是龙床抑或是凤床之上，大阿哥，以枯槁极端的手臂扶住了床栏，用沉郁的语气，吐出了如下沉痛令人酸鼻的话来："现在我是一个房子、地亩都没有的人了，寄居在亲戚家，可说是分文也没有收入。她（原注：指大阿哥之妻）每月从娘家拿回来的饽饽钱二十几块，也只好充作家用上了。可是，这二十几块怎么能够用呢？……我们现在每日三餐的粗粮都不能够饱了的。唉！一转眼四十余年，宫中生活，俨如昨日事，也许是当年享受太过所致吧！"语声哽涩，令闻之者有一段同情怜悯而且荒凉的感情充塞在意识里。

自民国三十一年瘦记者作此访问，以至 1956 年高伯雨撰《听雨楼杂笔》，时间又隔了十多年。不知道大阿哥溥儁尚健否？不过，仅由瘦记者的那篇访问记，我们也可知道溥儁的晚年生活甚为凄苦。皇子皇孙的末路如此，诚然令人可悲。但假如溥儁在废黜之后能够专心讲求实学，实实在在地做人，而绝不憧憬当年做大阿哥时的黄金生活的话，即使在鼎革之后，他也不致成为末路皇孙而有此可怜遭遇的。所以，这也不能说是慈禧太后害了他，实际上他更应对自己负责。以他当年曾为"庚子拳乱"之"祸根"的事实来说，经此一番剧烈波折之后而竟然仍迷恋旧日的宫中生活，此人实在也太不长进。在这种情形之下，我们实在很难想象，假如大阿哥溥儁当年真的做了皇帝，那后来的情形又会如何呢？

附记

校对既毕，偶得 1981 年"孙仿鲁先生九秩华诞筹备委员会"印行之《孙仿鲁先生述集》，其书后附有孙夫人所撰《我与孙连仲将军》一文，得悉汉名罗毓凤之孙夫人实系端王载漪长子溥儁之长女，满人也。据此文所述，载漪系于民国十四年秋间在宁夏病死。因本书《端王、刚毅与荣禄》一文曾说不知载漪死于何时，谨附述于此，敬告读者。

第四章

袁世凯与庆亲王

袁世凯

庆亲王

清朝的内阁总理大臣，民国的大总统，"中华帝国"的洪宪皇帝。由这些头衔，可以看出袁世凯之反复多变。从前曹操被人称为治世之能臣、乱世之奸雄，袁世凯似之。只因清朝末年人才寥落，所以袁世凯才能以他的奸雄之才玩弄清廷于股掌之上。

贪鄙无能而唯利是图，这当是庆王奕劻的盖棺定论。由于他之贪财，所以袁世凯得以财利玩弄之。由于他之无能，所以袁世凯终于掌握了清朝末年的军政大权。不过，奕劻能被大用，慈禧太后亦不能辞其责。总而言之，都是袁世凯的金钱所发生的作用。

袁世凯与庆亲王

◆

民国初年的历史受北洋军阀的影响太大。自从袁世凯帝制失败以后，北洋军阀各分派系，连年斗争。他们内则遏阻革命运动的发展，外则屈服于帝国主义的侵略，其甚者勾结外国势力镇压革命，终于使孙中山所辛勤领导的国民革命，亘十余年之久陷于军阀势力的阻挠，无法得到真正的成功。北洋军阀的鼻祖是民国的第一任大总统，后来又背叛民国而自做皇帝的袁世凯，所以，民国初年国运之杌陧不安，袁世凯个人所造的罪孽最大。但这毕竟是现代史的范围了，非作者所揭橥的"中国近代史上的关键人物"这个题目所能赅括。为此，笔者此文虽然亦写袁世凯对近代中国的影响，却只能写他在清朝历史上的那一部分。入民国以后的那一部分需要另外放在现代史中去写，以免近代史的范围过度扩充，而《中国近代史上的关键人物》这部书，也将变得非驴非马，贻讥方家。这一点是笔者需要在这里预先声明的地方。

说到袁世凯在清朝时代的事迹，就难免不与李鸿章、荣禄、庆王奕劻与慈禧太后这几个人物相牵涉；李鸿章、荣禄与慈禧太后，都是笔者已经写过的人物，现在只好把袁世凯与庆王奕劻放在一起写，借以觇见他们二人相互影响的实际情形。

清朝是满族人建立的政权。为了维护满人政权的安全，清政府历来的政策是重满而轻汉，非不得已，政权与兵权绝不轻假汉人。贤如胡林翼，若不是他能捧出一个满人官文来做他的傀儡，他在湖北的一切施为就绝不可能如此畅所欲为。曾国藩虽然有办法平定太平天国，也仍然需要朝中的军机大臣肃顺、文祥及恭王奕䜣等人对他能作充分的倚信与支持。而李鸿章之能够兴办各种洋务及建设北洋海军，先则仰赖恭王，继则深倚醇王，亦是极为明显的事实。同治、光绪以来，柄国的重臣习惯上都是与皇室关系极深的亲王，如恭王、醇王以至后来的庆王。荣禄虽非亲王，但他与慈禧太后沾有戚谊，又极得慈禧之宠信，仍不出此一类。所以，袁世凯以他"疏逖远臣"的身份，如果要入参大政，隐握朝权，也非得攀附上一位亲贵重臣不可，而此人即庆王奕劻。奕劻后来被袁世凯的权术与货贿所笼络，几乎变得事事唯袁世凯之言是听，袁世凯方才能够以他的机谋诡诈之心，大施其纵横捭阖之术，由此大力扩展其北洋系的军事势力，并在军政各界广布腹心，终于造成了他潜移清祚的庞大力量。奕劻与袁世凯的关系如何，在此可以见其大概。

前人批评三国时的曹操，曾说他是"治世之能臣，乱世之奸雄"。自三国以后，类似曹操这样的人物还真不少，最显著的例子，就可以举出比较著名的司马懿与刘裕。这些人大都具有卓越的才识与能力，当国家面临危难的时候，凭借他们的才能建立显赫的功业，奠安社稷，功在国家，在当时亦是人所共睹的事。但因他们毕竟具备奸雄的本质，并不能如诸葛亮、郭子仪之谨守臣节，终身不改，所以，不久之后，他们就由旧皇朝的大功臣变成了新皇朝的创业之主，不但忠贞之节一无可称，而且还被后世之人视为得天下于孤儿寡妇之手的奸臣贼子，其声名实在很不光彩。曹操、司马懿、刘裕之后的篡窃之主大都如此，袁世凯殆亦属于此一类型。

我们若从袁世凯入民国以来的种种作为看，诸如暗杀异己、摧残革命、违背约法、背叛民国，以及伪造民意、自为帝制等，皆彰彰在人耳目，无须笔者为之逐一胪列。撇开这些劣迹昭彰的重大事实不说，从很多小事情上着眼，我们也可以很清楚地看出，袁世凯这个人实在是一个惯于诡诈欺骗的不义之人。下文先引述有关他的三段记事，然后再加论列。

第一段记事见于柴萼所撰的《梵天庐丛录》，其中有袁世凯的逸事七则。一则云：

> 袁项城读书甚少，在前清时，虽以治兵见称，然其兵学知识亦非自读书而得。名誉既著，乃居然以兵家自命，孙吴不足当其一盼也。继思古今学者，必有著述以传于后世，兵学何独不然？况中国言新式兵学，尤推己为开山之祖，于是著书之心愈炽。然窘于材料，且苦笔难达意，乃谋诸门客某君。某君，文人也，何知兵事？然剽窃成书，则其所长。闻言即献策于项城：一、搜罗外国兵学书译本，采辑其精华，以供我使用。二、编辑练兵时所有公牍、函件及营规、示谕等类，以充我材料。盖前者为理论，后者为事实，只须略事点窜，便已成书，他人览之，洋洋大文章也，何患不驾孙吴而轶司马乎？项城闻之，心然其说，佯叱之曰："吾所谓著述者，名山千秋之业，岂比生员应试，以抄袭挟带为能事乎？"某君闻言，自愧而退，而项城自此亦不复言及著书事。久之，以他故辞某君去。于是，别召一客，使之代笔著书，且授以方法，一一如某君所言。此客见项城言有条理，知其于著述之事阅历甚深，不敢轻视。未几书成，名之曰《治兵管见》，一时王公大臣阅之，颇加称许。而项城赠代笔者数十金。其人嫌其轻，项城怒曰："此书全系发挥我之意见，间有参考之书，亦我所指点采择，君不过一抄写之吏耳。我赠君数十金，已待君厚矣，何不自量也！"某闻其言，不敢与论而罢。

王伯恭《蜷庐随笔》中有"袁项城"一则，叙述袁世凯在朝鲜时的一段逸事说：

　　程仲清者，名絜，皖南尚斋都转之族，与余固有乡谊。粤东张制军树声函荐小轩军门，到汉城时，小帅已移戍金州，乃寄居慰亭营中。一日清晨，仲清冒雪来访，谓："承慰亭荐往军国衙门做书记，月修三十金。吾意欲得四十金，又住所尚未议定，求君加言培植。"余闻大喜，答以："军国衙门止我一中国人在彼，君来作伴甚妙，增添十金，亦非难事。住所更可勿虑，吾桂山洞赐第八十余间，君来同居，亦自宽绰，饮食所需，吾可供应。"仲清闻吾说，欣喜过望，因留之围炉小饮，向夕始去。吾匆匆忘问其慰翁系向何人推荐，因函问慰亭。乃答书云："敝友程仲清承推毂，感极感极。"余见而大诧，次日亲往问之。慰亭曰："吾恐其不能胜任耳。"余言："初无难事，况吾在彼，讵不关助？"慰亭亦唯唯，留吾深谈竟日。又次日，余问李浣西参判，答言："袁公曾略言之，未深说也。"余告以："程君人甚端正，慰翁再说，可即允许。房屋即住我处，不必另寻。"浣西亦漫应之。越三日无消息，余因函招仲清来，拟令其催问慰亭。去人归，则仲清已于昨日比趁宝清轮船回广东矣，咄咄怪事。踰数日得信，宝清轮沉于海，全船无一生者。又月余，上海报载徽州程君已作波臣，其母夫人闻耗惊痛，自楼上跃下跌死，其妻睹此惨状，自缢而亡。仲清固无子，其家遂绝。慰亭见报，哀而祭之，余亦往会，因叹谓慰亭曰："君若多一进言，何至罹此浩劫？"慰亭慨然曰："此吾之褊心，为彼来求我，何故又复求君？彼既求君，吾即置而不问。"余不觉怃然曰："君若早说不问，我非不可荐者，真乃害人不浅。"慰亭默然无语。他日见茅少笙，偶然道及是事，少笙亦怃然曰："君尚未知耶？慰亭得君函后，往告仲清曰：

'吾已为君荐妥，不意王君媚嫉心重，向其执政诸臣大肆诋毁，事遂不谐。'于是仲清一怒而去。置而不问，犹饰词耳！"余闻是言，无更说，惊骇而已。

按，王伯恭在光绪八年至十年间，曾因合肥相国李鸿章之奏派，与马建常同往朝鲜办理对外交涉，此时袁世凯亦因随吴长庆军定乱而驻扎朝鲜，日夕相见，故彼此相知极深。其后朝鲜政府因接受袁世凯的建议创练新军，上文所说的军国衙门，即主管练兵事务的机关；所谓李浣西参判，即朝鲜的"兵曹参判"李某——朝鲜政府仿照中国制度，中央政府分六部治事，不过其名称不曰"部"而曰"曹"，以避免僭拟上国之意。兵曹即清朝的兵部，其尚书称为"判书"，"参判"则是侍郎。至于茅少笙，则是其时在袁世凯所领庆军副营中担任书记一职的茅延年，字少笙，官候补州判。茅延年居世凯幕中，对于袁世凯的种种行事知之最谂，所以他能够把袁世凯处置此事的真正隐情告诉王伯恭。

某不知名人所辑的《袁世凯逸事》中，有"毒计杀妾与其仆"一条，其时间在袁世凯担任山东巡抚之时，内云：

袁之姬妾，是时共有五，相传五妾名红红，素有声于京、津花丛中，袁居小站练兵时，乃候补同知段芝贵以重金购置赠袁，谋得右翼军提调者。姿首迈众，尤工琵琶，且事事善解人意，袁极爱之，以故宠擅专房。顾杨花逐水，性本轻狂，虽侍袁无虚夕，于心犹以为未足。会袁有甲乙干仆二，美于姿，尝给役于内室，红红一见醉心，两挑之，久之遂入港，虽两足共着一靴，辄无炉意。袁每日起绝早，入办事室，夜深始归寝，以故红红得恣情颠倒焉。讵事机不密，袁微有所闻，伪为不知。一日午后，袁突入，瞥睹红红与甲仆并坐卧榻密语，见袁至，仆惊而逸。袁捕得之，闭诸密室，红红长跪地上，涕泣求恕。袁作和易之语曰："兹事余不汝怪。余行年四十，老且将至，汝正届妙龄，乌有不厌弃侏儒而狎裙屐少年者？揣汝意旨，舍彼殆无当尔顾盼也。果尔，吾必偿汝愿。"红红疑其绐己，誓与甲仆绝。袁遽出利刃，叱曰："若以吾言铦汝，而故作假惺惺状态乎？汝悦彼，实告我，乃公将曲予矜全，否则行饮汝以刀！"红红畏其威，嗫嚅曰："固所愿也。"袁故踌躇曰："吾室中盈尺地，不甘任野鸳鸯双宿双飞，惟有怂彼挟汝潜逃，庶稍全余之颜面。"红红泣曰："妾安忍舍君而去？"袁怒叱曰："弗去余必杀汝。"红红不得已诺之，袁乃去。红红启密室，使甲出，告之故，乃摒挡饰物，与甲作次晨偕行计。袁出，召心腹佣妇说于乙仆曰："红姨憎汝甚，将随甲远匿他方，汝尚不知耶？"乙仆怒，谓待红不薄，欲入而诘之。佣妇急止曰："若为主人知，均不免矣。"乙求计于妇，妇曰："盍要于路而杀之，归报主人，匪惟得厚赏也，且消灭汝与姨私通之痕迹。"乙韪其说，明日，果杀甲及红红于城外，断两首返报袁，谓甲奸姨而拐逃。袁色立变，谓曰："红姨将赴泰山行香，昨请诸吾，吾令甲仆随之往，汝胡事污其名誉，又断送两条生命？然杀人者死，律有明条，余弗汝贷也。"于是不容置辩，叱卫士戮乙于阶下。盖袁久知三人暧昧事，因假手于乙，以杀两人，又杀乙以灭口。对于家人尚用此欺诈之手段，则信乎袁之一生无往不施以诡谲也。

上面三个故事中所反映的袁世凯个性，第一、三是欺诈诡谲，第二个则是度量褊狭而忮刻不能容人。工于欺诈而好以诡谲手法行事的人，也许可以用使贪、使诈的方法得到短暂时间的成功，但如在欺诈诡谲之外再加上忮刻褊狭的度量，则在他得到暂时的成功之后，亦仍然不免会因猜防之心过盛之故，而导致心腹党羽之离贰，终致造成全盘事业之分崩离析。这虽然只是理论性的推测，但若以此后袁世凯的一生事迹看来，他之成功与失败未尝不是由于这些因素的影响。古人曾有所谓"观人于微"的话，在未曾叙述袁的一生事迹之前，先把他这些性格方面的特点提出来一说，对于了解他此后的一切行事施为，必定是有很多帮助的。

袁世凯在清朝末年是举足轻重的显赫人物。入民国以后，先做总统，再做皇帝，其种种作为更是荒诞怪异，骇人听闻。然而，即使是这样一个距今不远的历史人物，对于他的家世与出身也已经有了很多错谬离奇的传说。民国初年，大诗人刘成禺所撰的《洪宪纪事诗本事簿注》一书，引述辰溪萧寿昌所撰的《袁世凯纪略》，说袁世凯之父名袁甲三，由侍郎升云贵总督。母程，知书。又，洪宪人物薛大可所撰的《一代枭雄幻梦中》说袁世凯在弱冠时曾考中秀才，只因八股功夫不深，科举无望，且因急功近名之故，遂按照当时惯例，费银二千数百两，捐得一个候选同知的空衔，准备投军，以为保举得官的地步。又，近人章君谷所撰的《袁世凯传》由中外杂志社出版以来，传诵一时，书中却说他的生母姓刘而嗣母姓朱，其嗣父保庆乃是生父保中的堂兄。又说世凯有三兄，长世敦，次世廉，次世传，云。凡此所述都不曾仔细查考袁世凯的有关史料，难免信口开河，误人太甚。殊不知道，民国《项城县志》与《项城袁氏家集》的有关资料中，在这些方面都有很清楚的记录可查，不应该颠倒黑白，以鹿为马，驯致是非错谬，真伪不辨。为了澄清视听起见，下面应该先将袁世凯的世系及家族提出一说，然后再及他的出身。了解了这些之后，对于他成年以后的事业发展就可以有比较正确的认识了。

袁世凯之曾祖，名耀东。曾祖母郭氏，贤德而知书，教育子孙，极为成功。所以，袁家自耀东以下，代有显宦，俨然成为世族大家。

耀东有四子，长名树三，即袁世凯的祖父。树三只是一名廪生（秀才），以教书为生。树三之弟甲三，进士出身，官至漕运总督、督办皖北军务钦差大臣，在剿捻战争中甚着功绩。甲三之弟凤三、重三，这两支的子孙中没有显赫的人物。若以耀东的孙子一辈而言，比较发达的仍当属袁甲三的一支。甲三的长子保恒，中进士，入翰林，官至刑部左侍郎，若不是因感染时疾而致不幸早死，其此后的仕途远不止此。保恒之弟保龄，举人出身，在李鸿章幕中甚得李之倚信，后以直隶候补道负责旅顺海防，对于袁世凯在朝鲜的事业曾有很大的照顾。树三两子，长名保中，即袁世凯的生父；次名保庆，则是袁世凯的嗣父。袁家自耀东以来，四代同居，保中在孙辈中排行最长，是老大。以下依次为世凯之嗣父保庆，及袁甲三两子保恒、保龄；至于凤三与重三的几个儿子，就排行五六以后了。袁世凯是袁保中的第四个儿子，上面的三个哥哥分别是世昌、世敦与世廉。章君谷撰《袁世凯传》，以为世凯之三兄名世传，其实世传乃是袁保龄之第六子，比袁世凯小得多。这一世系次序在袁克文所撰的《洹上私乘》中亦有记载，可以参看。

袁世凯的生母姓刘，不错，只是袁保庆的妻子姓牛而不姓朱，所以章君谷的《袁世凯传》以世凯之嗣母姓朱，显然是"牛"字多写了两笔的结果。这些事实虽然不很重要，但由此不难知道，文人记事，大抵不甚经心措意，所以不但袁世凯的谱系关系会有错误，有关他的出身亦难免辗转讹误。最显明的事实自然是薛大可所说的袁世凯曾中秀才及捐官同知这两点。

据沈祖宪、吴闿生合撰的《容庵弟子记》卷一所说，光绪五年，"以文诚公捐赈款，移奖公中书科中书"。"文诚"是袁保恒死后的谥名。袁保恒在光绪四年四月得病身死，他生前曾因捐赈而照例可得奖叙，由于袁保恒身死之故而移奖其子侄，因此袁世凯得到了一个中书科中书的职衔，秩从七品。他在光绪七年时投入吴长庆的军中，翌年又随吴军东渡朝鲜定乱有功，由吴长庆列折保叙，因此由中书科中书升为秩居五品的候补同知。由此可知，袁世凯的"同知"并非由捐官而得。

至于秀才部分，则可以参看《凌霄一士随笔》中的有关记述：

袁世凯之知名，起在吴长庆戎幕时。张謇自撰年谱记其初入吴幕事云："项城袁慰廷世凯至登州，吴公命在营读书，属余为是正制艺。公语余曰：'昔赠公以团练克复庐江，为贼所困，命赴袁端敏公（按即袁甲三）军求救。端敏以询子侄。文诚公以地当强敌，兵不能分，主不救；侄笃臣（按即袁世凯嗣父保庆之字）以绅士力薄，孤城垂危，主救。迁延时日，而庐江陷，赠公殉。嗣与文诚绝不通问，而与笃臣订兄弟之好。端敏复命随营读书以示恤，义不应命。今留慰廷读书，所以报笃臣也。'慰廷为笃臣嗣子，先是以事积忤族里，众欲苦之，故挈其家旧部数十人赴吴公，以吴公督办海防，用人必多也。而防务实无可展布，故公有是命。旋予帮办营务处差。"长庆父廷香殉难庐江，长庆以大营不救，不憾于袁甲三及其子保恒，而德其侄保庆之主救，故留保庆嗣子世凯在营读书以报之，时保庆已卒。此为吴、袁两家之关系。长庆初意，实欲世凯从謇治举业以从事科举也。世传世凯尝师事謇，固非无因。又据謇子孝若所撰《先父季直先生传》记云："这时吴公的大本营，已经从浦口移到山东的登州。在光绪七年的四月，有一天，袁忽然来到登州，求见吴公，想谋事。吴公因为他的先人和袁的嗣父笃臣是换帖的兄弟，有这个交情，就答应留他在营中候事，并且招呼我父替他改改文章。袁虽是河南秀才，但是文理不大好。我父替他改文章，总是不很客气，涂改得一塌糊涂。同时周公家禄也替他改文章，就比我父客气点，加些圈儿了。所以，袁很畏惮我父，而喜近周公。"于张、袁之关系，言之尤详。惟谓世凯为秀才，则非；世凯未尝游庠，特曾以监生应乡试耳。长庆与保庆订兄弟之好，张谱文意甚明；

传记乃谓长庆之先人与保庆换帖，亦误。

考之沈祖宪、吴闿生合撰的《容庵弟子记》，并未提到袁世凯曾在哪一年"进学"，可知凌霄一士的辨证很有道理。清代的生员，俗称秀才，因为籍隶各省府、州、县学之故，所以考入各地学校的秀才先生们，照例称为"进学"。又因各地学校照例设在文庙旁，而进学先要叩谒文庙，文庙皆有泮池，所以进学又称"游泮"，或称"入泮"。总而言之，都是中秀才的代名词。《容庵弟子记》不曾说到袁世凯曾经"进学"或"入泮""游泮"，当然意指他未曾中过秀才。后来之所以有此误会，则是由于他曾两赴乡试不第，别人以为他既具备应乡试的资格，当然一定有秀才的身份。殊不知道，清代的科举制度，童生可以援例纳银捐为"监生"，而监生一样也可参加乡试，中了以后，就是举人，不一定要先中秀才。如笔者前此所写的左宗棠，就是以监生应乡试而得中举人的。又如翁心存的孙子、翁同龢的侄儿翁曾源，在翁心存死后，由监生钦赐为举人，恩准与这年的新科进士一同参加殿试，竟然得中状元，更是监生应科举得捷的空前佳话。袁世凯不曾中过秀才，与他的参加乡试并无关系，若因而推定他具备秀才身份，当然错了。这虽然也是小事，但由此不难看出，袁世凯虽然是民国时代的显赫人物，有关他的传记资料却常常发生错误。

科举考试时代以八股文取士，俗称为"制艺"。制艺文字做得好，由秀才而举人，而进士，而成为大魁天下的状元，并不意味此人的学识、才能如何超人一等。如光绪时力主对日作战的翁同龢、张謇、文廷式等人，前两个是状元，后一个是榜眼，他们的主张的结果是造成割地赔款的惨痛失败。袁世凯不是进士、翰林，甚至连科举考试时代最起码的秀才功名也没有弄到一个，也并不意味他的才识不如他人。这其中的问题是，当时的科举考试由于考试方法不适当之故，既不能选拔真正的人才，也无法使具有雄心壮志的人才甘心受其牢笼，苦心孤诣地必欲在此求得出路。如袁世凯，就是这样的一个人物。

从袁世凯的早年事迹看，早期的他乃是一个事业心极重而进取心极为旺盛的功名之士。班超投笔从戎，志在建功绝域，博取封侯之事业。袁世凯因两次参加乡试不利，立志要在其他途径上开拓前途，其志趣不能说不对。只是当时科举考试的思想尚深入人心，在一般人看来，世家子弟不能从科举考试中博取一个"正途出身"的光荣资格，总不免是门第之羞。所以，不但袁世凯的长辈希望袁世凯应科举考试，即他早年所投奔的这位父执吴长庆，也还是要张謇和周家禄督促袁世凯在营中读书用功，好再次参加乡试，以报答世凯生父保庆的交谊。无奈袁世凯实在不是一个能够收束心性、专心从事学问文章之人。吴长庆和张謇对他的管束实在使他太难过。恰好天从人愿，朝鲜发生内乱，朝命吴长庆率同他所指挥的庆军六营三千人东渡朝鲜平乱。袁世凯的治事之才在这一事件中有了良好的表现，使得吴长庆和他的顶头上司李鸿章都对他另眼相看，于是终能使他在科举考试之外，获得了事业发展。

光绪八年壬午的朝鲜内乱，起因于朝鲜国王生父李昰应与王妃闵氏之间的政争。当时的朝鲜国王李熙乃是由旁支入继的，他即位之初，年十二岁，所以由生父李昰应执政，称为大院君。大院君李昰应是一个颇富于才略的守旧派政治家，执政十年，固然使秩序安定而王室的权威提高，但因他极端守旧之故，对于当时甚不合理的社会制度与极为腐败的贪污风气都没有适当的改善，而且对外采取极端排外的闭关政策，招致通商各国的普遍不满。所以，当韩王李熙亲政之后，李昰应的施政措施便成了政敌的攻击目标。此一敌对力量的首脑人物则是韩王李熙的王妃闵氏。

闵氏在韩国是世家巨族，在朝鲜政坛上甚有势力。韩王李熙懦弱无能，亲政之后，政权落入王妃闵氏之手。闵妃联合了她家族的诸闵，对大院君展开多方攻击，终使大院君在交出政权之后退出实际政治，而朝鲜政治上的种种改革亦相继出现。最重要的一点则是新政府中的亲日派势力日见增长，不但政府要员先后前往日本游历，更招聘日人代为训练新军，及派遣士官生徒学习日本传入的各种技艺。日本人以垄断朝鲜贸易的方式，造成朝鲜粮食的缺乏与物价之上涨。亲日派自称为开化党，意思是寻求政治革新的改良派。他们因希望革新而引进日本的成功经验，其用意未可厚非。只是日本人对于朝鲜早就怀有侵略意图，日本势力进入朝鲜，殊非朝鲜之福，这一点却是开化党人物所未曾看到的。

开化党与日本接近而致朝鲜首先蒙受日本垄断贸易之害，这种情形大院君李昰应是看得很清楚的。不久之后，闵氏政权所实行的军事改革又因粮饷不足，无法如期发放士兵粮饷之故，引起军人之不满。到了光绪八年的夏天，积欠兵饷达十三个月之久，临时发放的一个月粮饷亦因仓吏舞弊之故，发出来的竟是陈腐恶劣的坏米。兵士与仓吏发生冲突，当局不知及时疏导，反而强力镇压，于是引起大规模的暴动。息业家居的大院君李昰应眼见制造事变的时机已到，佯为安抚而暗中加以鼓煽，于是事态趋于严重。韩王在知悉事情真相之后，因为李昰应乃是自己生父之故，应付大为困难。马建忠撰《适可斋纪言纪行》论此云：

> 朝鲜素敦礼教，尤重伦理，故自六月初九日之后，昰应入踞宫中，国王至议奔庆尚道以避，而朝臣亦皆引镜顾影，惴惴焉若不终日，卒无一人敢以一旅靖难者。固由势力不足，亦以骨肉之变，非臣子所敢言者。

大院君在暴动发生后乘机嗾使乱兵围攻诸闵宅第，并进犯宫阙，其政敌闵镐谦、金辅铉等多人被杀死，闵妃得洪在羲之掩护，易服逃走，藏匿民间，否则亦必难逃一死。驻在汉城（今首尔）的日本公使馆亦在暴动时被袭击，日本公使花房义质率馆员逃至仁川，于是政权重又落入大院君之手。当此之时，由于日本公使花房义质将汉城暴动、使馆被攻、日人崛本礼造等被杀及公使馆其余人员悉数逃出等情形电告日本政府之故，日本内阁决定派兵至朝鲜问罪。中国驻日公使黎庶昌得知此一消息，急电要求直隶总督兼北洋大臣速派兵船前往备变，以免日本捷足先登，而致中国的宗主权受到损害。其时直督兼北洋大臣李鸿章因母丧丁忧，由两广总督张树声署理。在与总理衙门紧急磋商之后，决定立即派兵前往朝鲜定乱。这定乱的责任就落在当时驻登州的庆军统领吴长庆的头上，负责协助的则是北洋海军水师提督丁汝昌，与北洋幕中的道员马建昌。其中丁汝昌的责任是派遣兵船运送吴长庆的兵员与装备赴韩，马建昌的责任是协助吴长庆办外交。

由于清政府迅速调派吴长庆之军前往朝鲜，先将大院君李昰应诱致来营，随即声明朝廷旨意，将大院君押送上"登瀛洲"兵船送回天津听候朝旨处置，然后出动三营兵力，将盘踞于汉城以东枉寻里、利泰院两地的乱军加以剿平，所以朝鲜乱事迅速平定。日本虽然亦已派遣水陆军到达仁川，准备作兴师问罪之用，但因内乱已靖，无隙可乘之故废然而返。就事论事，清政府能在此一战役中以宗主国之地位代替朝鲜戡靖内乱，不但迅赴事机，立奏凯功，而且消遏此后的乱萌，可说是非常合宜的举措。朝鲜国王李熙及闵妃以下的全国军民，因此衷心感戴清政府的奠安社稷之功，清朝中国在朝鲜的声望因此也一举而提高了许多。论功行赏，张树声之因应得宜与吴长庆之操纵合度，当然应居首功。但吴长庆却非常明了，他这一次之所以能够迅速出兵朝鲜，是因为袁世凯的帮助实在很大。又，吴军久未从事作战，军中暮气颇深，其部队的纪律又颇多不戢，若非袁世凯之大力整顿，他的军誉就会蒙受恶劣的影响。因此，他认为袁世凯虽似纨绔子弟，不肯用功读书，于处事、治军两方面却颇有长才，值得称道。凡此种种，都是袁世凯能从庆军中发迹的重要原因，值得提出一说。由此，不但足以窥见袁世凯的实际才能，对于他此后以练兵起家的事实，亦可以多一些了解。

张謇自撰年谱，光绪八年六、七月记云：

> 吴公奉督师援护朝鲜之命，属余理画前敌军事。时同人率归应乡试散去，余丁内艰独留。而措置前敌事，手书口说，昼作夜继，苦不给，乃请留袁慰廷执行前敌营务处事。七月三日，拔队，闻命至是，七日耳。

又，张謇之子孝若所撰《张季直传记》云：

> 那时吴公幕中人才，却也济济，但是重要机密和笔墨的事，吴公却是信托我父，完全责成他去主持办理。朝命下来，急如星火，差不多立刻就要出发，但是所有的准备都要我父一人担当处理，又一件不能耽误，所以我父计划出发和前敌的军事，写奏折，办公事，实在忙得不可开交。嘴里说，手里写，白天忙不了，夜间接续办，实在是烦苦得很。在这时适当乡试的时候，吴公叫袁世凯去考举人，袁心里实在不情愿，嘴里又不好意思回，我父当时一个人对付内外各事，实在也忙不了，就对吴公说："大帅不要叫慰廷去考好了，就让他帮我办办出发的事吧！"我父这样一说，吴公自然立刻就答应了。于是我父就派袁赶办行军应用的各种物件。哪晓得限他五六天办好的事，他不到三天就办得妥当齐备。我父很称赞他有干才，就接下来派他执行前敌营务处的差使。

由上面的两段引文，可知袁世凯对于处理实际性的事务很有才干，所以才能将限他五六天办好的行军应用之物，在三天内就全数办好。

准备工作既然迅速完成，部队的开拔自然就可迅速，张謇说，吴军之开拔，自闻命至出发只七日，袁世凯功不可没。由于吴军之迅速开拔，使得日军之调动相形落后，于是主动之权方能操之在我，吴长庆对此自然十分明了。至于袁世凯如何参赞吴长庆的任务执行，以及如何协助吴长庆整饬庆军的军纪，这在沈祖宪、吴闿生所撰的《容庵弟子记》一书中，颇有夸张的描写，可以参看。《容庵弟子记》卷一：

> 清军以久无战事，纪律稍弛，分起开行，稽查难周，奸淫掳掠，时有所闻，吴公以为耻，商请公设法整饬。部将多吴公旧侣，素骄纵，复多谗阻。公因曰："禁骚扰不难，得帅信非易耳。"吴公默然。踰日，滋扰愈甚。公入账，请吴公出外，仰观山坡遗物堆集。吴公问："何物？"公曰："兵丁掠民间什物，其粗劣者委弃于道也。"又曰："王师戡乱，纪律若斯，贻笑藩封，玷辱国体，帅其勉旃，我请从此辞矣。"吴公大惊，变色誓曰："请汝放手为我约束，有听谗谤者，非吴氏之子孙。"公乃传令各营，有入民居及离伍者，斩。适有犯令者，立斩数人传示。有韩绅控奸戕其妇者，公徒步往查，亲督搜捕，竟日夜不食，卒获犯手刃之，厚恤韩绅家，滋扰稍敛，然仍未绝。公白吴公曰："徒戮兵丁无益，其约束不严之官弁，须加惩治乃可。"吴公然之，檄公总理前敌营务，许以便宜行事。乃择官弁中约束尤疏者撤办数人，将士慑服，不敢犯秋毫，军声乃振。分统提督黄仕林泣诉于吴公，谓公枉杀。吴公瞋目叱责，遂无敢再进谗者。兵民于是相安，韩人讴思，历久不忘。

又云：

> 清军由南阳水原进发，抵韩京南门外支帐屯扎，道员马

建忠建议以昰应赴华，然后捕其余党。张督树声采其策，密檄施行，议俟昰应来营答拜，即昪之行。吴公令公密为布置。昰应至营，护从甚众。公遣兵阻于外，引昰应入与吴公笔谈。昰应寒暄毕，觉有昪，书曰："将军将作云梦之游耶？"吴公尚支吾不忍发，公握刀在侧，曰："事已露，迟则生变。"即促人扶昰应入肩舆，星夜趋马山浦，登兵轮送天津。

关于后一条记述袁世凯促吴长庆速将李昰应执送中国一事，既是直督张树声檄令执行之政府决策，吴长庆在执行时，应该没有徘徊瞻顾之余地。《容庵弟子记》写吴长庆此时之濡需不忍，其目的正欲借此反衬袁世凯之果断明决，而其实并不正确。只是，袁世凯屡促吴长庆整饬军纪，以致招来吴军部属之普遍反感，则似乎颇能道出袁世凯后来与吴长庆不能水乳相投的原因所在。

袁世凯为何不能与吴长庆水乳相投？可以看王伯恭《蜷庐随笔》中所透露的消息：

光绪壬午之冬，余奉合肥相国奏派，偕马相伯舍人往朝鲜，应其国王之聘。时吴军门长庆率六营驻防汉城，袁慰亭司马权营务处，居三军府。盖与吴帅不甚水乳，借为朝鲜练兵之名，遂别树一帜。

一般的记载都以为袁世凯之所以会在朝鲜替国王李熙训练新军，乃是由于朝鲜国王李熙经此大乱之后，深感朝鲜旧有的军队装备窳劣而完全不合时代的需要，为求革新军政、逐步淘汰无用的大军，因计划另建新军，而商请吴长庆调用袁世凯代为主持练兵事宜。看了王伯恭的记述，则袁之练兵，其原因在于袁世凯自觉与吴长庆有了意见，为了"别树一帜"以求有所建树，乃自请于朝鲜国王的。这一说法不见于其他有关人士的笔记，但在朝鲜方面却有相似的记载，可以证明王说不讹。朝鲜金昌熙所著《东庙迎接录》云：

> 袁云："我前晤云养，劝其急于练兵，以制全局，以慑外侮，而竟归淡漠，如何可也？何不趁我军在此，择选精卒，由我训练几日，再授以自统，原非大难事。何不先试练一营五百人，以观后效。能有劲旅三千人，政可行，侮可捍，然将才不易也。如值中邦一朝有事，或恐不暇顾及，何不图自立，以为长久之计？"我曰："下官短见，惟望天兵长留。"袁曰："我士卒恐不能久留。"……袁曰："贵邦产五金、人参、牛皮、丝、麻、材木，得人以理，指日可富。且地多荒芜，宜急种桑，开辟疆土，使民勤劳，练之一年，不难大理。每年能筹数十万银饷，可养精兵三四千，多不过万，足可使日人永不敢启鲸吞之心。……"

上文所说的"云养"，指朝鲜政府中亲华派的重要人物金允植，时正为国王李熙所信任；"天兵"，则指清朝派在朝鲜的军队。朝鲜不能自强，当时人的想法是希望借重清朝军队的驻防，以便代为捍御疆圉。这当然是很不合情理的事，但因朝鲜君臣除此之外计无所出，所以也只有存此依赖之想。袁世凯知道其中的症结在于朝鲜政府无治兵理财之人，所以通过金允植与金昌熙的关系，说动了国王李熙，使他觉得必须自立自强，方可永绝日本人的觊觎之心。于是朝鲜国王李熙同意采纳袁世凯的建议，挑选各地民兵之精壮者五百人，交付袁世凯代为训练。论其动机，固非国王李熙所自请，而系出于袁世凯之多方劝说。由此看来，王伯恭说袁世凯与吴长庆意见参差，然后希望借为朝鲜练兵之名，以求别树一帜，正是当时的事实。袁世凯随吴军渡海东征，甫经建立大功，为何就与吴长庆有了"不甚水乳"的情形，这倒是很值得注意的问题。

推测其可能的原因，大概还是由于袁世凯在为吴长庆整饬军纪时，因为气盛而致意气飞扬，得罪了吴军的许多高级干部。如果袁世凯在此时更有令人难堪的言论与举动，自更容易引起吴军将领之反感了。这在两年之后，亦有事实可稽。

两年之后，即光绪十年十月，朝鲜政府中亲日派希图引进日本势力，帮助朝鲜争取独立自主，借以摆脱清政府的拘束，于是再度发生中、日两国间的冲突。其时吴长庆军已奉令调回三营戍守金州，吴长庆自己亦已病卒于金州军中，留在朝鲜的三营戍兵，由提督衔的分统吴兆有统率，袁世凯会办营务。当乱事发生时，叛乱的主谋分子金玉均谎称清军作乱，哄骗国王李熙亲书手谕，请日本公使竹添光鸿率军入卫，日军因此得以进占王宫，并设防阻止清军进入。此时韩王已落入日军及乱党之手，内外消息隔绝，清军不能取得韩王的同意，无法入宫定乱，情势甚为急迫。当此之时，幸亏袁世凯当机立断，决定攻入宫中救出被胁持的韩王，于是方能扭转局势，完全打破了亲日派与竹添公使所设计的阴谋。而庆军诸将领在当时，亦很能与袁世凯同心协力，共建大功。但在沈祖宪、吴闿生所著的《容庵弟子记》中，却把吴兆有、张光前等一班庆军将领一个个都描写成了阘茸无能的贪生怕死之人，不但与事实显然不符，当然也更容易激起庆军各将领的愤怒。

《容庵弟子记》的记述如下：

> 十八日，公集吴、张商救护策。二将谓："无北洋令，不敢轻动。"公曰："渡海请命，其何能及？"乃会商致书韩王，请往护。党徒矫覆阻止。遂遣泰安兵船送书北洋，并令先经旅顺，请子久公（按即袁保龄，时驻旅顺）电告。越旬余，始得北洋复电，命监壁自守，以待调停。……十九日，韩举国惶恐，廷臣金允植、南廷哲等泣请救王，市民纠集十数万，

将作乱，韩议政府领议政沈舜泽，备印文求带兵救王。公集吴、张二将议入宫，二将请遣书竹添诘问，不报。适有宫中人来报，党徒谋劫王赴他岛，另立幼君，附日背华。公奋起曰："我辈统兵防韩，若失其君，又失其国，咎将焉归？且韩既附日，韩乱党必断我归路，合兵攻我，何由回国？"吴、张请再告急于北洋，公曰："防韩交涉，系我专责，如因肇衅获咎，我一人当之，绝不累及诸君。"吴、张不得已强诺。乃嘱陈树棠函告各驻使以举兵之故，即议分兵进援。吴、张皆不敢任中坚，愿抄左右。公部有分驻马山浦者，兵只四哨，毅然任中路，由宫之敦化门入。吴抄其左，张抄其右。……既入宫，行数武，内开枪迎击，公令将士猛进还攻，至王居之景佑宫前门，门早闭，排闼入。韩党徒退守楼台，朴泳孝督日人所练之韩军凭墙夹击，弹如雨下，公之左右前后，兵卒伤亡者枕藉。公领亲兵数十人奋进，仰攻失势，顷刻间死伤过半。日兵数十，突由后抄击，后队击走之。乃命分兵绕后院夹攻，党众不支，遂逃避。公麾兵进蹑，遇向所教练之韩兵数百人合力进战，士卒争先，声震屋瓦。至后院山坡下，见两兵掖吴兆有仓皇走避，兆有跌足号哭。公问其故，曰："兵入宫受击逃溃，莫知所之。"公笑曰："故作此态，敌人其免汝耶？勿乱我军心，速归营收集残卒。"公仍麾众前进，闻日兵已归使馆，日暮，遂收队。而公所练之韩军，与日人所练者仍相击，枪声达旦，迄未见张光前一兵。遣人视之，乃在宫西金虎门内高墙下避弹丸，未敢发一枪，进一步。公叹曰："淮军暮气，何至此耶？"

这一段文字充分写出了袁世凯在危机当前、局势瞬息万变之时，不但能毅然担起责任来当机立断做决定，而且往往身先士卒，奋不顾身，所以能以四哨之众，一举击破宫中日军之抵抗，粉碎了亲日叛党负隅顽抗之目的，于大局之终得底定，厥功甚伟。在这一段文字的描写之下，留韩庆军的另二营领兵将官吴兆有和张光前，不但遇事畏葸不前，而且贪生怕死，全无军人气概。互相对照，愈益可见，光绪十年朝鲜叛党作乱，完全倚赖袁世凯一人独撑危局、挽回颓势。实际的情形在王伯恭的《蜷庐随笔》中亦有若干描叙，可以参看，引述如下：

> 甲申（按即光绪十年）九月，余有事返上海。甫登岸，即闻朝鲜大乱，逆臣洪英植与其驸马朴泳孝钩串倭人，瓜分八道，谬告国王云中国兵变，诱王至别宫，招日本兵护之。又矫王令，传见执政大臣之忠鲠者，至即斩之，一时各国使臣皆杜门自卫。中国防营虽知有变，而无人传告，亦不敢轻出兵队，惟擐甲以待。遣人诇察，则宫门紧闭，消息不通，民人之围绕宫外者殆近数万人。忽见赵宁夏之首级出，同声惊号，争以头触宫墙。墙圮，见倭兵百余人，持枪外向，慰亭所练之五百人亦在其中。吴兆有见事已急，率三营驰往救之。洪英植令五百人放枪相拒，此五百人哗曰："吾身着吴老帅所赐之军衣，今反击吴老帅之兵乎？"各以枪仰空发响，于是中国军士始鱼贯而入。顾未知国王所在，遍觅不得。慰亭曰："国不可一日无主，王有侄，年六岁矣，我辈当共立之。"兆有闻而大怒，拟掴其面。遂向军士叩头曰："我等在朝鲜，专为保护国王也；如王无寻处，我即死于此间，不出宫矣，诸子弟宜效力。"军士齐声应命。旋有人报，顷见国王，尚在后苑小屋中。兆有立刻率三营官及茅少笙驰往，国王已改倭装，将逃矣，盖英植绐以中国人造反也。王见兆有等，大骇，欲起避。兆有伏地大哭，且为之叩首。王知无他意，心始安。兆有请王移至慰亭军中避乱，王诺之。英植在侧力阻，兆有乘势扶王出。少笙亦手挽英植同行，拟擒其到军正法。甫及阶，

倏有韩人自阶侧挥利刃砍之，首堕，少笙跳而免。王既至副营，日本公使竹添光鸿闻信，遁还本国。是役也，微兆有在，国即亡；若用慰亭改辅幼主之策，国亦亡。是时，余适还上海，后遇少笙，详为余言。

茅少笙即茅延年，上文已介绍，他当时是袁世凯所统庆军副营的书记。王伯恭的这段话是根据茅延年的口述记录的，其中当然不免错误。但他所说的吴兆有平乱之功一定不错。因为这是此事的关键，即使细节稍有舛误，大前提绝不会差错。看王伯恭所记袁世凯营中书记茅延年关于此事的评述，则袁世凯并不是主要的决策之人，冒险攻入王宫，亦不是袁世凯一人之功。而且袁世凯当时还主张另立幼君，若非吴兆有之反对，更几乎将造成朝鲜之大乱。以此而论，则袁世凯在甲申事变平定以后，或许便以类似《容庵弟子记》中所述的内容到处宣传，抑人扬己，虽言近诬蔑而在所不惜。如其不然，《容庵弟子记》中的夸张内容又是何所据而云然的呢？

甲申事变中，袁世凯诚有定乱之功，但他将同时僚友的功绩一笔抹杀而全归于己，这种作风无疑会使他蒙受极大的不利。由此可知，他在光绪八年因类似之事而招来吴长庆之不满，正是大有可能的。

《项城袁氏家集》有一卷袁保龄的家书，其中有几封袁保龄写给袁世凯的家信，颇曾透露一些袁世凯与吴兆有龃龉的消息。其时袁世凯已因在朝鲜大遭物议之故，借母病请假回至河南项城原籍，闭门思过，韬光养晦。保龄作书诫勉，云：

> 汝举动总不免阔，是一大病。家世清白，实无余资，贫者士之常，原不怕人笑我，况我既不贪得，不妄取，亦复从何阔起？我家先世节俭，朴素起家，端敏公及汝父之俭约，无人不知。汝此次朝鲜之功，众论昭然，而吃吴某如此大亏者，

即受"阔"字之病。行有不得,反求诸己,怨天尤人,有何益耶?

此信中所说的吴某,即吴兆有。其后,李鸿章为了要送大院君李是应回朝鲜,打算利用他的亲华态度牵制朝鲜国内的亲日势力,看中了袁世凯是有用之才,示意袁保龄函嘱袁世凯回津销假,以便护送李是应回国。袁保龄遵照李鸿章的指授写信回家,说:

> 汝既至津,帅必有一番优体,可一吐半年胸中闷气。大丈夫赴汤蹈火,在所不避,况此地尚非汤火乎?但不可无临事而惧之心,经一番挫折,长一番识见,更可增一番身价,甚为汝盼之。——汝在津千万勿谈孝亭一字短处,此事关人福泽度量,非仅防是非也。

吴兆有字孝亭。袁保龄嘱咐袁世凯到天津后千万不可谈论吴兆有的短处,其用意一在避免旁人以为袁、吴互相攻击,二在故示涵宏之量。但由此却可以使我们看出,袁世凯与吴兆有之间的仇隙一定很深,否则袁世凯当不致一跌而告假回籍,而且一住就是半年。仇隙由何而来?除了甲申平乱时的那一番争执,以及袁世凯可能过度标榜自己而致触怒于吴,还有袁世凯借会办防务"营务处"的名义无视吴兆有的分统地位,多方凌轹藐视的原因。

《张季子文录》卷十一载有张謇所撰的《致袁慰亭函》,历数袁世凯在朝鲜建功以来的嚣张跋扈之态,及反颜不顾吴长庆、张謇、朱铭盘等人当年对袁的提拔之恩,其中的指责极为严厉。关于袁世凯与吴兆有的部分,照原函中所说的情形是:

> 司马(按,即指袁世凯,以其官居"同知",俗称司马故)所谓营务处,分统三营之营务处也;会办朝鲜防务,孝亭会

办也，公牍具在，文理昭然。而司马札封称"钦差北洋大臣会办朝鲜防务总理营务处"，将不屑于此耶？则不应受事。将以此愚暬东人耶？则东人不尽无知。将窃借北洋以欺人耶？则人不可欺。言官劾左宝贵者，列其妄称"钦差""钦命"字样，不知司马此举，与左宝贵何异？此其一。

营务处是差使，而官则同知，五品耳。于镇将用札，等而上之，将道员兼营务处者，于实缺提镇，亦当用札耶？事例乖谬，此其一。

既为孝亭会办，同见国王，便当孝亭居左，一应公事，便当孝亭前衔。而事事任性，妄自尊大，威福在我，凌蔑一切，致使将领寒心，士卒怨涕。司马将谓势力可以慑人，权诈可以处世耶？不学无术，此其一。

内地官职，惟实缺出则张盖，若营务处、营官，从未见用之者。乾嘉间册使东临，国王迓以肩舆，曾被诏旨申饬。而司马居然乘舆张盖，制五色马旗，呵殿出入，平时建兵船黄龙大旗。不知自处何地？置孝亭何地？置国家体制于何地？此其一。

此次国王来函，无一不称"袁会办"，而孝亭转似在牵连得书之例，此得谓非司马之心思、力量、手眼之所构耶？

吴长庆于光绪十年三月因中法战机急迫而奉令调防金州，将所部六营一分为二，自带三营，而以其余三营交吴兆有分统，留防朝鲜。吴兆有的官衔是记名提督，秩居武一品。留防朝鲜的三营管带，则分别是张光前、方铭三与袁世凯。张光前是记名总兵，秩武二品，方铭三的官秩不详，至于袁世凯，则不过是文职五品的候选同知而已。吴长庆在朝鲜时，已将军中的副营交袁世凯管带，到他移防金州时，命吴兆有分统留防朝鲜的庆军三营，而以袁世凯为会办防务的"营务处"。

所谓营务处，本是清代特有的军事体系，其性质略如现代部队中专为首长料理有关作战任务的参谋处。袁世凯被任命为留防庆军三营的"营务处"兼司会办防务，顾名思义，当然是为分统三营的副帅吴兆有料理营务及会同办理朝鲜防务；吴兆有既为三营的分统，袁世凯就只能算是他的副手兼参谋主任。然而，若如张謇致袁世凯信中所说的情形，袁世凯虽是吴兆有名义上的副手兼参谋主任，但他在朝鲜的种种作为，自公文具衔及行文体制、出入仪仗等，无一不是俨然防军主帅的模样，根本无视吴兆有的存在。最不堪的，还是他以庆军营务处而自称为"钦差北洋大臣会办朝鲜防务总理营务处"，使得朝鲜君臣弄不清楚他究竟是受北洋大臣所直接派遣，还是应受吴长庆与吴兆有之节制。而他以五品文官的身份，居然以下行文的格式，对官居总兵的营将一律用"札"饬，更不免使人对他的狂妄僭越感到气愤。林明德撰《袁世凯与朝鲜》一书，说袁在甲申事变建立功绩之后，声势、誉望盛极一时，但不久即陷于逆境之中，遭到内外两方面夹攻。"内有前营诸将的嫉妒与倾轧，外有各国的流言毁谤，尤其竹添的嫁祸，日本激烈的反华惩袁论调，使他受到'擅启衅端'的非难。于是有吴大澂、续昌两钦使的前往调查。袁气愤之余，毅然脱离庆军，乞假归省。"就事论事，来自各方面的毁谤与责难也许不免有过甚其词的地方，而袁世凯在朝鲜的目空一切、骄狂跋扈，毋宁是有很多具体事实的。吴兆有、张光前等庆军将领反对他、毁谤他，尽管袁世凯可以反唇相讥或抵赖不认，但有一件事情却是他所抵赖不掉的。在乱事平定之后，袁世凯擅自挪用兵饷以从事抚恤善后一事，显然已超出了军事行动的范围。吴兆有等据此禀讦，袁世凯就无词可辩了。王伯恭的《蜷庐随笔》记此云：

> 朝鲜"甲申之乱"，一时重臣，悉为乱党诛死，慰亭皆优恤其家，仓卒无钱，借军饷为用。事后，禀请合肥作正开销，合肥批斥之，谓"该管带纯以银钱买结韩人之心，实属荒谬，

所请着不准行。且札饬吴兆有，责令该管带借用之饷，照数
赔补。"慰亭之叔子九观察，复寄函痛斥之，令速为赔补。……
于是慰亭交卸营务回籍，所借兵饷，则售产以偿之。

袁世凯在光绪十年时，还只有二十六岁。二十六岁的袁世凯，不
但充分显示了他的勇敢果决，并且还具有不惜以金钱买结人心的器识，
足见袁世凯这个人实在具备做大事、做领袖的条件。《袁世凯逸事》中
有一条说：

袁世凯尝对人言："天下无难事，惟有金钱自能达到目的
耳。"是以袁之一生，处政海潮流中，事事能着先鞭，固由于
手段灵活，其大半亦依赖黄金势力也。

胡思敬撰《大盗窃国记》一书中论袁世凯，亦说：

世凯生平，滥交污取，俯视一切，不问家人生产。自其少时，
即好为游荡。偶得数金，辄呼朋饮酒，顷刻而尽。后既得位，
益顾盼恣睢，有炙手可热之势。每幸一姬，辄有犒赏。宴客
备致珍错，一席之费，不减中人十家之产。内外大臣趋之若鹜。
其横绝古今，为诸奸所不及者，敢于用财，视黄金直如土块；
敢于用人，不念私仇，不限流品，不论资格而已。名利为天
下所争趋，故小人皆乐为效力。

自古以来的成功人物除了"知人善任"的要素以外，亦需要以爵
禄与名位驱策天下的人才。袁世凯敢于用财而并不敛财自肥，即此一点，
已足以使那些志在自肥身家的小人物得到充分的满足而甘为其效命奔
走；更何况他的挥霍豪迈，看起来更像是汉高祖的豁达大度，其不念

私仇，唯才是用，又使人觉得他实在具备一个开国帝王的恢闳度量而为之钦佩颠倒呢！曾居袁世凯幕府，为总统府秘书长的张一麔，也曾说他：

> 其虚怀下士，有不可及者。其精力过人，两目奕奕有神，凡未见者俱以为异。与人言，煦煦和易，人人皆如其意而去，故各方人才奔走于其门者，如过江之鲫。然所用无私人，族戚来求食者，悉以己俸食给月廪，不假事权。属吏苟有赃私，必严劾治罪。总督本兼盐政，时长芦及永平七属盐务余利巨万，又滦州煤矿、启新洋灰公司皆蒸蒸日上，每曰："彼等拉余入股，余拒之。无诸己而后非诸人，吾为一省长官而近利，何以责人？"故袁氏所有股票，皆段芝贵以黑龙江巡抚罢斥后亏帑过多，项城为出资弥补而以股票作抵，非袁氏所固有也。其不用私人，不有私财，非当世贵人所能望其项背。使遇之承平之世，岂非卓卓贤长官哉？

张一麔说这些话的时候，袁世凯已官至北洋大臣兼直隶总督。由他所说的种种情形看来，除了不用私人、不有私财、精力过人，以及人人皆能如其意而去的应付本领，在早年的袁世凯身上已颇能看出端倪之外，此时的袁世凯，其虚怀下士、煦煦和易这两点，似乎便是他一度在朝鲜遭受挫折打击之后，逐渐消磨其骄矜之气的结果。这当然表明他在性格方面的圆融、成熟与含蓄，与他在朝鲜时代的飞扬跋扈已不可同日而语。不过，这毕竟是袁世凯在几经锤炼之后所得到的改进，此时尚不足以语此，所以才会因骄矜狂妄、凌轹同僚而招致庆军将领的普遍不满。不过，袁世凯应付他人的本领，此时大概亦已到了得心应手的地步，不但派来调查的钦差大臣吴大澂与续昌深受其牢笼，在袁世凯回到天津之后，当时的北洋大臣兼直隶总督李鸿章对他也极为赏识。关于吴大澂受袁世凯牢笼之事，胡思敬所撰《大盗窃国记》中曾有记述，云：

> 　　时法事未结，朝旨戒用兵，命吴大澂东渡，主和解。大澂中途与幕客罗丰禄谋，欲诛世凯以谢日人，丰禄力谏。及入王京，居南别院，王不来见，而阴输情于日大使井上馨。大澂恚甚，召询世凯。世凯挟王来谢，复从旁以危词怵之。翌日，又导大澂答拜王，潜贿朝民，植木牌于道旁，上书袁大司马功德。大澂见而疑之。世凯佯怒，令拔去，及反，复植如故。虽鞭之势莫能止。自是大澂以世凯能得民心，倚以为助。既而日使拒大澂，不与议事，往拜亦不见，大澂大窘，恐无以复命。世凯复为画策，由王请大澂出为区处善后。大澂乃劝王勤政恤民、效忠睦邻，不敢及他事。其实王之不来、日使之不会议，皆世凯居中播弄，而大澂不悟也。大澂归，盛称世凯才智。

　　据王伯恭《蜷庐随笔》所说，当吴大澂衔命至韩时，袁世凯为了博取吴大澂之好感，曾执贽称为弟子。及大澂回，则二人已结为姻亲云。由此可见，袁世凯对于以权诈机变之术牢笼他所欲利用之人，总是可以无往而不利。《容庵弟子记》说，吴大澂回到天津时，对李鸿章盛称袁之才能，说是："公向谓张幼樵为天才、奇才，我见天下才非幼樵，乃袁某也。"张幼樵即张佩纶，李鸿章对之极为赏识，而由于吴大澂之极力为袁世凯吹嘘，李鸿章对袁也要另眼相看了。所以，袁世凯在此以前，虽因挪用军饷结好韩人之事遭受李鸿章之训斥，及至回到项城原籍称病不出，李鸿章反倒要写信给袁保龄要他代为敦促袁世凯再度出山。一番挫跌，愈增身价，袁世凯的手段在此亦可见及一斑。

　　李鸿章要袁保龄劝令袁世凯再出，目的是派袁世凯护送大院君李昰应回国，然后命袁世凯代替原来的商务委员陈树棠，作为中国政府派驻朝鲜专司通商及交涉事务的监督。这两项任务都很重要，非普通人所能承担，而李鸿章觉得袁世凯颇合理想，因此一再告知袁保龄代为催促。至于大院君李昰应何以需要送回朝鲜？以及商务委员陈树棠何以必须更迭？这就与当时的朝鲜局势大有关系了。

发生在光绪十年的朝鲜内乱，虽因袁世凯、吴兆有之迅赴事机而得以立刻解决，但其中所包含的意义却很不简单，而且其未来的发展正大有可忧。李鸿章《译署函稿》中载有光绪十年九月二十五日袁世凯自朝鲜寄来之一禀，观其内容，可以约略显示"甲申变乱"之发生原因，抄录一段如下：

> 朝鲜君臣为日人播弄，执迷不悟，每浸润于王，王亦深被其惑，欲离中国更思他图。探其本源，由法人有事，料中国兵力难分，不惟不能加兵朝鲜，更不能启衅俄人。趁此时机，引强邻自卫，即可称雄自主，并驾齐驱，不受制中国，并不俯首他人。此等意见，举国中之有权势者半皆如是。似此情形，窃虑三数年后，形迹必彰。朝鲜屏藩中国，实为门户关键，他族逼处，殊堪隐忧。该国王执拗任性，日事嬉游，见异思迁，朝令夕改，近时受人愚弄，似已深信不疑。如不设法杜其骛外之心，异日之患，实非浅鲜。卑职谬膺重任，日思维系，不避艰险，竭力图维。初犹譬喻可悟，自中法兵端既开，人心渐歧，举止渐异，虽百计诱导，似格格难入，日夕焦灼，寝食俱废。大局所关，不敢壅于宪听。近闻福州、台湾同时告警，东洋讹传最多，韩人不久必有新闻，鬼蜮之谋，益难设想。

按，光绪十年甲申的朝鲜变乱，发生在此年的阴历十月十七日晚间，乱事之平，则在十月二十日。袁世凯此禀写于乱事发生前的二十一天，其中已隐约可以看出当时朝鲜局势的潜在危机。为什么当时的朝鲜会存在这种潜在的危机？其中原因可由三方面来说明：一是日本野心家已存有吞并朝鲜的企图，利用明治维新成功的事实，诱使朝鲜的亲日分子从事日、韩合作，希望借此达到其染指朝鲜之目的。二是朝鲜国内的维新派眼见日本维新成功的实例，希望效法日本的成功经验，致朝鲜于富强，以便进一步摆脱清朝政府的控制，所以日、韩关系渐见融洽。第三种原因，则是因为中国当时正因越南问题与法国作战，不但在越南方面的陆战节节失利，马江挫败更使南洋海军的舰队在极短时间内就被法国舰队所毁，而法军不久更登陆基隆，台湾情势亦岌岌可危。日本及朝鲜的亲日派都认为中国这时绝无余力顾及朝鲜，正可及时谋取独立，于是乃有十月十七日夜间的变乱，打算引进日本势力劫持国王，先造成事实上的独立，然后争取各国的承认，到时清兵既然不能立足，自然非放弃对朝鲜的控制不可。甲申之变中，朝鲜方面的主谋之一金玉均在政变失败后逃往日本，曾将政变经过写成一本极为详细的《甲申日记》，其中透露了不少当时朝鲜维新人士对于臣服中国的不满和争取独立的理想，非常值得注意。

金玉均的《甲申日记》是用阳历为计时标准的；光绪十年的阴历十月十七日，便是阳历的十二月四日。在事变发生前的一个多月，即阳历之十月三十日，日本公使竹添由日本返抵汉城。翌日，金玉均往访竹添，竹添说："若有他国赞助贵国之改革，君等当以为如何？"金玉均答："吾自三年以前，愚见所至，以为独立我国，变革旧习，非借乎日本外无策，终始勤于其间。然因贵政府之变幻无状，因贻吾党之良具（？）无比……"阳历十一月一日，另一个亲日派分子锦陵尉往见竹添，竹添对他说："清国之将亡，贵国有志于改革之士，不可失此机。"云云。二日，朝鲜国王李熙接见竹添公使，密语移时。竹添声明，去年日本政府之所以退还朝鲜赔款四十五万元，"此我皇上特为贵国养兵之费，以为独立之资"。继论当前时局，谓"中法之战清国将亡，朝鲜当从欧美之法改革内政，速图独立，此为日本政府之深切愿望"云。李熙对竹添的进言作何答复，日记中并无记载。但既未加以驳斥，想来亦有愿听之意。所以，到了十一月二十九日李熙召对金玉均之时，彼此就考虑到，假使朝鲜决定依附日本，以致中、日两国因朝鲜问题而发生战争时，日本究竟有没有取胜的把握？这时的双方对话如下：

> 余曰："但日、清两国交战，最后胜败之数，未可预料。今日与佛（指法国）合，则胜算决在日矣。"上曰："然则谋我独立之策，亦不在于是乎？"余对曰："诚如圣教。然如殿下肺腑之臣，无非仰附于清，为狗羊之役。日本虽欲使独立，似不可得。……"

金玉均诋斥朝鲜政府中的亲华派为甘心做中国工具的狗羊，而以日本之诚意帮助朝鲜争取独立为可信，虽然基于爱国立场无可厚非，其政治见解未免太幼稚。试看日本在挑起中日甲午战争后打败中国，置朝鲜于日本的掌握之中，那时为什么不将朝鲜的独立自主权还之朝鲜呢？并且在不久之后，公然宣布合并，以致朝鲜因此而亡国，其昔日之友谊又在何处呢？由此可知，日本人此时结好朝鲜政府中的亲日派，无非希望挑拨中、韩之间的藩属关系，先求脱离中国之羁绊，然后伺机加以并吞。而当时朝鲜政府中的亲日分子与国王李熙，都只是一些识见浅陋的愚妄之人，误以日本之甘言美词为可信，于是在不知不觉之间受其诱惑而不察。甲申之变虽在袁世凯之果敢行事及庆军将士同心效命下迅速敉平，但如朝鲜国内的这种离心趋势继续存在，中国与朝鲜之间的纠纷便无法终止，袁世凯在朝鲜所负担的任务，也就难以完成。我们在了解到朝鲜君臣的观念之后，对这一点是应该有所体会的。

李鸿章派袁世凯护送大院君李昰应回朝鲜，乃是光绪十一年八月间的事。这是他与总理衙门经过再四筹议之后所定的决策，其目的是借送回大院君之事，加强朝鲜国内的亲华势力，以抵销朝鲜国王李熙与闵妃一党日益增加的离心趋向。倘若大院君回国以后能够在政治斗争中争得上风，自必可以确定中国在韩的地位。这一意向在袁保龄写给袁世凯的信中亦曾明白透露。《袁氏家书》卷六《致袁世凯侄》函云：

> 屡得电言，远怀差慰，送大院君一行，虽不带兵去不及有兵护行之稳妥，然细思此事，亦无甚可忧。朝王虽昏，尚不至有卫辄拒父之事，彼都人士，亦尚知震慑国家威灵。但恐他年终有一斗，悬揣仍是李胜闵败。石坡枭雄，王与妃皆非其敌，牝鸡退听，亦李氏宗社之福也。

虽然李鸿章与他的幕僚都存有这种想法，而送回大院君之后，这一着棋并不能够发生预期的作用，原因是大院君业已去国三年，他当年所培植的政治势力，业已在这三年之内被闵妃一派当权人物铲除净尽。大院君回到朝鲜之后，孑然一身，无兵权，无党羽，根本无插足政治之余地。何况他当时业已年届七十，衰老多病，无复当年的雄心壮志，所以终于也无法再重整旗鼓，以与闵妃派人物一较短长。所以，余下来的问题，倒是需要袁世凯运用他的纵横捭阖之才去折冲樽俎了。

经过光绪十年的甲申政变之后，日本政府借口清军防营首开衅端，以致日本使馆被焚，卫兵被杀，在经过谈判缔约之后，规定中、日双方均不得在朝鲜驻兵，以后朝鲜如有内乱，需要出兵戡定之时，无论中、日二国哪一方面首先出兵，均须照会通知对方。由于此一条约，庆军留防朝鲜的三营兵力被撤回了，袁世凯再到朝鲜之后，他的官衔虽被升为"驻扎朝鲜总理交涉通商事宜"的通商委员，但手下并无一兵一将可以指挥调遣。时当"朝王外虽感德，内则趋向不专，阴有择强自庇之意，倭兵甫撤，俄使旋来"（李鸿章致总理衙门函中语），袁世凯要消弭乱萌，以加强中国在朝鲜的宗主权，实在是很艰巨的任务。

袁世凯于光绪十一年八月送回大院君以后，便以驻扎朝鲜总理交涉通商事宜的通商委员名义驻朝鲜汉城，主持中国与朝鲜之间的交涉与通商事务，直至光绪二十年中日甲午之战发生前奉调回国，其第二次留驻朝鲜的时间凡九年，不但远比他的第一次留韩时间为长，其处境也远比第一次留韩时更困难。原因是自从光绪十年的甲申政变以后，朝鲜政府对中国的态度已有很大的转变。他们眼见中国多年以来备受外国列强的侵略，国势陵夷，无力振起，而犹复不肯放弃对属国的钤束，难免不生反感。而自对外通商开放以来，新知识与新观念陆续输入，美国、日本更一再鼓励朝鲜自力更生，于是亟亟寻求独立自主以摆脱中国的羁绊，提高本身的政治地位。前引李鸿章致总署函中所说的"倭兵甫撤，俄使旋来"，即指袁世凯未曾送回大院君之前，俄国驻日公使馆的参赞施贝耶曾由日本前往汉城，向韩王李熙面致俄国可以调停日、韩纠纷，并予保护之意。朝鲜政府鉴于日本的态度凶横，深恐中国或将牺牲朝鲜的利益以迁就日本，自然很希望能得另一强国的保护，因此遣使前往海参崴接洽俄舰保护朝鲜沿海，并派员训练朝鲜军队。此事后经李鸿章得悉，饬令驻韩商务委员陈树棠干涉，而韩王坚不承认，但朝鲜与俄国所议的保护密约，仍在秘密进行之中。为此，李鸿章当时很想利用大院君为推翻朝鲜现政府的手段，来彻底打消朝鲜的联俄企图。袁保龄写给袁世凯的信中，便有关于此一计划的详细指示：

> 凯侄如晤。顷镇海来，鲁轩至，并得汝电，悉一切。目下要义，以撇开俄人一面为主。细询鲁轩，如现所得者文凭之存本，并未向俄人破脸，甚好。朝之君臣既不认账，此时此事即可延宕下去，一字不必提，专心做构乱召变文字，以便韩民有变，石老可借词出头，中国可借题发兵，乃为上下文字。陆军既到，国已易主，俄虽暴，不能向我无端寻衅。

俄虽强，又无如韩人举国上下一心，不服他何也。

上文所说的"石老"，即前一函中所曾说到的"石坡枭雄，王与妃皆非其敌"，俱指大院君李昰应。李鸿章为什么要想利用李昰应来发动另一次新的政变，以图推翻朝鲜的现政府呢？很显然是由于他畏惧俄国势力的侵入。以当时在朝鲜半岛相互角逐的中、日、俄三国而言，俄国最强，而中、日均非其敌。为了排除俄国势力进入朝鲜的可能，李鸿章既然无法压迫韩王与闵妃断绝与俄勾结，亦只有不择手段地来一个釜底抽薪之法，使得俄国无机可乘。然而，李鸿章的这种想法又岂是朝鲜政府所乐闻的呢？他们因维护民族自尊心而寻求独立，因寻求独立而亟望得到外国列强的援手，本是他们既有的权利，中国虽是朝鲜的宗主国，亦一样是外国人身份，如何可以喧宾夺主，完全无视朝鲜本身的权利呢？所以，当李鸿章决定送回大院君之后，朝鲜国内的闵党人物即刻看出他的真正意图而竭力表示反对。由于反对无效，大院君还是被送回朝鲜，闵党人物便以各种手段对大院君施以迫害，如杀戮大院君所带之从人、禁止臣民与大院君往还等，虽经袁世凯运用各种方式竭力调停，仍归无效。结果是袁世凯保护大院君的各种干涉态度愈积极，朝鲜政府内的反华派势力反而愈行活跃。他们深恐袁世凯会利用大院君的声望制造政变，来推翻韩王李熙，乃不顾一切地进一步与俄国联系，以资对抗。于是乃有第二次的"韩俄要结"。

第二次的"韩俄要结"发生于光绪十一年的八月间。其时，俄国已在汉城设立使馆，透过朝鲜政府中亲俄分子的联络，朝鲜国王李熙正式致函俄使韦贝，要求俄国保护。俄使将韩王的来函内容拍发长电回俄，被袁世凯查出其中内情。由于当时朝鲜的电报归中国管理经营，电报局职员亦为中国所派，所以袁世凯立刻命令封锁对外电讯，以阻止俄使发电，同时更将实情报告李鸿章。李鸿章因北洋海军兵力不足，又深恐武力干涉将引起各国之疑忌，不敢照袁世凯的意见调兵前往实行废立。但仍一面照会俄使不可接受朝鲜的请求，一面暗中调兵遣将，做必要时的出兵准备。袁世凯得悉李鸿章已为其实力后盾，即向韩廷展开软说硬逼的干涉。韩王李熙不得已，只好向袁世凯辩称致函俄国请求保护之说并无其事，袁世凯所得密函副本系奸人伪造云云。同时，俄国方面亦声明并无保护之说。一场极端紧张的轩然大波，终因袁世凯之因应得宜而告平息。在李鸿章看来，袁世凯的应变定乱之才确有可称；而就事实来说，则袁世凯所忠实执行的干涉政策，徒然只为中、韩之间业已存在的感情裂痕增加深度与宽度，对于中、韩外交的全盘趋势而言，其影响是很不好的。

《李鸿章全集》的电稿部分记载，光绪十五年二月初八日曾发袁世凯一电，告诫他在执行对外交涉时态度不可恶劣。电文又说：

> 洪使函告，去腊俄外部大臣向洪言："袁某性情急躁，办事过火，殊欠和平，与韩官及各国公使不睦。韩王每作一事，袁即疑他国怂恿。与俄使亦不甚和，似非所宜。……"云云。所言汝毛病甚是，要痛改。

又，张佩纶撰《涧于集·书牍六》中《致李兰荪师相》函中论袁世凯失误朝鲜之罪，云：

> 寓津七年，日虑此作杞忧。合肥托大，酿成此祸，诸将已伏其辜。而祸端萌自袁世凯，炽于盛宣怀，结于李经方。小李卖父误国，天地不容，自已终身废弃。盛亦累经弹劾，虽有大力庇之，终为财色冥殛。独袁以罪魁祸首，而公论以为奇才，直不可解。花房之役，攘吴长庆功，此不足论。虽曰欲尊中朝，而一味铺张苛刻，视朝鲜如奴，并视日本如蚁，

怨毒已深，冥然罔觉。土匪之起，即倭所使，电禀日数十至，请兵往剿，彼岂不知亲家翁（按指光绪十年派往朝鲜之钦差吴大澂，后与袁结为亲家）之约者，无乃太疏。求翼长不遂，与叶（按指叶志超）争分不相见，指牙山使之屯扎，致入绝地。既回津门，所与合肥论者，皆无甚高论嘉谟。而与盛腾书都下，各表意见，均事后诸葛，实则全无影响。……袁乃子久从侄，于簣（按系张佩纶之自称，因张号簣斋）执礼甚恭，且推子久旧交，亦何取雌黄后进？第此公大言不惭，全无实际，而究其所为，骄奢淫逸，阴贼险狠，无一不备。公以通家子弟畜之则可，以天下奇才目之，则万万不可。所以不能已于言者，既已误合肥矣，更恐误国，更恐误公，与之实有恩而无怨也。斯人不用，吾言不效，此信作梦呓观，则大幸耳。

张佩纶在写给李鸿藻的信中如此痛詈袁世凯，虽然看似言辞过分刻毒，但如细按实际，却又不能说是全无影响。张佩纶在光绪初年亦曾被李鸿章目为天下奇才，而袁世凯在当时亦有天下奇才之称。这样一个天下奇才痛骂另一个天下奇才，究竟谁是谁非，研究起来倒也是颇为有趣的事。

前引李鸿章致袁世凯书，已说他在朝鲜办理外交，因性情急躁、办事过火，而致与各国公使不和。若以其他记述相参看，则袁世凯之在朝鲜，因其态度恶劣而致引起朝鲜君臣之极端反感，其情形尚不止此。林明德撰《袁世凯与朝鲜》曾说：

袁世凯在朝鲜的目标，是加强中、韩宗属关系，自易采取积极干涉韩政的态度，因此难免引起朝鲜进步分子的反感，而造成其对中国的离心倾向。汉城政界与外交界，大都认为袁世凯是骄纵专断、盛气凌人，常以"上国"办事大臣自居，一味以权谋术策控制朝鲜，不但蔑视朝鲜的制度和官吏，甚至藐视韩王李熙。韩廷在袁的高压政策下，不得不虚与委蛇，而其嫉视中国的干涉，以及要求朝鲜自主的愿望，与日俱增，甚至无日不在窥伺机会，以摆脱中国的控制。这可说是袁的高压政策所引起的一种反动。

袁世凯藐视朝鲜国王李熙，在李鸿章致总署函中亦有叙述，说袁曾詈骂韩王谓："此等昏庸，断难与之相处。"足见其蔑视韩王之深。此外，则刘成禺在他所撰的《相老人九十八年闻见口授录》中，引述九八老人马相伯的话说：

> 袁世凯在韩京，任意侮辱韩廷君臣。

这些记录加上张佩纶所说的袁世凯"视朝鲜如奴""视日本如蚁"，足以看出袁世凯当年以"总理"身份驻扎朝鲜时的气焰与声势。平心而论，袁世凯第二次驻韩，以强化中国宗主权为目标的各种措施，虽不免有时操之过急，但其建树毕竟不凡。只是，他以高压手段控制朝鲜的结果，并不能促进中、韩关系的改善，反而增加了双方的隔阂，不但他的高压手段值得检讨，他那种盛气凌人的骄妄态度更大可非议。当然，中、韩关系之趋于恶劣，其根本原因亦不仅此。另外一部分原因，还是由于朝鲜人士当时已深受世界潮流的影响，亟谋开拓本身的前途，而袁世凯一味忠于执行清政府的决策，在很多地方都对朝鲜的自主趋向加以不合理的干涉与限制，即使袁世凯的态度如何和悦谦虚，最后仍不免招来韩人的反对。然则，袁世凯的态度不当，固不能说是促成中、韩关系恶劣的主要原因，只是对他亟欲改善中、韩关系的希望，发生相反的效果而已。

张佩纶说，袁世凯在朝鲜的措施"一味铺张苛刻"，又因蔑视日本之故而结怨极深，驯致日人唆使韩国乱民起事，而世凯犹复"冥然不觉"，凡此指责，在其他文献记录中亦颇有相关的资料可寻。例如民国初年曾旅行韩国的姜馥森，在他所撰的旅行记中便说：

> 汉城总领事馆占地三四十亩，有亭台楼阁之胜，在海外的所有使领馆中，要推朝鲜的为第一。因为昔年袁世凯为驻韩大臣时，就住在这里。他要随便圈购多少地，就是多少地，可见当时势力之膨胀了。（《逸经》第三十一期载）

这可说是张佩纶批评袁世凯"铺张"二字的小注。至于日本人与袁世凯结怨极深的情形，则可以由光绪二十年甲午战争发生以前，日本人密谋杀袁一事看出具体的事实。叶恭绰撰《太平洋会议前后中国外交内幕及其与梁士诒之关系》一书中说：

> 先是，袁世凯于十九世纪末，以道员为中国驻韩商务总办，在东学党起事前后，日本正横行无忌，密谋杀袁，事为唐绍仪所知。唐时在中国驻韩海关任职，遂与税务司穆伦德告知英国领事朱尔典请求援助。复得朱同意后，唐即于夜半手持两枪两刀，乘着双马，护送袁世凯到江边，登上朱尔典所准备的英国兵舰，随后把袁氏送回天津。计袁到江边时，距日人密谋动手的时间，才差十几分钟。

据叶恭绰说，这是唐绍仪后来亲口告诉他的，想必确有其事。证以《李鸿章全集·译署电稿》中此时所得的袁世凯来电说："凯等在汉，日围月余，视华仇甚。赖有二三员勉可办公，今均逃。凯病如此，惟有死。然死何益于国事？痛绝！能否邀恩拯救，或准赴义平待轮，乞速示。"云云，则日本人之真欲以围困或暗杀的手段致袁于死地，确实是不错的了。然则，唐绍仪所说袁世凯于夜半逃出汉城，以及其他记载传说袁世凯易服逃走等话，应该都是指的同一件事。当时袁世凯并未生病，他之向北洋称病求退，其实只是情势急迫的饰词。由此可见，袁世凯在朝鲜横行霸道地作威作福多年，其最后的下场是很难堪的。袁世凯未离汉城以前，中、日两国间的战机已如箭在弦，他一离开朝鲜，战事随即爆发。其结果则是北洋海陆军俱败，日军于席卷朝鲜之余，更进兵辽东半岛与山东半岛，两路深入内地，最后以丧权辱国的《马关条约》议和了事。

张佩纶指责袁世凯是酿成中日甲午之战的罪魁祸首，后人每以为此即当时的公论，其实不然。袁世凯之引起日人仇恨，一是由于他在光绪八、十两年的朝鲜内乱中两次粉碎了日本势力进入朝鲜的企图，二是他后来出任驻朝商务委员以后对日本利益多方阻挠，所以日本人必欲杀之而后快。至于日本之吞朝企图，乃是"明治维新"成功以来一直奉行不懈的基本国策，即便没有袁世凯之干涉破坏，中、日朝鲜之战亦必迟早发生，只是首当其冲之人不是袁世凯而已。袁世凯在朝鲜一事中所应负的责任有二：第一，是他不应该以骄矜凌蔑的态度对待朝鲜，以致加速了朝鲜人士对中国的离心趋势，予日本以可乘之隙。第二，是他不应该在东学党乱事发生以后，日本已有乘机出兵干涉之可能时，误信日人之甘言哄诱，以为日本不致对朝鲜生心，并一再敦促中国出兵代朝鲜平乱。李鸿章误信袁世凯之言，以为中国出兵不致引起日本的干涉，殊不知此正是日本的诱敌之计，等到他们发觉错误之后，局势已经无可挽回了。袁世凯失误朝鲜的真正责任如此，除此之外，所加给他的任何罪名都不免是过甚其词。这一层只要看李鸿章在和约签订以后的态度，便可明了。王伯恭《蜷庐随笔》说：

中日和约既定，恭亲王一日问合肥云："吾闻此次兵衅，悉由袁世凯鼓荡而成，此言信否？"合肥对曰："事已过去，请王爷不必追究，横竖皆鸿章之过耳。"恭亲王遂默然而罢。

李鸿章在当时之所以要这么说，当然因为他本身乃是主持对日交涉的决策之人，而袁世凯不过执行他的政策指示，即使其中或有错误，亦当由他自己担负最大部分的责任，不可因有人指责袁世凯之鲁莽肇祸，便即诿过于袁。这虽是李鸿章的负责态度，亦可知袁世凯在这一事件中应负的责任，确实只能到此为止，无法再予苛求。但话虽如此说，当时的朝中显要并不都像李鸿章那样地大度能容，何况袁世凯在此一事件上也确实有他应负的责任，如何能因李鸿章之一言而洗刷干净呢？于是，袁世凯多年以来的红运，到此又逢到另一顿挫，以后的发展如何，就需要另外的机缘了。

袁世凯是十分热衷于功名利禄的事业中人，他很富于机变，当然懂得如何制造机会、把握机会。由于甲午之败，李鸿章变成众矢之的，他自己的政治前途都已经一蹶不振，当然不可能对袁世凯大力支持。何况李鸿章之倒霉，袁世凯确实有他该负的责任，李鸿章对他宽容，已经十分难得，事实上也不可能对他再有什么提拔帮忙了。处在这种情形之下，袁世凯必须辨别政治气候，另外找一株可以荫庇的大树，以谋东山再起。吴永《庚子西狩丛谈》中记述袁世凯为翁同龢做说客，意欲李鸿章告老乞休，以便腾出一个内阁大学士的缺额，好让翁同龢顶升协办，就是袁世凯巴结翁同龢的事实表现。翁同龢虽然贵为帝师，但真正有权势的实在另有其人，此即在慈禧太后跟前极为得宠，而说话又最有力量的荣禄是也。王伯恭《蜷庐随笔》记述袁世凯如何结交荣禄，其事甚为曲折而有趣，抄一段原文如下：

是时，项城在京，虽有温处道之实缺，万无赴任之理。设从此星误，心知不甘。忆昔在吴武壮朝鲜军中，以帅意不合，借题为朝鲜练兵，因祸为福，此次师故智，正合时机。乃招致幕友，僦居嵩云草堂，日夕译撰兵书十二卷，以效法西洋为主。书成，无术进献。念当时朝贵中，惟相国荣禄深结主知，言听计从，顾素昧平生，无梯为接。侦知八旗老辈有豫师者，最为荣所信仰；又侦知豫公独与阎相国敬铭相得，阎为路闰生入室弟子，又申以婚姻，非路氏之言不足以动之。因念路氏子弟有在淮安服官者，家于淮安，而项城之妹夫张香谷，系汉仙中丞之子，亦家淮安，必与路氏相稔。遂托香谷以卑词厚币请路辛甫北来，居其幕中为上客，由辛甫以见阎文介，由文介以见豫师，由豫师以见荣文忠，层缔纳交，果为荣文忠所赏。项城遂执赞为荣相之门生，而新建陆军以成，驻于小站周刚敏盛波之旧垒。但项城初不知兵，一旦居督练之名，虽广用教习，终虑军心不服。于是，访求赋闲之老将，聘为全军翼长，庶可以震慑军队。适淮军旧部姜桂题以失守旅顺革职、永不叙用者，正无处投效，闻小站新军成立，径谒军门。项城见而大喜，遽以翼长畀之。桂题亦不知兵，惟资格尚深耳。项城更说荣相，以五大军合编为武卫全军，以宋庆为武卫左军，袁世凯为武卫右军，聂士成为武卫前军，董福祥为武卫后军，其中军则荣相自领之，兼总统武卫全军。荣相乐其推戴，且可弋取统属文武之名也，德项城甚，有相见恨晚之感。复用项城之策，令诸军各选四将送总统差遣。比至，令此十六人者各用一二品冠服乘马在舆前引导，荣相顾盼自喜，以为人生之荣，无过于此。

袁世凯想尽各种方法以达到结交荣禄之目的，及至荣禄采纳他的练兵意见，他后半生的功名事业就奠基于此了。不过，王伯恭的叙述虽然曲尽其详，事实方面难免仍有错误。因为袁世凯自朝鲜铩羽而归，已是光绪二十年的事，建议练兵又在中日和约签订之后，而阎敬铭于光绪十四年罢相，十八年病卒，岂能在此时为袁世凯利用作结纳荣禄之用？《凌霄一士随笔》对于此事的说法则是：

> 中国自甲午之后，以为非改革军制不足以图强，其得风气之先者，袁世凯也。时世凯已简浙江温处道，由督办军务处奏留差委，因游说当局，以新法练兵，且条陈一切办法，并拜西后唯一宠臣荣禄之门。于是，光绪二十一年冬恭王奕䜣、庆王奕劻会同军机大臣奏请变通军制，在天津新建陆军，而荐袁世凯"朴实勇敢，晓畅军机"，堪充督练，并请假以事权，俾专责任，先就胡燏棻所练定武军十营为根本，再加募马、步兵各队，足七千人之数，奉旨允行。定武军本驻距津七十里之新农镇，今称小站，为旧日淮军统将周盛波驻兵之地。世凯既受事，修缮废垒，扩充营基，以德员司教练，步伐整齐，军容日盛，有壁垒一新之概焉。

所谓督办军务处，乃是清廷在甲午战争爆发后所特别组织，以恭王、庆王、李鸿藻、翁同龢、荣禄等人主持，专门负责为皇帝献替谋议的部门。其后战事虽已结束，而督办军务处仍留存，隐然成为较军机大臣更高一层的中枢。由《中日战争文献汇编》所收的袁世凯致李鸿藻禀牍看来，光绪二十一年四月和局甫定，袁世凯在天津上书李鸿藻大谈旧军失败之因，及西法练兵之钥，其中就曾说道：

> 至此次军务，非患兵少，而患在不精，非患兵穷，而患在无术。其尤足患者，在于军制冗杂，事权分歧，纪律废弛，无论如何激励，不能当人节制之师。为今之计，宜急惩前非，汰冗兵，节靡费，退庸将，以肃军政。亟检名将帅数人，优以事权，厚以饷糈，予以专责，各裁汰归并为数大枝，扼要

屯扎，认真整饬，并延募西人，分配各营，按中西营制律令参酌改革，着为成宪。必须使统将以下均习解器械之用法、战阵之指挥、敌人之伎俩，冀渐能自保。仍一面广设学堂，精选生徒，延西人著名习武备者为师，严加督课，明定升阶，数年成业，即检派夙将中年力尚富者，分带出洋，游历学习，归来分殿畀予以兵柄，庶将弁得力，而军政可望起色。

我们现在看起来，这一番话实在太肤浅，无甚高调，可是在当时，也许还真是当国者所未曾听闻的高见呢！李鸿藻是袁父保庆的老师，所以李鸿藻可算是袁世凯的"太老师"，而袁则对之自称"小门生"。由前引张佩纶致李鸿藻信中对袁世凯痛加贬斥的情形看来，如果李鸿藻相信张佩纶的话，就应该对这位小门生挥而去之。可是，李鸿藻似乎并未十分信任张佩纶对袁世凯的贬斥，他将袁的信与翁同龢、荣禄等人共同传观，一致认为其说法与见解甚有道理，于是，在袁世凯回到北京以后不久，便有旨召见，交予督办军务各王大臣差委。这年七月，他在写给其弟世彤的信中说：

> 抵京来忙甚，日在车马泥途奔走。诸大老均甚优待，圣恩极厚。惟内事甚迟缓，办事甚不易，只随班奔走而已，似未能久居于此，暂留以备顾问，而赴任直无可望。

由此可知，袁世凯的练兵建议在此时已受到重视，因他在光绪八年曾为朝鲜练兵著效，此番再提西法练兵之说，自然容易使人相信他是有经验而有见识之人。他此时所下榻的住处，就是王伯恭所说的嵩云草堂，而赴任无望，亦如王之所说，然则，他之想到以练兵之策干谒荣禄，以为晋身之阶者，亦应即在此时了。他如何会想到交攀荣禄？大概也还是他知悉荣禄对他所提的练兵意见颇有好感，因此方才想到进一步纂辑兵书，并多方寻求可资利用的关系攀附荣门，执贽称为弟子，以谋进一步的拉拢趋奉了。影响清末民初历史至巨的北洋军阀，想不到便在这种情形之中奠其始基，实在出人意料。至于他当时所纂辑的兵书，是否便是在柴萼《梵天庐丛录》所说的情形之下产生的？这倒是颇难悬揣的问题。

据说，袁世凯所著"兵书"颇多。但现在所能见到的，却只剩下两种了：一是光绪二十四年新建陆军所印的《新建陆军兵略录存》，一是光绪二十五年新建陆军所印的《训练操法详析图说》。由于此二书都是迟至光绪二十四年以后方才成书的，不合于光绪二十一年袁世凯借此以为干谒荣禄之用的条件，所以，被传说为袁世凯利用欺诈之术攘夺他人构想以为自己著作的那部"兵书"，恐怕已经因为未曾刻印流传之故而无法见到了。若以现尚传世的那两部《新建陆军兵略录存》《训练操法详析图说》而言，不过是略似步兵操典而增加一些制度法令方面的成案凑集成书，殊无足观。很可能，当袁世凯借翻译外国操典及编辑规章成案以纂成这些"兵书"时，在清朝中国还是创始之作，人皆诧为未见，视为奇书，所以荣禄才以袁世凯为练兵专家，而乐于加以援手汲引的。何况袁世凯深通揣摩逢迎之术，凡可以结欢固宠者，无所不用其极，自更容易使荣禄引为知己，甚恨相见之晚了。袁世凯之发迹北洋，至此乃确定了他的基础。

王伯恭《蜷庐随笔》记述袁世凯当年在朝鲜练兵的情形说：

> 于是，以五百人属其督练，慰亭欣然受命，延一王姓新自德国归者为之教习，终日在大院中排班进退，慰亭凭几观之，余亦时得目寓焉。朝鲜民气谨懦，视上国如帝天，虽见中国商人亦无不懔懔。慰亭使译者传谕五百人云："中国练兵非汝国儿戏比，苟不听约束者，立刻军法从事。"五百人咸股栗听命。每日操演时，王教习持鞭睨其旁，呼曰："左足起！"五百人

悉举左足，高下如一，有参差者即挥鞭痛挟。步伐进退前后左右如之，放枪举响亦如之。教练甫半月，慰亭请国王及吴帅阅操，居然可观。国王大悦，吴帅赏战衣人各一袭。于是，慰亭有能军名，国王且咨合肥，谓其才可独当一面云。

看到了上面的这段记述，袁世凯当年在朝鲜练兵，大概亦如战国时孙子之练妇人为兵，不过以严刑峻法怵人心目，使之不敢不听从约束，所以即使是齐王宫中的宫女，亦一样可以金鼓号令使之整齐划一。如果在严刑峻法之外，更结之以恩德利禄，必更可收得心应手之效。袁世凯平生挥金似土，惯以利禄要结人心，对于此道自然更是出色当行。所以，小站练兵不过只有数月之久，袁世凯的成绩已斐然可观。陈夔龙《梦蕉亭杂记》记此云：

甲午中日之役失败后，军务处王大臣鉴淮军不足恃，改练新军。项城袁君世凯以温处道充新建陆军督办。该军屯兵天津小站，于乙未冬成立。当奏派时，常熟不甚谓然，高阳主之。讵成立甫数月，津门官绅啧有烦言，谓袁君办事操切，嗜杀擅权，不受北洋大臣节制。高阳虽不护前，因系原保，不能自歧其说，乃讽同乡胡侍御景桂，摭拾多款参奏，奉旨命交荣文忠公禄驰往查办。文忠时官兵尚，约余同行。甫抵天津，直督王文勤公文诏传令淮练各军排队远迎，旌旗一色鲜明，颇有马鸣风萧气象。在津查办机器局某道参案毕，文忠驰往小站。该军仅七千人，勇丁身量一律四尺以上，整肃精壮，专练德国操。马队五营，各按方辨色，较之淮练各营，壁垒一新。文忠默识之，谓余曰："君观新军，与旧军比较如何？"余谓："素不知兵，何能妄参末议？但观表面，旧军诚不免暮气，新军参用西法，生面独开。"文忠曰："君言是也，此人必须保全，以策后效。"迨参款查竣，即以擅杀营门外卖菜佣一条，已干严谴，其余各条，亦有轻重出入。余拟覆奏稿，请下部议。文忠谓一经部议，至轻亦应撤差，此军甫经成立，难易新手，不如乞恩姑从宽议，仍严饬认真练操，以励将来。覆奏上，奉旨俞允。时高阳已病，仍力疾入直，阅文忠折怫然不悦，退直后病剧增，嗣后遂不常入直，旋即告终，足见其恶之深矣。袁逾年升直桌，仍治军事。

按，上文所说的"高阳"，即李鸿藻；"常熟"，即翁同龢。李鸿藻曾支持袁世凯的练兵建议，笔者在上文曾做此推测，由陈夔龙的记述，可知此说不虚。而翁同龢则是李鸿章的对头，李鸿章卵翼袁世凯，翁同龢因此亦对袁不满，虽然袁世凯亦曾努力结交攀附，并无结果，其情形亦可由上引《梦蕉亭杂记》中见之。只是，李鸿藻本为支持袁世凯练兵之人，何以在几个月之后就必欲去之而后快呢？是不是张佩纶对袁的批评在这时已经发生效力，致使李鸿藻觉得袁世凯实在是一个狂妄自大而跋扈骄恣之人，不可赋予大任，故而要借此将他逐去，以免将来为患国家呢？这个问题现在已无从答复。不错，袁世凯之得以在这一参案中保全，显然是出于荣禄的大力荫庇。荣禄颇善相法，在《梦蕉亭杂记》中屡有记述。看袁世凯的相貌，肥硕重厚而富有威仪，自然是富贵功名之人。荣禄以他的相法推测，袁世凯的未来前途必然十分发达，何况他在小站练兵的成绩卓然可观，再加上执贽拜门的情谊，自然应该保全。殊不知自此以后，袁世凯的功名事业果然直上青云，然而所以致此之因，则并非完全由于袁世凯的学识、才能与品德。于是，袁世凯脱颖而出，对于国家民族的命运就不是好兆头，而荣禄对袁的保全所产生的结果自然也就不能说有利于国家。

小站练兵奠定了袁世凯以北洋势力控制中国的始基。他此时所训练的新兵虽然为数不过七千人，而自清末以至民初，所有关系中国命运的北洋人物此时几已全在他的麾下。如清末曾任三省总督，民国时出任袁政府的国务卿，后继黎元洪为总统的徐世昌，此时乃在袁世凯的"营务处"。民国以后著名的北洋军阀段祺瑞、冯国璋、陈光远、王占元、张怀芝、雷震春、田中玉、陆建章、曹锟、段芝贵等人，此时都在他所练新军中担任弁兵或中下级军官。这些人经由袁世凯的提拔，在清光绪、宣统之时，已经历升至中上级军官，段祺瑞、冯国璋且官至镇统（师长），掌握了清末所练各镇新军的大部分军权。他们效忠于袁，如之何不使袁世凯隐然成为全国军界的领袖人物呢？这当然都是后话，在这里可以不须多赘。在此需要一提的，是当时一位外国观察家对袁世凯练兵成绩的批评。

光绪三十四年九月，英国海军司令贝思福受英国联合商会主席之委托，前来中国考察政治、军事。他曾于此年九月十三日到小站参观袁世凯所练新军，在《保华全书》卷三《论中国水陆兵备》一章中，他叙述所见的新军情形说：

> 当各队操演之时，各兵类皆年力精壮，身材适中，操法灵熟，步式整齐。先在本营操场操练阵式，后至旷野操演两军攻击之阵式，各将弁与兵丁等皆娴习口号，熟谙行阵，可想见该军纪律之严明矣。惟炮队则尚待整顿。若照现在情形，只能于操演之时聊备一格，未足以为临阵之用也。

又说：

> 中国兵力之弱，其源由于发饷之多克扣，此弊几于通国皆然。但我观袁公发饷之情形，而叹袁公之清廉为人所不能及矣。袁公于发饷之日，亲自督率委员，按名给发，无丝毫克扣之弊。假使中国统兵大臣皆能效法袁公之发饷，则兵无

缺额、饷不虚靡，华人何尝不可成劲旅耶？

贝思福不但对袁世凯颇多赞扬，后一段话更极为钦佩他的清廉。袁世凯在小站练兵的实际情形如何，在此不难见其一斑。大致而言，小站新军的训练虽有可观，究因未曾用于实际战争之故，对于他们的作战能力难有正确的评估。但因他们的操法新颖、阵容整齐，在当时究属一时之选。所以，袁世凯的声誉不久便因荣禄之赏识与贝思福之推赞而驰名中外。而袁世凯重视兵饷，每月务必躬亲给发，以杜绝克扣中饱之弊，这一点对于他的练兵成败，关系也是很大的。

按照袁世凯所奏定的练兵章程，小站新军的军饷颇为优厚。营长称为统带，月支薪白银一百两，外加公费银三百两。班长称头目，月支薪白银五两五钱。兵士称正兵，月支薪白银四两五钱。光绪中叶，白米的价格是每石银一两五钱左右，所以每个士兵的月薪可买白米三石，合现的币值四千余元。四千余元的月薪，现在只能抵到一个普通工人，但在当时，因就业机会不多，而待遇普遍低微的缘故，这个数目看起来就很优厚。民国初年以贿选总统驰名一时的北洋军阀曹锟，据说其早年曾经做过贩布及教书的工作，都因为收入太少，无法糊口，所以才投入军中去当一名"正兵"。由此可知，袁世凯练兵时所定的兵饷可说是很优厚的。兵饷厚而长官全无克扣，每经若干时日，就可因为训练或考试而得晋升，前途有望，当然更能鼓励士兵之上进心，操习自必更为努力。当时袁世凯的军中设有各种"行营兵官学堂"，计有德文学堂、炮兵学堂、步兵学堂、骑兵学堂等名目，所招学生皆由兵弁中考试而来。兵弁能入行营兵官学堂接受教育训练，就具备了士官或军官的任用条件，一旦低级军官中有缺额，就可由毕业学生中拔补。清代末年，因袁世凯小站练兵发轫于先，北洋新军陆续建立，不久即由一镇扩充为四镇。这些出身小站新军行营兵官学堂的兵弁，因此不乏升迁的机会，北洋势力亦因此而逐渐扩充至于各地。《凌霄一士随笔》

记此云：

> 世凯以练军著效，历直隶按察使而擢侍郎。迨由山东巡
> 抚迁直隶总督，屡请练兵以事国防，并进筹饷之策，西后以
> 为然，遂设练兵处，以奕劻领其事，世凯会办。奕劻奉世凯
> 为导师，以刘永庆为军政司正使，段祺瑞为军令司正使，王
> 士珍为军学司正使，王英楷、冯国璋等咸任要职，皆取之北洋：
> 练兵大臣如徐世昌、铁良，又世凯所推荐也。练兵计划，定
> 全国练新军三十六镇，先由北洋入手。袁世凯锐意经营，不
> 久，北洋四镇相继告成（第四镇即由武卫右军改编），兵力之
> 厚，甲于各省。其粮饷处设于津，以张镇芳董其事。诸镇之
> 兵权悉在世凯掌握，遇事毫无掣肘，北洋声势益炙手可热。

袁世凯借建立新军以扩张他的政治权力，这虽是后来的事，但其
趋势却自此逐渐明晰。不过，从他以浙江温处道督练小站新军发迹开
始，以至成为北洋系军阀的开山祖师为止，这中间还有两桩极重要的事，
直接关系到袁世凯的鸿猷大展，不可不在此先加叙述。

前引《凌霄一士随笔》曾说到，袁世凯因小站练兵著效，而由浙
江温处道升为直隶按察使，那是光绪二十三年六月的事。到了光绪
二十四年的八月，袁世凯再由直隶按察使开去本缺，以侍郎候补，专
责办理练兵事宜。按察使系文官正三品，侍郎则正二品，看起来虽然
不像是异常的超迁，其实不然。因为，清代的官制有京官与外官之别，
京官望重而外官望轻，虽然是同样的品秩，在迁转时却大有差别。例
如各省的布政使秩从二品，内调时多半是正三品的太仆寺卿，或从三
品的光禄寺卿。各省的按察使秩正三品，与京官中的大理寺正卿同秩；
但内调时往往只能得正四品的鸿胪寺卿或大理寺少卿。其中原因，便
是京官的品级一般要看得比外官稍高。袁世凯原官直隶按察使，如循

序升迁，最多只能得同品的三品京堂，骤升二品的侍郎，显然是恩命异常的峻擢。他之所以能在此时得此异常的恩命，实在是由于牵涉到一场极大的政治活动之故。

光绪二十四年八月，就是康有为、梁启超所主持的维新运动因慈禧太后的干涉而告失败，光绪帝被幽瀛台，慈禧太后再出垂帘的历史性重要时刻，史称戊戌政变。政变的发生，据说由于新党人物眼见旧派的反对力量太大，新政无法推行，而慈禧太后乃旧派人物奉为反对新政的主要力量，非除去慈禧及其重要党羽荣禄，则皇帝的地位不保，新政实施无望，所以，经由康有为、谭嗣同等人的献议，将袁世凯超擢侍郎，命之来京陛见，并由谭嗣同将皇帝的密诏一道交付予袁，命他在回天津后宣读诏旨，将荣禄处死，然后由袁世凯接统荣禄所辖各军，即率兵进京，围颐和园除去慈禧，庶几旧派人物无法再拥慈禧以阻挠新政，而光绪的地位亦可确保。然而，因为袁世凯的反复多诈之故，光绪的密诏被他当作出首告密以进一步取得慈禧和荣禄倚信的机会，于是政变迅即发作，光绪被幽，康、梁逃亡，六君子被杀，戊戌维新运动也因之而夭折，但袁世凯的官运却自此日见亨通，不久即外放山东巡抚，腾踔日起，浸浸大用了。关于这一段往事，陈夔龙《梦蕉亭杂记》中曾有扼要的叙述，说：

> 戊戌四月，文勤（王文韶）内召，文忠（荣禄）出领北洋。袁君夙蒙恩遇，尚能恪守节制。维时新政流行，党人用事，朝廷破格用人，一经廷臣保荐，即邀特简。袁热中赋性，岂能郁郁久居？倩其至友某太史入京，转托某学士密保，冀可升一阶。不意竟超擢以侍郎候补，举朝惊骇。某学士以承筐菲薄，至索巨款补酬，辇毂之下传为笑话。袁君遵旨来京，预备召见。入见后传闻有旨，以文忠大逆不道，令赴津传旨，即行正法，所有直督一缺，即以袁某补授，并带兵入京围颐

和园。……八月初三，袁探知朝局将变，惘惘回津。文忠佯作不知，迫其来谒，但言他事，绝不询及朝政。袁请屏退左右，跪而言曰："世凯奉命而来，有一事万不敢办，亦不忍办，惟有自请死。"文忠笑谓："究系何事，何忽遽之甚？"袁袖出一纸呈阅，并观文忠气色行事。文忠阅竣，正式告曰："大臣事君，雨露雷霆，无非恩泽。但承旨责在枢臣，行刑亦有菜市，我若有罪，甚愿自首入京，束身司败，岂能凭尔袖中片纸，便可钦此钦遵？"袁知事不谐，乃大哭失声，长跪不起。文忠曰："君休矣，明日再谈。"因冒夜乘火车入京晤庆邸，请见慈圣，均各愕然。越日，奉朱谕以："朕躬多病，恭请太后训政。"时局为之一变。首诏文忠入辅。慈圣以袁君存心叵测，欲置之重典，文忠仍以才可用，凡作乱犯上之事，委之党人，并以身家保之，袁得安其位。慈圣意不能释，姑令来京召见。袁最机警，诒事东朝，前事不惮委之主坐，而宫闱之地、母子之间，从此多事矣。

据此云云，则戊戌政变时袁世凯虽奉密旨诛荣禄，他却心怀叵测，以面递密旨的手法试探荣禄的反应，如荣禄见旨而自裁，则他的任务即顺利完成，如荣禄置之不理，则以苦肉计之法哀祈荣禄相救，进可有功，退亦不致有害。荣禄将袁世凯所告之事连夜进京面禀慈禧，于是朝局霎时而翻，可知袁之告密一事关系之大。关于这一段往事，袁世凯后来曾自传《戊戌日记》一文，由其家属刊载于民国十五年的《申报》，极言他当时并无告密之事。《戊戌日记》原文甚长，这里不能赘引。欲知袁世凯当时是否确有告密之事，可以用比对史料之法研究其中有无漏洞，借以推定袁世凯所说政变前的情形是否可靠。

抄录《戊戌日记》中最重要的一段如下：

初五日请训……请安退下，即赴车站，候达佑文观察同行。抵津，日已落，即诣院谒荣相，略述内情，并称："皇上圣孝，实无他意，但有群小结党煽惑，谋危宗室，罪实在下。必须保全皇上，以安天下。"语未竟，叶祖珪入座，未几，佑文亦来。久候至将二鼓，不得间，只好先退晚餐，约以明早再造详谈。次早，荣相枉顾，以详细情形备述，荣相失色大呼冤曰："荣某若有丝毫犯上心，天必诛我。近来屡有人来津通告内情，但不及今谈之详。"予谓："此事与皇上毫无干涉，如累及上位，我惟有仰药而死。"筹商良久，无善策，荣相回署，复约佑文熟商。是晚，荣相折简来招，杨莘伯在座，出示训政之电，业已自内先发矣。

这段话所竭力注重的地方有二：第一是说袁世凯在回到天津后所透露给荣禄的，只是光绪有旨命他杀荣之事，而不曾告荣以密旨的内容，所以两天所商量的，只是如何应付诏旨而不致使荣禄为难之事。结论尚未商决，而杨崇伊（莘伯）已将慈禧再出训政的消息带至天津，始知朝局已变。由于这天早上荣禄尚在天津访袁密商，可证荣禄未曾入京告密。荣禄既未告密，自然更没有袁世凯向荣告密之事。第二则是说明袁世凯在八月初五日回至天津时，业已天黑，是晚与荣禄所谈无结论。以上所述，如以其他史料所记互相考订，便可知其并不实在。

刘凤翰撰《袁世凯〈戊戌日记〉考订》，引光绪二十四年八月天津《国闻报》所载："练兵大臣袁慰亭侍郎于初五日早赴宫门请训，即于是日出京，乘坐十一点四十分钟火车，至下午三时到津。……同城文武各官咸往迎迓，一时颇为热闹。"云云。既然袁世凯在八月初五日的下午三时就已回到天津，为何他在《戊戌日记》中要把这天回到天津的时间改说成为"日已落"的傍晚时分？夏秋日长，日落后已将七时，由三时至七时，中间相差约四小时。以实际情形而论，袁世凯于此日下午三时回到天津，他尽有时间可以将密诏情形禀告荣禄，而不必等到第二天；荣禄也尽有时间可以夤夜进京，来得及策动慈禧实行政变，不至于在第二天早上还到袁的住处来"枉顾"详谈。所以，袁之所以要把到津时间由下午三时说成七时，目的显然是在掩饰此一事实，使人误信荣禄在八月五日晚间尚未与袁商定办法，自更不致夤夜进京策动政变。其更进一步之目的，则更在借变造史实之法洗刷自己的告变恶名。却不料我们现在还能看到天津《国闻报》的当日记载，可以看出袁世凯《戊戌日记》中伪造史实的证据。然则，袁世凯企图消灭告变恶名的努力，显然也就是白费心机了。

清人苏继祖所撰的《戊戌朝变记》对于此事更有十分明白的记载，说：

> 八月十三日，复有人问荣相曰："袁世凯曾奉密诏乎？"曰："然。""诏中曾有杀公言乎？"曰："然。"曰："然则，袁世凯先一同谋者也。既同谋而又出首，首鼠两端，此人亦不足取也。"荣相曰："袁乃我的人，无所谓首鼠两端。"

这段记述距戊戌政变发生时间只有七天，而荣禄的谈话明白如此，更可知袁世凯确有告变之事。所以，纵使袁世凯喙长三尺，亦无法卸脱此一卖主求荣之恶名。陈夔龙《梦蕉亭杂记》所说，袁世凯向新党中人活动保举以求升官，曾派某太史入京转托某学士具疏荐举，根据近人的考证，此"某学士"即徐致靖，"某太史"即徐世昌。袁世凯志求升官而谋之新党中人，新党人物恰因须有兵权之人以便除去荣禄，于是看中袁世凯而超擢之为侍郎。却不料袁世凯虽热衷升官，却无意为皇帝卖命，终于使新政失败而袁世凯个人却得到荣禄和慈禧的倚信。光绪二十五年五月，袁世凯补为工部右侍郎。同年十一月，署理山东巡抚，翌年二月真除。凡此迁擢，俱由戊戌政变中的告密之功而来，可知袁世凯之善于投机取巧，以及他在此一告变事件所得到的实际利益为如何。

光绪二十三年德占胶州。自此以后，山东省就增加了很多对德交涉事件。更因德国人之恃势欺压山东当地人民，老百姓在气愤之余，起而武装抗暴。这种武装抗暴运动被义和拳势力所渗透利用，终于逐渐酿成"拳匪"的仇洋排外运动。光绪二十五年三月，德国兵在山东沂州、日照、兰山一带滋事，清政府为防范起见，命袁世凯率领小站新军，以操演行军阵法为名，开往山东德州等地，采取监视戒备措施。此时义和团的仇洋排外运动已在各地日见蔓延，巡抚毓贤且为之庇护倡导，因之乱事日见扩大。德国公使向清政府提出严重抗议，毓贤因此被调回京中，山东巡抚一职，即命在山东领兵的袁世凯署理，三个月以后正式补授。袁世凯任山东巡抚后，一反前任巡抚之所为，对义和团痛加剿戮，因此建立能名，对于他以后的加官晋爵帮助甚大。《容庵弟子记》卷二叙此云：

> 二十六年春二月，补授山东巡抚。公来东省，携带所练军队同行。时东省济南、泰安、曹州各府属拳会猖獗，公遴派道府，督同牧令绅耆分投解散，转饬庄团严密查拿，复派营队屯扎梭巡，其著名凶悍迭滋事端者，购缉侦办，一面剀切出示严禁。拳匪见公设施一反毓贤之所为，谣言四起。又见公队伍精整，知反抗亦无幸，于是党魁皆赴津、保，"乾"字拳蔓延于深、冀。由涞水、定兴以入京，"坎"字拳蔓延于沧州、静海，党魁张德成、曹海田皆为裕禄所崇奉。时亲贵已迷信妖妄，公知力争无益，乃我行我法，阳言劝诫而阴饬部吏严捕，故山东秩序安宁，得为东南之保障。

袁世凯在山东痛剿义和团，使山东省在"庚子拳乱"发生时得以保境安民，全省宁谧，这件事对于袁以后的宦途发展关系甚大。因为自"庚子拳乱"发生以后，直隶及山西二省迅即陷于极度混乱之中，"拳匪"借寻杀洋人及"汉奸二毛子"为由，到处焚烧杀戮，无论城市、乡间，都被害甚惨。为供电报通信用的电杆、电线，亦都被"拳匪"指为妖物，任意砍毁，以致京、津各地的对外电讯亦告中断。各省发往京、津的电报既然不通，最迅捷的办法就是将电报发往山东济南，请山东巡抚袁世凯改用奏折由驿差递送。如此一来，山东抚署无形中成了各省与京师之间的联络中枢，地位极为重要。加上袁世凯更能善用他的这一枢纽地位随时与两江总督刘坤一、两广总督李鸿章、湖广总督张之洞等有地位的重要疆吏联名发表一些关于国事方面的意见，例如保护外使、查办纵拳酿衅的首祸之人，以及声明东南互保等，顿时就使袁世凯声名日起，与刘坤一、李鸿章、张之洞一样成为全国观瞻所系的中流砥柱人物了。但袁世凯之所以在此一时期内能有如此果敢明决的作为，其实应拜山东藩司张人骏之赐。《凌霄一士随笔》有关于此事的记述，说：

> 袁世凯以戊戌告变受知西后，任山东巡抚，缉逐义和团，保护外侨，使山东超然于庚子祸乱之漩涡，勋业烂然，遂至大用。然当时定议，时决于藩司张人骏之言，袁独擅其名耳。盖袁氏惧忤西后之指，始犹有用拳众意，迟回审顾，未能即决。张人骏动以利害，曰："公试揣此类妖妄之徒，古来能有成大事者乎？如料其能成，自宜善遇之；若策其必败，则亟须早决大计，毋为所牵率而获重咎也。"袁大悟，称善者再，遂一意以拒拳保侨为事矣。鲁人恨教民欺凌，多同情拳众之排外思想，见袁氏竭力压迫之，皆大愤，而以汉奸二毛子诟袁氏，委巷间亦时有大书署袁文句者，俨若今之贴标语、呼口号也。迨京、津祸变既成，众始一变其论调，而歌颂袁抚

台不置，京津官绅避难者麕集济南。咸有适彼乐土之感。济南市面繁荣气象，倍于平日。言及袁抚台，莫不曰山东福星、中国伟人也。然非张人骏之片言定计，鲁亦危矣。张氏不自表襮，故知其事者不多。厥后张氏历官督抚，安静而知大体，亦清末疆吏之贤者。

《凌霄一士随笔》的执笔人徐一士作此说法，想必有其事实根据。果如所云，则袁世凯虽然是因人成事，而当初的舆论反应既然对他极为不利，他能持之以恒、坚定不移，其决心之坚毅亦殊有可称者。而据《义和团文献汇编》所载有关义和团上谕所录内容，当时朝臣中反对袁世凯在山东痛剿"拳匪"的人甚多，以致弹劾之奏迭上，袁世凯能够不为所动，更不容易。《凌霄一士随笔》论此云：

> 袁少年读书从叔保恒京寓时，保恒尝戒之曰："汝思虑太多，防患太深，遇大事恐难立断。"可谓知侄莫如叔矣。袁氏为人，有术而无学，重利害而轻是非，张氏以利害之说动之，宜其折服。至谋定以后，行以坚毅，故袁氏之所长耳。

据此云云，则袁世凯在义和团之乱时能有如此卓荦不凡的表现，亦可说是机缘巧合，适逢其会，与他的学问及才识无关。而他既是一个重利害轻是非的人，如果利害关系足以影响到他对于是非的抉择时，那就不免会因过分重视利害得失，而致不惜背信负义了。试看他在当选为民国大总统之后，居然会因想做皇帝之故而不惜食言背信，自毁誓言，就可知道《凌霄一士随笔》的说法不无道理。不过，"谋定以后，行以坚毅"，实在也是袁世凯赖以成功的本钱，值得加以重视。

庚子拳乱之后，接着而来的是《辛丑条约》。李鸿章以老病之身，奉命以直隶总督兼北洋大臣的身份充任全权大臣，负责与八国联军谈和。其后和议虽成，李鸿章却因俄人占我东北不肯交还之故，忧急痛心，竟至病卒于北京贤良祠行馆。直隶总督为全国疆臣之领袖，究竟应由何人继任，也是很为人所注目的问题。令人意想不到的，此一疆臣领袖的重要职位居然会被袁世凯得到。因此，后来很多人传说，袁之所以能由山东巡抚升授直隶总督，乃是出于李鸿章遗疏中的力保，慈禧太后为了眷念老臣尽瘁国事，才勉强同意。对于此一说法，徐一士在他所撰的《荣禄与袁世凯》一文中曾予辩驳。他举出李鸿章的遗折原文为证，证明李鸿章当时并未保荐任何人继任直隶总督，袁世凯之所以能得直督，仍是得力于戊戌告变及荣禄为其奥援之功。徐一士说：

> 遗折内容若是，并无保荐何人继任等语，外传种种，实不足信。世凯虽资格尚浅，而以戊戌告变，帘眷已隆，拳乱保障地方，声誉亦著，兼有荣禄为奥援，其擢督畿辅，固不必有鸿章遗折之保荐也。

慈禧对袁世凯深为倚信，除得力于荣禄之荫庇外，袁世凯在很多地方也确实曾有突出的表现。最突出的一点就是他接收外人交还天津的管理权后，在天津所推行的治安措施。根据《辛丑条约》的规定，八国联军交还天津以后，中国政府不得在距离天津租界二十里之内驻扎军队。这一条款无异剥夺了中国政府在本国领土内的驻兵权，虽所限只天津一隅，而天津租界的二十里范围已将整个天津市区包括在内，中国军队如果不能在天津驻扎，则市区内的治安势必无法维持，政府机关又如何能行使其统治权力呢？所以，《辛丑条约》中的这一条款，无异对天津方面的中国政府机关加上了一道束缚。究应如何解决，处理起来十分棘手。但因袁世凯之善于机变，这个棘手的问题终于也还是得到了妥善的解决。

所谓巧妙解决的办法是，袁世凯在定期接收联军交还天津之前，先从他的武卫右军内选拔行将退伍的年老兵士三千人，略施短期的警察训练，使之熟谙警察服务的规定，然后改换警察制服，称之为警察。在接收期届之时，由地方官率领进入天津，以一千五百名驻扎天津市区，一千五百名分布西沽、塘沽、山海关、秦皇岛等地负责治安及警备事宜。由于这些"巡警"本来就是曾受新式训练的军队，对于行军作战、警备地方等事均十分熟练，担任治安维持及军事戒备，自然十分顺利；更因为这些人已由军队改称警察，与租界二十里不准驻兵的条件亦不冲突，所以外国领事对此也无法提出反对。当《辛丑条约》签订，联军交还天津之时，河北省境内的"拳匪余孽"潜伏尚多，随时都有聚众起事的可能。若无军队弹压缉捕，地方治安大有可虑。倘若真因"拳匪"滋扰而致引起联军的干涉，中国的主权势必又要因此而遭受侵害了。所以，袁世凯的机变终于使此一困扰的问题有了解决的办法。张一麐《古红梅阁笔记》论此云：

> 自庚子乱后，拳匪余孽伏处天津，苟有举发，俱付营务处审决，大都处死。幕府娄椒生先生谓项城，按法律宜从宽典。项城答之曰："此辈如臭虫，孳生不绝，惟有芟夷净尽，以遏乱萌。"盖取《周礼》"刑乱用重"之义，所谓水懦火猛也。不二年，津埠治安为各省冠，有六个月不见窃盗者，西人亦为叹服。

清代末年，权势最为显赫的总督有三：湖广总督张之洞、直隶总督袁世凯、两广总督岑春煊。据胡思敬《国闻备乘》的记述，此三人在当时各有为人所称许的特征。张之洞用财如水，称为"屠财"；岑春煊最好劾人，每次参劾属吏，自监司大员至佐贰微员，动辄百余，时称"屠官"；而袁世凯则杀手甚重，自小站练兵以至在山东剿捕"拳匪"，在天津搜杀"拳匪余孽"，杀人不计其数，时称"屠民"。张之洞屠财与岑春煊屠官，不在本文的讨论范围之内。袁世凯好行杀戮，如果配合上他的挥金如土及不惜以名位爵禄羁縻人才的几项特点来说，无疑已使他具备了奸雄行事的条件。因为，爵禄名位与财货都是驱策人的工具，如今更济之以心狠手辣的杀戮，就足以使那些因利禄而甘心为袁世凯奔走效命之人，畏威怀德，共效拥戴之诚，而不敢轻易萌生异志。奸雄行事大都如此，然而这也正是他们所借以发展势力的条件，历观前史，一一不爽。

　　袁世凯做了直隶总督以后的最大便利，便是他可以运用的财利更多了。有了钱，他自然更可以发挥他的银弹攻势来开拓他的政治事业。说到这里，我们需要先看一则掌故，借以了解直隶总督兼北洋大臣名下所管的"羡余"经费究有多少。《三水梁燕孙先生年谱》卷上，记有谱主梁士诒在光绪二十九年时所说的一段话，云：

　　　　予来天津，住于督署，有时亦住于道署。在督署与于晦若（式枚）同居一室，甚相得。每月北洋编书局总办之夫马费，俱由淮军银钱所送来。继思淮军裁撤已久，何尚有银钱所名目？当时只将夫马费照收，不便详问。后于徐颂阁（郙）师席上晤仁和王夔石（文韶），谈及李文忠（鸿章）公忠体国，廉介可风，举其事曰："甲午之后，李文忠赴日议约，离北洋大臣任，由我接替。列册交代，有淮军银钱所存银八百余万两。此系文忠带兵数十年，由截旷、扣建而积存者。如果我王某人带兵，此款是否应该交出，尚费斟酌，然文忠淡然置之。及后继列作公款，我离任后，由荣仲华而至袁慰亭，中经庚子之乱，此款独能保存。今慰亭移作小站练兵之需，气象雄阔，是受李文忠之荫也。"予乃恍然于淮军银钱所送夫马费之故，益以服李文忠之廉洁。当甲午乙未之毁，而文忠不一言，其度量亦逾越寻常矣。

按，梁士诒是光绪二十年甲午科的进士，曾点翰林。由于翰林生活清苦，所以于光绪二十九年应直督袁世凯之聘，到天津来充任北洋编书局的总办。梁士诒在民国政府中曾充任总长、内阁总理，乃是交通系政客的巨头，其发迹则由于袁世凯之提拔。上文所说到的"截旷"与"扣建"，俱是清代军队制度中的专门用语。清代行募兵制，入营当兵，称为"顶名吃粮"。因为兵饷的预算是全年性的，而兵员之出缺与顶补，中间难免日期不相衔接，这不能衔接的兵饷需要按日扣除，谓之"截旷"。又，清代用阴历，月饷以每月三十日额计，如遇小月二十九天，称为"小建"，需要扣除一天，只按二十九天实发，其名谓之"扣建"。李鸿章统率淮军二十余年，此项截旷与扣建银积至八百余万，并不缴之国库，于是使袁世凯有了一项可以自由运用的资财，其动支情形可以不受户部之干涉。而袁世凯在受任直督之后，一再建议训练新军，以至北洋新军由一镇而增至四镇。兵员愈多，不但训练及开办经费极为庞大，其截旷与扣建所存，为数自亦可观。以这些巨额金钱用于政治贿赂，所产生的效果岂不十分惊人吗？胡思敬撰《大盗窃国记》，就有关于这方面的记述，说：

> 是时创办新军，各省增派练兵经费凡千余万，皆汇归北洋，顺直善后捐余存二百余万，又创办永平七属盐捐，又夺盛宣怀京汉铁路交唐绍仪，累岁无报销，天津财币山积，任意开支，司农不敢过问。奕劻初入政府，方窘乏不能自舒，世凯进贿动辄三四十万。又与其子载振结盟为兄弟，倾资以媚宫闱，名曰进奉。阉宦宫妾，靡不各饱所欲，于是，誉言日进。孝钦屡闻左右之言，亦深信不疑。

袁世凯在光绪末年之所以能大事扩张新军，把持北洋军权，是因为用最得力的手段以巨额金钱贿赂奕劻及进献宫廷，以取得慈禧的信任。写到这里，本文中的另一位主角庆亲王奕劻就要上场了。

奕劻是光绪末年最得慈禧倚信的领军机亲王，其受宠信的时间虽晚，但担任政府重要职位的时间则甚早。他之所以迟至光绪末年方能绾领中枢，乃是因为慈禧所最亲信的权臣荣禄死了，领枢无人，所以庆亲王奕劻方能以亲王之尊坐上领军机大臣的宝座。奕劻上台，袁世凯的势力就更加得到迅速发展的机会。若是荣禄尚在，袁世凯就绝不敢如此肆无忌惮。关于这一点，清末以来的很多载籍都有相似的记述。如胡思敬《国闻备乘》卷三，"荣禄权略"一条说：

> 袁世凯统武卫军，归荣禄节制，虽倔强不敢自恣。尝遣人至京师觇荣禄动静，得其一言而以为喜戚，如安禄山防李林甫然。

又，徐一士撰《荣禄与袁世凯》云：

> 荣禄帘眷最隆，而胸无城府，工策划，富权谋，世凯对之犹心存畏惮。迨荣禄卒，庆王奕劻以枢垣领袖当国，贪婪外无所知，世凯遂玩之于股掌之上矣。

又，费行简《近代名人小传·荣禄传》云：

> 其在枢府，权侔人主，务植财纳货，门烦如市，类似奕劻而少明敏。尝告锡良："袁世凯虽告密，其人雄鸷，未可信也。"是非劻所及也。

由此可知，荣禄虽亦如奕劻之贪货贿，袁世凯却不能借赂遗以左右之，其原因便是由于荣禄深知袁世凯具有奸雄之资，需要加以防范，所以袁世凯才不得不对之敬畏有加。郭则沄撰《南屋述闻》，对此更有明白的记述，说：

> 先公在枢直，与瑶圃师同为荣文忠倚重，每有大事，文忠恒就咨焉。一日在军机堂，文忠顾先公曰："慰庭欲以直督兼领山东，君意如何？于昔亦有例乎？"先公悚然曰："往昔鄂文端、年羹尧虽有类似之例，然皆以用兵暂资节制，非今所宜援。"文忠韪其言。既而叹曰："此人有大志，吾在尚可驾驭之，然异日终当出头地。"又尝于直庐中语及变法，文忠曰："是事得失，关系甚巨，行之不善，适足以召乱促亡。上既决行之，吾亦不敢谏阻，异日之变，或病躯不及见耳。"其言皆有前识。

《南屋述闻》是一本专记军机处掌故的书，作者郭则沄的父亲郭曾炘，当时以光禄寺卿的职衔充任军机处的领班章京，与荣禄的关系很深。由荣禄与他的谈话中，可以知道荣禄对袁世凯时多提防裁抑之心。正由于荣禄对袁世凯存有提防裁抑之心，所以袁世凯更需要以小心谨畏的态度掩饰自己的野心，以免招来不测之祸。至于荣禄所说到的变法，就是袁世凯出任北洋大臣兼直隶总督之后，从增练北洋新军开始，所奏请朝廷开办的各项"新政"，如兴学堂、废科举、办实业、改官制等，这些"变法"措施对后来的政治变化都有很大的影响。荣禄以为若"行之不善，适足以召乱促亡"，足证他的思虑甚为周密深远，非奕劻之容易为袁所左右可比。凡此俱是荣禄与奕劻秉政时期的主要差异所在。由于荣死劻继，袁世凯所处的情势大异昔日，于是，袁的势力没有可以遏阻的力量，袁世凯的时代就要到来了。

在没有说到袁世凯如何利用奕劻以发展他的势力之前，应先将奕劻的生平及其性格等提出一说，以便读者对他能有大致的了解。

奕劻的祖父是清高宗的第十七子庆僖亲王永璘。据说当清高宗还没有决定以哪一个皇子继承皇位之前，皇二十五子颙琰，亦即后来的清仁宗嘉庆帝，曾与他这位哥哥闲聊，问他将来有何愿望。永璘说，他并不希望能够继承皇位，只望分府以后能够得到和珅的府第，就很满足了。和珅是清高宗乾隆皇帝的宠臣，当时的权势炙手可热，不但他家中的财宝堆积如山，他的那座住宅更是富丽堂皇，华贵无比。永璘没有与颙琰竞争皇位之心，在颙琰当然大为放心。后来嘉庆即位，清算和珅而抄没其全部家产，和珅的华丽住宅也就真的赐给了永璘。不仅如此，嘉庆为了答谢永璘当年所表示的谦退，还特别降旨，准将永璘儿子所应袭的郡王爵位，恩予再袭一次。所以，永璘死后，其子绵慜承袭郡王，绵慜无子，以仪郡王绵志子奕彩为后，所袭的仍是郡王。道光二十二年，奕彩因服中娶妾得罪，下宗人府议处，永璘的第六子绵性觊觎袭爵，行贿钻营，与奕彩同遭处罚——奕彩革爵，绵性则发往盛京（盛京就是后来的沈阳）安置。奕彩死后，始以绵性子奕劻承嗣，初封辅国将军，继封贝子，咸丰十年加封贝勒。

据文廷式《闻尘偶记》所说，奕劻因为是绵性之子的缘故，本无袭爵之望。所以，他早年时先出继于别房为子，然后再由别房转继为绵志之后，方能继承庆僖亲王的封爵，封为贝子。这里面的关系还真是十分曲折的。

费行简撰《近代名人小传》中说奕劻是"罪宗"之裔，"工书翰，习绘事，而贫甚，几不能自存"。由于他住在方家园，与慈禧太后的母家为邻，常为慈禧之弟照祥代笔写信问候慈禧的起居，所以慈禧也渐渐知道奕劻颇通文墨。他后来之所以能渐见向用，一方面固然是由于这一渊源，另一方面也靠攀附恭王奕䜣，为之汲引，所以逐渐出任要职，接近权力核心。文廷式《闻尘偶记》说：

其初由恭邸援引时，谬为清谨。光绪九年以后事权渐属，遂事贪婪。后又与承恩公桂祥为儿女姻亲，所以固宠者无所不至。召戎致寇，其罪浮于礼亲王世铎云。

桂祥也是慈禧的亲弟。奕劻与桂祥结亲，与慈禧的关系拉得更近了，所以他的爵位与官职也更加显赫了。同治十一年，加郡王衔，授御前大臣。光绪十年，管理总理各国事务衙门，接替甲申朝变后恭王所空出的职位，并封为庆郡王。光绪二十年，晋封亲王。"庚子拳乱"后，奉旨与李鸿章同为全权大臣议和。至《辛丑条约》签订，有旨以亲王世袭罔替，其地位浸浸乎超出近支的一班亲王之上了。费行简说他以"非近支，无军功"，而能循序封至亲王世袭，"清室数人而已"。由于他深知结欢固宠之术，终慈禧之世宠信不衰，所以才能以罪人之子而升至最高的显秩。清代末年，奕劻最以贪庸著称。对其贪鄙之状，费行简《近代名人小传》中曾有十分露骨而不堪的描写，抄一段如下：

> 劻初入枢府，取搢绅，以朱笔识各缺优劣于上，遇外省来谒者必详咨，故所考甚确。尝备酒，对鹿传霖论陕西牧令缺肥瘠，指别确当。传霖两任陕抚，凡几十年，愧弗如也。又其接客，必曰："子姑俟，行得膏腴地矣。"是即索贿隐语也。其所御案上，置筐累累，皆银券、钞票、金条之属，亘十日则计某贿某进、某人已放某缺，然后列簿而移券钞等入内库。

奕劻领枢是光绪二十九年三月荣禄死后的事。在此以前，他虽然也是督办军务大臣，但因权位不尊，所以得贿的机会不多。等到他做了领军机大臣之后，情势顿时就转变了。首先是袁世凯，即刻以当年趋承荣禄的态度来趋承他。刘厚生撰《张謇传记》中曾说到这一点，云：

在光绪二十九年癸卯以前，袁世凯所最注意的，仅仅是一个荣禄。其时庆王为外务部领袖，亦居重要地位，而世凯之所馈赠，并不能满庆王之欲。庆王曾对人发牢骚说："袁慰亭只认得荣仲华，瞧不起咱们的。"但荣禄自辛丑回銮之后，体弱多病，时常请假，照病势推测，恐怕不能久于人世。于是庆王有入军机的消息，为袁世凯所闻，即派杨士琦赍银十万两送给庆王。庆王见了十万两银子一张银号的票子，初犹疑为眼花，仔细一看，可不是十万两吗？就对杨士琦说："慰亭太费事了，我怎能收他的？"杨士琦回答得很妙，他说："袁宫保知道王爷不久必入军机，在军机处办事的人，每天都得进宫伺候老佛爷，而老佛爷左右许多太监们，一定向王爷道喜讨赏，这一笔费用，也就可观。这些微数目，不过作为王爷到任时零用而已，以后还得特别报效。"庆王听了，不再客气。不多几时，荣禄死了，庆王继任。入军机之后，杨士琦的说话，并不含糊，月有月规，节有节规，年有年规，遇有庆王及福晋的生日，唱戏、请客及一切费用，甚至庆王的儿子成婚、格格出嫁、庆王的孙子弥月、周岁，所需开支，都由世凯预先布置，不费王府一钱。那就完全仿照外省的首府、首县伺候督抚的办法，而又过之。

袁世凯仿外省首府、首县伺候督抚而又过之的办法伺候庆王，这在荣禄时代是否如此，不得而知。不过，庆王奕劻对于袁世凯这种态度的反应与荣禄并不一样，则可断言。因为，荣禄并不因袁世凯之利诱而对之恩礼有加，反之，奕劻则因袁世凯的巨额贿赂而完全为袁的金钱所收买，凡百举措无不唯袁世凯之指授是听。于是，奕劻虽居领军机之任，事实上无异是在替袁世凯做傀儡而已。刘厚生说：

弄到后来,庆王奕劻遇有重要事件,及简放外省督抚藩臬,必就商于世凯,表面上说请他保举人材,实际上就是银子在那里说话而已。

刘厚生的这种说法看来颇涉夸张,其实很有根据。《凌霄一士随笔》就曾记述袁世凯任直隶总督时,如何利用奕劻之关系发展北洋势力,其言如下:

西后唯一宠臣荣禄死后,奕劻代为军机领袖,权势日盛。其人贪庸而好货,袁世凯倾心结纳,馈遗甚丰,并与其子载振结兄弟交,奕劻奉为谋主,甘居傀儡。庆、袁之交既固,世凯遂遥制朝政,为有清时代权力最伟之直隶总督焉。东三省实行省制,主之者世凯,意在扩张势力,所谓大北洋主义也。丁未三年,徐世昌简东三省总督,并授为钦差大臣,兼三省将军,地位冠于各督。奉、吉、黑三巡抚则唐绍仪、朱家宝、段芝贵。四人皆出袁荐,东陲天府,悉为北洋附庸,固见世凯后眷之隆,而奕劻之为袁尽力,自亦非鲜。段芝贵以直隶候补道骤加布政使衔署理黑龙江巡抚,其破格擢用,视同治元年李鸿章之抚苏、沈葆桢之抚赣。而李、沈均曾简实缺道员,且值军务正亟之时,情事犹不侔,至勋名物望非其时之李、沈比,更不待论。命下之后,舆论哗然。先是,西后以东三省将行省制,命载振、徐世昌出关视察,盖亦世凯所主张,而世昌之督东,庆、袁似有成议,西后似亦内定矣。过津,晤世凯,小做勾留。世昌居行辕,载振则居督署。段芝贵以父日升与世凯稔交之关系,且事世凯甚谨,世凯甚赏之,屡任要差,称红道,时充北段巡警总办,以亲昵,随时出入督署,为司庶务,于载振供张伺应甚周至。会世凯在督署演戏款钦差,载振睹歌妓杨翠喜，惊为天人，赞叹不绝。芝贵认为一绝好机会，钦差既行，即代购翠喜以待。有财尤有势，事固易办也。比载、徐差竣回津，复过津小驻，芝贵即以翠喜献，载振大喜而纳之。而世凯于此次会晤，即将三省督抚暨其余要职商定，开一名单，交载振转致奕劻，多世凯夹袋中人物。载得翠喜，自深感芝贵。惟谓芝贵以道员超领封疆，悉赖乎是，则尚非事实。盖世凯为芝贵谋黑抚，为就东三省扩张北洋势力大计划中之一着，其政治上之意味，实重于区区载、段私人关系也。至相传芝贵并以巨金赂奕劻，以奕劻本受北洋之奉养而供驱策，事之有无，不足深计矣。

上面这段话把袁世凯如何利用财贿结纳庆王奕劻的情形，说得十分详尽。文中并以"奕劻本受北洋之奉养而供驱策"为言，则奕劻之成为袁世凯的傀儡，事实更十分明显。前面曾说过，李鸿章督直时代，积存于"淮军银钱所"的羡余之银多至八百余万两；其后袁世凯督直，又收铁路余利及赈捐余银并归北洋，以致天津督署中的财货山积。若是换了像奕劻这样志在营私自肥之人做总督，不过是设法侵吞入己而已。但袁世凯是胸怀大志的奸雄人物，他虽有发财机会，却并不以发财为职志，所以他要把这些巨款用来发展他的政治势力，借金钱收买之力来达到其结交权要之目的。其对象一为慈禧，一为奕劻。若奕劻之子载振，则纨绔乳臭之人，更不在袁世凯的眼中了。

继袁世凯之后出任直督的陈夔龙在他所撰的《梦蕉亭杂记》中，也曾说到袁世凯挥霍之巨，云：

> 直隶为各省领袖，屏蔽京师，自五口通商，特设北洋大臣，以直督兼任，形势较他行省为要，体制亦较他行省为肃。李文忠历任二十余年，殁后存款，不下千余万，继任某制军，

借以为练兵之用，不三年支销殆尽。复奏准由各省合筹练
兵经费岁约数百万，竭天下之膏脂，供一己之挥霍，而宝
藏竭矣。

他所说的"继任某制军"，指的就是袁世凯。袁世凯任直隶总督，
自光绪二十七年年底至三十三年六月，前后计五年有半。如照上文所说，
则袁世凯在直督任内所耗费的金钱，何止三四千万？这些钱大部分用
于编练北洋新军，小部分用来灌输权门，结纳朝贵，及豢养幕僚宾客。
所以，北洋的财利确实可以歆动天下，而袁世凯的声名与权势，自亦
蒸蒸日上。说到这里，我们可以谈一则有关奕劻的小故事，以见奕劻
在出任军机领袖之后，如何因袁世凯之贿赂而变得突然富有的事实。

陈恒庆撰《谏书稀庵笔记》中有"姜侍御"一条，说：

姜侍御续娶为王氏，有嫁资巨万，入门以来，用度浩繁，
数年资罄。王氏不能食贫，不免诟谇其夫，反目者日数次。
侍御闻枢廷王爷有百万之款存汇丰银行，洋行司事与侍御相
契，乃密商一计，令侍御奏参王爷贪婪，存储洋行者数百万。
上命大臣率侍御往查，洋司事乃暗改账簿，将款支出，入于
私囊，王爷敢怒而不敢言。迨查无实据，侍御以诬参革职，
洋司事分给侍御二十万。骤得巨资，乃市新房，设庖厨，以
悦妇人。予见《阅微草堂笔记》有"家贫年荒，妇人自鬻其
身以养其夫"，今侍御自鬻以养其妻，正作对此。都人赠一联云：
"辞却柏台，衣无獬豸。安居华屋，家有牝鸡。"夜以洋色写
于砖壁，洗之不能去。

《凌霄一士随笔》谈到上面的这段记事，说：

按此为光绪季年奕劻事，蒋御史，非姜也。陈恒庆曾官台谏，不应误记其姓氏，殆以同官而讳之欤？

其说甚是。此蒋御史是光绪末年的御史蒋式瑆。《慈禧传信录》中亦有关于此事的记述，于其内情较为详尽而得肯綮，引述如下：

奕劻益无忌惮，取贿日富，皆以贮之外国银行。有某银行司事华人某，与载振饮妓寮，为振所辱，衔之，言于御史蒋式瑆："劻某日新贮资六十万，可疏劾之。行察时，劻必托销簿籍，则此款我二人朋分之，君可富；若劻不我托，我必以实告察办者，则劻必罢枢要，君直声且震天下，更必获大用。"式瑆大喜，疏入，令大臣察覆。劻果托是司事注销存据，遂以察无实据入奏。式瑆落职，竟分得三十万。

蒋式瑆劾奕劻贪污而以巨款存于英商汇丰银行，据《光绪东华录》所记，乃是光绪三十年二月间的事，上距奕劻之入军机不过只有十一个月，奕劻由督办政务大臣兼外务部总理大臣入领军机的时间如此之短，能捞钱的机会不多（政务大臣与外务部都不是可以贪污的要职），即使他论职卖官，也不可能在不到一年之内积资百万之多。显而易见，此款中的大部分是出于袁世凯之进奉，而袁则取之于北洋的存积，借公款为纳贿之计而已。举此一事可知袁世凯以巨款收买奕劻，确为当时的事实。而奕劻既贪得袁世凯之巨贿，自然也就乐受推戴，甘心做其傀儡而不疑了。奕劻之甘心供袁驱策，除了前述东三省新设督抚人选悉听袁之安排外，其他内外要职亦唯袁世凯之意向是从。胡思敬《国闻备乘》记此云：

光绪末年，小人阶之以取富贵者，快捷方式有二：一曰商部，载振主之；一曰北洋，袁世凯主之。皆内因奕劻，而借二杨（指杨士琦、杨士骧）为交通枢纽。当袁世凯初莅北洋，梁敦彦方任津海关道，凌福彭任天津府，杨士骧、赵秉钧均以道员在直隶候补。不二三年，敦彦官至尚书，家宝、士骧均跻节镇（朱家宝吉林巡抚、杨士骧山东巡抚），福彭升藩司，秉钧内召为巡警部侍郎。其非北洋官吏而攀附以起者，严修以编修在籍，办天津学堂，遂擢学部侍郎；冯汝骙与世凯联姻，遂擢江西巡抚；吴重熹为世凯府试受知师，遂擢河南巡抚；唐绍仪从世凯驻朝鲜，甲午之变，出死力护之以归，故遇之加厚，既夺盛宣怀路政畀之，邮传部开，又用为侍郎，一手把持部务，案卷、合同，尽为所匿，尚书张百熙虽属世凯姻娅，不能与之抗也。绍仪既得志，复引用其同乡梁如浩、梁士诒、陈昭常等，皆列要位。士骧又引其弟士琦入商部。徐世昌久参世凯戎幕，铁良亦尝从之练兵，既入军机，始稍稍携贰。世凯不由科目出身，遇投帖称门生者，大喜，必力援之。定成晚入其门，遂长大理院。方其盛时，端方、陈夔龙、陈璧、袁树勋无不附之。

由上面这段话可以看出，当奕劻入为军机领袖之后，由于他与袁世凯之互相结纳，凡是袁世凯所意欲汲引之人，都可经由奕劻的荐举而得到慈禧太后的显擢。上述诸人，即是其实例。试将上面所列举的这些人名做一统计表，经由庆、袁二人之汲引而得居内外要职的袁党人物，军机大臣有徐世昌和铁良二人，尚书有梁敦彦，侍郎有严修、唐绍仪与赵秉钧，京卿有定成，丞参有杨士琦、梁士诒、梁如浩等，巡抚有朱家宝、杨士骧、冯汝骙、吴重熹，藩司有凌福彭。至于未曾列入上开名单之内的，尚有刚成为黑龙江巡抚不久即被参降调的段芝贵。按清代的制度，巡抚为一省最高的行政长官，尚书与侍郎位居卿贰，更是国家重要官职，至于军机大臣，则更是天子的心膂重臣了。袁世凯以北洋大臣兼直隶总督的身份，官职虽尊，总不过是一个外省的总督，有如当年的曾国藩、左宗棠与李鸿章。曾、左、李三人号称"中兴名臣"，门生故吏遍布天下，但也从未像袁世凯那样竭力提拔亲朋故旧以发展自己的私人势力。袁世凯之所以要这样做，固然是恃有奕劻为其奥援，亦由于他本人具有强烈的政治欲望，要借培植党羽的方式来制造派系力量，以便把持朝政。而且不仅如此，除了上面这些政治界的势力之外，袁世凯以其权力左右训练新军所培植的军事势力，尤足为政治势力的后盾。北洋新军由一镇渐渐扩展而为四镇，再扩充而为六镇，六镇新军中的重要干部，几乎悉由小站练兵时代的校尉级军官升充而来。这些人以为他们的事业前途悉出于袁世凯之提拔，其效忠于袁世凯的感恩之情，尤其不是他人所能代替。这两方面的力量总加起来，就使袁世凯俨然成为清末政坛的中心人物。相形之下，与他地位相埒的一些重要人物，如张之洞、岑春煊、瞿鸿禨等，都只是月亮前的星星，显得黯然失色。

自从李鸿章、刘坤一等一班宿望重臣相继辞世，张之洞算是疆臣中的前辈人物了。但张之洞素来骄倨自大，目空一切，轻易亦不肯荐举属吏。所以，他后来虽然官至大学士，入参军机，却没有一个得力的人可以作为臂助。比起袁世凯之多方推毂，广通声气，明显地可以看出他的力量绝非袁世凯之比。袁世凯之所以能在后来成为北洋军阀的首领，这是极重要的一项因素。综观北津人物中的显要，道德、人品可称者极少，但是大部分人物都很有做事的能力。这些人之能够被袁世凯收诸麾下，不能不说是出于袁世凯的赏识拔擢。可以举得出来的实例，一是徐世昌，一是赵秉钧，一是段芝贵。

民国七年至十一年曾任大总统的徐世昌，直隶天津人。早年在河南游幕为生，因此得与袁世凯相识，两人结为好友，交谊甚笃。袁世凯本人连秀才都不曾中过一个，徐世昌却由秀才而举人，而进士，而翰林，在科举考试中一帆风顺，一直做到翰林院的编修，出身至为清要而华贵。翰林官的身份虽然清高，但汉人中的翰林升迁却甚不容易。原因是翰林三年一选，教习及格者，按其进士殿试的甲第，状元授为翰林院修撰，从六品；榜眼与探花授为编修，正七品。如果进士而不是鼎甲，则经由庶吉士教习散馆的翰林，二甲进士授编修，正七品，三甲进士授翰林院检讨，从七品。而且不论是修撰、编修与检讨，这些翰林官在翰林院内都没有正式的编制名额，往往前后数榜所积压的修撰、编修和检讨多至二三百人，尚且没有补缺的希望。所谓补缺，意思就是修撰、编修、检讨以外的翰林院实缺官员，或者是詹事府、国子监中的相当员缺。未占实缺的翰林升迁没有希望，翰林出身的资格不能发挥作用。而徐世昌在翰林院则因官运十分蹉跎之故，实际上只是一名"黑翰林"，若非袁世凯大力援手，他很可能还会蹉跎下去的。

徐世昌点翰林是光绪十五年的事。那时，袁世凯已在朝鲜做商务委员，官衔是候补道员，秩四品，比翰林院编修大得多。光绪二十一年，袁世凯以实缺道员在小站练兵，徐世昌仍是七品的编修。翰林官的生活清苦，全靠放试差、点学政调剂。徐世昌因是黑翰林之故，试差、学政从未轮到，因此生活甚为窘迫。袁世凯很想把他借调到营务处来帮忙，借资调剂，将来叙报劳绩，也可叨光优先升补。但因翰林院规定，编检补实必须扣足实际在院服务年资六年，缺一日不可。徐世昌点翰林后，曾丁母忧回籍守制二十七个月，到此时尚不足六年，为恐影响他将来的升迁，因此由袁世凯报请当时的直隶总督王文韶具疏转奏，请求免扣他在小站帮办练兵的年资。却不料所奉到的旨意乃是：

徐世昌准其在营效力，所请免扣资格之处，着无庸议。

年资既然不能免扣，势将影响徐世昌以后的前途。因此，徐世昌只好仍回翰林院候缺，小站营务处只能算是挂名的虚衔，月支数百元车马费而已。这样一直到"庚子事变"及辛丑回銮，徐世昌仍是翰林院的编修，不但未补一缺，也从未点过一次乡试考差，从未派过一次外省的学政，甚至连比较容易有得差、得缺希望的"上书房""南书房"等差使，也不能得。究竟何年方有补缺之望，实在渺茫得很。王蟫翁《兰隐斋笔记》中有一条关于徐世昌的记载说：

> 向来翰林迁转，虽有六年资格，而每遇缺出，必以二十人引见，皆为首者得旨补授，余十九人随班而散，俗谓之抬轿。光绪壬寅之冬，国子监司业出缺，吾乡朱延熙引见居首，以为可得矣，散朝后，普请成均官长于东华门外九和兴酒楼。未终席，得报，司业已放徐世昌，遂匆匆一揖而散。徐之班次在十三，越级得之，异数也。朱不数日放湖南盐道以去。

按，翰林升转虽以应升者二十人开列引见，其位列第一者照例出于翰林院掌院大学士之安排，其得补亦照例必是此人，余者陪榜而已。徐世昌在这次应升的名单中列名十三，当然不过只是照例的陪榜，何尝真有补缺之望？然而他居然能由第十三名的候补者越次而得，实在太使人觉得意外。其中原因，则系袁世凯在慈禧太后面前的竭力保荐。沃丘仲子所撰的《徐世昌》一文说：

> 迨回銮，世凯迎驾，面奏世昌学兼文武，才清干济，特宣入对。孝钦见其体貌英挺，音吐优扬，大喜。咨以直鲁军防，条对明晰。翌日，后告荣禄曰："徐世昌或足继李鸿章后乎？"其期许若此。

就事实而言，徐世昌的风度、仪表、学问与器识，都可算是政治人物中的上选，所以他能在袁世凯死后成为北洋军阀所一致推戴的领袖，若非其为众望所归而才德足称，又何能当此？袁世凯以多年的交谊，深知徐世昌可以成为他政治事业上的得力臂膀，所以竭力加以扶植。既补国子监司业，秩正六品。第二年，商部成立，袁世凯又在尚书载振之前竭力夸赞徐世昌的才能，于是载振又奏请以徐世昌补授商部右丞，秩正三品。光绪三十年，署兵部侍郎。三十一年，授兵部左侍郎，署尚书事。旋改巡警部尚书，补军机大臣。距离他以翰林院编修补国子监司业时，不过只有四年。这四年之中，他由正七品的编修骤升至从一品的尚书，迁擢之速，为有清一代汉大臣所未有。所以然之故，则因袁世凯之竭力扶植，与奕劻之从旁推毂也。自徐世昌入军机，袁世凯在军机中更多了一个有力的帮手，即使后来奕劻失势，袁世凯也不致完全失去了照应之人。

说到赵秉钧，其人可说是袁世凯所最亲信的阴谋专家、特务头目，而其人之出身极为卑微，其进用全出于袁世凯之赏识。刘成禺撰《洪宪纪事诗本事簿注》，有一条关于赵秉钧的记载，说：

> 项城巡抚山东时，赵智庵秉钧为院文巡捕。项城奇其才，谓有宰相才，易名赵秉钧，清末特保授民政部尚书。项城常曰："盘中有宝、有智囊，何事不成？"赵有智囊之目，实先杏城。项城组阁、议和、赦汪精卫、死良弼、刺吴禄贞、用梁启超、赂小德张环泣于隆裕、激姜桂题迫叫于宫门、派唐绍仪议和、遣袁克定渡江、段祺瑞领衔请退位、张勋勒兵让固镇、废摄政当国、罢亲贵领兵、梁士诒袖退位诏赴涛洵所、劫参议院、承认约法、定南北统一，凡属奇正谋略，咸经秉钧手订。诟者谓欺人孤儿寡妇，识者则称其有功民国。唐绍仪罢阁，秉钧摄之，先图组阁，获有政望，为后日总统张本。佯与宋教仁交善，日对烟床，纵谈国是。教仁新进识浅，大发组阁之梦，侈谈策划，正触赵忌，此车站遇刺之由来。宋案出，秉钧退

处直隶都督。当时南方要人来京者，沈秉堃、林述庆皆燕后暴死，独王芝祥每公食自具杯筷，非他人先食绝不下箸，得免。蕲州黄季刚时为赵秘书长，赵宴客，季刚必在座。酒贮鸳鸯壶，一鸩一酒，秉钧美为汉器。季刚曰："予每宴心震，恐鸳鸯壶之错酌误伤也。"有姚玉芙者，现随梅兰芳管事，年幼时，美姿仪，善应对，曾侍赵智庵供烧烟之役。智庵一日在烟床，问玉芙曰："汝视我对待各方如何？"玉芙曰："大人与客说话，人人不同，此不可及也。"翌日即辞去玉芙，知玉芙识破本领，恐生内忧也。

由上所叙，则赵秉钧的出身实在只是山东巡抚衙门中的一名巡捕。袁世凯能够识英雄于未遇，并加以不次之拔擢，卒成为智囊中的重要人物，尤其可以知道袁世凯对于收罗人才之细大不捐，从无出身高低之成见预存于胸中。袁世凯之能够成为伟大的领袖人物，与此有重要关系。

至于段芝贵，其人之出身略如赵秉钧。胡思敬《国闻备乘》卷一："袁世凯有妾与其仆通，事觉自杀，仆窃藏而逃，久之不获。巡捕段芝贵为悬赏募得之以献。世凯大喜，赞其才，令捐道员，密疏保荐甚力。"据此，则段芝贵虽因其父与袁世凯有旧之故，得以在袁世凯部下供职，其人固未尝读书，而且其最初的职务只是巡抚衙门中的一个巡捕，与赵秉钧的情形一样。按清代制度，督抚衙门中的巡捕照例由在省当差候补的佐杂班中派员充任，其本身的官职最高不过县丞，秩居八品，最低则只是未入流品的巡检与典史等官。所以，当段芝贵以歌伶杨翠喜献于奕劻之子载振时，御史赵启霖具疏参劾，劾疏中就说：

　　臣闻段芝贵人本猥贱，初在李经方处供使令之役，继在袁世凯署中听差，旋入武备学堂。为时未久，百计夤缘，不数年间，由佐杂以至道员。其人其才，本不为袁世凯所重，徒以善于迎合，无微不至，虽袁世凯亦不能不为所蒙。

清代末年，仕途冗杂，捐班出身的"资郎"充斥内外。赵秉钧与段芝贵能得袁世凯之信任，当然不难由佐杂微员援捐官之例捐为候补道。既然官至道员，就可以由督抚委派差使，然后经由明保、密保等方式补授实缺，不数年间，就可以陈臬开藩，由两司而至督抚。所谓"朝里有人好做官"，即此之谓。光绪末年，袁世凯的势力炙手可热，再加上奕劻为之奥援，赵秉钧、段芝贵虽然都是未补实缺的捐官道台，一样可以内升侍郎、外署巡抚，说来实在骇人听闻。但由赵秉钧与段芝贵的出身看来，袁世凯属下的北洋人物，流品可谓庞杂。袁世凯用人不论出身，不论品德、学问，只要其人小有才能，即能量才录用，虽使贪、使诈不忌。这就好像曹操当年所颁的魏武三诏令，其用人的标准是"唯才是举"，虽盗嫂、受金，负污辱之名、见笑之行，不仁不孝，而有治国用兵之术者，一无所拘。由于这个原因，袁世凯的属下贤与不肖并进，龙蛇混杂，一时称为"人才荟萃"。这就很像是自古帝王开基的规模，而尤其与魏晋以来篡弑相仍时奸雄窃据、威权震主的情形相似。情势如此，自难免使忠君爱国的志士为之忧心。于是，袁世凯的挥霍长才、雄图大略自亦难免遭遇打击挫折。最显著的事例，一是改订新官制案所遭受的诟责与挫败，一是因杨翠喜事件而引起的奕劻父子被参案。这两件事情接踵发生，袁世凯在此时所受的打击是颇为严重的。

说到袁世凯当年以直隶总督遥执北京朝政时的烜赫情势，可以用蜀人高树《金銮琐记》一书中的描写来形容其一斑。《金銮琐记》中共有三诗描写此事，各缀小注，读之可知当时之实际情形为如何。第一首云：

卫士持枪似虎熊，桓温入觐气何雄。

玻璃窗内频探望，暗暗心忧两相公。

其下注云：

项城在湖园入觐，卫士如虎如熊，有桓温入觐之概。王、瞿两相国在玻璃窗内观之，观后凭几而坐，默然不言者良久。

第二首云：

如云驺从剑光寒，内监惊疑驻足看。
装饰狰狞谁不畏，满身都画虎皮斑。

其下注云：

项城荷枪卫士，以黄布裹头至足，画虎豹头、虎皮斑文。王公大臣骡马见之皆辟易，宫监亦却立呆看。查东西洋无此军服，惟中国战场有之。项城入京城，以此示威，可谓妙想。

第三首云：

怒马锋车谁敢当？舍人奔避入朝房。
偏言海外真天子，内监谰言亦太狂。

其下注云：

西苑当值下班，项城卫士驱逐行人，山人与徐博泉奔入朝房。行道者摇首曰："太凶猛。"有一魁梧内监高声嚷于道曰：

"难道袁某非海外天子耶？"无人与辨。京中岂海外之比，况在宫门口，何得如此？此即清室禅位之影响，洪宪天子之先声。

上引诗中所说的"湖园"，即颐和园；王、瞿两相国，指当时的军机大臣王文韶与瞿鸿禨；山人，则是《金銮琐记》作者高树之自称。这些诗以袁世凯与晋末的权臣桓温相比，又称之为海外天子，足以想见当时人对这位直隶总督兼北洋大臣的观感如何。瞿鸿禨后来成为袁世凯之政敌，立意要把庆、袁二人的联合势力逐出政坛，未始不出于此。

改革新官制案发生于光绪三十二年，其事为清政府预备实行立宪之先声。《清鉴纲目》卷十五，光绪三十一年七月记云：

> 自日俄战争后，日本以区区三岛，战胜强俄，一时公论多归功于立宪，而专制不如立宪之说，遂腾布于万国。甚者谓，是役也，匪直日、俄胜负所由分，实专制国与立宪国优劣之所由判。于是，俄国国民有实行立宪之要求，俄皇不得已，于一九〇六年下宣布立宪之诏。于是，中国人民亦纷然并起，向政府要求立宪。时孝钦太后当国，以专制暴戾闻于世，对于立宪问题本至凿枘。顾自庚子以来，信用载漪，纵容拳匪，开衅列强，既犯天下之大不韪；而辛丑回京，大阿哥被黜，废立之谋未遂，恐帝他日一旦亲政，攘夺君权，不得已思采用立宪制，一以粉饰臣民之要求，一为他日限制攘夺君权之地步。至本年六月，因袁世凯等之奏请立宪，遂宣谕允之，而先派亲贵分赴各国考察政治，以为改革之预备。是年六月，特简载泽、戴鸿慈、徐世昌、端方等四人为出洋考察政治大臣，分赴东西洋考察一切。秋七月，续派绍英为考察政治大臣，与载泽等共五大臣，出洋考察政治。

此云慈禧之允行君主立宪，其目的一在敷衍国人之立宪愿望，一在预防光绪之攘权。而由胡思敬所撰《大盗窃国记》见之，则谓其事全出于袁世凯之怂恿，其目的盖因："孝钦年逾七旬，衰病日增，有耄期倦勤之态，恐皇上亲政后修戊戌前怨，日夕焦虑，遂倡议立宪，冀新内阁立，权归总理，天子不得有为。私拟一奏，使载振上之，大旨言：'救亡非立宪不可，立宪非取法邻邦不可。'朝廷不悟其奸，立派载泽、戴鸿慈、端方、尚其亨、李盛铎分赴东西洋考察宪政。"据此云云，则慈禧之允行立宪是采纳袁世凯之建议兼为敷衍国人立宪愿望而行之表面文章了。《张謇文集》中载有他在此时写给袁世凯的一信，说：

> 自朝廷宣布立宪之诏流闻海内外，公之功烈，昭然如揭日月而行。吴武壮有知，必为凌云一笑。而南坛、汉城之间，下走昔日之窥公，固不足尽公之量也。

观此，更可知袁世凯的立宪建议对于此事确有决定性的影响力量，盖其意见不但能顺应当时的时代潮流，兼能猜测慈禧之意向，所以才能使"朝廷不悟其奸"而堕其术中。到了光绪三十二年六月，五大臣由欧美考察回国。由于他们对于外国的君主立宪政治实在没有认识，所以袁世凯就越俎代庖，以他自己的意见代撰《考察意见报告书》，交由五大臣回京呈递，其主要内容即在改革官制。胡思敬所撰《大盗窃国记》记此云：

> 五大臣归至天津，世凯劳以酒，曰："此行劳苦，将何以报命？"皆愕然莫会其意。世凯出疏稿示之，曰："我筹之久矣，此宜可用。"遂上之。孝钦自西巡后不敢坚持国事，见五大臣疏，踌躇莫决，急召世凯入商。世凯即日入京，奏言变法须先组织内阁，组织内阁须先从官制入手。孝钦许之。

尚书张百熙新与世凯联姻，即具疏密保奕劻为总理，世凯为副总理，疏稿盖北洋幕客沈兆祉笔也。遂定议假外务部公所为厘定官制局，召二三憸薄好乱喜事之徒，若吴廷燮、汪荣宝、金邦平、陆宗舆、章宗祥、张一麐等分类起草，门外盛陈兵卫，讥察甚严。

以上所说，就是袁世凯奏请厘定官制以为实行宪政预备之由来。袁世凯所支持的新官制案中，议裁吏部、礼部、翰林院、都察院、宗人府，并工、商二部为农工商部，改户部为度支部，刑部为法部，分兵部为陆军、海军二部，又增设资政院、审计院、交通部，旧有各部唯一没有变动的只有学部。这些变革所招来的非议与不满，可以分为三方面来说。

由于新官制案将很多旧机构都做了裁撤或合并的建议，原来在这些机构中供职的官员难免会发生恐慌，深恐对前途会有不利的影响。例如，吏部向来握有全国官员任免及考核的大权，部中的书吏财利滚滚，主其事者也大有利润。一旦将吏部裁撤，即刻就将失去大量财利，因此，新官制势必要受到既得利益者的反对。又如翰林院，向为高级知识分子的"读书养望"之地，缺分虽苦，因出身华要之故，将来的仕途极为贵显。一旦裁撤，原来在翰林院中熬过数十星霜的大小翰林，都怕已有的"资望"会归于无用。这是属于第一方面的反对力量，由于人数众多，未可忽视。

自古以来，专制皇帝无不视御史为朝廷的耳目。御史官职虽卑，但因职系"言官"之故，纠举不法、弹劾失职是其分内事。正因为朝廷中有这些不怕事、不怕死的御史敢于仗义执言，所以即使是权倾百僚的大憝巨奸，亦因顾忌御史的劾奏而不敢公然作恶。袁世凯勾结奕劻，把持朝政，这在当时已使很多人为之侧目而视。现在他居然在新官制案内建议裁撤都察院，使皇帝所仗以制衡行政权力的监察权无可行使，因此不免更使人怀疑：袁世凯的这一建议是否出于怀有不臣之心而在此时预作安排？这番话如果传入慈禧太后的耳中，慈禧太后能不为之动心吗？这是第二方面的反对意见，虽言者不多，而力量远为坚强。

至于第三方面的反对意见，就来自当时的实际执政人物——军机大臣了。清代自雍正时设立军机处以来，内阁的政权逐渐移归军机处。军机大臣直接秉承皇帝的指示，撰拟谕旨，献替谋议，荐举重要官员。所以，军机大臣实际上就是前朝的宰相，地位崇高而权任甚重。新官制建议实行责任内阁，内阁设总理大臣一人，协理大臣二人；总理大臣虽对皇帝负责，却有直接任免官员的权力，无须事事征得皇帝的同意。而且，内阁总理与协理共只三人，现有的军机大臣却有六人，即使新的内阁总理与协理都由现有军机大臣中遴选充任，也势必要有三个军机大臣因此被迫交出政权。他们顾及自己的地位与权力，如果认为自己没有出任新内阁的总理或协理之望，必然要反对新官制的实施。持此反对意见的人数较前一种更少，但也更有力量。如当时在军机处担任军机大臣的瞿鸿禨，就是反对者之一。

瞿鸿禨入军机处，是光绪二十七年四月间的事。那时，慈禧和光绪还在西安逃难。因为"庚子拳乱"之故，原来的几个军机大臣载漪、刚毅、赵舒翘、启秀等人，先后被革职问罪。军机处只剩下荣禄和王文韶二人。二十六年冬，添了一个鹿传霖，但人数还是不够，因此在二十七年的四月再添了一个瞿鸿禨，当时他的本官是工部尚书兼督办政务大臣，在军机大臣上学习行走。六月以后，瞿改为外务部尚书，"学习"二字也去掉了。光绪二十九年三月，荣禄病卒，奕劻代为军机领袖。九月，荣庆入军机。到光绪三十一年，王文韶以老病告退，徐世昌和铁良先后入直。所以，到光绪三十二年草拟新官制案时，在职的军机大臣共计六人：奕劻、鹿传霖、瞿鸿禨、荣庆、铁良和徐世昌。奕劻是袁世凯的傀儡，荣庆、铁良、徐世昌都是因袁世凯的关系而被奕劻引入军机的。这样一来，军机六人中就有四人是袁党，不是袁党的只有鹿传霖与瞿鸿禨。鹿传霖老耄无能，唯一可以与袁世凯相对抗的，也只有瞿鸿禨。

前引高树《金銮琐记》诗注中曾说道："项城在湖园入觐，卫士如虎如熊，有桓温入觐之概。王、瞿两相国在玻璃窗内观之，观后凭几而坐，默然不言者良久。"王文韶和瞿鸿禨此时的感觉，必定是觉得袁世凯的声势气焰实在太嚣张、太跋扈，此人的势力如再继续发展，必定不利于清朝的社稷。专制时代的臣下讲究对皇室效忠，他们既然顾虑到袁世凯有不臣之心，当然就得设法防范裁抑。王文韶不久告退，反对袁世凯的只剩下一个瞿鸿禨。新官制案提出后，眼见拟议中的责任内阁必定以奕劻为总理大臣，袁世凯为协理大臣，袁世凯也必定以协理大臣而实操总理大臣之柄。如此则不但瞿鸿禨的军机大臣地位不保，将来的清政权也必将落入袁世凯之手。曹操和司马懿生加九锡，封爵、封王，到了他们的子孙手里，就有了篡汉、篡魏的基业。袁世凯的势力一旦发展到此，还不就与曹操、司马懿的情形一样？所谓"渐不可长"，正应在此时预先加以抑制。所以，瞿鸿禨需要反对新官制案。

据刘厚生撰《张謇传记》说，当慈禧太后以新官制案征询瞿鸿禨的意见时，瞿鸿禨指出："责任内阁成立后，一切用人行政的大权，都由总理大臣召集各部大臣会商决定后请旨颁行，皇太后的用人权从此旁落，即使太后放心，臣愚却不能放心，还请太后三思。"就是这样几句淡淡的话，提醒了慈禧太后防范新内阁觊觎政权的警觉心。再加上一、二方面的反对意见，更使慈禧太后觉得袁世凯所拟的新官制案窒碍难行。胡思敬撰《大盗窃国记》记此，云：

> 事浸播扬于外，朝论大哗，部院弹章蜂起。内阁学士文海直诋世凯指鹿为马。孝钦为群言所动，必亦弗喜。官制草案上，诏孙家鼐、瞿鸿禨为总核，召见世凯，尽以参折示之。世凯言："筑室道谋，安能成事？请严惩一二人以息众嚣。"孝钦大怒，曰："汝兵柄在手，何不执言者尽诛之？"世凯股

栗不敢对，次日即请训出京，尽辞兼差，知天威犹在，人口
难防，蓄势待时，不敢遽发。

在张一麐所撰的《古红梅阁笔记》中亦有类似的记述，说：

> 光绪末年，清廷倡言立宪，实无诚意。袁世凯上奏请先
> 改革官制，以为预备立宪之张本。朝中汹涌，几酿大变。袁
> 世凯急急以钦派往阅彰德秋操为名出京，操毕即回天津。及
> 名义上之新内阁成立，袁又将所练北洋六镇奏请以四镇还诸
> 练兵处，仅留二、四两镇于北洋，以塞谗慝之口。其时之袁
> 世凯，盖亦岌岌可危也。

袁世凯此时之形势岌岌，实在是因为当朝的慈禧太后尚有充分权
力可以控制政局，袁世凯虽然兵柄在握，自揣尚不足以当慈禧之一怒，
所以不得不知难而退，以待后时。试看一年以后慈禧身死，摄政王载
沣当国，虽将袁世凯逐出政府，他却一无所畏，施施然回到河南安阳
城北的洹上村去钓鱼、吟诗，完全不怕载沣等人会有进一步的不利企
图。这就因为他深知当时只有慈禧才是能够对他驾驭钤束的人，余皆
庸弩之才，不足为虑也。果然，辛亥武昌革命事起，北洋军兵将皆不
用命，迫得载沣非再度敦请袁世凯出山不可。这就可以知道，当袁世
凯的势力发展到了光绪末年时，清朝中国只有慈禧太后一人对于袁世
凯尚有驾驭之力，等到慈禧一死，就是袁世凯的世界了。

正因为在光绪三十三年时慈禧太后尚是大清帝国的实际统治者，
袁世凯的势力尚有制压之人，所以，在新官制案的失败打击之后，还
有人希望再进一步扳倒袁世凯的后台老板庆王奕劻，以便彻底清除袁
世凯的势力，这就是"丁未大参案"与"丁未政潮"的发生由来。

所谓"丁未大参案"，参劾的对象就是庆王奕劻与他的儿子载振，

参劾的事由则是段芝贵购献歌伶杨翠喜予贝子载振，进一步论劾奕劻收受段芝贵的巨额贿赂，使之出任黑龙江巡抚。这一事情的大略缘起，前引《凌霄一士随笔》记述袁世凯借东三省改制以实行其大北洋计划时，已经约略提及，但述而不详，需要在这里为之补充说明。

蒋瑞藻《小说考证续编》卷四，"杨白花"一则内引"菊影钱"所记，述杨翠喜与丁未参案之始末云：

> 以一女优，而于一代兴亡史上居然占有位置，而牵动一时之政局者，当数杨翠喜矣。杨翠喜者，直隶通州人，幼以贫窭，鬻于陈姓，辗转之津门，遂堕乐籍，其假母曰杨李氏。翠喜善淫靡哀艳之曲，出其技，在侯家后协盛茶园演剧。尝一至哈尔滨，继反津，构香巢于河北，受大观园、天香园之聘，声价重一时，为富商王益孙、道员段芝贵所赏。会贝子载振奉节东省归，道出津沽，置酒高会，一见翠喜，倾倒不置。段方有求于贝子，乃托王益孙名，以万金购翠喜为使女，即车送之京，进之贝子，翠喜则年十九矣。无何，段芝贵以道员授为黑龙江巡抚。御史赵启霖独揭而劾之，段遂夺职。贝子惧，遣归翠喜。上乃派醇亲王载沣、大学士孙家鼐查办，核无实证，赵启霖亦褫职也。此清光绪丁未年事。夫以翠喜一身，时而台榭，时而宫府，时而姬，时而伶，时而妾，时而婢，极却曲迷离之况。山阳曹麟角之《杨花诗》，亡友邹亚云之《杨白花传奇》，均为翠喜作也。谓非宦海之佚闻，故京之艳史欤？

邹亚云所撰的《杨白花传奇》虽然早已亡佚，段芝贵献杨翠喜而得黑龙江巡抚的故事却永远流传下来了。其原因当然是因为这样的故事太荒唐，不但足以反映清末官场之黑暗，亦可见清末吏治之败坏。据《光绪东华录》所记，赵启霖劾疏中曾并劾奕劻，谓：

上年贝子载振往东三省，道天津，段芝贵夤缘充当随员，所以逢迎载振者，无微不至。以一万二千金于天津大观园买歌妓杨翠喜献之载振，其事为路人所知。复从天津商会王竹林措十万金，以为庆亲王奕劻寿礼。

但戴沣和孙家鼐奉旨前往查办，覆奏中却为奕劻与载振洗刷，以为并无其事。据《凌霄一士随笔》所记，其经过情形如下：

　　西后派载沣、孙家鼐查，世凯等亟为釜底抽薪之计，即秘送翠喜回津，由张镇芳（按系袁世凯之表弟）浼王益孙出面领去。益孙名锡镆，天津盐商纲总，镇芳时以候补道充全省财政总汇处总办，兼办永七盐务，二人关系素密也。及载沣、家鼐派恩志、润昌二员至津访查，而布置已定，锡镆自承系参案前购为使女，翠喜言亦如之，并有人证、物证。家鼐、载沣不敢深究，虽又提传至京面讯，亦官样文章。既据以覆奏，遂以"诬蔑亲贵重臣名节"褫启霖职，而西后实不能无疑。故于案结之前，即撤销芝贵布政使衔，命无庸署理黑龙江巡抚。奕劻不自安，命载振案结后自请开去农工商部尚书及各项差使，后许之。载振疏词令颇工，有"不可为臣，不可为子"等语，其师唐文治所草也。

段芝贵献杨翠喜以结欢载振，其事极似宋朝时钱塘知县程松寿之买妾进献于当时的权贵韩侂胄。《庆元党禁》记其事云：

　　侂胄有爱妾小过被谴，钱塘令程松寿亟以八百千市之，舍之中堂，旦夕夫妻上食，事之甚谨，姬惶恐莫之所由。居数日，侂胄复召之，知为松寿所市，大怒。松寿闻之，亟上

谒献之曰:"顷有郡守辞阙者,将挟之去外郡,某忝为赤县,
故为王匿之舍内耳。"侂胄意犹未平。姬既入,具言松寿谨待
以礼,侂胄大喜,即日躐除太府寺丞。逾年,进谏议大夫,
犹怏怏不满意,乃更市一美人献之,名曰松寿。侂胄曰:"奈
何与大谏同名?"答曰:"欲使贱名常达钧听耳。"侂胄怜之,
即除同知枢密院事。

唯其有此典故,所以后来有人将杨翠喜的照片送与赵启霖,就以
此为喻,题诗其上云:

> 将军巧计夺勋封,松寿双名强唤侬。
> 乍出花丛香未散,裙边袖底几游蜂。

> 啁啾翠羽戏朝晖,天上珠巢护碧衣。
> 怪怯昨宵春梦恶,苍鹰侧翅击空飞。

前一诗咏段芝贵之献媚载振,后一诗则咏赵启霖之弹击,读之颇
为有趣。

赵启霖参劾奕劻父子未成,反被指为"诬蔑亲贵重臣名节",革
职。表面上看来,反对庆、袁一派人物在这一参案上是落在下风了,
其实不然。因为段芝贵借献杨翠喜得黑龙江巡抚,本是千真万确的事
实,而赵启霖之敢于搏击权贵,不计安危,更是人人共钦的英勇行
为。如今只因为世凯、奕劻等人之巧于弥缝,载沣、孙家鼐之畏葸乡
愿,竟致是非颠倒,黑白不分,而直言敢谏之赵启霖反因此而遭诬蔑
亲贵之革职处分,这样的处置如何不使旁观者为赵启霖表示不平?于
是,在此案行将结束之时,另一位直言敢谏的御史江春霖也奏上一
疏,就载沣及孙家鼐之查案疑窦及供词之支离恍惚,指出其中有六点

可疑，云：

> 买献歌妓之说，起于天津报纸，而王锡锳则天津富绅，杨翠喜又天津名妓，若果二月初即买为使女，报馆近在咫尺，历时既久，见闻必确，何至误登？可疑者一。使女者，婢之别名。天律买婢，身价数十金，至五百金而止，无更昂者。以三千五百圆而买一婢，是比常价增二三十倍矣。王锡锳即挥金如土，掷于虚牝，愚不至此，可疑者二。翠喜色艺，倾动一时，白居易《琵琶行》所谓"名在教坊第一"者，无过是矣。老大嫁作商妇，尚诉穷愁，岂有少年红颜，甘充使女，可疑者三。王锡锳称，在天津荣街买杨李氏养女，不言歌妓。而翠喜则称，先在天仙茶园唱戏，经过付人梁二与身父母说允，又不言养于李氏。供词互异，捏饰显然，可疑者四。既为歌妓，脂粉不去手，罗绮不去身，其不能胜操作也明甚。谓在家内服役，不知所役何事？可疑者五。座中有妓，心中无妓，古今惟程颢一人，下此虽十年浮海之胡铨，不免动情于黎倩矣。而曰买为使女，人可欺，天可欺乎？可疑者六。

以上各点，纯就王锡锳、杨翠喜二人之供词矛盾及不合情理处逐一举其可疑，袁世凯、段芝贵等人的弥缝虽周，至此却破绽显然。因此，江春霖在他的奏疏中续说：

> 臣以情理断之，出名顶领之说即使子虚，买妓为妾之事更无疑义。伏查《大清律例·户律》内载："凡官吏娶乐人为妾者，杖六十，并离异。"等语；"乐人"，注"为妓者"。案经王大臣查无实据，本不敢倡为异说。惟是赵启霖业经革职，载振亦复开缺，而兵部候补郎中王益孙名锡锳，以职官而纳

歌妓，顾独逍遥法外，未免落人物议。若非照娶乐人律科断，
不惟国法未申，实无以塞都人士之口。

这一段话重点虽然在请求将王锡锳按职官娶妓之律依法处置，其
目的似乎有借此而希望逼迫王锡锳据实供出其中真情之意。究竟江春
霖是否确有此意，固然难以推测，而此疏中所论王锡锳不可能买杨翠
喜为婢的观点却十分清楚。慈禧太后老于政事，看了这样的奏疏，岂
有不了然于心的？何况她自己也有一批太监、侍卫等人作为耳目，心
中对此若有所疑，吩咐这些耳目去细细探听一番，事实真相自然就可
明白。因此她不久便知道赵启霖所参确有其事，段芝贵得黑龙江巡抚，
不但献妓是实，即献金奕劻之事亦属实在。于是慈禧降谕令赵启霖复职，
奕劻事前并不与闻，甚为惶悚。这一事实显示出慈禧太后对奕劻之不满。
奕劻为求自保，势必须有进一步之安排——设法排除朝中反对庆、袁
势力的首脑人物，以为拔本塞源之计。当时奕劻和袁世凯认为，朝中
的反庆、袁人物以军机大臣瞿鸿禨为其领袖，欲谋消除反对庆、袁势力，
须先除去瞿鸿禨。但瞿鸿禨在慈禧太后面前的"帝眷"甚隆，轻易不
易摇撼，如何方能使瞿鸿禨倒台，也还是很棘手的事。却不料天假其
便，瞿鸿禨自己出了毛病，奕劻和袁世凯乘机落井下石，终于使瞿鸿
禨铩羽而归。关于此事的经过，《凌霄一士随笔》中记述甚详，可以参
看。今为之引述如下：

> 瞿鸿禨以勤敏见赏于西后，军机大臣中力能与奕劻抗者，
> 惟鸿禨一人，而尤与世凯不洽。朝士之恶庆、袁者，隐戴为宗主。
> 启霖湘人，与鸿禨同乡，其劾芝贵，说者谓实欲借此牵动庆、袁。
> 奕劻、世凯以为非去鸿禨不得安枕。加以岑春煊亦为后所喜，
> 方留京为邮传部尚书，每于后前痛论奕劻之罪。瞿、岑相劾，
> 而庆、袁益惧。乃借广东边境不靖，由世凯于入对时谓："非

知兵有威望者督粤，不能震慑。"而挤春煊改外，以孤鸿禨之势，而去之尚无善策也。会鸿禨独对，后言及奕劻，谓："他是我一手提拔起来的，这几年我看他也足了，可以叫他休息休息吧！"盖其时后实不慊于奕劻。鸿禨因对以："太后圣明，如罢其政权，正所以保全其晚节。"后谓："予自有办法，汝姑待之。"鸿禨喜甚，退而以告汪康年，谓奕劻行即罢政矣（原注：康年为鸿禨门生，且有姻戚关系，时办一京报为鸿禨机关，与袓庆之《北京日报》各张一帜，旗鼓相当）。康年转告其友伦敦《泰晤士报》访员高某，高遽发电报告。驻京美国公使接伦敦电，知其讯，嘱其妻谒后探虚实（原注：后自辛丑回京后，以媚公使夫人为媚外之要诀。公使夫人随时请见，均殷勤款接）。后愕然曰："无之。"因询："此说何来？"答谓："伦敦《泰晤士报》所载之北京电也。"后仍谓："此谣言，请勿信。"美使夫人既去，后思此惟对鸿禨言之，必所泄漏，因怒甚，自语曰："瞿鸿禨混账！"奕劻女随侍官中，闻其语密告奕劻。奕劻商之世凯，世凯谓后方怒鸿禨，机不可失，宜亟图之。于是翰林院侍读学士恽毓鼎纠劾鸿禨之疏上。劾瞿之疏，罗列交通报馆、授意言官、阴结外援、分布党羽等款，杨士琦所草也。后命孙家鼐、铁良查，覆上，诏鸿禨姑免深究，着开缺回籍。后本拟罢奕劻，乃一变而为逐鸿禨，政情奇幻，殊有波诡云谲之势。奕劻虽快意，而以后意难测，不无惴恐，旋即自请退出军机，借为尝试。后以曾对美使夫人辨谣，不便遽罢，故降谕慰留，而命载沣入军机以分其势。

瞿鸿禨被斥，清代史上称为光绪三十三年的"丁未政潮"。此一政变的始起，本为瞿鸿禨谋逐庆王，不料因为他言辞不慎之故，泄露了最重大的机密消息，致使慈禧发怒，反倒使他自己被摒出军机。其结果实在大出意料。而瞿鸿禨既斥，岑春煊又远调广东，庆、袁势力再无敌手，似应可高枕无忧，而揆之事实，则又不然。其原因是慈禧对奕劻的恩眷已衰，奕劻的地位已不复能如从前之稳固了。

慈禧太后对奕劻的恩眷渐衰，可由光绪三十三年之谋逐奕劻一事中看得出来，据说其中原因在李莲英之挑拨中伤。费行简《慈禧传信录》记此云：

> 李莲英以奕劻得贿多，分润特其些微，渐不能平，频为后言劻贪真，特朝臣附之，故屡察不得实。后深信之。设不死者，劻必罢矣。

奕劻贪庸琐鄙，其唯一所恃以为固宠之计者，无非通贿宫闱，以博太后及李莲英辈之欢心而已。如果慈禧太后及李莲英等人认为奕劻自得太多而进献太薄，奕劻的地位自然可危。更何况当时的朝中亲贵人人都存有发财之心，目睹奕劻利权独擅，妒忌万状，奕劻因此而成众矢之的，形势当然更加可危。载沣之入军机，不啻为奕劻被斥之先声。不过，形势之变化往往出人意料，奕劻在慈禧将死之前虽因宠眷遽衰而形势岌岌，及至摄政王载沣继慈禧而出膺大任之后，朝中的情势却大有变异了。其时载涛、载洵、载泽、溥伦等一班皇子皇孙尽出揽权，分类结党，各专予夺之权。阘茸无耻之徒，趋之若鹜，朝政日益混乱。人谓奕劻在光绪末年招权纳贿，罪固可恶，而载涛、载洵、载泽、溥伦、善耆诸王贝勒之张牙舞爪，择肥而噬，其罪似又浮于奕劻，于是转以恕词加之，谓其受贿尚循资格，不若涛、洵辈之不择手段也。因此之故，奕劻反能在宣统年间的党争夹缝中生存下去，到后来又再成为袁世凯东山再起的谋主，实在是使人难以逆料。

小醇王载沣入军机后，接着，袁世凯和张之洞也被派为军机大臣。据胡思敬《国闻备乘》所说，袁世凯入军机，系出于奕劻之举荐。而慈禧太后觉得袁世凯雄鸷猜狠，须另有人加以制衡，故令张之洞与袁世凯同入军机。其思虑固极周密，但因此时慈禧太后业已年老多病，精力日衰，对于内外政事不能一一详察，所以奕劻和袁世凯也还是可以联合起来对付张之洞。胡思敬《国闻备乘》说：

> 世凯入，阳以礼貌尊事之洞，推为老辈，凡朝廷不甚经意、视为迂阔可缓之事，如崇祀三先生、推行金币等案，悉让之洞主政，而各省疆吏、各部要臣，尽安置私人，内外联为一气。太后年老多病，方以后事为忧，日渐废弛，外事亦不能尽达也。

袁世凯入为军机大臣之后，继任直隶总督兼北洋大臣是袁世凯所保荐的杨士骧。此人与其弟杨士琦同为袁世凯心腹和北洋系官僚的重要人物。所以，袁世凯虽然交卸直督，直隶总督衙门仍可供给他巨额的经费，以供袁世凯通赂权门、收买党羽之用。而通观当时的内外大僚，属于袁党人物的，仅只卿贰、督抚方面，就有邮传部尚书陈璧、外务部左侍郎梁敦彦、民政部右侍郎赵秉钧、学部右侍郎严修、陆军部右侍郎荫昌、农工商部右侍郎杨士琦、邮传部左侍郎吴重熹、直隶总督杨士骧、两江总督端方、东三省总督徐世昌、山东巡抚孙宝琦、奉天巡抚唐绍仪、吉林巡抚朱家宝、浙江巡抚冯汝骙等十四人，其他三四品以下的各部丞、参及外省监司更多。所以，此一时期的袁世凯，可说是因政争获胜的全盛时代。假如慈禧不死，这种情况大概还可以维持一段时间，不幸而慈禧、光绪先后于光绪三十四年的十月间崩逝，醇王载沣之子溥仪继立为帝，载沣以摄政王的身份监国。载沣一上台之后，立刻就向袁世凯开刀，此年十二月，以皇帝名义，命袁世凯开缺回籍养疴。旨云：

> 军机大臣外务部尚书袁世凯，夙承先朝屡加擢用，朕御

极复加懋赏，正以其才可用，俾效驰驱。不意世凯现患足疾，步履维艰，难胜职任。袁世凯着即开缺，回籍养疴，以示体恤之至意。

袁世凯无病而降旨令其回籍养疴，其意义就是将他逐出政府而令其返回原籍居住，不许在京逗留。昨为宠臣而今遭斥逐，这当然是很难堪的屈辱。据传说，载沣的本意是要将袁世凯杀掉，幸赖张之洞力救，始得此从宽处分。《张文襄公年谱》记此云："先是，监国摄政王承太后命，饬军机拟旨，祸且不测。公反复开陈，始命回籍养疴。"此皇太后不是已死的慈禧，而是新因宣统嗣立而被尊为皇太后的光绪之后隆裕。隆裕为什么要载沣杀掉袁世凯？据传说，是因为光绪未死之前，恨透了袁世凯当年告密卖主，在他所住的瀛台寝宫内，写了很多"袁世凯着即凌迟处死"之类的字条。及后载沣摄政，秉承隆裕旨意，欲为光绪复仇，于是乃有此项举动，只因张之洞的竭力劝阻，方才从轻发落，仅将袁世凯放逐回里了事。这种说法在清末以来的野史中都有记载，且言之凿凿，一似确有其事者然。《凌霄一士随笔》的作者徐一士论此，以为不然。他说：

> 光绪帝逝于暧昧，自身且不保，纵有杀袁之遗命，谁且听之？袁之黜盖不由是也。

其说甚是。王照《方家园杂咏纪事诗》论隆裕之不忠于光绪，亦尝以嬉笑怒骂之文字出之，曰：

> 隆裕自甲午以前即不礼皇上，虽年节亦无虚文，十五六年中从未改行。上崩之数日前，隆裕忽以侍疾之名守寝宫，令瑾妃避去。上暴崩后，隆裕仍守床畔，顷刻不离，虽太后

大渐亦不顾。直至奉移乾清宫大殓后，始离去。赴太后宫，
太后已不能语，承嗣兼祧之事，问诸他人始知之。隆裕对于
皇上，盖如是之忠也。

隆裕对光绪之恶感甚深，至于甘心执行慈禧之命，置光绪于死地，
然则还要说她能为光绪报仇，岂不是太离奇了吗？至于载沣，虽为光
绪之亲弟，其人实庸懦无能，又且早受慈禧之收买，日颂慈禧之圣明。
他本人既与光绪十分疏远而全无兄弟之感情，自然也谈不上为光绪报
仇的话。凡此云云，无非是揣测附会之说而已。比较可信的答案，还
应该从载沣与袁世凯二人的关系中去探寻。

胡思敬《国闻备乘》卷一，"岑袁气焰"一条说：

> 戊戌政变，袁世凯首发逆谋；"庚子避兵"，岑春煊沿途
> 拥卫入关；由是皆有宠于太后。余观二人举动，亦各具恣睢
> 叱咤之才，非尽恃宠也。张翼以小吏给事醇邸，不数年官至
> 侍郎，浸浸大用。世凯参其私鬻开平矿产，解职，涉讼英廷
> 二年，怏怏归，遂一蹶不起。溥善以户部侍郎兼左翼总兵，
> 本近支宗亲，兄弟子侄布朝列。奸人盗卖陵地，用左翼印押契，
> 世凯复劾罢之，其锋芒亦可畏矣。

张翼因盗卖开平矿产被袁世凯所劾罢，复以朝旨督责，迫其前往
伦敦与英商开平矿务公司对质于英国法庭。由于盗卖有据，英国法庭
判决英商开平矿务公司胜诉。袁世凯又再参张翼责令赔偿，案悬多年
不决，张翼因此而苦累不堪。由于张翼本是醇王府中的旧人，因此张
翼乃挽请醇王载沣向袁世凯说项，求缓其事。这期间，张翼是否曾献
赂于载沣，以求载沣出面为之关说，当然无法知道。不过，载沣确曾
为张翼请托袁世凯勿为过甚，则是事实。却不料袁世凯竟然拒绝载沣

的请托，而且一直为开平矿产之事追究到底，这一来，就使载沣十分难堪了。其后载沣与袁世凯同入军机，袁世凯复自恃慈禧之宠眷与奕劻之支持，视载沣为少不更事，每不假以辞色，于是载沣对袁之蓄怨愈深。一旦慈禧病死，袁世凯失掉了靠山，而执掌国柄的监国摄政王就是与袁世凯素有不快的载沣，袁世凯如何还能安居朝中呢？袁世凯之被逐，这是一项重要原因。其另一项重要原因，则大概与当时的亲贵争权有关。

刘厚生撰《张謇传记》，曾有一段话论及载沣罢斥袁世凯之事，说：

> 我研究载沣的罢斥世凯，并非个人的主张，亦非仓猝所决定。他早与亲密信任的皇族经过长时期的讨论，而后有此行为。一般人都知道，载沣是一个胆子很小、性情很懦而没有主意的人。他之决然罢斥世凯，一定经过若干人之策动与鼓励。据我推测，至少必有肃亲王善耆、镇国公载泽、贝勒载涛、载洵、毓朗五人在内。而他们罢斥世凯的目的，绝非仅仅报复戊戌之怨，而是打算收回世凯的兵权归满人统辖。

刘厚生所举的皇族亲贵五人之中，善耆后为民政部尚书，毓朗后为军咨大臣，载涛掌军咨府，载洵掌海军，载泽掌度支，都是宣统朝皇族中最为显赫有力的人物。其中载涛与载洵是载沣的亲弟，载泽有隆裕太后为其靠山，在五人中又为实力最强者。看这五个人在排斥袁世凯之后有三人出掌兵权，可知刘厚生的分析不无道理。

袁世凯在清代末年以训练新军之法创建北洋新军六镇，其将校人事悉出自袁之拔擢安排，无形中已将六镇新军作为袁的私人武力，环顾海内，更没有相当的力量来抗衡。铁良最初与袁世凯同时练兵，受其提挈而升至尚书。但因他是深具种族思想的满人，目睹当时革命党人排满之说甚炽，深恐袁世凯以汉人而久握兵权，非清王朝之福，所以他渐得慈禧倚信之后，就想逐渐收回袁的兵权。光绪三十三年改行新官制，废练兵处，设陆军部，铁良为第一任陆军部尚书，就以军队当归陆军部统辖为名，迫使袁世凯将六镇新军中的四镇交出。但北洋四镇虽改归陆军部直辖，陆军部却只能改换最高级的各镇统制（师长），标统（团长）以下的中级干部，则仍然是袁世凯的小站旧部，其潜势力依然不是借改制之法所能排除的。为了进一步达成收回兵权之目的，唯一的办法只有除去袁世凯。所以，由宣统年间亲贵典兵的事实看，排斥袁世凯以求收回兵权的说法很有成立的可能。当然，其最后的目的，更在借此而铲除袁世凯跋扈不臣、尾大不掉之势。这亦是载沣以至皇族亲贵们一致想要达成的心愿。

由于以上种种的因素，总而言之，袁世凯是被解除政权与兵权，逐归故里，闭门养疴去了。政治人物难免会因政治环境变易而遭受难堪的打击，袁世凯此时的遭遇正是如此。不过，袁世凯此时不仅是失意而已，若非载沣、张之洞等人的庸懦畏葸，袁世凯简直有杀身之危险。这只要看袁世凯遭斥之时，他的亲信人物如杨士骧、杨士琦的反应态度，即可知其一斑。胡思敬《国闻备乘》卷四，"三杨"一条说：

> 杨士骧之兄士燮，使酒好骂，以御史出为嘉兴知府，后升浙江巡警道。弟曰士琦，工笔札，诡谲多智，由载振引谒奕劻，遂充庆府谋主。三杨惟士骧才最庸，官位最高，摴蒲、六博、弹唱狎游、赌酒无所不好，不择地而入，亦不择人而交。袁世凯既内用，亏公帑过多，密保士骧继北洋任，与之约，有过相护，有急难相援。士骧奉命惟谨，虽例行小事必请命而行。及世凯解职，微服至天津，招士骧密语，士骧匿不敢见。外议汹汹，皆云监国痛恶袁党，杨氏兄弟且败。士骧大惧，益纵酒近女色，百事尽弛。一夕，宴客于庭，酒半，命客操弦，引吭高声大唱，曲未终，气绝仆地，痰哽不能言，遂卒。如

皋冒广生有《东阁诗》一首，即记其事。诗云："东阁宵深罢送迎，重烧巨烛擘银筝。田荒下濮归无计，铁聚神州铸已成。尚有绮罗怜少妇，自将游侠了生平。堂堂开府千秋事，唱到回簧是尾声。"

这所说的是杨士骧，另一段则记杨士琦。同书卷三，"北洋快捷方式"一条说：

> 世凯己酉罢职，星夜奔天津，士骧匿不见。其子克定撰一疏，求士琦代奏，士琦有难色……

杨士骧、杨士琦是袁世凯的亲信死党，亲信死党在此时的反应如此，可以想见袁世凯处境之危。只是载沣毕竟是顾虑太多而决断太少的无能之人，张之洞更怕这些少年亲贵行事太辣而"行将及我"，所以在载沣面前竭力为袁缓颊，于是，袁世凯得以安然回到洹上村去"养晦待时"了。此时的袁世凯，其心情及行事如何？可以抄一段《袁世凯逸事》中的记事：

> 袁自归田后，与朝贵往来不绝，而庆亲王尤其所媚事者也。时王为军机大臣首领，朝廷事无大小必咨之而后行。屡思为袁言于摄政王俾再起用，然摄政王知袁一出，必不利于皇室，隆裕太后尤恶之，故袁伏处河南彰德三年余，绝无出山之望。而其雄心不死，常卑词厚币以结老庆，又令徐世昌、荫昌等为之疏通。遇有达官贵人往来于京汉铁道者。袁必令其长子克定至车站迎送，故官僚派中人多誉之。

袁克文撰《洹上私乘》，说袁世凯在斥归之后，在洹上筑养寿园，

"种花移木，筑石诛茅，觞咏其间，辄忘岁月"。由上文看来，所说显然不是事实。《洹上私乘》书后附有袁世凯此时与沈祖宪、凌福彭、闵尔昌等人所作的《圭塘唱和诗》，时作耽意渔樵、忘情物我之想。但柴萼《梵天庐丛录》中却收有一首他的诗，对比而读，亦殊有趣。袁诗云：

> 乍赋归来句，林栖旧雨存。
> 卅年醒尘梦，半亩辟荒园。
> 虽倦青云路，鱼浮绿水源。
> 漳洹犹觉浅，何处向江村。

又一首云：

> 曾来此地作劳人，满目林泉气象新。
> 墙外太行横若障，门前洹水喜为邻。
> 风烟万里苍茫绕，波浪千层激荡频。
> 寄语长安诸旧侣，素衣早浣帝京尘。

集中诸作，大都类此口吻。《梵天庐丛录》所收诗，即和答袁诗之第一首，仍用原韵，诗云：

> 渔父本非忘世客，几时错入武陵源？
> 卅年未醒梦中梦，万里犹留园外园。
> 百战山河雄主去，一蓑烟雨钓舟存。
> 花开花落春如故，莫问当年旧水村。

此诗不知为何人所作，诗中意旨不但语涉讥讽，而且寓有警告之意，足以想见当时人实在很难相信袁世凯真能甘心以林泉归老。所以，袁的诗中虽然竭力描摹掩饰，聪明人却绝不相信。袁世凯本是一个功名事业之心极重，权力欲望极强之人，他在被斥放归之后，不得已而故作淡漠之状，以示与世无争，这本来也是一般政治人物之常态。说穿了，这些诗也只是如此而已。真实的情形是，袁世凯此时虽然退隐彰德洹上，在京中仍有他的许多耳目。例如在光绪、宣统之间一直担任民政部右侍郎的赵秉钧，在宣统元年闰二月虽因袁党身份而被迫休致，但此人长于情报与组织，经由他一手建立并训练而成的警察系统仍有他的势力。运用此一势力，便可充分刺探重要军政人物的动态，以供袁世凯了解研究。而袁世凯虽罢，他的另一个替身人物徐世昌却于宣统二年七月再入军机，在朝中充任他的耳目，于载沣及亲贵人物的一举一动，观察得更为明白清楚。凡此，对于袁世凯筹划将来出处，自然可有帮助。何况北洋新军系由袁世凯一手训练而成，军人的思想比较单纯，他们平素视袁世凯为首领，即使袁世凯政坛失意，他们也不会像杨士骧兄弟那样现实得但求自保身家，毫不顾及昔日的"故主"之情。袁世凯有这些政治本钱，也尽可以在洹上假作忘情世事，养晦待时，观衅而动。何况摄政王载沣和那班少年亲贵见识寡陋，轻躁无谋，凡所举措，在有意、无意之间往往为袁世凯制造再次出山的机会。如宣统二年二月之罢免铁良，以荫昌代为陆军大臣一事即是。

清代末年的满人，才识明敏而思想开通的极少。铁良不但是这少数几个开明人物之一，而且曾留学德国，谙习军事学识，在排除袁世凯之后，很可以作为继统北洋新军的首领。但是，当时出任军咨大臣的载涛却认为铁良气度褊狭，不能容人，由他来担任陆军大臣，很可能因排斥袁系人物过力之故，反而促成北洋新军中袁世凯势力之团结，实为无益有害之事。所以照载涛的想法，要使军权集中于政府之手，必须采取双管齐下的办法，即一方面怀柔北洋新军中的袁系人物，使他们能够听命于中央，另一方面则多方延揽外国留学生，大肆扩建新军，使北洋军不致成为唯一的军事势力。基于此一考虑因素，所以载涛不但在各省成立督练公所训练新军，也把铁良从陆军大臣的宝座上换下来，另外叫亲袁的荫昌去担任。他的想法是荫昌与北洋新军的关系比较好，稍假时日，当可收北洋的军力为己用，到了那时，袁世凯就没有翻身的机会了。殊不知，这一计划立意虽好，奈荫昌非其人选何？

荫昌是清末的留德军事学生，与铁良同为满人。只是铁良富有种族思想，念念不忘于排汉强满，而荫昌似乎没有。清亡之后，袁世凯先做总统，继为皇帝，背叛民国，成为国家民族的罪人，而荫昌则因本为袁系人物之故，虽然身为满人而理应效忠清朝皇帝，却在洪宪朝廷中做起高官显要来了。刘禺生所撰的《洪宪纪事诗本事簿注》有一段关于荫昌在洪宪朝廷中的描写，说：

> 帝制议起，项城在西苑成立警卫团，自为团长，副官、营连长皆以中、少将领之，为帝国军队模范先声。初，项城鲜着戎服，黎元洪则终日全身披挂。自警卫团组成，项城每周着大元帅服亲临训练。一日，莅该团行大阅兵礼，将校、士卒，均着军礼服。校阅礼成，护送大元帅回居仁堂，行全团照像典仪。项城升帐，高踞宝座……座侧立大礼官荫昌，雄冠白羽，红甲金缎，其威严犹兵部尚书时奉两宫阅南苑火器营内操大典也。

这一段话的后面几句把荫昌描写得实在太不堪了些，但也十足写出了荫昌之贪恋权势利禄而不识廉耻为何物的实际情形。荫昌的品德如此，其人之贪生怕死而临难苟免的情形可想而知。何况他本人实在并无驾驭北洋新军之能力。于是，当武昌革命事起，摄政王载沣命荫昌率新军二镇南下"讨伐"，而荫昌却无法完成使命时，袁世凯的出山机会就到了。白蕉撰《袁世凯窃国记》，对此事有一段颇为简明扼要的叙述，说：

> 八月二十一日，清廷命陆军大臣荫昌督师南下，袁暗中发了一声冷笑。不久，冯国璋过彰德请训，袁授以"慢慢走，等等看"六字要诀，荫乃深感尾大不掉之苦，迟迟不敢出发。庆亲王乘机入奏，请起用袁世凯会同荫昌调遣各军，清廷乃于二十三日授为湖广总督。袁以"足疾未痊，难肩重任"却之。庆亲王叫徐世昌于二十九日微服到彰德探询袁的意思，袁说："要我干呢，未尝不可；要我干得好，须听我的。"徐跑回北京，假装一副不乐意的表情说："不成不成。我们叫荫督师快赴前线吧，没有他不见得不能打仗。"他把袁的条件说出：要总揽兵权，要召开国会，要组织责任内阁，要宽容革命党及武汉起事人物。袁的用意是：利用革命党对付清朝，再留着清朝对付革命党，造成"洹上钓徒"的第三者地位："清朝一天不答应，我就一天不出山。"徐的用意是，叫荫昌到前线碰碰钉子，不愁清朝不乖乖钻入袁的天门阵。清廷已采取怀柔政策，但是袁的条件太苛，乃促荫昌出马一试。自八月下旬至九月初，荫的号令不行，在孝感急得满头大汗，同时南方各省纷纷独立，清廷慌了手脚，不得不接受袁的一剂苦药，于九月初六日解除荫昌督师职务，第一军交冯国璋总统，第二军交段祺瑞总统，命袁以钦差大臣节制水陆各军。

上面所记的日期，都是阴历。按，武昌新军起义，在阳历十月十日，阴历则为八月十九日。自革命事起至袁世凯受命为钦差大臣，中间整整相隔十八天，亦就是荫昌以陆军大臣督率北洋新军二镇南下讨伐而号令不行、停滞不进的时候。由于荫昌之号令不行，南下的北洋军顿兵不进,武汉方面的革命军得到了充分的准备,而且各省纷纷响应,以致原本单纯的情势因此而变得十分复杂。摄政王载沣束手无策,自然只好接受袁世凯所提出的条件。所以,袁世凯在此时由湖广总督一变而为钦差大臣督师,就是他对摄政王载沣实行报复的初步胜利。再后来,他迫使摄政王载沣以藩王身份归邸,国政归由他以责任内阁总理身份处理。其实行的步骤与其中秘辛,则可以从陈夔龙《梦蕉亭杂记》所述见之。

> 辛亥八月武昌发难,总督出走,余适在病中。警报传来,以鄂系旧治,深悉彼中情势,密电枢垣,谓川督岑君春煊带队入蜀,计时已在鄂中,请旨褫鄂督职,责令收复省会。鄂垣兵变,仅一小部分,速电饬带兵统领督率南湖一带各军,并汉口驻扎军队力图规复。陆军第二镇第一协全部现驻保阳,实时下动员令,京汉快车两日一夜可达汉口,直逼武昌,以壮岑军声势。彼系乌合之众,人心未定,收复不难。而枢府不报也,但责令陆军部编一混成镇,有此军步队参以彼镇马队者,有彼营辎重参以此营马匹者,混沌杂糅,故缓师期,卒致兵与兵不相习,将与将不相识。迟之又久,始报启程。迨抵汉口时,鄂中叛党布置完备,羽翼已成,公然誓师抗顺,大局不可问矣。项城赋闲已久,乘机思动,其门生故旧遍于京师等处,不恤捐集巨款,输之亲贵,图谋再起。监国惑之,未能一意坚持。项城一出,而清社遂屋矣。当其奉命督师也,徘徊于豫、楚之间,不能直入鄂境,卒以夤缘组阁,遄回京师,大权独握,修前日之怨,力排监国去之,政由己出,东朝但司用玺而已。

这一段话对于当时的"责任内阁"总理奕劻及协理大臣徐世昌二

人甚有贬词。果如所说，则当武昌革命事起时，奕劻与徐世昌之应付失当，诚然有故意为袁世凯制造机会之嫌。至于下一段文字中所暴露的袁世凯与英国公使朱尔典互相勾结，借革命军之声势自重身价，逼令载沣退位归藩，尤为一般官书所不载，续为引述如下。

当项城之由鄂北上也，行使内阁权力，前方军事责成冯国璋督办。冯军先占据汉阳赫山，拊龟山之背，汉城收复，指日间事。项城京寓电话处学生与津署电话学生本系素识，私电传来，余喜甚，以正式电话询之项城。讵复电云："未得鄂中确息。"其志不在恢复，可为骇异。迟之又久，始悉汉阳业已克复，余急电冯，请其率得胜之军直捣武昌。冯复电谓，汉口江岸缺少船只，不能径达省城，且奉京电，已有英国公使出任调和，北军暂在汉阳驻扎，不得越雷池一步。余闻之愤甚，急电项城，略云："所谓调和者，两方居同等地位，始各有开议资格。现今革党皆我臣民，作乱犯上，自取屠戮之戚。我军已得汉阳，与武昌仅一江之隔，党人已闻风丧胆，汉江沿岸，船只何止千艘，顷刻即可飞渡。武昌若复，中外人心大定，沿江下游各行省亦得所屏蔽，不致望风而靡。即为应酬调人起见，何妨俟武昌收复后再行开议，声势既壮，折冲樽俎，尤易为功。"项城无从置喙，但云："既经英使调处，不宜径行用兵。"事机一失，连江若赣、若皖、若苏、若宁、若沪纷纷独立，遂致不可收拾。又以监国临朝，不便为所欲为，贿通贵戚胁迫东朝勒令摄政王退位。以余现任北洋，凡事作梗，密遣使以甘言相饵，谓余坐镇津地，于各省独立之会，独能捍卫疆土，最著勤劳，行将有宫衔黄褂之锡。但大势群趋共和，一方岂能立异？谓余交谊最敦，近因政见稍歧，各行其是，不能相强。所虑津、沽一带党人密布，手枪、炸弹，防不胜防，窃代为忧之。余谓与项城比肩事主，现值国家多难之秋，正我辈竭忠受命之日。内阁关系全国，项城任之，北洋领袖各行省，余任之。项城谓与余政见不同，诚为知言，余始终惟知有国家，期不负三朝恩遇而已。项城虽日以暗杀为能，侦骑密布，卒亦无如余何也。

当时的陈夔龙乃是清朝的直隶总督兼北洋大臣，驻节天津。他虽然也是奕劻的党羽，但还是抱着"食君之禄，忠君之事"的老观念，觉得袁世凯不应该以清朝臣子而挟革命党人以自重，所以对袁不免有所责难与期望。殊不知，此时的袁世凯已经不是光绪三十四年被放逐归里时的袁世凯了。光绪三十四年时，袁世凯虽有专权跋扈之迹，究竟尚无不臣之心，而此时则已显然有此倾向，其中原因，《凌霄一士随笔》中曾有记述，说：

> 尝闻人言，袁氏入都组阁，日使某氏与袁有旧，首请见，密询意志。袁氏力言靖乱报国，之死靡他，忠诚溢于言表。某氏曰："信乎？"袁益指天日为誓。某氏辞出，遂以达之于其政府。英使朱尔典，与袁交最深，比来见，但叙契阔，初不及他。且云："忆曩者政府以三寸纸逐公出，吾以为从此不获相见矣，不图今更相晤于此也！"袁为之变色，自是以计覆清。而日使某则恚袁见欺，交谊遂绝。民国成立后，袁犹数与通书，竟置不答云。斯亦足备治旧闻者之参考（原注：袁之入都，对往见者均自矢忠诚，义形于色，故说者或谓，初意犹非必欲覆清云）。

袁世凯在与革命党的和谈中，以促成清室之退位为条件，交换革命党人之推袁为大总统。在与清廷交涉时，又挟革命党之声势为威胁利诱之资本。终于他在两面取巧的情势下，使清皇室与革命党双方面都觉得袁世凯是有功之人，于是他乃由清朝的内阁总理大臣，一变而为民国政府的大总统。由上引《凌霄一士随笔》的记事看，似乎袁世凯决定要利用革命情势为自己谋取政治利益，便是由朱尔典这番挑拨性谈话促成。揆之事实，似乎又不尽然。刘厚生撰《张謇传记》，曾经说到张謇在宣统三年五月由江苏转道汉口，乘京汉铁路火车前往北京时，曾顺道前往彰德访袁，他在当时与袁世凯的谈话，就对"辛亥革命"以后的袁世凯发生了极大的启发作用。这一段记事极为重要，关心袁世凯历史者不可不知。下文摘叙《张謇传记》中有关此事的记述，以便与其他资料互相研究比较。

《张謇传记》中说，光绪末年，张謇已被选为江苏省咨议局的议长，不但在地方上极负众望，而且是各省咨议局视为泰山北斗般的人物。江苏咨议局中另有雷奋、杨廷栋二人，皆是留日学生中主张实行宪政的优秀分子，与张謇的交谊亦极为深厚。当时的各省议会觉得清政府空言立宪，毫无诚意，自宣统二年起，数度向清廷请愿，要求速开国会，实行宪政，措辞甚为激烈。清政府一方面斥为"危词耸听，居心叵测"，一方面实行徒具形式的新内阁，以换汤不换药的把戏欺骗舆论，敷衍了事。这就是宣统三年四月所成立的奕劻内阁，其中成员，皇族亲贵多至五人，以致人民普遍失望。直隶咨议局于这年六月呈请都察院代奏，谓皇族内阁不合君主立宪公例，要求另行组织，以重宪政，而固国本，尤足代表各省咨议局之公意。在此之前，有某省咨议局派代表二人至南通访晤张謇，要求张謇亲至北京一行，借以观察实际政治情况，交换意见，以决定各省咨议局对国是应取之态度。张謇同意了此一邀请，又约同雷奋、孟森、刘厚生等一同北上。由于刘厚生的建议，他们的北上行程取道汉口转京汉铁路，中间经过彰德，因此而有宣统三年五月的张謇、袁世凯之会。此时的袁世凯蛰居彰德，而距辛亥革命之发生尚有三月之久。

刘厚生主张张謇此次北上时，应顺道往彰德访晤袁世凯，雷奋亦绝对赞同，这是基于什么理由呢？据刘厚生所说，当时他和雷奋都深深地感到，由于时代潮流的演变，腐败的清政府势必将要倾覆。假如爱好和平的各省咨议局议员都不肯出头管事，势将造成天下大乱，人民涂炭，届时的局面必定不可收拾。为了应对此一可能情势，他们认为，必须及早物色一个可以出当大任的政治人物，由全国民意机构给予充分的支持，要求他善用此一力量向清政府争取宪政之实现，庶可避免使国家陷于混乱，其于社会元气之保存，功劳不小。张謇接受了刘厚生和雷奋的意见，当五月十四日下午七时车抵彰德时，袁世凯派了副官和轿子在车站迎接，直到翌日凌晨三时方才回到车中。就因为张謇和袁世凯曾有这一番晤谈，使得袁世凯深深了解，假使他以实行共和、推翻清廷为目的，必可得到各省议会的普遍支持。下面抄录《张謇传记》中的文字，以见袁世凯此时的态度及后来反应如何。

《张謇传记》第三章第五节：

　　读我此传记的人，或者会有疑心，张謇不过是一个书生，并没有多大势力，袁世凯是一个罢斥的官吏，亦无实在权柄，怎样两人一夕之谈，竟能决定清廷之命运呢？事实是张謇本身并无势力，而当时咨议局的议员，确是各省社会的优秀分子，确能有领导当时一般社会的能力，而张謇的声望又足以领导各省咨议局。世凯虽身居彰德，其蓄养的政客甚多，岂有不知近情。至于世凯呢，自身有一手训练的精兵十余万人，世凯虽在彰德，仍有猛虎在山之势，亦为张謇所十分明了。当张謇初晤世凯时，世凯对謇的来意不明，谈吐之间，一味闪避。后来完全明了謇的本心，不由得不把自己的意见略略吐露，说："有朝一天，蒙皇上天恩，命世凯出山，我一切当遵从民意而行；也就是说，遵从您的意志而行。但我要求您，必须在各方面把我的诚意告诉他们，并要求您同我合作。"

这一番话在表面上看不出十分明显的意义，那当然是因为双方都为自己的身份和立场所拘，不敢有公然"叛逆"的言论之故。事实上，袁世凯在那时已明白了张謇所带给他的民意支持，知道这是一项可以用来挟制清廷的政治资本，所以欣然表示接受。在张謇，或者以为袁世凯已经被他说服，愿意为国家和社会贡献他的力量了，殊不知，此时的袁世凯心中所想的并不与张謇一样。所以，张謇所带去的民意支持，后来恰好被他利用来拉拢革命党人，要求他们拥戴他为民国大总统，有了这一保证，然后他又可以用各种手段去胁迫清室退位，以获得他自己的政治利益。如此说来，他在接见日本公使时所表示的"力言报国，之死靡他"，完全只是他的做作，而英国公使朱尔典的话恰恰刺中他的隐痛，所以不自觉地流露出他的切齿痛恨。若要说到他的立志覆清便是因此事而决定，显然不能完全符合事实。

以上所述是袁世凯在辛亥革命发生前后的政治立场与态度。至于他如何利用双方的关系以达到他之政治目的，亦可以《张謇传记》中的叙述来代做说明。张传上述文字之后，续云：

> 由于世凯基于个人阴谋出发，所以对于张謇所允许之诺言，倒是表现得丝毫没有反悔。一，他把汉口、汉阳攻破之后，若要攻取武昌，易如反掌，但他没有这样做。二，当张勋在南京受攻时，他若派清江、徐州的军队两路过江援救张勋，至少可以守住南京，但也没有这样做。三，派唐绍仪到南方议和时，他很秘密地叮嘱绍仪："到上海后，必须想法先与张謇见面，你得告张謇，我必尊重他的意见行事。"唐绍仪先到汉口与黎元洪晤谈一次，不得要领，遂到上海，另派蒋廷干在汉口与元洪接洽。绍仪到上海时，首先访问赵凤昌，要求

凤昌密约张謇在凤昌宅中见面。绍仪先述世凯诚意，但已吐
露南方须举世凯为总统之要求。后来黄兴与中山先生先后到
沪，亦即在凤昌宅中会谈，甚至革命军方面全权代表伍廷芳
亦每晚到赵宅晤面。至于双方代表之公开会议，不过是一种
形式而已。

以上文所说与前引陈夔龙《梦蕉亭杂记》相互对照，当可知道，
袁世凯之所以按兵不动，正是因为他与张謇及革命军方面都有了默契
之故。在这种情况之下，袁世凯挟持了他的北洋军作为实力后盾，以
与革命军讨价还价，又以革命军的声势向清廷多方要挟，自然可以予
取予求，变清朝内阁总理为民国之总统。民国肇建，人称袁世凯亦是
大功臣，说穿了，只不过是他一贯的欺诈手法之运用而已。

袁世凯的一生，惯以权谋欺诈之术为自己升官发财之用。试看他
自朝鲜发迹以至成为民国总统，凡是他所经历的大小事情，无不借此
手法以达到其结交权贵、欺世惑人之目的，结果乃使他的政治事业日
见飞黄腾达，不但在最后由总统而变为皇帝，并且以一身而为北洋系
人物的首领，影响民国政治者达十余年之久。这样一个重要人物在近
代史以至现代史上的关键性影响，当然很大。只是，叙述袁世凯在民
国以前的历史，即使极力以简洁的方式叙述，亦已长达七万余字，看
起来仍不免使人觉得累赘。因此之故，我想再在文末抄录一通梁鼎芬
参劾袁世凯的奏疏，以作为本文的纲要式说明。因为，梁鼎芬之目的
虽在参劾袁世凯，其奏疏内容却无异于袁世凯的生平简介。梁鼎芬的
奏疏上于光绪三十三年丁未，其时正是庆、袁势力达于鼎盛之时，因
此梁疏首请加庆王奕劻的养廉银每月三万两，以便奕劻可以摒绝苞苴，
专心政务。至于劾袁之奏，则语极耿直，云：

直隶总督袁世凯，少不读书，专好驰马试剑，雄才大志，

瞻瞩不凡。以浙江温处道钻营得骤升侍郎、巡抚。抚山东日，能办事，安奠境内，有声于时。我皇太后、皇上回銮，迎驾有功，擢至今职。其人权谋迈众，城府阻深，能谄人，又能用人，卒皆为其所卖。初投拜荣禄门下，荣禄殁后，庆亲王奕劻在政府，三谒不得见，甚恐。得杨士骧引荐，或云，以重金数万，又投拜奕劻门下，不知果有此事否？然自见奕劻后，交情日密，言无不从，袁世凯之权力，遂为我朝二百余年满汉疆臣所未有。奕劻本老实无能之人，当用途浩繁之日，袁世凯遂利用之。老实无能则侮之以智术，日用浩繁则济之以金钱，于是前任山东学政荣庆、北洋练兵委员徐世昌，袁世凯皆以私交荐为军机大臣矣。枢府要密，出自特简，而袁世凯言之，奕劻行之。贪庸谬劣、衣冠败类之周馥，袁世凯之儿女姻亲也；奢侈无度、声名至劣之唐绍仪，市井小人、胆大无耻之杨士琦，卑下昏聩之吴重熹，亦皆袁世凯之私交也；使之为总督，为巡抚，为侍郎，而袁世凯言之，奕劻行之。尤可骇者，徐世昌无资望，无功绩，忽为东三省总督，其权大于各省总督数倍；朱家宝一直隶知县耳，不数年，署吉林巡抚；皆袁世凯为之也。袁世凯自握北洋大臣、直隶总督重权，又使其党在奉天、吉林皆有兵权、财权，皇太后、皇上试思，自直隶而奉天，而吉林，皆袁世凯兵力所可到之地，能不寒心乎？幸段芝贵不到黑龙江耳！袁世凯挥金如土，交结朝官过客与出洋学生，有直隶赈款数百万两、铁路余款数百万两，供其挥霍，故人人称之。臣尝读史，见汉、晋已事，往往流涕。如汉末曹操，一世之雄，当其为汉臣时，有大功于天下，不知篡汉者操也。晋末刘裕，才与操埒，当其北伐时，亦有大功于天下，不知篡晋者裕也。前者微臣来京赐对之时，亲闻皇太后、皇上屡称《资治通鉴》，其书甚好，时时阅看。今此两朝事，治乱兴亡之故，粲然具陈，

开卷可得也。袁世凯之雄，不及操、裕，而就今日疆臣而论，
其办事之才，恐无有出其上者。如此之人，乃令狼抗朝列，
虎步京师，臣实忧之。且闻其党羽颇众，时有探访，故无敢
声言其罪者。今新内阁将成，时日无多，安危在目，臣不敢
自爱其官职，并不自爱其性命，无所畏惧，谨披沥密陈。

梁鼎芬在清亡以后过着标准的遗老生活，不做民国之官，惓惓不忘故主，虽愚忠可悯，其志节则颇有可称。如袁世凯先是计骗清朝江山，继则背叛民国，帝制自为，固不足论；即以清朝大官而后来又为洪宪朝廷的从龙之臣相比，梁鼎芬的操守高尚多了。他奏劾袁世凯的此疏，在现在看来，宛如在为袁世凯的前半生事迹做一总评，而预见其将来必有不臣之心，在当时不啻是烛见机先，謇谔敢言。只是，当时的慈禧太后似已老朽糊涂，对于如此直率的谠论危言，竟然若罔听闻，那就难怪庆、袁势力之笼罩一世了。

袁世凯做了民国总统以后的事迹已属于民国史的范围，本文因为限于全书之体例，不再深谈。剩下来所应予补述的，乃是奕劻方面的未完事迹。

辛亥革命发生以后，摄政王载沣为了预防袁世凯对他的报复，本来不敢再起用袁世凯，只因奕劻一力举荐，并保证袁世凯的忠诚，这才使载沣和隆裕解除戒心。却不料袁世凯掌握政权以后的举措，完全与奕劻的保证背道而驰。于是，奕劻在皇族中被视为出卖祖宗，自亲贵以至宗室，无人不加诟骂。于是，奕劻赶紧到天津去买屋避居，以免日夕与皇族中人相见。他的宦囊甚丰，积资千万，因此一直可以在天津租界中过着富贵自如的寓公生活，与清皇室的休戚互不相关。民国六年病死，逊帝宣统赐谥曰"密"。按谥法，"追补前过曰密"，于其人之功绩无可称，所以"密"字实在是谥法中的"下谥"，不但毫无褒美之意，而且只比恶谥稍胜而已。以奕劻一生贪庸琐鄙的事迹而言，

不蒙恶谥，还算是宣统不念旧恶、皇恩浩荡。至于他那个宝贝儿子载振，则因奕劻生前曾得"世袭罔替"的亲王之封的缘故，宣统小朝廷在奕劻死后，也封了他一个"庆亲王"。只是，这已是民国时所封的清朝爵位，虽好听却无尊荣可言。奕劻的遗产虽多，由于载振之浪费无度，及其子溥钟、溥锐之不善经营，在费行简撰写《近代名人小传》时，据说"其资已罄尽"了。悖人之财，类多悖出，奕劻一生贪财务得，其结果如斯，说起来岂不是也太没有意义了吗？

第五章

瞿鸿禨与岑春煊

瞿鸿禨

岑春煊

以一介书生而敢于在庆、袁势力滔天之时出来反抗，瞿鸿禨的胆识与抱负很值得后人钦佩。只可惜袁世凯手下的智囊太多，瞿败袁胜，从此清末的政治便无可挽救了。

在光绪末年，岑春煊以强项勇悍著称于世，在当时的内外大臣中，只有他的声望可以与袁世凯相匹敌。所以瞿鸿禨策动倒庆倒袁计划时，要以岑春煊为重要的帮手。入民国后，岑春煊还在广东主持过反袁运动。

瞿鸿禨与岑春煊

◆

在没有进入本题之前，笔者需要引叙康有为题在瞿鸿禨遗像上的三首诗，以作为本文的缘起。诗云：

> 清癯风骨过来人，岩电光芒烂有神。
> 风度楼前频仰望，长沙如见曲江春。

> 十年黄阁事艰关，去佞之难过拔山。
> 若使劾袁功得就，岂看龙劫血斑斑。

> 三犯龙鳞敢举仇，爱才爱国有深忧。
> 频陪绿野须眉白，遗像清高憾未酬。

康有为题这几首诗的时候，是民国九年的二月，那时清朝早已亡了，袁世凯的洪宪帝制也已成为历史名词。袁世凯的狼子野心不但使清朝因此倾覆，新建立的中华民国亦大受其害。抚今思昔，不由得使康有为在看到瞿鸿禨的遗像时，回想起他当年与岑春煊联合起来希望扳倒庆、袁的那一段往事。"若使劾袁功得就"，清政权之覆亡与否固然是另一回事，至少袁世凯因帝制自为而致为祸民国的那许多罪恶，就不大可能在民国史上上演了。由于瞿鸿禨当年曾与岑春煊有过这一番计划远大的政治活动，其成败与否直接影响到清末历史的演变趋向，所以，他们当时虽不是政坛上的第一号重要人物，他们的事迹仍然值得提出一说。又因为瞿、岑二人此时是联合在一起对抗庆、袁的战友，所以即使他二人的出身、仕履、思想、事功都迥然不同，也还是需要把他们放到一起来写，以免重复叙述之弊。至于康有为的第一首诗中所描写的瞿鸿禨容貌，读者可从前面所附的相片中见到。第三首诗中提到瞿鸿禨在秉政以后，曾三次向慈禧太后保荐康有为，后来更是造成瞿鸿禨政争失败的第一重要因素。康有为在这件事上对瞿深致钦佩，我们在谈到瞿鸿禨倒袁失败的往事时，对此更应特别注意。

说过了开场白之后，以下就要先叙瞿鸿禨的简史，借以说明他的家世、出身、仕迹，以及进入政治中枢的大致情形。

瞿鸿禨，字子玖，号止庵，湖南善化人。清代的善化县与长沙县同城，民国后并入长沙县。说得具体一点，瞿鸿禨应该是湖南长沙人。长沙是湖南的省会所在地，文风最盛。所以，瞿家之选择以"儒"为业，冀求在读书应举中谋得显亲扬名的荣身之路，正是十分普通的事。不过，瞿鸿禨家族虽然世代读书，其发达还是鸿禨父亲一辈的事——鸿禨之父元霖，曾中咸丰元年辛亥科举人。在此以前的瞿家先世，一般的科举功名不过只是生员（秀才）而已。到了瞿鸿禨时，由于父老督责极严，居然在十七岁就进了府学，二十一岁中举人，翌年，更联捷成进士，改庶吉士，入翰林，时为清穆宗的同治十年辛未。这在瞿家来说，自是十分光荣得意之事。然而，瞿鸿禨能致此，正复不易。朱启钤撰《姨母瞿傅太夫人行述》中有关于这方面的记述，说：

> 瞿氏先人之懿行，积德累仁，郁而弗昌者，再世始光大于文慎之身，其来有自，而成之实艰也。鲁青先生及见叔季两子登贤书，叔子春陔先生即文慎赠公，怀才卓厉，屡上春官不第，入资为刑部主事。值咸丰庚申淀园之变，百官星散，

> 先生虽属下僚，感愤不已，触发肝炎，浸至失明，弃官归田，一意以课子为务。文慎甫当舞勺之年，遍课群书，必以成诵为程，小不当意，严谴随之。常以天晓为窥椠伏案之候，既有目眚，往往误以残月为曙光，家人惮，弗敢进言也。

"文慎"是瞿鸿禨后来的谥号，鲁青先生是瞿鸿禨的祖父岱博。瞿鸿禨的父亲名元霖，即是文中所说的春陔先生；咸丰庚申淀园之变，则是指英法联军焚烧圆明园之役。这一段话，说明瞿鸿禨的父亲元霖在丧明之后，由于望子成名心切，督责极严，至以半夜之残月为黎明破晓，以致瞿鸿禨早年时的读书异常辛苦。虽然后来功名得就，这种异乎寻常的劳瘁毕竟是难以忍受的。

瞿鸿禨在同治十年中二甲进士，庶吉士教习期满后，散馆考试及格，照例授职为翰林院编修。光绪元年大考翰詹，瞿鸿禨考列一等第二名，超擢翰林院侍讲学士，充日讲起居注官。这年，适逢清德宗的登基恩科，派充河南乡试的正考官。翌年更授为河南学政。光绪五年，鸿禨因母病故，循例丁忧。光绪七年服阕入都，仍补翰林院侍讲学士。至第二年，父元霖亦卒，于是瞿鸿禨又丁父忧，直到光绪十年服满起复，方才回京供职，仍补原官。光绪十一年五月，奉派为浙江学政。自此以后，到光绪二十六年，瞿鸿禨曾一充福建乡试正考官，一任浙江学政，再任江苏学政，他的官职亦由四品的侍讲学士渐升至二品的礼部右侍郎。

清代的翰林以点考差及派学政为最好的差使，一则宦囊丰盈，二则不碍升转。陈三立撰《瞿鸿禨墓志铭》，说他在二十余年之间，"奉使按试，及五行省，所至以研经籍，通时务，课士得才为盛。而黜供张，绝请谒，严止胥役索扰，尤以清德孤操称天下"。由于他的清德卓著而学识优良，渐渐地使他具备公辅之望。光绪二十六年"拳乱"事起，两宫西狩，随扈的军机大臣载漪、刚毅、启秀、赵舒翘四人因祖拳助乱的罪名同时被罢黜，在军机当值的只剩下荣禄和王文韶，枢务需人，因此瞿鸿禨遂因荣禄的推荐，由礼部右侍郎升授都察院左都御史，改工部尚书，命之前往陕西行在供职。二十七年正月至西安，即命在军机大臣上学习行走，正式入参枢务，这一年瞿鸿禨五十二岁。

自光绪二十七年七月到光绪二十九年三月，当国的军机大臣是荣禄。荣禄对于笔墨文翰并不擅长，所以，在军机中实际担任承旨撰敕的秉笔枢臣是瞿鸿禨。其后虽然换了庆王奕劻"领枢"，军机大臣又多了鹿传霖与荣庆二人，但由于瞿鸿禨出身翰林，文笔甚好，慈禧太后又对他信任有加，所以瞿鸿禨仍是军机中的秉笔。此外，因瞿鸿禨以军机大臣而兼外务部尚书之故，在日俄战争结束后主持对日交涉，为中国争回权利甚多，亦可以称得上是识见明敏而颇有建树的人物。不过，这些都不足以构成他在清末政坛上成为关键性人物的条件。他之成为清末政坛的关键性人物，是由于他在袁世凯的势力炙手可热之时，敢与岑春煊联合起来与庆、袁二人为敌。事虽不成，而其影响所及，却是清代末年政局演变具有关键性的重要因素。因此之故，在约略介绍瞿鸿禨的生平略历之后，便要再来介绍岑春煊的出身与背景了，以便对他们二人的后来行动做合并叙述。

说到岑春煊，其人大有来历。他虽然不像瞿鸿禨那样具有高尚的出身与清贵华要之仕履，但因他是"名父"之子的缘故，很早时便因耿直有为而崭露头角。他在早年虽有纨绔恶少之名，到后来却俨然是一个"社稷之臣"的模样。二者相比，瞿稳重而岑鲁莽，瞿长于文学而岑娴于军旅，瞿文弱而岑勇猛，瞿工于筹划而岑行事粗率。两人在性格与行为上都是截然不同的两种类型。若不是为了排斥袁世凯的相同目的，这两个人无论如何都不可能成为意气相投的同志。这一层说起来倒是很有趣的。

所谓"名父"之子，意指岑春煊曾有一个声名煊赫的父亲。岑春煊的父亲岑毓英，在同治、光绪之间是颇为有名的人物，而岑春煊自己的表现也很不差，父子继美，遂使岑家的声名更为鼎盛。但若以岑春煊的事功与他父亲相比，则岑春煊的成就看起来倚赖命运的照顾更多。就这一方面而说，岑春煊的实际表现似乎要比他的父亲差一些。

岑家的祖先是浙江余姚人，北宋时随狄青平蛮有功，分封为广西的土司，因此就成了广西的土著。岑春煊的上代本是上林峒长官司的土官，世代相袭。到了清乾隆时，清政府实行"改土归流"，上林峒长官司被取消，岑家成为广西西林县的普通老百姓。岑毓英是秀才出身，在咸丰六年时统率乡勇赴云南剿匪平判有功，逐渐由县丞叙功晋升至知府，自此发迹，建立了他此后的赫赫武功。

滇回作乱肇因于汉人对回族的歧视，其时间则与当时的西北回乱相配合。平定西北回乱的功臣是左宗棠，平定云南回乱的功臣则是岑毓英。左宗棠平回有朝廷全力支持其军械、粮饷，只要军队的士气昂扬，战力强劲，乱事必有可平之日。岑毓英平回则没有这么优越的先决条件。当时云南全境溃败，巡抚潘铎被杀，总督张凯嵩不敢到任，清政府则因应付西征粮饷万分竭蹶之故，没有能力再支持云南方面的军事，所以乱事继续了十多年，始终无法平定。叛回的首领杜文秀在大理建号立国，俨然将云南变为化外之地。历任的总督、巡抚都因无兵无饷而无法平定乱事，最后调来的一个总督名叫刘岳昭，他倚重统带粤勇前来云南打仗的岑毓英，以募练滇勇及附征谷厘的办法解决了兵、饷两方面的困难，而岑毓英十分勇悍善战，终于能以云南本省的人力和财力戡定乱事。自咸丰六年至同治十二年，岑毓英在云南境内转战十八年之久，他的官职由县丞历升至云贵总督，其一生功业都在此奠定基础。至光绪十五年卒，赠太子太傅，赐谥"襄勤"。毓英有子五人，岑春煊居第三。由于他早在光绪五年就曾捐官主事，在工部当差，到光绪十一年又考中举人，奉旨以郎中在部候补。岑毓英病故，诸子例可邀恩奖叙，所以，岑春煊在光绪十八年服阕回京之后，就奉旨补授为光禄寺少卿，再迁太仆寺少卿，具备了四品京堂的身份。到这一段时间为止，岑春煊的官职颇得其父毓英之余荫。这是因为清代末年的捐官制度甚为浮滥，捐资候补的郎中、员外、主事等官充斥各部，数十年难补一官。岑春煊若非叨其父之余荫，要由捐官中获得出身显然十分困难。如今既以父死邀恩而得补授为京堂的实缺官，此后的升迁就很快了。

光绪二十年甲午中日战争爆发。不久，北洋军海陆俱败，日军由朝鲜侵入关东，京畿形势岌岌可危。两江总督刘坤一奉旨授为钦差大臣，节制关内、关外各军，而迟迟不肯出关。大学士兼军机大臣李鸿藻以前方军情瞬息万变，仅恃文书奏报，苦难得其真相，欲派岑春煊出关视察，以寄耳目。岑春煊慷慨请行，在关外前线很吃了一些苦。其后烟台、威海卫告急，岑春煊又带兵前去布防，使山东半岛未为日军所侵。这两件事使岑春煊在当政大臣的心目中留下颇为良好的印象：认为岑春煊出身高贵，而遇事极有担当，也很能负责，并没有一般纨绔子弟的佻佻浮薄恶习。这对于他日后的仕途发展无疑会有极好的影响。按，汤用彤所撰的《新谈往》一书曾说："光绪中叶，京师有三恶少之称。三恶少者，岑春煊、瑞澄、劳子乔也。"岑春煊早年被人称为恶少，至此乃能尽改往行，足证他的慧根甚深，所以才不致沉迷不返。亦正因为他返正甚早，所以才能很快地开拓以后的事业。

中日战争结束以后，接着而来的是戊戌变法。岑春煊在光绪二十一年时因病奏请开缺回籍调养，至二十四年，因其弟春荫中举会试，由岑春煊陪同入京，循例至宫门递折请安，蒙德宗召见，垂询时事。岑春煊在奏对时慷慨陈言，反复申述国势阽危，非发愤图强不能图存。而欲求自强，必先兴学、练兵、讲求吏治、信赏必罚，乃克有济。退出之后，又以所言未尽，复上疏条陈时政。谓赏罚者朝廷之大权，赏罚不明，无以作士气而振纲纪。举例言之，如湖南巡抚吴大澂奉命出关御敌，丧师败绩而不能死国，朝廷又不加以严谴。山东巡抚李秉衡力抗德国政府之祖庇教士，只因内无奥援，遂至罢斥不用。是非不明，赏罚失当，都是由于枢臣失职，蒙蔽圣聪之所致。奏语极为讦直触忌。却不料此时正值德宗亲政，亟思拔用强直果敢之臣，以转移政治风气。所以，岑春煊不但未曾因此得罪，反被简任为广东布政使。陛辞时，皇帝更再三叮嘱"须于到任后切实整顿吏治，肃清盗匪，如有其他意见，尽可以随时陈奏，不必顾忌触怒总督，凡事俱可有我与尔做主"云。岑春煊以一个未曾销假补缺的在籍京卿，遽膺特简为二品的布政使，在当时还真可以说是异常的恩遇。据说，岑春煊之所以能得此恩命，乃是因为他在入京以后参加了康有为的保国会，被皇帝认为有新思想的缘故，是否如此，已不可知。这在他的回忆录中，也没有踪迹可查。

布政使俗称"藩台"，主管一省的财赋与民政，与俗称"臬台"而主管司法的按察使，本是一省中的最高长官。明代中叶以后，各省添设巡抚，藩、臬二司变成了巡抚的属员，而巡抚则成了一省的最高长官。到了清代，在巡抚之外又设总督，巡抚管一省而总督兼管二至三省，于是布政使的地位愈形低落。光绪二十四年戊戌维新，裁去与总督同在一省的巡抚，广东巡抚亦在被裁之列，所以在岑春煊奉派为广东布政使时，他的直辖长官就是当时的两广总督谭钟麟。此人籍隶湖南茶陵，翰林出身，在年轻时颇有勤能之称。只是他在出任总督之时年已老耄，子弟用事而颇通财贿，加以广东素有膏腴之称，谭钟麟在广州做总督，天高皇帝远，更多了许多见不得人的事。清代末年，督抚权重，藩、臬二司对巡抚犹且唯诺恭谨，更何况总督？所以，谭钟麟根本没有把这个出身纨绔膏粱的岑春煊看在眼里。却不料岑春煊自恃有皇帝为其奥援，对谭钟麟并无忌惮。而且岑春煊此时正感激皇帝的异常恩遇，立志要在到任之后好好为地方做一些有益的事。这样一来，谭钟麟与岑春煊就有了问题。岑春煊所撰的《乐斋漫笔》乃是他晚年所写的回忆录，中有一段记述他在广东与谭钟麟相抗的情形，说：

> 时广东有道员王某，素为谭督所信任，颇多不法，商民

无不受其鱼肉，有因索诈而毙命者，慑其气焰，皆噤不敢言。余到后，始有来控者。廉得其实，即详请撤去该员各项要差，严行查办。谭督不从，余乃先撤其补抽厂坐办，翌日复邀集司道同寅，谒谭，请并撤其督署文案。议论抵触，谭愧且怒，遽拍案诟詈，目镜堕石桌立碎，势张甚。余亦拍案曰："藩司乃朝廷大员，所言乃公事，即有不可，总督不应无礼至此。既不相容，奏参可也。"掷冠案上，拂衣而去。回署即请病假。谭亦自绌，即令臬、运两司来衙，逊词谢过。会未几，余奉召入都陛见，谭得电旨，立委臬司署理藩篆。余以漏夜备交代。南、番两县商民闻之，不期而集者数千人，各负薪米油盐至藩署大堂，堵塞不听行，更欲分队至督署为难。余亟出反复劝导，至相对泣下，久之始渐散去。所留薪米之属，为付善堂，乃得轻装驰去。谭督知余录王某控词全案以行，知入觐日必面陈其事，亟辇金入都，阻余北上。果奉"调补甘藩，勿庸来京请训"之谕，时余方行抵武汉也。遂自鄂入甘，到任后终以谭、王营私舞弊事具疏劾奏，有旨查办，谭因罢归，王亦革职。此案以藩司劾罢督臣，为有清仅见之事也。

谭钟麟之罢粤督，据《凌霄一士随笔》所记，乃是因为李鸿章在马关议和回国后，各项实职尽被开去，只剩下一个文华殿大学士的空衔，失势无聊，在都中又备受攻击，亟欲谋一总督外放，故由荣禄为之设计，借口广东革命党屡次滋事，谭钟麟无力控驭，所以易谭为李，以资震慑。由此而言，则谭之罢督，主要原因实在由于荣禄之为李鸿章安排出路，而岑、谭相攻，恰好使人相信谭钟麟官声不佳，更有理由将他换下而已。岑春煊说，谭督之去全由于他的奏劾之力，未免夸大其词。不过，岑春煊以一个藩司的身份而敢与总督相抗，亦足见他不畏权势，风骨峥嵘。在清末政风萎靡、上下习于容悦相安之时，他的这种作风倒也真可以廉顽立懦，振奋人心。岑春煊服官地方不久，便能有此表现，即刻使他得到了骨鲠强直的清誉。岑春煊的一生，瑕誉互见，但其强直与清廉则最可取。上文已说到他的强直，下文再说他的清廉。

章士钊撰《孤桐杂记》，中间有一段关于岑春煊居官清廉、不贪财货的记述，说：

> 唐韦宙除广州节度使，陛辞，上为言曰："番禺珠翠之地，贪泉足戒。"粤人好赂，自古已然。西林（按即指岑春煊）言，粤人之赂，均明白致之，号曰"公礼"。与人计事，以不收公礼为无诚意。彼开藩时，为米案接商人禀词，中夹票银四十万，骇而还之。继询知为公礼，与平常行贿有别。商人以是大戚，以藩台无意助己也。而西林卒右商，与总督谭钟麟互讦。清廷两解之，彼得调往甘肃。米商遮之，不听其行，自大堂以至东西辕门，皆为米包填咽，举足不得。西林朝服出迎，长跪与众商对话，称朝命不可忤，重来有日，暂不必噪。商尽泣，知不收公礼而肯为民任事者，尚有人也。未数年，西林果督粤。

这段话虽由岑春煊的自述而来，但亦确有事实可证。高伯雨撰《听雨楼随笔》说，岑春煊由广东藩司调甘肃，商民远送者极多，"万民伞"更是多到数不清。有一个商人作诗赞颂岑之德政，云：

> 仇在寅僚德在民，阮林蒋后此名臣。
> 开藩粤东仅三月，咸道西陲第一人。
> 严饬吏员畴有是，只看文告已无伦。
> 使君安得今还我，着手浑生五岭春。

诗虽不文，作诗人竟以岑春煊与清代广东督抚中最有名的阮元、林则徐、蒋益澧相比，诚可谓赞美之甚了。

由于岑春煊强直而清廉的两项特长为清末一般官吏所不及，所以他在得到慈禧太后的倚信后，不久便能声誉鹊起，俨然成为清末疆臣中之重寄。至于他后来何以能得慈禧之信任，则在于"庚子拳乱"时的护驾有功。《乐斋漫笔》记此云：

> 在甘藩任半载，即有庚子拳匪之乱。八国联兵，京师危急。余闻之，亟言于总督魏光焘，愿率兵星夜勤王。魏意不欲余行，以饷绌兵单为词。余曰："本司库中，除正项外，尚存外销款一百三十余万。请以三十万供兵饷，调马队十营，即日可行。若总督故靳其事，本司有权自能出奏，从此辞矣。"即起立欲行。魏见状，知不可阻，遽离座遮留曰："且共商行计。"余曰："事势至此，岂容安坐细商，以甘省距京辽远如此，马队尽力奔驰，尚恐不及，步队更不必论，本司之意，现在仓卒召集，又须选择精骑，万一十营之数犹不能足，惟有先率在省马队三旗同行，一面请公迅调大兵，随后趱往。"……遂守候魏督立发电奏。时所调两旗尚未齐集，因留将领随后开拔，先率卫队数十人，自兰州省城取道草地北行，昼夜急驰，故得于二十八日即抵都门。入觐之日，两宫奖谕备至。

光绪二十六年慈禧太后误信载漪、刚毅等人之言，纵容"拳匪"，酿成八国联军的大祸时，慈禧虽曾降旨令各省派兵来京"勤王"，事实上并没有哪一省的总督、巡抚遵旨派兵前来。岑春煊虽然只是一名布政使，在这件事上居然表现得如此忠心事主，慈禧太后当然要对他奖勉一番，以作为他人之表率。但岑春煊所带的马队总共不过"两旗"，而且因为取道沙漠边缘的草地趱程前进，沿途无处可以补充给养，所以他事实上带到北京来"勤王"的兵,不过只是他本人以及随带的卫队数十人,其余马队尚在甘肃来京的路中。慈禧太后问明此种情形之后,不免感觉到啼笑皆非。吴永所撰的《庚子西狩丛谈》中提到此事,曾说:

> 岑本在甘藩任内,闻联军入都,自请带兵勤王。甘督知其人躁妄喜事,意不谓然,而以其名义正大,不便阻遏。因拨步兵三营,每营约四百余人,骑兵三旗,每旗二百余人,合计不过二千余人,并给以饷银五万两。岑因先行就道,自草地经张家口驰骑入都。陛见时,太后问:"带兵若干?"以如数对。太后觉事近儿戏,意殊不怿。问:"兵在何处?"曰:"尚在途中。"因有诏令其办理察哈尔防堵事宜,着折回张家口迎候来兵,即于该处驻扎,备俄人侵入。盖聊以借此安顿也。

由这一段话更可知道岑春煊的"勤王",在最初时并未受到慈禧太后的重视。他后来之所以能借此得邀殊宠,被慈禧目为患难中的救星,还是在慈禧出都以后的事。所以然之故,亦因为他所带部队的来路,恰好就在慈禧逃出北京的路上,机缘巧合,所以才能为岑春煊带来此后数年中的异常好运。

光绪二十六年的八国联军之役,北京为联军所攻破,慈禧同光绪在城破之时仓皇出奔,情形甚为狼狈。其大致情形,可以萧一山《清代通史》中的概括叙述显示其一斑。下面先抄录《清代通史》中的一段文字。

> 二十日城破,禁军皆溃。董福祥走出彰义门,纵兵大掠而西,辎重相属于道。是日,百官无人入朝者。二十一日,天未明,慈禧青衣徒步,泣而出,帝及后皆单袷从。至西华门外,乘骡车,从者载漪、溥儁、载勋、载澜、刚毅等,妃主、

宫人，皆委之以去。暮至贯市，马玉昆以兵千余人从，不食已一日矣。民或献以麦豆，至以手掬食之，须臾而尽。时天渐寒，求卧具不得，村妇以布被进，濯犹未干也。岑春煊为甘肃布政使，率兵来勤王，奉命往察哈尔防俄，至于昌平，入谒，太后对之泣。太后仓皇出走，惊悸殊甚，得春煊，心稍安。春煊勤护从，一夕宿破庙，春煊环刀立庙外彻夜。太后梦中忽惊呼，春煊则朗声应曰："臣春煊在此保驾。"春煊于危难之中竭诚扈从，以达西安，太后深感之，泣谓春煊曰："若得复国，必无敢忘德也。"

慈禧一生中所感恩报德的人只有三个：一是后来官至四川总督而卒谥"清惠"的吴棠，因为他当慈禧父死还京、穷困不堪之时，曾经专程前来吊唁，又致赠厚赙，故而慈禧终生感念，虽其人碌碌，仍旧要把他擢升为总督，且屡予美缺，以示报答。二是"庚子西狩"时途经怀来，怀来知县吴永竭力办差，使慈禧从此得脱困厄，因此感其忠悃，后来亦时时照拂，恩眷始终不衰。至于第三个，就是在西狩途中随扈保驾的岑春煊。与吴永相比，岑春煊在国家板荡之时所表现的忠悃，并没有什么特别出色的地方，何以吴永在后来官不过四品的道台，而岑春煊却历任总督、尚书等要职，位跻一品，权重一时，远非吴永之能及呢？这中间的差别所在，说穿了并不稀奇，无非是吴永不善于把握机会，乘机建立他在慈禧太后心目中的地位，而岑春煊则长于此道而已。在君主专制时代，最接近统治人物的人，最容易得到权势和地位。岑春煊懂得此一原则，在没有机会时尚且要设法制造机会，在机会来临时又岂肯让机会轻易错过？加上他天生具有粗疏豪迈而不畏艰难的勇悍性格，遇有困难，亦毫无瞻顾，直前不顾，于是便使慈禧太后觉得，岑春煊忠而忘身，确实是可以托付大事的可靠之人。相形之下，吴永秉持儒家忠恕思想所表现的谦退恭让，便不免着着落后而相形不如了。

这只要在西狩途中的两件事中，便可见其差别：其一是派委粮台督办的事，其二是与宫中大总管李莲英相结纳的事。

吴永《庚子西狩丛谈》一书中说，皇太后及皇帝一行在怀来县息驾三日之后启程往西，随行的官员、随从、夫马等已经为数不少，加上马玉昆与岑春煊的扈从兵马，人数共有数千。由怀来县一路西行，势必需要有人在大驾到达次一站之前，预先在前站备办食宿供应，其名曰"办理前路粮台"。大驾启行之前一晚，忽由宫内传旨，军机大臣奉上谕转知，着吴永办理前路粮台。吴永奉旨，错愕不知所出。其原因当然是由于此去一路向西，所经过的尽是一些偏僻贫穷的小县，时当兵燹之后，人民流散，商贾歇业，遽然要在大驾到达之时备办数千人食宿所需的柴蔬盐粮，实在万分困难。吴永自己是以怀来知县的身份办过这种差使的，知道其中苦处。如今他本人既无兵马，又无银两，如果前站地方以无法措办为借口，地方官本人顶多丢掉纱帽，吴永是奉旨办理粮台的人，到时又从何变出足够数量的柴蔬盐粮来供应几千人的食用？第二天到达沙城巡检司驻跸，所面临的果然便是此一情况。安顿大驾甫毕，即有"各王公府箭手，又诸色太监勒索车辆、马匹。京官亦有陆续赶到者，皆纷索供应。正扰扰间，又有武卫左军多人，直前围逼，问予索粮饷、麸料，曰：'尔系粮台，分当供给军需，岂能任意推诿？'众口喧哗，举枪扬刃，其势甚汹汹"。处此情况之下，吴永毫无办法。最后，他虽然以一哭解围，然而自念来日正长，何堪受此缠扰？几经思维，觉得岑春煊现带有饷银五万，又有步、骑兵队可以弹压，不如向慈禧太后保奏，请以岑春煊担任督办而自居会办地位，当不致贻误公事。此一想法慈禧自然乐于同意，可是岑春煊那方面的反应却全然超出吴永的想象。

"办理前路粮台"虽然只是一份临时性的职务，但因所办乃是包括太后、皇帝在内的供应差使，如果要假借太后与皇帝的声势，便俨然是钦差大员的身份，尽可以对地方官指挥呼叱，予取予求。吴永不懂得这正是巴结太后的大好机会，轻易就把督办的名义让给了岑春煊。岑春煊自是求之不得，但即使如此，他却不愿意领吴永的情。吴永不过是一个小小知县，官阶太低，将来总不能让人批评，说什么："岑春煊枉自做到二品藩司，他奉旨督办前路粮台，还是出自吴永的保荐！"因此，他不但不肯感谢吴永之保荐，更处处与吴永故为异同，借以显示他之高出吴永，不需要吴永之保荐。至于他受命督办前路粮台之后的表现，更与吴永大不相同。《庚子西狩丛谈》记此云：

> 岑自得督办名义后，沿途即大肆威福，对于地方供应官吏，往往非法凌虐，恣睢暴戾，气焰至熏灼不可近。天镇令闻驾至宣化，当即恭备一切。后以在宣化连驻跸三日，食品皆臭腐，临时赶办不及，岑乃大加逼责，令无奈，至仰药以殉。及至山阴，情节略同。岑复严责县令，谓："看尔有几个脑袋？"山阴令惶急失措，见予即跪泣求救。予婉词慰藉之，并为之向内监疏通，因劝岑稍从宽假，勿再演天镇惨剧。岑乃大恚怒，谓予久任地方，所以袒护州县。因此辄至相龃龉。

岑春煊与吴永相龃龉，他并没有占到便宜。原因是吴永此刻尚随侍大驾西行，慈禧对他的印象正好，岑春煊没法说他的坏话。但即使如此，岑春煊却能以沿途接近的便利，与慈禧所最宠信的大太监李莲英建立了非常亲密的关系，称之为"老叔"，并且几次托他在慈禧太后跟前设法中伤吴永。吴永之所以会在后来被外放至广东，无法再蒙慈禧之恩眷，原因便在这里。由这些事情中可以看得出来，岑春煊与吴永虽然在这段时间中"比肩事主"，而由于岑春煊之处处力求表现，锐意进取，自然容易使慈禧觉得他是一个竭诚效力的"忠臣"。加上他的"保驾"行为又使慈禧得到安全的感觉，岑春煊在慈禧心目中的分量自然一天天地加重了。在君主专制时代，皇帝与臣下的关系，同主人与奴才下人的关系很相像。亲贵大臣的地位很像是一个大家庭的得力干仆或管家之类，地位虽然重要，其见信于皇帝或主人的程度，却未必能及得上一些极亲近的宠仆。岑春煊做到尚书、总督之后，本来已经是国家的大臣或者说重臣了，但因他早年曾因扈从保驾而深得慈禧的信任，在大臣之外，又兼有近臣的性质，于是就使他的身份与一般的大臣不同，在君臣之外，更有家人一般的情谊。亦正因为如此，岑春煊才敢在外任督抚之后，以打破情面、不畏权势的大胆作风从事各种兴利除弊的革新，其后更与瞿鸿禨合作，力图打倒庆王奕劻与袁世凯的联合势力。凡所作为，大有可称。虽然他的进身未必全由正路，他在掌握权力以后所做的事，却很值得后人对他刮目相看。岑春煊与清末一班朝中大臣的不同之处便在这里。

慈禧及光绪逃难到达西安后，岑春煊护驾有功，名正言顺地由甘肃藩司升为陕西巡抚。不久，山西又发生教务纠纷，原任山西巡抚锡良应付失宜，在河北境内的八国联军有借口入侵山西之势。军机大臣中本来有人与岑春煊不睦，此时便乘机以岑春煊长于治兵为名，奏准慈禧太后，将他调为山西巡抚。这样做的目的很明显：借此将他排挤在外，以免他的政治行情继续高涨。但因岑春煊的官运亨通，他的幕宾中有两个极为杰出的人才，使得他对很多棘手的政治问题都能从容应付，于是，每更调一处盘根错节的多事之地，愈增加一分善于应付繁难的声望。这样，终于使他在一调再调之后，很快地由巡抚升为总督——先调四川总督，再调两广总督。

说起岑春煊的幕府人才，很容易使人想到张鸣岐。此人在"三二九"广州革命之役时官居两广总督，黄克强先生指挥的广州革命后来不幸失败，主要原因便是革命党人在攻入督署时捉不到张鸣岐，以致革命军在清军的四路包围下陷入孤军苦战，终于全盘失败。张鸣岐在清末虽然官至总督，他的出身却是岑春煊的幕僚。胡思敬《国闻备乘》说：

岑春煊入秦，擢陕西巡抚，宠任甚至。上方供用，日限三百金，内外整饬有法。凡所规划，多采用幕客张鸣岐之谋。后调抚山西，移督四川、广东，皆挈以俱行。至桂林，为捐双月道员，上疏论荐甚力。旋放太平思顺道，遂擢广西藩司，升巡抚，年甫三十，封圻中所仅见也。

张鸣岐成为岑春煊的得力幕宾，其建交之始还是在岑春煊在北京做纨绔恶少的时候。汤用彤撰《新谈往》说：

春煊少年跅弛，自负门第才望，不可一世，黄金结客，车马盈门，宴如也。以狎优之暇识何威凤，间接识张鸣岐。鸣岐后来事业，俱发轫于韩潭之间，而世人不知也。

"韩潭"，即北京的韩家潭，清末有名的戏班均聚集于此。岑春煊在韩家潭玩戏子的时候结识了张鸣岐，以后他外放为布政使，就把张鸣岐请了去做他的幕宾。张鸣岐后来脱离岑幕，由道台而藩司，而巡抚，而总督，一帆风顺。这固然与岑春煊的故事无关，而张鸣岐在岑春煊幕中的时候，却曾为岑春煊策划过一项空前谋议。直到现在，说起来仍可使人听来极为震撼。其事见于王照所撰的《方家园杂咏纪事诗·第九》，诗云：

召乱人知是牝鸡，来苏我后正同徯。
将军手把黄金印，不许回銮愿向西。

此诗后所附的诠释是：

驻跸太原多日，上仍求独归议和，太后及诸臣坚持不放。

其实是时早归，赔款之数可少，而外人所索保险之种种条件，皆可因倚赖圣明而无须提出，公论昭然，怀愍徽钦之祸，万万不容拟议，其理至显。而诸人因识见腐陋，不知此者十之九，明知而佯为不知者十之一。此十之一，则为太后、荣、王、岑诸人也。时岑幕中有张鸣岐者，年少锐敏，力劝奉皇上回京，收此大功，岑词穷而不语。盖岑春煊奸人之雄，不论是非，专视多助者而助之，且素以夤缘太监得慈眷，至是因力主幸陕，得升陕抚，与袁世凯宠遇不分上下。高观、宇文泰分道扬镳，非偶然也。

王照以保皇党的身份痛诋亲太后的岑春煊为"奸人之雄"，这是由于他的政治立场使然，无可厚非。不过，王照虽然骂岑春煊是奸人之雄，岑春煊却不一定就是奸雄。《凌霄一士随笔》就有比较客观的论评，说：

> 庚子之役，岑春煊以甘肃布政使率师勤王，护驾西行，遂邀西后特赏，迁任封疆。相传其时春煊初拟助帝收回政权，或以孝治及利害之说动之，乃不敢发，而益自给于后。论者多病其不能见义勇为，然封疆重臣、统兵大将多戴后，帝则势处孤危，举事不慎，将有奇祸，春煊纵欲建非常之业，其力亦苦不足耳。

就事论事，张鸣岐所建的计策虽奇，究不免有太多的冒险成分；岑春煊自顾力量不足而未敢行险侥幸，亦不能说完全不对。只是，张鸣岐以少年幕僚而能为岑春煊划此奇策，足见其见解十分高超，而岑春煊幕中能有张鸣岐这样杰出的人才，亦可见岑春煊之善于用人。在张鸣岐之外，另一个杰出的幕宾人物乃是岑炽。

黄濬所撰的《花随人圣庵摭忆》收录有岑炽的传记资料两种，介绍岑炽的生平事迹甚详。陈澹然所撰《岑炽逸事》说，岑炽与岑春煊同出余姚岑氏，岑春煊籍广西而岑炽世居余姚。早年时，以捐职的县丞服官陕西，曾居陕西藩司陶模及甘肃藩司曾鉌幕府，有声于时。及岑春煊继任甘肃藩司，仍聘岑炽居幕中。其后岑春煊带兵勤王，升巡抚、升总督，及内调为邮传部尚书，岑炽皆在春煊幕中，前后历时几有十年之久，举凡岑春煊的一切重要行动，大都出自岑炽的策划。其情形略如下述：

> 己亥，西林岑宫保春煊官陇藩，闻其状，亟礼致幕中，佐岑几十年，名益重而迹益奇。庚子，两宫幸山西，岑公誓师入卫，先生极赞之。岑公乃以眷属托先生，两人挥泪而别。未几，岑以卫驾功，擢秦抚，屡电乞佐之。先生覆书曰："公能兴礼乐，某当驰驱以报其意。"盖以讽之也。岑公曰："惟命。"先生乃入秦。辛丑，岑公移抚晋，而联军方入固关，晋危甚。先生为画策却之，敌乃退。壬寅，岑公督蜀，平巨乱。移督两粤，平桂疆，辄任先生总文案。内则世家，外则印旗、文电咸属焉，礼谊在师友间，情益笃。倚任之重，近世寡俦，顾未有因其参枢而一肆讥评者。清季大府幕宾，争纳馈，高者亦希荐擢，为进取阶。张制府鸣歧，即以岑幕起。先生处大幕二十年，寮寀馈遗，未尝一纳，闻者怪之。久之，岑公重其奇节，劳苦功高，屡思荐举，以为己副，先生辄峻却之。客曰："公参帅幕，独却荐，何也？"先生笑曰："达官多骄慢，幕居宾礼，始克谏诤，荐则一属僚耳，尚能行吾志哉？"曰："公既不官，县丞末吏，奈何不并去之哉？"先生复笑曰："幕之为职，合则留，不合则去。县丞虽末吏，五斗米尚足赡吾家。吾之不弃原官，犹农之不弃其产也，去此奚为？"其高洁如此。天性清直，见亲贵贪黩，常扼腕愤叹，深惧国祚倾移。独见

岑公当重寄，嫉恶太严，则切戒以防其过。当岑公之移邮传部尚书也，势浸浸入枢府。先生叹曰："过刚则折，微特不克报国家，且恐为金壬所中。"濒行，谆谆以"疏不间亲，相机而动"惕之。及岑公入觐，劾亲贵，亲贵嫉之，复出为粤督。先生叹曰："国事不可为，西林尚能赴粤耶？"急致书请退，岑公纳之。既退，而先生亦返姚江，不复与人家国矣。

　　读过《三国演义》的人都知道，刘备之所以能成就三分天下的局面，得力于诸葛亮与庞统赞襄谋议。在伐蜀之前的联吴、拒曹，一切奇谋秘计悉出此二人的筹划，刘备不过拱手受成而已。其后，庞统死于伐蜀之役，当刘备决心大举伐吴之时，诸葛亮力谏不从，被留在成都辅助世子留守，结果刘备就在伐吴之战中大败而回，终于病死在白帝城。演义的叙述与正史当然有距离，但《三国演义》所写的刘备，倒很像是这里所说的岑春煊，而岑炽就是岑春煊的诸葛亮。由上文所引的《岑炽逸事》可以知道，岑春煊生平重大施为，凡是有岑炽在旁为之策划定计，其最后的结果必定十分圆满，反之就必无把握。尤其是在光绪"乙未政潮"未曾发生之前，岑春煊以调职四川中道突请入觐，于奏对时面劾庆王贪黩乱政，及奉旨调补为邮传部尚书，又以未到任的尚书劾罢在职的邮传部侍郎朱家宝，都是岑炽频频劝诫，而不为岑春煊所接纳的轻率举动，所产生的结果十分恶劣，亦早在岑炽预期之中。只因岑春煊不纳其谏，方有后来的蹉跌。凡此俱可见岑炽其人在岑春煊政治事业中的重要性。说得更具体一点，我们很可以认定，岑春煊在调补山西巡抚及升调四川、两广等地的总督之后，所以会有后来那些轰轰烈烈的功勋，大概都出于岑炽的策划；而岑春煊入京之后所招致的失败，亦正因为不肯接受岑炽的随时匡正之故。由此而言，岑春煊的成功大致不出于两项因素：一是因为他的幕中有奇才岑炽、张鸣岐等人，而岑春煊又甚为倚信，所以凡事都能有良好的建树；二是岑春煊的性格虽然粗率轻躁，在清朝末年，他总还算是一个肯做好官的人，而且又能知人善任，有岑炽、张鸣岐这样的人才为之辅佐，终于也能做出一番事业来。明乎此，我们对于岑春煊成功及失败的缘由，亦就可以有一个大概的认识，不致因他前后行事之优劣迥异而感到讶异了。

岑春煊于光绪二十八年五月由山西巡抚调补广东巡抚，尚未及入都陛见，即因四川各地匪乱蜂起，而临时受命署理四川总督，带兵入蜀平乱。川事方定，广西匪乱又炽，于是岑春煊又被调为两广总督，督办两广军务。岑毓英当年曾有独力剿平云南回乱的赫赫战功，岑春煊既为"名父"之子，对于带兵打仗自然很是擅长。所以，他在四川总督与两广总督任内所建立的功绩，都以治兵平盗著称。此外，值得特别称道的则是他那种强直勇悍，誓要剿除贪污、澄清吏治，以致不惜与朝中权贵周旋到底的旺盛斗志。岑春煊在清代末年得享大名，并不在他的军功，而在他这种清廉强直、为人津津乐道的特殊风格。

光绪二十四年，岑春煊初任广东藩司，就曾因立意参劾总督谭钟麟所包庇的大贪官王某而与谭督拍桌互诟。虽然岑春煊因此而被调往甘肃，他在广东百姓心目中所留下的良好印象亦是永难磨灭。到了光绪二十九年，岑春煊奉旨调署两广总督，命下之日，广东百姓欢声雷动，以为朝廷果有知人之明，能够让岑春煊这样的好官有出头的机会，无不希望岑春煊到任以后，能够痛惩贪污，与民更始，好让久受贪官污吏迫害的穷苦小民出口怨气。岑春煊到广东之后，果然不曾在这方面辜负老百姓的期望。在粤三年，除了大部分时间在广西从事剿匪工作外，在广东曾办过两件打老虎式的惩贪案，使人看了十分痛快。由于这两件惩贪案中的一件牵涉到其幕后的包庇者，而此包庇者恰好又正是清末最有贪庸之名的庆王奕劻。这样一来，岑春煊在广东老百姓心中固然博得了好官之称，他与奕劻间的仇隙却已到了难以化解的地步。这与后来的"丁未政潮"亦有因果关系，需要先提出来大致一说。

岑春煊在广东所办的两大惩贪案，一件是南海县知县裴景福的贪污案，另一件是粤海关书办周荣曜侵蚀巨额税款，并以之通赂庆王，充任出使比利时的钦差大臣，经岑春煊发其奸恶，查追赃银数百万两，并削夺官职案。这两大惩贪案中的主角，所贪赃银各达数百万两之巨，在当时可说是骇人听闻之事。尤其是周荣曜，以一介书办，居然能在贪得如许巨款之后，摇身一变而为出使外国的公使，清朝政府的政治腐败情形亦可说是事实昭彰了。关于裴景福案，岑春煊所撰的《乐斋漫笔》说：

> 余于戊戌岁开藩粤东，虽仅七十日而去，然于察吏安民、理财禁暴，份所当为之事，未尝一刻去怀。粤省本多宝之乡，官吏有求，俯拾即是，以故贿赂公行，毫不为异。其间最以贪名者，当推王某、裴某二人为巨擘，余在任时备知之。方欲依法严惩，以谢粤人，会匆匆交代，仅劾罢王，未遑治裴也。及癸卯再莅两广，裴犹官南海县知县如故，而其恶益稔。顾心计独深，工于舞弊，凡所受纳，皆无迹可寻，狡狯殆尤有过于他人。余特疏劾其声名狼藉，请革职看管，出示招告。裴平日能以小惠结民心，竟无人发其罪恶。乃自愿罚锾充饷，冀免久禁。缴款未足，辄伺隙逃入澳门，赂荷兰人为之护符，抗不归案。余以外人庇及刑事罪犯，侵我国权，断难隐忍，乃派员乘兵舰至澳门守提，迭经据理力争，几至决裂，而卒获引渡。遂治以应得之罪，奏请充发新疆，即日押解启程。该犯至是无可逃免，始离粤以去。一时人心大快，即海外民党报纸，亦同声称道，足征此事为国人所共许。迄今粤人有言及王、裴者，犹深恶其为人也。

这一段文字中虽未指出此"裴某"是谁，但据《清德宗实录》的记述，此裴某实即裴景福，进士出身，在广东历官陆丰、番禺、潮阳、南海等县知县，光绪三十年被岑春煊以贪污罪劾罢，发往新疆充当苦差，

"永不释回"。由于裴景福宦囊甚丰，鼎革之后，被他花钱运动了有关方面，竟然平安释回。民国三年，且曾出任安徽省公署的秘书长及政务厅厅长。由于岑春煊写回忆录时裴景福已成了民国政府的重要官员，不便显斥其名，所以仅只称之为"裴某"而不名。至于岑春煊奏劾其罪时所胪举的贪赃事实，仅只收受卢华富等四案陋规而经广东臬司查出的，即有银圆二十二万四千二百余元，其他无法查出者不详。此事在当时被人编写入有名的谴责小说《二十年目睹之怪现状》第一百零三回中，裴景福之名被改成裴致禄，广东南海知县则被改成福建侯官知县，其余大致仍是实事。读者如有兴趣，不妨将书中所写查出对看，必可得会心之一笑。至于周荣曜案的大致情形，《乐斋漫笔》中亦有记述，云：

> 粤海关监督向为膏腴之地，承平时恒为满人所据，积弊日甚。部定额征每年五百万两，历任监督，均由内务府奏派，一年一更。旗员视为利薮，所派之员，每年解部额均在三百万左右，无一人能解足。余奉命监督，即命奏调之冯嘉锡、朱祖印两人充该关提调，认真整理，是年即征得六百六十万两，奏明以五百八十万两解部，留八十万两充本省经费。奏入，即奉命裁除内务府派员，以后即归总督监督。并查获舞弊侵饷之库书周荣曜，侵蚀公帑，积资数百万，与官绅往还，俨然世禄。当谭钟麟督粤时，王某倚势相结，得其重赂，荣曜亦恃有护符，隐其蠹国病商之罪，益自骄纵。遂纳贿京朝，广通声气，得庆亲王奕劻之援，简任出使比国大臣，尚未出洋，余发其奸罪，奏请革职查抄，凡积年赃款，达数百万之多。以一簿书小吏而拥资至此，并得滥窃名器，贻笑友邦，果谁尸其咎欤？

按，清代的各处海关、税关素来是清政府用来调剂其奴才下人的肥缺，非内务府官员不能充当。但是，充当海关、税关监督的内务府官员虽有巨额税金可贪，却不能全归自己所得，自慈禧太后以至宫中掌权的太监处，都需要有所"报效"。王照所撰的《方家园杂咏纪事诗》中，就明白说到，海关与税关都是慈禧所卖的各色差缺之一。既然得到此差需要花钱买缺，则得缺之后的乘机渔利自是必然之事。关税能收至六百余万而报解只三百万，则是一半以上的收入已进了私人的囊橐。而监督侵渔于上，书吏舞弊于下，以一名书吏而积资数百万两，悉出于历年的侵吞舞弊所得，国家与商民的损失未免太大了。清代末年，米一石不过银一二两而已。积资银数百万两，以米价折算今日的币值，已将近美金五千万元之谱。以如此蠹国病民的贪污书吏，竟然可以在通赂权门之后，派充为出使外国的钦差大臣，实在太骇人听闻。在奕劻主持下的清政府，如此蔑视纪纲，罔顾法律，自难免使自诩清直而行事强悍的岑春煊极端痛恨。岑春煊后来之与瞿鸿禨互相结纳，因倒庆而希望一并倒袁，其远因已伏于此。

岑春煊做两广总督，自光绪二十九年至三十二年，前后历时三年有余。为了整肃贪污、除暴安良，他对于所辖文武官弁中的不肖分子大力斥革，于地方上的豪劣绅矜亦全不姑息，自此博得了"屠官"的恶谥，与张之洞、袁世凯同称为督抚中的三大杀手——张之洞屠财，袁世凯屠人，而岑春煊屠官。斥革贪劣与裁抑豪强所招来的结果如何？可以先看看胡思敬《国闻备乘》中的一段记述。

《国闻备乘》卷一，"袁岑气焰"一条说：

> 戊戌政变，袁世凯首发逆谋。庚子避兵西巡，岑春煊沿途拥卫入关。由是皆有宠于太后。余观二人举动，亦各具恣睢叱咤之才，非尽恃宠也。张翼以小吏给事醇邸，不数年官至侍郎，浸浸乎大用。世凯参其私鬻开平矿产，解职，涉讼

英廷二年,快快归,遂一蹶不起。溥善以吏部侍郎兼左翼总兵,本近支宗亲,兄弟子侄布朝列。奸人盗卖陵地,用左翼印契,世凯复劾罢之,其锋芒亦可畏也。春煊气力更出其上。粤绅有周荣曜者,初由关吏起家,积资数百万。春煊瞰其富,折简招致署中,责报效。荣曜不应,私辇金入都,求通奕劻之门,遂简四品京卿出使比利时。春煊怒曰:"奴子乃狡狯如是!"即日参其私蚀关税,请削职监追。荣曜奔香港,尽籍其产入官,奕劻熟视,不敢出一词救也。既而铁路议起,春煊请派捐,粤人不允,请招股。春煊曰:"是把持也。"捕倡议道员黎国廉下之狱。全粤绅民皆愤,推前闽浙总督许应骙为首,联名上诉。召周馥按问,亦莫能直也。春煊每至一省,必大肆纠弹,上下皆股栗失色。

岑春煊在清代末年之所以有"屠官"之称,乃是由于清末的吏治败坏已至极点。官职既以贿买而来,既莅官之后,自必多方搜括以求盈利,而卖官鬻爵的中心即以奕劻为主的清政府。对于这种情形,看清末的谴责小说如《官场现形记》《二十年目睹之怪现状》等书即可了然。而这些书中所写的论价买官,以及不顾廉耻、百计营求等官场黑幕,大致都有事实可按。既然官场中所充斥的都是这些寡廉鲜耻的阘茸无能之辈,为了振饬官常、澄清吏治,当然需要大刀阔斧地从事整顿斥革,不能姑息苟且。所以,岑春煊在当时虽有"屠官"之称,如果所劾罢的都是卑劣无耻的贪庸之辈,则他的大举澄汰便是正当之举。所成问题的是,这些被岑春煊大批斥革的贪官污吏,也许正是从奕劻那里花钱走了门路到外省来做官的人,一旦被岑春煊劾罢,自不免赴诉于他们的幕后支持者奕劻。何况岑春煊在劾罢周荣曜一案中,更曾彰明较著地使奕劻难堪,久而久之,如何不使奕劻恨之入骨?奕劻有袁世凯为之羽翼,而袁世凯又自有其扩张地盘的政治野心,两人的目标相同,岑春煊自不免要遭受暗中排挤。关于这一层，又可以岑春煊自己所说的话来印证。《乐斋漫笔》云：

> 　朝廷自经庚子之变，知内忧外患相迫日急，非仅涂饰耳目所能支此危局。故于西狩途中首以雪耻自强为询，余曾力陈兴教育、明赏罚诸大端。辛丑回銮以后，即陆续举办各项新政。于时袁世凯新得北洋，方务内结亲贵，外树党援，以遂彼窃国之谋。借口于新政，于各省文武要职，无不遍布私人，为之羽翼。独心忌两广隐为梗阻，久思排而去之，顾未能也。粤乱既平，两宫稍释南服之忧。适滇边片马交涉事起，乃得所借口，移余总督云贵。

岑春煊调云贵总督是光绪三十二年七月间的事。调职的理由便是因为云南方有边患，非得干练知兵如岑春煊者不能胜任，所以由奕劻以军机领袖的身份向慈禧太后提出。慈禧太后为了顾念边防安全，自然同意。于是，原任云贵总督丁振铎被调为闽浙总督，原任闽浙总督周馥调两广，而岑春煊则由两广调督云贵。清代的各地总督，以直隶总督的地位最高，两广总督的缺份最肥，陕甘与云贵则是总督中最苦的缺份。不仅如此，两广虽远在南服，自从轮船与火车先后开通之后，与京师之间的几千里路程已经不算远，彼此间的消息传递也很灵通。换了云贵，就不同了。原因是云贵至京师全恃驿路，最快也得走上三四十天，不但消息隔膜，来往一趟更不容易。把岑春煊从两广调往云贵，从此可以将他与慈禧太后远远隔离，以免他借事与庆、袁为难。而周馥乃是袁世凯的儿女亲家，两广总督给了周馥，又无异将两广收入了袁世凯的势力范围，一举两得，再好没有。由岑春煊的立场看，这不过是袁世凯攘夺两广地盘的野心，但如从庆、袁勾结的情形看，将岑春煊贬往边陲僻远的贫瘠之地，恰好又遂了奕劻的报复之心。所以，岑之由粤调滇，事实上应是庆、袁二人联合排挤岑春煊的第一步。虽然《乐斋漫笔》中未曾说明，事实上仍可以很清楚地看得出来。

岑春煊奉旨调督云贵后，第二日续有电寄上谕，大意说："着周馥即赴两广新任。丁振铎着俟岑春煊到滇后即行赴任，均着无庸来京请训。"这一道电旨是个很大的败笔，它使岑春煊和他的幕宾岑炽看出了其中的端倪——原来奕劻和袁世凯是要设法阻止他与慈禧太后见面，然则调滇之目的显然在借此阻断慈禧太后对他的眷注，这种动机太可恶。唯其有此念头横亘胸中，而岑春煊又不能显违朝旨，唯一的对策就是借口有病，在行抵上海时逗留不去，以进一步观察庆、袁的动向。于是，他在交卸粤督之后便由轮船北上，到上海就借病请假，名曰"就医"，而且一医就是半年，所恃的理由是连年在烟瘴之地带兵打仗，久已有病在身，暂时不能长途跋涉，请俟稍微痊愈后再行赴任。自光绪三十二年九月拖到翌年五月，云南片马方面的交涉事件已经不能再等，而岑春煊却仍然没有病愈销假的迹象。奕劻看不能再拖，只好另外请旨，将四川总督锡良就近改调云贵，而以岑春煊填补锡良所空出来的四川总督。恰好在这段时间中先后发生了很多重大的政治变化，政治气候好像变得逐渐对庆、袁不利，于是，岑春煊的下一步计划也要改变了。

由光绪三十二年秋间到三十三年春间，朝中所发生的重大政治事件有二：首先是传说了很久的新官制案终于核定公布了。但新经核定公布的官制案中，并未实现传说已久的责任内阁制度，旧的内阁大学士依然存在，许多传说将要裁撤的机构也依然未裁，而军机大臣中却有四位因改官制而变成专管一部的尚书，不再兼具军机大臣的身份。这四人中有徐世昌，一般人都知道他是庆、袁一党的重要人物。相反的，与庆、袁敌对的军机大臣瞿鸿禨，却仍以军机大臣兼任外务部尚书，不受新官制的影响，仍然与闻枢务。这显然表示庆、袁所主持的修订官制案被瞿鸿禨所扼，奕劻和袁世凯在和瞿鸿禨的暗斗中落败了。于是，袁世凯请求开去直督兼北洋大臣本职以外一应兼差的奏疏，也已见诸邸报，北京的政治气候好像对庆、袁颇为不利。这是第一件轰动中外的大事。至于第二件，则是东三省建立行省之说行将成为事实，新行省的一总督、三巡抚，据外间的传说，也将为北洋系人物所一手包办。这表示庆、袁派的势力虽然在新官制案上受到了挫折，在东三省方面却大有所获。为了把握时机展开对庆、袁的打击，军机大臣瞿鸿禨寄来密信，希望岑春煊以奏请入觐为名，突然入京，以便与京中的反庆、袁力量配合，一举攻倒奕劻，扭转朝局。由于这一原因，岑春煊不再借病逗留上海，表面是由上海取道长江水路前往四川履任，实际上是另有举动。这样，一场直接影响清末政局的"丁未政潮"就逐渐展开了序幕。

丁未就是光绪三十三年。在这一年中见诸表面的朝政动态，略如下述。

三月二十一日，岑春煊在陛见太后奉旨补授邮传部尚书，留京供职。

三月二十五日，御史赵启霖参奏新任黑龙江巡抚段芝贵贪缘无耻，先则以购献歌妓杨翠喜迎合贝子载振，继从天津商会王竹林处措银十万两馈献庆王奕劻，因此得授为黑龙江巡抚。得旨，段芝贵着撤去布政使衔，毋庸署理黑龙江巡抚；所参事件，交由醇亲王载沣及大学士孙家鼐查覆。旋据奏称，所参并不实在。赵启霖因此被革职，载振亦引嫌辞去御前大臣、领侍卫内大臣、农工商部尚书等各项差使。

四月十七日，有旨命两广总督周馥开缺，调邮传部尚书岑春煊为两广总督。岑春煊奏称病尚未痊，请求收回成命，不准，仍饬迅赴新任，所请赏假之处，亦毋庸议。

同日，以度支部右侍郎陈璧为邮传部尚书，以军机大臣候补侍郎林绍年为度支部右侍郎。林绍年奏请开去军机大臣兼差，奉旨毋庸前往度支部到任，仍任军机大臣。

五月初七日，因翰林院侍读学士恽毓鼎奏参军机大臣兼外务部尚书瞿鸿禨怀私挟诈等罪，请予罢斥，奉旨："瞿鸿禨着开缺回籍，以示薄惩，所参事件，交孙家鼐、铁良查覆。"旋据奏请毋庸置疑，以示体恤。

七月初四日，有旨，两广总督岑春煊久病未痊，员缺未便久悬，岑春煊着开缺安心调理，以示体恤。

同日，调军机大臣林绍年为河南巡抚。

按，"丁未政潮"的政争自然是奕劻、袁世凯与瞿鸿禨、岑春煊之间的对抗。而载振乃是奕劻之子，陈璧是袁世凯的党羽，林绍年则是受瞿鸿禨支持的。由上面所列举的这些朝政动态看来，自三月二十一日岑春煊补授邮传部尚书开始，瞿鸿禨和岑春煊所发动的倒庆计划似乎颇见成功，但不过只隔了二十多天，情势就顿起变化。先是岑春煊被摈出外，继则瞿鸿禨被参夺职，再过了两个月，岑春煊的两广总督也被拿掉了，被视为袁党的军机大臣林绍年也被逐出枢廷。在这三个月的升沉变化之中，庆、袁的地位巩固如故，站在瞿、岑一方面倒庆、倒袁的人物，则或斥，或革，或调外，或放废，清除殆尽。这种事实当然可以使人看得很明白，朝廷中反对庆、袁的运动已经完全失败，庆、袁的势力从此成为支配清政府的唯一力量。这究竟是什么原因使然？岑春煊和瞿鸿禨所联合策动的倒庆计划，何以会从初时的胜利一变而为后来的惨败？这正是我们现在所要探讨的问题。

《凌霄一士随笔》论"丁未政潮"事云：

> 庆亲王奕劻自继荣禄而为军机领袖，直隶总督袁世凯深与结纳，为其谋主，于是北洋遥执朝政，其权力之伟，更远过于李鸿章时。瞿鸿禨以才敏受知，且有清望，帘眷亦隆，与奕劻同直枢垣，遇事每有争持，对北洋则时主裁抑，由是奕劻与之积不相能，世凯尤憾之。而清议以奕劻贪庸，世凯跋扈，多右鸿禨，此为"丁未政潮"之张本。

此云袁世凯"尤憾之"，若由其他史料见之，则是由于袁世凯本欲以笼络奕劻之法笼络瞿鸿禨，而瞿鸿禨拒不接受之故。光绪三十三年时曾任翰林院检讨的林步随对此曾有记述，说：

> 袁督初求媚于文慎（瞿鸿禨），无所不至。尝自言当修门
> 生之敬，文慎拒之。继又请为昆弟交，亦不纳。是时，京师
> 亲贵家有婚丧，辄由北洋公所供应帐饮之费，已成事例。乙
> 巳，文慎次子授室，援例以请，复进贺仪八百金，皆谢却之。
> 袁既绝意于结纳，不得不谋排挤矣。

瞿鸿禨不愿做奕劻第二，又主张裁抑北洋的势力，这在袁世凯自然无法忍受。拉拢既然无效，另一个可用的办法就是排而去之。瞿鸿禨亦正有类似的想法——庆、袁结党擅权，朝政日非，若不能将此二人的联合势力逐出政坛，清政权必亡于庆、袁之手。但是，瞿鸿禨一个人的力量绝对扳不倒奕劻与袁世凯，要达成此一目的，他需要借助外来力量的援助，而此时唯一可与袁世凯相抗衡的有力人士，只有岑春煊。因此他替岑春煊设计，在由上海坐轮船赴川督新任，经过汉口时，发一电报请求入觐，然后不俟批覆，径在汉口乘京汉铁路火车北上，两日夜即可到北京。岑春煊在慈禧太后面前的帝眷甚隆，只要慈禧太后在岑春煊宫门请安之时准予召对，必可乘密陈的时机面陈奕劻的贪黩无能，再辅以其他方面的攻击力量，奕劻之倒台大有可能。此所以岑春煊在途经汉口时要突然电请入觐，以措手不及之法使庆、袁无法阻挠岑春煊之北上，其初步所得之效果果然很好。岑春煊在《乐斋漫笔》中所说的情形是这样的：

> 余居沪上，续假自冬迄春。丁未正月十九日，奉旨："调
> 补四川总督，毋庸来京请训。"知仍出庆、袁之意。念巴蜀道远，
> 此后觐见无日，不于此际设法入都，造膝详陈种种危迫情形，

机会一失，追悔无穷，当以权宜行之，纵获罪朝廷，亦期不负两宫眷倚之意。乃于启程赴任，舟次汉口时，电请顺道入觐，不俟俞旨，径乘京汉车北上。抵京之日，即奉两宫召见，温谕有加，并详询年来病况，命在京休息，以备续有召对。此行盖出彼党意料之外，故无由预为阻格也。

这一段话说明岑春煊以突然行动的办法忽然到了北京，达到了"面圣"之目的。由于事出突兀，庆、袁无法阻挡，所以岑春煊的战略成功了。在这一段话中，岑春煊虽未承认这一计划是否出于瞿鸿禨的指授，而袁世凯在这年四月写给两江总督端方的一封密信中，却曾透露其实际出自瞿之安排。袁信云：

大谋此来，有某枢暗许引进，预为布置台谏。大谋发端，群伏响应，大老被困，情形甚险。

此信中的"大谋"，指岑春煊；"大老"，指庆王奕劻；"某枢"，即隐指瞿鸿禨而不名。由此可知，岑春煊之借口"入觐"，突然来京，及在面对时痛斥奕劻之贪庸误国，都是瞿鸿禨所一手策划，与后来之赵启霖参段芝贵同属有计划之行动。至于实际上的经过情形如何，仍可由岑春煊的《乐斋漫笔》见之，再抄一段如下：

自是入对凡四次。太后语及时局日非，不觉泪下。余因奏言："近年亲贵专权，贿赂公行，以致中外效尤，纪纲扫地，皆由庆亲王奕劻贪庸误国，引用非人。若不力图刷新政治，重整纪纲，臣恐人心离散之日，虽欲勉强维持，亦将挽回无术矣。"太后初闻此言，颇有怒容，云："何致人心离散？汝有何证据，可详细奏明。"余对曰："天下事人同此心，事同此理。假如此间有两御案，一好一坏，太后要好的还是要坏的？"太后言："当然要好的。"余对曰："此即是人之心理。臣请问：今日中国政治是好是坏？"太后言："因不好才改良。"余曰："改良是真的还是假的？"太后又现怒容，曰："改良还有假的？此是何说？"余对曰："太后固然真心改良政治，但以臣观察，奉行之人，实有蒙蔽朝廷，不能认真改良之据。请问太后记得在岔道行宫时，蒙垂询：'此仇如何能报？'臣当时曾奏云：'报仇必须人才，培植人才全在学校。'旋蒙简授张百熙为管学大臣，足见太后求才之切。惟此刻距回銮已将七载，学校课本尚未审定齐全，其他更不必问。又前奉上谕，命各省均办警察、练新军，诏旨一下，疆臣无不争先举办。但创行新政，先须筹款，今日加税，明日加厘，小民苦于搜括，怨声载道。倘果真刷新政治，得财用于公家，百姓出钱，尚可原谅一二。现在不惟不刷新，反较从前更加腐败。从前卖官鬻缺，尚是小的；现在内而侍郎，外而督抚，皆可用钱买得，丑声四播，政以贿成，此臣所以说改良是假的。且太后亦知出洋学生有若干否？"太后言："我听说到东洋学生已有七八千，西洋尚未知悉，想必亦有几千。"余对曰："以臣所闻，亦是如此。古人以士为四民之首，因士心所向，民皆从之也。此去不过数年，伊等皆毕业返国，回国后眼见政治腐败如此，彼辈必声言改革。一倡百和，处处与政府为难，斯即人心离散之时。到此地步，臣愚实不敢言矣。"不觉失声痛哭。太后亦哭，言："我久不闻汝言，政事竟败坏至此。汝问皇上，现在召见臣工，不论大小，即知县亦常召见，均勖以激发天良，认真办事，万不料全无感动。"

在上面所引的这段召见对话中，岑春煊言及政府官员名为革新政治，实则蒙蔽朝廷，并无改良实意；且以推行新政为名，增派各种苛捐杂税，以致小民苦不堪言，而官员则反得借机渔利；政治腐败，达于极点，一旦民心离散，时局实在不堪设想，简单扼要地说明了以奕劻为首的中央政府，大有把清朝中国带上绝路之情势。其最后所达到的结论当然也就非常明白：欲图挽回，必须亟图革新，欲求革新，必先去既贪且庸的庆王奕劻。但岑春煊的这番话虽能使慈禧太后悚然动容，而奕劻所恃以结欢固宠的关系毕竟十分深厚，绝非岑春煊的三言两语所能动摇。所以，慈禧太后与岑春煊之间接下来就还有一段艰辛的辩难。仍引《乐斋漫笔》记述此事的原文如下：

> 太后云："汝说奕劻贪，有何凭证？"余对曰："纳贿之事，惟恐不密，一予一受，岂肯以凭据示人？但曾记得臣在两广总督兼粤海关任内，查得新简出使比国大臣周荣曜，系粤海关库书，侵蚀洋药项下公款二百余万，奏参革职拿办。斯时奕劻方管外务部，周犯系伊所保，非得贿而何？"太后言："奕劻太老实，是上人的当。"余对："当国之人何等重要，岂可以上人之当自解？此人不去，纪纲何由整饬？"太后言："懿亲中多系少不更事，尚有何人能胜此任，汝可保奏。"余对："此乃皇太后、皇上特简之员，臣何敢妄保？此次蒙皇太后、皇上垂询时政，是以披肝沥胆，不敢一毫隐瞒。惟启程之时，因应奏之事极多，而牵涉奕劻关系重大，不得不入京面陈，故特冒昧前来。……"

岑春煊对奕劻的攻击虽然并未能使奕劻倒台，但也显然使慈禧对奕劻的信心发生了动摇。也许，瞿鸿禨设计使岑春煊入京面对所希望达到的初步目标，亦只是如此。因为，奕劻毕竟是一株大树，轻易不能拔去，必须先加摇撼松动，然后方能渐渐拔起。岑春煊的初步工作既有成效，接着便可另换他人前来接力。袁世凯致端方信中所说的"大谋发端，群伏响应，大老被困，情形甚险"，即是指此。这另外换上来接力的，即在当时台谏中素有敢言之称的御史赵启霖，所用作弹劾理由的，便是从光绪三十二年十一月间已轰动一时的段芝贵通贿奕劻父子而得黑龙江巡抚案。

赵启霖奏参黑龙江巡抚段芝贵以购献歌妓杨翠喜结好贝子载振，及从天津商会王竹林处措银十万两馈献奕劻，故能以一候补道而超迁巡抚，其事本属实在，只因奕劻、袁世凯之巧于弥缝，而奉旨查覆之醇王载沣、大学士孙家鼐二人又复颟顸瞻顾，苟且了事，所以赵启霖最后反得到一个"诬蔑亲藩"的罪名，被革掉御史。关于这一段史实，笔者已曾在《袁世凯与庆亲王》一文中详细叙述，这里不须再赘。但赵启霖虽然革职，他出京回籍时的送行场面却十分风光，原因是舆论对他的勇敢行为都十分钦佩，自认有气节的士大夫更相率饯别，既为赵启霖增添行色，也为自己增加声光。饯别的地点在南城外的龙树寺，赠别之诗盈箧，其中最令人注目的一首，作者是蒋式瑆。此人原任监察御史，光绪三十年十二月因奏参奕劻以当国亲王而私存巨款于英商汇丰银行一案革职，斥回原衙门行走。蒋诗云：

> 三年一样青青柳，又到江亭送远行。
> 我亦怀归归未得，天涯今见子成名。

言下之意，似对赵启霖之因劾奕劻而得享大名十分歆羡。其实，蒋式瑆在三年前也曾因劾奕劻而得过大名，只是他所得的大名是人人知道他分得了奕劻的三十万存款，以一个御史头衔而换得偌大一笔财富，十分划算，与赵启霖之真的成名并不一样而已。赵启霖成了名，相形之下，自然是奕劻声名扫地。这其中的事实真相慈禧太后后来终于也逐渐知道，奕劻的地位这时才真正有了危险。林步随跋袁世凯致端方密函，有一段说到此事，云：

> 西林之入都也，面劾庆王贪黩，词甚激切。台官江春霖、赵启霖又先后抗章弹其父子，而汪舍人康年主京报，讥诋尤力，士论哗然和之，上亦颇为之动。一日，庆王以疾请假，文慎承旨，太后慨然谓："奕劻年老，说遂不起，尔试思谁可继其任者？"文慎请依故事用近支宗亲，因举醇王，太后颔焉。此事为庆王及袁督所闻。袁、庆素相结，朝士趋炎以图自贵者，京、津之间，交午无虚日，闻之大恐。

情势发展到了此一地步，奕劻的地位真的动摇了。所谓"大老被困，情形甚险"，应即指此。奕劻贪庸，这样的人物当然应该让他滚蛋。但是，倒庆即倒袁，奕劻一倒，袁世凯没了后台，也非倒不可。以袁世凯之善于搞阴谋、玩诈骗，逢到这种危险场面，总也会有办法应付。至于如何应付，那就要看袁世凯的本领了。

袁世凯以戊戌政变时背叛光绪皇帝而得慈禧之宠信，他当然知道慈禧太后最恨的就是康有为、梁启超等一班维新派人物。他决定用来反击瞿鸿禨和岑春煊的办法，就是从这一方面入手。

"丁未政潮"由岑春煊之突然由汉口入觐，突然对奕劻发难攻击开始。瞿鸿禨拉拢他，是因为他在慈禧太后面前的宠信程度不下于袁世凯。所以，倒庆、倒袁计划的第一步，是要先设法让岑春煊入京"面圣"。"面圣"之时，不但要公开指摘奕劻之贪庸不法，并且要能争取到留京供职，以便进一步相机而动。这一层在岑春煊入京之初的几次召见以后，便得到了成功。《乐斋漫笔》记述岑春煊此时对慈禧所奏的话，说：

> "今在京数日，尚觉所怀未尽，又须远赴川省。臣不胜犬马恋主之情，意欲留在都中，为皇太后、皇上做一看家恶犬，

未知上意如何？"太后即云："汝言过重。我母子西巡时，若不得汝照料，恐将饿死，焉有今日？我久已将汝当亲人看待。近年汝在外间所办之事，他人办不了，故未能叫汝来京，汝当知我此意。"余对曰："臣岂不知受恩深重，内外本无分别。惟譬如种树，臣在外，系修剪枝叶，树之根本，却在政府。倘根本之土被人挖松，枝叶纵然修好，大风一起，根本推翻，树倒枝存，有何益处？故臣谓根本重要之地，不可不留意也。"太后云："汝所言极是。好在外边现已安靖，我亦望你在京办事，明日即可下旨，汝先下去。"明日，遂有补授邮传部尚书之命。

岑春煊对慈禧太后表示，他愿意留在京里，为皇太后与皇帝做一只看家的恶犬，那意思当然很明白，他要为慈禧和光绪赶走一切贪污不法的腐败分子，好使朝廷根本之地有去腐生新的机会。果然，他在被任命为邮传部尚书的第一天就表现了看家犬的本领，一口咬断了袁世凯的一段尾巴。《乐斋漫笔》记此云：

余既奉旨，尚未谢恩，先请见太后，面劾本部侍郎朱宝奎，以："市井驵侩，工于钻营，得办沪宁铁路，勾结外人，吞没巨款，因纳贿枢府，得任今职。若该员在部，臣实羞与为伍。"太后曰："朱某既然不肖，可即予罢斥。但据何罪状以降谕旨？"余对曰："可言系臣面参。"太后首肯，始谢恩退下。是日特旨褫宝奎职，都人士群相惊告，诧为异事。

当时都中人士之所以会"群相惊告，诧为异事"，是因为两种原因：第一，按清代官制，尚书与侍郎同为一部的"堂官"，侍郎并非尚书的属吏，而且也从未听说过同一部中的尚书参劾侍郎的事情。第二，劾罢朝中的高官大僚，必须有实际罪状。侍郎官居正二品，品秩甚高，今只因岑春煊之空言劾奏而遽予罢斥，未免骇人听闻。而稽之当时的朝旨，朱宝奎之罢斥全不须有罪名，看来更不免使人诧为异事。《清德宗实录》中所记载的朝旨原文如下：

> 谕内阁：据岑春煊面奏，邮传部左侍郎朱宝奎声名狼藉，操守平常，朱宝奎着革职。

官居二品的侍郎竟可因"声名狼藉，操守平常"的两句话而革职，此一案件所给予人的第二种感觉，便是岑春煊的气焰实在太可怕，比之袁世凯，似乎更有过之。岑春煊为什么要奏劾朱宝奎？因为朱宝奎是袁党；朱宝奎怎么会是袁党？可以看胡思敬《国闻备乘》一书中的记述。

《国闻备乘》卷三：

> 常州朱宝奎游学西洋归，夤缘入盛宣怀门。宣怀以乡谊，处以铁路局小差。人颇机警，渐被亲任，不数年由同知捐升道员，遂充上海电报局总办，凡各局弊窦，无不知之。窥宣怀有婢绝美，求为簉室，宣怀不许，由是离交。私发路局积弊，并抄录累年洋商交涉案，叛归袁世凯。世凯久涎铁路、招商、电报三局之利，而不详其底蕴，至是得所借手。遂参宣怀，尽撤其差，以铁路局交唐绍仪，招商局交杨士琦，电报局交吴重熹，而保朱宝奎为邮传部侍郎，后为岑春煊劾罢。

朱宝奎以所欲不遂而叛盛归袁，又尽发盛宣怀之私而使袁世凯可以对盛宣怀下手，有这样的行为，当然是十足的反复小人。岑春煊劾之罢职，一方面固然是要打击袁世凯，另一方面也是要为盛宣怀报仇。但是，岑春煊此一着棋看起来固然大快人心，实际则犯了轻躁妄动之大病。因为，这一来更加暴露了他对庆、袁的敌视态度，迫使袁世凯更加依附奕劻以求自保不可。于是袁世凯谋划地更加积极，岑春煊不久就吃了大亏。袁世凯致端方密札中有关于此事的内幕，云：

> 大谋发端，群伏响应，大老被困，情形甚险。幸大老平时厚道，颇得多助，得出此内外夹攻之厄，伯轩、菊人甚出力，上怒乃解，而联合防堵，果泉亦有力焉。十六日，大老独对，始定议遣出。上先拟遣，次日即发表。大谋不肯去，十六日亦曾议及，当有对待之术继之。伊眷渐轻，势大衰，无能为矣，不如不来为愈也。举武进、郑、张，上均不以为然，人得借口谓其推翻大老，排斥北洋，为归政计，因而大中伤。武进供给，亦有人言及，恐从此黄鹤一去矣。

袁世凯致端方的此一密札，信尾所署的时间是四月十九日，恰是岑春煊由邮传部尚书奉旨外调两广总督的第三天。由信中所说，可知岑之外调完全由四月十六日那天奕劻之"独对"而起。按，所谓"独对"乃是领军机大臣的特权，即在军机全班叫起之后，独自一人留下来单独奏对之意。军机全班进见，所谈论的事有全体军机大臣同时听闻，若是独对，就无法知道所谈何事了。且依常例而言，独对所奏必系绝对机密之事。奕劻在一番独对之后就决定了岑春煊之外调，可知此番独对中的谈话内容对当时政局有决定性之影响力量。此影响力量从何而来？即上引袁世凯致端方密札中的后一段话。

要了解前引密札中的后一段话，需要先对信中的若干人名做一注释。袁信中所说的"伯轩"，乃满人世续，时官东阁大学士兼军机大臣；"菊人"即徐世昌，时为东三省总督；"果泉"为满人成勋，时官吉林副都统；"武进"即盛宣怀，"郑"即郑孝胥，"张"则张謇，当时均有新党之称。奕劻被攻危急，赖世续、徐世昌等人为之陈说而得解，其事并不值得注意。值得注意的，乃是其中所透露袁世凯用来中伤瞿鸿機和岑春煊的方法。

胡思敬《国闻备乘》卷一，"岑云阶粗莽"一条说："岑春煊性极粗莽，戊戌服阕入京，结交新贵，入保国会。"又，同书卷三，"袁世凯谋倾岑云阶"一条说："袁世凯、岑云阶俱有宠于太后。世凯之宠由戊戌告变，春煊之宠由庚子护驾，皆从患难中奋翅而起，虽有外言，莫能间也。世凯恶春煊权势与己相埒，与奕劻比而谗之。朱宝奎黜，仇恨至深，密奏春煊曾入保国会，为康、梁死党，不可信。"又，康有为题瞿鸿機遗像诗："三犯龙鳞敢举仇，爱才爱国有深忧。"诗后有跋，云："西狩间，公三举鄙人。后怒公举其仇，几不测。"将这几条资料合起来看，可以知道，岑春煊和瞿鸿機都有过和康、梁接近和举荐康、梁的过往，而慈禧则因戊戌政变之故，恨透了康、梁。

朱启钤撰，《姨母瞿傅太夫人行述》中说：

> 戊戌前后，启钤往来吴会，颇与其邦贤士大夫游，益愤切，喜改革之说。文慎虽持重，而苏学所主持，在当时号为新激，与陈右铭、江建霞二公在湘，有桴鼓之应。戊戌事败，法网严苛，启钤在湘，犹与张劭希、杨笃生、章行严诸君私购禁书，交相传习，意气未稍衰。故启钤在文慎门下，深知文慎所以卒遭亲贵之忌者，由来非一朝夕也。

又说：

> 就中文慎最为佥邪所恶者，惟主持舆论一事。汪君康年之在沪办中外日报也，远在庚子以前；汪君，文慎门下士之夙邀赏拔者也。不惟汪君，其时吴越两省名流以言论系时望者，类皆着弟子籍，有知遇感也。文慎柄政，上海舆论于政府措

施抨击曾无假借，而文慎访问得失，未尝不虚怀以听焉。京师初无报馆，江南人士来者渐多，颇开清议之门。甲辰、乙巳之间，京师文字之祸兴，朝贵衔报馆切齿，必欲得而甘心。启钤方长警厅，知其事甚悉，尝屡以去就争。朝贵既无如何，遂以怒报馆者怒文慎。加以朝官奔竞钻营之风，素为文慎所深恶，言官举其丑秽，攻弹不已，又以怒言官者怒文慎。

上面的这些记述，不但说明瞿鸿禨自戊戌政变以来，一直倾向新学而同情新学，并且对于清议及舆论亦极为左袒，以致引起权贵人士及卑劣朝士之切齿。其中所谓"甲辰、乙巳之间"的文字狱，大概指奕劻父子的丑闻被报纸宣传腾播中外之事而言。光绪三十年冬，御史蒋式瑆因参奏奕劻存款于汇丰银行一案而被开去御史职务，但报纸之报道批评却对奕劻甚为不利。翌年，奕劻之子载搏又有挟妓宴饮于京市桐花庄之事，酒酣耳热之余，载搏自登戏台演剧，所挟妓名谢珊珊者为之敷粉，致为御史张元奇露章弹劾。时值日、俄战于东北，人为刀俎而我为鱼肉，天潢贵胄居然全无心肝至此，这事当然成了极好的讽刺材料。报纸乘机渲染，更使奕劻父子的颜面扫地。奕劻和载搏奈何不了报馆，只好记恨办报的汪康年，而汪康年又恰好是瞿鸿禨的得意门生，于是瞿鸿禨的罪名又多了一笔。凡此种种在平时也许还不致如何，但若到了算总账的时候，当然会一起加上去的。

袁世凯在写给端方的密札中说，岑春煊曾向慈禧推荐盛宣怀、郑孝胥、张謇而未被接纳，所以，"人得借口谓其推翻大老，排斥北洋，为归政计，因而大中伤"。这些话不啻是袁世凯的夫子自道，说出了奕劻在独对时向慈禧密奏的岑、瞿罪状，原来便是指证他们的所作所为在企图引进维新派人物，阴谋篡夺慈禧政权，好为戊戌政变的旧事翻案，而这些话正是最让慈禧惊心动魄的。所以，即使奕劻所说的只是一些虚构诬砌的莫须有之言，在慈禧却不敢相信其必无。于是，独对的定议是先将岑春煊调出，即使岑不肯去，亦别有"对待之术"。至于瞿鸿禨，虽然暂无严谴，但慈禧对他已无好感。看袁世凯信中另有所谓"大老绝不能动，同班中或不甚稳"云云，分明已预示瞿鸿禨亦将被逐出军机，只是留作第二步的行动而已。林步随说："此事本由密谋，外间虽能揣知其情，初无佐证。及见此函，和盘托出，遂成千古信谳矣。"可谓信然。

奕劻在一番独对中，以虚构的谎言中伤岑、瞿，既挽回了他的劣势地位，也彻底排除了他的政敌，一举两得，可谓大获全胜。此一毒计的进行情形，在岑、瞿二人自然无法想象得到，所以他们也未曾预防及此。这一层只要看瞿鸿禨对于奕劻独对一事的反应态度即可知道。林步随说：

> 光绪壬寅以后，两宫岁常以春夏园居。三十三年丁未，西林入都，授邮传部尚书，余时方以词曹兼部属。一日，西林幕客同里高君啸桐走告曰："闻昨日召见军机之后，庆王单起，此何事也？故事，枢廷独对，必有非常处分，君常在瞿相邸中，宁有所闻邪？"余愕然无以对。高君谓："此事关系至巨，宜急往淀园面叩其详。"余诺之。次晨驰往，文慎方退食，余如高言以叩。文慎喟然曰："为赞帅耳。"盖林文直在枢廷，以方鲠取厌同列非一日，上意亦不悦，庆王独对，即为承旨摈文直出军机也。旨下，授文直度支部右侍郎。故事，军机大臣本秩已跻二品，出授卿贰，显为左降，大骇视听。文直以边省巡抚骤入政地，实文慎左右之。及是，文慎为之力请，乃收回退出军机之命，更降旨令不必到部。不知者以为文直危而获安，为文慎得君未替之证，而不知非也。

按，林绍年字赞虞，卒谥"文直"，上文所说到的"赞帅"与"文直"，都是指林绍年而言。由林步随的这段话可以知道，在奕劻独对之后，岑春煊由邮传部尚书外调为两广总督，林绍年由军机大臣左迁为度支部侍郎。瞿鸿禨并不知道这都是奕劻独对所造成的结果，还以为独对的目的只是在商量挨林绍年出军机。然则，林绍年之事不过是慈禧与奕劻所用的障眼法，其作用在转移瞿鸿禨的注意力，使不知岑春煊之外调更有重大的意义。瞿鸿禨既不能察觉奕劻独对时的真正内容，岑春煊粗率无谋，自然更难察觉。所以，他在行至上海之后，依然使用以前的老办法：借口有病就医，在上海逗留不去，以觇后命。殊不知此时的慈禧对岑春煊的观感已发生了一百八十度的转变，不但"眷渐轻，势大衰"，而且还真的"不如不来为愈"。就在岑春煊逗留上海期间，对瞿鸿禨的攻击亦已开始。令人非常意想不到，这次出面攻击的人竟是与庆、袁毫不相干，而平素颇矜气节的翰林学士恽毓鼎。

赵炳麟撰《柏岩感旧诗话》说，御史赵启霖因奏劾奕劻父子而遭革职，出都之日，士大夫饯别于城南之龙树寺，至者数百人，赠诗盈箧，发起者即翰林院侍读学士恽毓鼎。"未一月，薇孙（按即恽毓鼎字）受奕劻指，以'授意言官'劾退瞿相国鸿禨，时论难之。"恽毓鼎上疏奏劾瞿鸿禨，据说疏稿出于袁党人物杨士琦之手。最初欲贿买一御史上之，因惧得罪清议之故，无人敢应募，而恽毓鼎贪其重贿，竟悍然不顾，出面具奏。由于这本是慈禧与奕劻早已商定的决策，所以恽毓鼎之劾疏奏上之后，并不须明白查究所劾是否真实，便即降旨瞿鸿禨开去本兼各职，罢斥不用。《清德宗实录》中记载此时所降的谕旨如下：

> 光绪三十三年五月丁酉，谕内阁：恽毓鼎参奏《枢臣怀私挟诈，请予罢斥》一折，据称"协办大学士外务部尚书军机大臣瞿鸿禨，暗通报馆，授意言官，阴结外援，分布党羽。余肇康于刑律案未娴习，因案降调未久，与该大学士儿女亲家，托法部保授丞参"等语。瞿鸿禨久任枢垣，应如何竭忠报称。

频年屡被参劾，朝廷曲予宽容，犹复不知戒慎。所称窃权结党、保守禄位各节，姑免深究。余肇康前在江西按察使任内因获咎，为时未久，虽经法部保授丞参，该大学士身任枢臣，并未据实奏陈，显系有心回护，实属徇私溺职。法部左参议余肇康着即行革职，瞿鸿禨着开缺回籍，以示薄惩。

看了这一道上谕，再将奕劻屡次被御史参奏所奉的历次上谕相比，觉得慈禧处分恽毓鼎奏参瞿鸿禨一事，与她之屡次包庇奕劻而重惩言官的情形，简直有霄壤之别。弹劾之奏章如果未经查实，只可说是莫须有之事。奕劻屡被弹劾，而且所劾的罪名甚重，从未有不经交查而径予处分的前例。而且即使交查，在查覆者朦胧奏覆而得悉所查不实时，受处分的仍是原参之人，而与奕劻毫无关系。以此相比，慈禧待奕劻何其宽厚，待瞿鸿禨何其刻薄？所以然之故，则奕劻无非贪庸误国，不致背叛慈禧，瞿鸿禨则被奕劻指为意图篡夺政权，为慈禧所深恶痛绝，故竟因自私而致失去理智，不知不觉之间堕入了奕劻与袁世凯所设计的圈套。瞿鸿禨个人的荣辱得失固不足惜，袁世凯对近代中国的影响力，则从此有如附骨之疽一般地不能拔去，所造成的祸害就太大了。这其中的影响关键全在慈禧的一念之间，说起来实在深可慨叹。

瞿鸿禨被罢斥之后，对于恽毓鼎所参各节，慈禧太后只有形式上的一番交查，其实对瞿之去留无关。因为，即使查无事实，瞿鸿禨也早已开缺回籍，绝不可能召回复用了。其后，奉旨查办的大学士孙家鼐、陆军部尚书铁良二人所上覆疏，果然不能为恽毓鼎证实瞿鸿禨的罪名。此一覆疏与"丁未政潮"的幕后秘辛颇有关联，值得一读。原疏不见于《清实录》，却在赵炳麟所撰的《柏岩集·附录》中看到，抄录其主要内容如下：

臣等伏思，暗通报馆、授意言官，必须问明何处报馆、言官何人，方能据实查核。因令原奏官恽毓鼎开具节略。旋据开呈，"汪康年为瞿鸿禨密党、曾广铨为乡里私交"等语，授意言官，则指出已革御史赵启霖奏王夫之从祀一案。臣等窃谓原奏官一面之词，恐或有所偏重，因复博访周咨，详慎考究。如曾广铨乃原任大学士曾国藩之孙，与瞿鸿禨同乡而有世交，难禁其不相熟识。汪康年系浙江人，曾经中式进士，与瞿鸿禨有文字之交，往来亦所难免。开张报馆，曾广铨入有股份，汪康年为之主笔，人言多系如此。臣等反复推求，恽毓鼎所奏虽出有因，尚未能遽定此案虚实。开张报馆，未有不欲售报之多，则假一有势力之人以张其消息灵通之效，报馆积习，大抵如此。谓曾广铨、汪康年借瞿鸿禨之势力在外铺张，恐所不免；瞿鸿禨择交不慎，防闲未能周密，或亦有之；若云用人行政大端，敢于预为泄漏，恐瞿鸿禨断不致糊涂至此。如以平时偶有往来，即指为暗通消息，似尚未为允协。瞿鸿禨业经奉旨开缺回籍，可否免其置议之处，恭候圣裁。至言官赵启霖平素以能言自命，未必肯受人指使。且王夫之从祀一节，事属因公，亦无所用其指使，并请一并无庸置议。

瞿鸿禨被斥逐放废，表面上的理由是被人参劾有怀私挟诈及暗通报馆等情节，实际情形是慈禧太后中了奕劻与袁世凯的离间计，以致慈禧把瞿鸿禨和岑春煊当成了仇人。但因骨子里的真正原因不能公开示人，所以在孙家鼐和铁良的奏疏上陈之后，表面上的理由也已站不住脚，奕劻和袁世凯只好另编一套说辞来向社会舆论做交代。那就是笔者在《袁世凯和庆亲王》一文已曾引用到的，《凌霄一士随笔》所说，慈禧有意罢黜奕劻，而瞿鸿禨不慎泄漏消息，以致慈禧震怒，奕劻乘机令恽毓鼎奏劾，故而瞿鸿禨旋即罢斥云云的"幕后秘辛"了。关于此一说法，林步随亦曾指出其中之虚伪不实。他说：

说者多谓汪舍人泄漏文慎奏对之语以致祸，其实当丁未春夏之交，庆王眷已稍衰，观西林之留京、载振之开缺，朝士已微知之，无待于泄漏。此盖若辈中伤之计已售，特假某词臣一疏，撼暗通报馆一事，以为发难之端耳。文慎忠谨素著，得君最专，岂有倚信七年之久，忽因漏一言而获罪？况文慎之与庆王不协，上意亦非不知之耶？

这段话再度强调说明，瞿鸿禨并无可以罢斥的罪名。他之所以不免罢斥，即是由于奕劻与袁世凯所进行的密谋，其事不足为外人道。所以，在孙家鼐、铁良查覆恽毓鼎所参各节并不实在之后，慈禧对此并无表示。所批"依议"，亦只是依其"可否免其置议"之议。柄国大臣之罢黜不以其罪，可知其中别有隐情。瞿鸿禨此时有诗志感，云：

> 臣罪邱山负至尊，扪心岂独畏人言？
> 愚忠未效青蒲益，曲贷犹深羽扇恩。
> 十驾蹇骐羞峻坂，九关孤梦隔重阍。
> 偶游毂外初衣遂，息尽尘机老灌园。

"青蒲"乃是皇后寝宫专用的地席，"羽扇"则指侍从之臣。这一联用来借喻他枢密近臣的身份；"蹇骐"意指病足之马，"羞峻坂"则是自谦他在职时对国家政治并无裨益。这虽然也可以说是他对太后和皇帝自觉负有重若邱山之罪，然而，"扪心岂独畏人言"，岂不便是他自问并无可为人攻讦之阴私吗？瞿鸿禨的感慨如此，对于罢黜上谕中所加于他的那些罪状，自然更可知道那只是外表形式，与真正的事实无关。说来说去，瞿鸿禨和岑春煊实在都不过是光绪三十三年政治斗争中因失败而被牺牲的不幸者而已。

最有趣的是，罢黜瞿鸿禨的上谕中，指责他虽然屡次经朝廷曲贷其过，而最后仍是"犹复不知戒慎"。孙家鼐、铁良的覆疏亦说瞿鸿禨之为汪康年所利用，是由于他之"择交不慎"。然则，"不慎"二字，显然已是瞿鸿禨生平之最大缺点。但在经过了十年之后，瞿鸿禨以清室遗臣的身份病死上海，宣统小朝廷却对他十分轸悼，恤赠之外，更赐谥曰"文慎"。瞿鸿禨出身翰林，依照清代谥法，上一字依例可以得"文"。至于下面一字，则所选择的往往最足以表示其人一生言行事功之特征。瞿鸿禨生前屡被斥为"不慎"，而此时竟得"慎"字，岂不表示瞿鸿禨一生即以慎密小心得慈禧之信任的吗？准此而言，宣统谥瞿鸿禨为"文慎"，看来还真像是特意为他当年的罢黜案雪冤洗谤，借以彰显奕劻、袁世凯之阴谋陷害。瞿鸿禨死后有知，真应该感谢宣统对他的这番知遇。

瞿鸿禨被罢黜的消息传布之后，在上海逗留观望的岑春煊大感震惊。政局的变化突兀如此，他意识到已不可能再继续从事倒庆、倒袁的政争了。然而，究竟是就此自甘屈服，老老实实地到两广去做他的总督，还是再在上海观望一时呢？就在他踌躇未定的时候，新的变化又发生了。原因是奕劻与袁世凯感觉到瞿鸿禨虽已摈出国都，岑春煊在慈禧心目中究竟还有若干分量，斩草如不除根，将来仍是难测之患。因此他们又进行了一个新的阴谋，其办法比上一次所造的谣言更为毒辣。刘成禺撰《洪宪纪事诗本事簿注》，卷二中有一条说：

> 陈少白先生曰：岑春煊督粤，捕巨绅黎季裴、杨西岩等二十余人，有籍其家者。粤人悬赏十万金，谋能逐岑者酬之。少白手揭红标。知春煊与项城有隙，西后西幸，宠岑在袁上也。乃由粤人蔡乃煌谋于袁。又知西后痛恨康、梁，乃赂照相师，将岑春煊、康有为、梁启超、麦孟华四像合制一片，广售京、津，由蔡辇巨金谒袁，转李莲英，密上西后。西后阅之大怒，

遂有调岑离粤之命。乃煌得上海道。少白获巨酬，以金办港省轮船公司，珠江码头划归陈有，其家今尚食之。出此奇计，少白得有陈平之目。

又，胡思敬《国闻备乘》卷三，"袁世凯谋倾岑春煊"一条中亦有类似的记载，说：

> 粤人蔡乃煌失志归天津，侦得其情，思媚袁以求进。因入照相馆觅得春煊及康有为影像各一，点景合成一片，若两人聚首密有所商者，献于世凯。世凯大喜，交奕劻密呈太后，证为交通乱党，春煊之宠遂衰。未几迁粤督，未及履任，中途罢归。乃煌以此擢上海道。

比较上面的两条记录，胡思敬的记述得之于传闻，而刘成禺的记述得于当事人陈少白所说，自当以刘记较为可靠，而胡记亦足以证明其事为实有。若以时间而论，岑春煊初次由邮传部尚书外调为两广总督，逗留上海，借病不去，而慈禧太后对岑并无严旨督促，反而准岑一再续假，足证此时岑春煊在慈禧太后面前的"眷"虽渐轻，势虽大衰，而尚未到屏绝斥逐的地步。但到了光绪三十三年的七月初四日，亦即岑春煊奉调粤督的两个半月之后，情势忽然剧变。这天所颁的上谕说：

> 岑春煊前因患病奏请开缺，迭经赏假。现在假期已满，尚未奏报启程，自系该督病尚未痊。两广地方紧要，员缺未便久悬，岑春煊着开缺安心调理，以示体恤。

在岑春煊屡次称病奏请开缺时，慈禧并不准许，反而屡次给假，温谕劝勉；现在岑春煊并未奏请开缺，慈禧忽以"员缺未便久悬"为词，主动解除了他的粤督之职，名义上虽说是可以使他安心养病，"以示体恤"，其实当然不是那么一回事。所给予他人的感觉是，岑春煊这次真的栽了，不但失官，而且丢脸，从此以后，清政府中恐怕再无岑春煊的位置。既然事实如此，促成慈禧太后断然下此决定的，必然有极为重大的原因。推测起来，应当即袁世凯在这时送上了这张要命的照片，然后才会使慈禧太后在急怒攻心之余毅然决定，从此将岑春煊斥逐不用。否则的话，慈禧曾说过岑春煊当年对自己曾有大恩，又何致在此时有此决绝的措施呢？

另有一说，谓袁世凯所奏上的此一照片，系出于袁党人物端方所媒孽。费行简撰《慈禧传信录》叙此云：

> 春煊方居沪上，联络报馆，攻击庆、袁无虚日。方乃以密札达枢廷，称春煊近方与梁启超接晤，有所规划，以二人合拍影相附之。后览相片无讹，默对至时许，叹曰："春煊亦通党负我，天下事真不可逆料矣！虽然，彼负我，我不负彼，可准其退休。"于是传旨准春煊开缺调养。而相片实方以二人片合摄之，以诬春煊，后不及知也。

此云袁世凯所呈上的照片系端方所伪造，由于我们已从陈少白的自述中得知此事的经过，以及其经手送达袁世凯的情形，当然可以知道费行简之说不确。不过，费行简所述慈禧太后见到此一照片的反应及谈话，与她对岑春煊的态度颇为一致，因此亦可以使我们知道费行简在这一方面的记述颇能接近事实，引述如上，以补前说之不足。

说到这里，仍须一述岑春煊与李莲英的关系。李莲英是慈禧太后最亲信的大太监，在清末政治上的影响力极大。当年岑春煊随扈太后及皇帝西幸，与李莲英的关系极好，吴永所撰《庚子西狩丛谈》一书中对此有极多的记述，何以在袁世凯呈进此一重要照片时，李莲英竟不为岑春煊设法回护呢？这一层我们可以看看江庸所撰《趋庭随笔》中的记述：

> 岑云阶当庚子之变扈从行在，与阉党李莲英结交甚密，其受知孝钦，即由于此。迨入为邮传部尚书，自以为历任封疆，声名已著，且方面奏庆亲王奕劻贪黩不职，故馈李酒食亦拒绝之。李因大恚。其不久遽外出，虽奕劻挤之，李亦与有力焉。

据此云云，则李莲英当年虽与岑春煊结交甚密，此时却已因岑春煊之自矜身份而致交恶。于是，李莲英虽然还不是岑春煊的政敌，却也不再是岑的朋友。既不再是朋友，当然也就不会在紧要关头时主动给予助力。由此可知，一个人的立身处世，开始时绝不能走错一步，否则便有无法回头之苦。岑春煊当年结交阉宦，其目的自然是为固宠之计。在他声名已著之后，觉得这种关系为自己的盛名之累，很想从此改弦易辙，勉为正人。然而，李莲英却不能谅解他的苦衷，终于也使他无法实现其愿望，说来是很可惜的。

岑春煊失职之后，仍在上海居住，颇以游燕征逐自遣。宣统即位后，袁世凯被放归里，奕劻亦告失势，朝局变革，岑春煊又有了出山的机会。因此当宣统三年四川争路风潮发生之后，由于载泽及盛宣怀的荐举，摄政王载沣决定起用他。这年七月，就降旨命岑春煊即刻自上海由水路入川，会同署理四川总督赵尔丰，办理剿抚事宜。这时的岑春煊，虽然只是以"开缺两广总督"的名义入川、襄办剿抚，然而若以同时一般督抚的声望而言，署理四川总督赵尔丰与督办四川铁路大臣端方，无论谁都不足以望岑春煊之项背。所以这两人一听到岑春煊将要到四川来会办剿抚，就深恐自己的位置会被岑春煊所取代，百计设法阻挠。这年八月，岑春煊到达武汉，湖广总督瑞澄就帮着端方和赵尔丰阻挠他。正争议间，武昌新军起义了，岑春煊在战乱中匆匆忙忙逃回上海，后来虽然奉到调补四川总督的旨意，亦已无法到任。清廷逊位后，岑春煊还在上海。

按，岑春煊在光绪三十三年七月被开去两广总督职务，乃是出于慈禧太后的意思，其原因是岑春煊已与保皇党的康、梁相勾结，不能再用了。慈禧死后朝局虽变，而柄政的隆裕皇太后与摄政王载沣乃是承受慈禧政权的旧派人物，如何可能抛弃前嫌，再度起用岑春煊为封疆大吏呢？这里面另有一段故事，不可不述。刘成禺《洪宪纪事诗本事簿注》卷二，在记述陈少白伪造岑春煊与康有为等人的合摄相片之后，续云：

> 春煊知为相片所谮，自辇巨金求计于莲英。莲英又以西后扮观音，自扮韦陀，同坐立一龛，上相片于西后曰："老佛爷何尝命奴才同照此像？足见民间伪造，借观朝纲。从前岑春煊、康有为等照片，想亦类此。"西后对岑意解。

李莲英所设计的方法十分巧妙，虽然慈禧不懂照片摄制技巧，亦必能窥破其间的奥秘。亦正因为慈禧不久之后便已对岑"意解"，所以岑春煊在光绪一朝虽无起复机会，到后来却仍然大有后望。只可惜大清帝国的寿命到此已经终结，时不我与，岑春煊即使仍有效忠故君之心，亦已失掉机会。岑、袁相争，最后的胜利终归于袁，这真是无可奈何的事。

入民国后，岑春煊一度接受民国大总统袁世凯的委派，先任福建巡按使，继任粤汉铁路督办，屈身事仇，宛若前嫌业已尽释。及袁世凯称帝，岑春煊被南方推为讨袁军的都司令，又与袁世凯站在敌对的地位。国父在广州组织军政府，岑春煊起初与国父同为总裁，其后却又与政学系合作，反对国父。似此朝秦暮楚，反复无常，真使人怀疑他当年何以能与袁世凯同享大名，号为清末督抚中之翘楚？是否岑春煊当年有张鸣岐、岑炽二人为其灵魂，所以才能处处显出他的才气与魄力，而如今则已不然？至此，我们需要再来看看，当年的幕府奇才岑炽，此刻是否仍能成为岑春煊之臂助呢？

前面曾说过，岑春煊官甘肃布政使时，已将岑炽罗致幕中。自此以后，岑春煊之勤王、护驾、抚晋、督蜀、平盗，举凡一切建功立业之事，几乎都出于岑炽之策划。而自岑春煊由邮传部尚书出为粤督以后，岑炽知事不可为，即致书乞退，不再参与岑幕之谋议。至于岑春煊入民国以后之诸般作为是否与岑炽有关，则可以参看陈赣一所撰的《岑炽传》：

> 炽于煊之举措，适于情、合于理无不赞成，反是，面诤不少恕。煊平日于诸人之言，言之当否，皆不屈，独视炽为良师益友，言听计从。纠弹奕劻等疏，俱出炽之手。辛亥鼎沸，煊再起为蜀督，电召炽往，不赴。固请，乃渡轮之汉皋，语煊曰："天下将大乱，是不过微露其苗耳。进退出处，公自决，吾老矣，不能相从。"遂归。归后易装为道士，徜徉山林泉石间，吟诗高歌为乐。年七十有几而卒。

据此云云，则岑炽在岑春煊罢斥后便已离开岑春煊幕府，民国以后岑之反复无常，都只是岑春煊个人行动，与岑炽无涉。亦正因为岑春煊失掉这唯一可共大事的智囊兼净友，所以岑春煊此后的行为才会变得如此错谬颠倒，乖戾可笑。由此更可知道，岑春煊前半生事业之所以能卓然有树立，也都是出于岑炽之大力襄赞。

说完了岑春煊的故事之后，应再将瞿鸿禨的后来事迹作一交代，以为全文之结束。

瞿鸿禨卒于民国七年，寿七十岁，他没有像岑春煊那样再入民国政局，而是甘以遗老自居，不再过问实际政事。他的诗集有诗甚多，大都是罢政家居以后所作，而且有半数以上是和同时遗老们组织诗社时的酬唱之作，虽则念念不忘故君，也只是旧式士大夫的封建思想使然，不足厚非。综其一生，瞿鸿禨可说是清末高官大僚中的特立独行之人。他风节峻厉，操守廉洁，完全不与当时的腐败政风同流合污。柄政之日，更希望竭尽所能，改造政治环境，为国家开创新的机运，虽然所愿未遂，而其志向极可钦佩。假如"丁未政潮"的结果不是后来那样，也许近数十年的中国历史竟会完全改观。所以，纵使瞿鸿禨和岑春煊在实际政治上的建树并不十分辉煌而特出，即此一事而言，他们所做的努力在历史上的影响力便可能更大。读史论世，不能以成败论人。所以，瞿鸿禨和岑春煊在当年的一番努力也还是值得称道的。

第六章

盛宣怀

　　在清代末年，以官员身份从事各项新式交通事业的兴建，因缘时会乘机营私聚敛，终于他成为全国首屈一指的大富豪。其生平事业之较有可称者，乃办理慈善事业及兴建新式教育两项。最后在邮传部大臣任内推行铁路国有政策，不但因此点燃了革命之火，也断送了他的政治生命。

盛宣怀

◆

　　选入"中国近代史上的关键人物"这一专题范围内的清末人物，不外是一些帝后王公、宰执大臣，以及若干功业彪炳、其事迹足以垂诸后世的著名将帅。三年中所写的总人数虽然不过二十余人，而自太平天国以来的清末历史，差不多都已包举在这些人的生平事迹之中。由于这一缘故，再要从"关键人物"的标准上选取合格的对象，已经很不容易了。例如本文所要写的盛宣怀，看起来就难免予人以斤两不称的感觉。因为盛宣怀在清代官不过尚书，除了多财善贾与长袖善舞之外，似乎别无所能。论名位、论事业，高过盛宣怀的清末人物何止百数？例如张荫桓与刘坤一的生平就要远较盛宣怀来得熠耀有光。然而，笔者之所以选取盛宣怀作为关键人物之一，亦自有说。

　　笔者选入此一专题系列的人物，大致由下列各项条件着眼：第一类当然是最高的统治人物，因为只有他们的意向才是决定国家大政的最高力量，不明了他们的性格行事，很多事情都无从谈起。第二类对象是在国家民族面临危机时，具有中流砥柱作用的将帅名臣，如曾、左、胡、李等，表彰他们的生平事功，等于就是在为历史做解释。刘铭传虽然不大够格，但因他在台湾历史上的影响很大，所以也从宽列入。第三类则是在某一些时间内足以对当时的实际政治发生颇大支配影响的人物。如恭王之翊赞"同光中兴"，醇王之导引清末政治走向下坡，庆王与袁世凯之操纵光绪末年的政局……第四类对象，则是某些特出事件中的策动人物，如翁同龢之于甲午战争，载漪、刚毅之于"庚子拳乱"，瞿鸿禨、岑春煊之于"丁未政潮"……掌握了这些人物的当时动态，对整个事件的来龙去脉也就有了具体的了解。依据此一构想，张荫桓与刘坤一的事功虽可称，却不能写入这本《中国近代史上的关键人物》之中。

张荫桓在光绪二十四年以前，任职于总理各国事务衙门（后来的外务部），在对德外交及对俄外交上都有很大的影响力量。但因这些外交事务亦与同在总理衙门的翁同龢有重要关联，并且亦已在《翁同龢》一文中提到，如果另为张荫桓写一传记，在这些方面势必要与翁传重复，殊非适宜。刘坤一为晚清的重要疆臣，与张之洞同享大名。其生平事迹可称者有二：一是反对慈禧之废立阴谋，足称社稷大臣；二是在"庚子拳乱"时实行"东南互保"，为国家保存不少元气。但因前一事已经在光绪的传记中提到，后一事实由赵凤昌、何嗣焜所发起，盛宣怀所出面倡导，刘坤一虽有主持之功，究竟不能将主要功绩归之于刘。由于这些缘故，刘坤一反而变成无特殊事迹可写之人，为之专撰一文，看起来也就无此必要了。但是，盛宣怀又能以何种资格入选为"中国近代史上的关键人物"呢？

论到盛宣怀的政治地位，在辛亥革命的前一年（宣统二年）方才做到邮传部尚书及邮传大臣，有如今日的交通部长。交通部长所管的不过是交通行政，论理应不致影响及于全盘政局。但因他在邮传大臣任内推行铁路国有政策，引起四川争路风潮，于辛亥革命发生甚有影响，因之他这个邮传大臣的身份也就很不寻常。这是他的第一个特点，因为举足轻重之故，足以入选为"中国近代史上的关键人物"。其次，则他在清代末年以官员身份从事实业建设，举凡铁路、电报、轮船、矿冶等项事业，他都介入其中。到了后来，由于积资千万，而被人称为豪门资本，这也是他人所无法比拟的一项特点，足可使他傲视侪辈。以此而言，张荫桓与刘坤一看起来就不免相形失色。所以，盛宣怀的政治地位虽然只是一个"二等"人物，他的重要性却非其他二等政治人物所能比拟。所以他的事迹值得提出来一说。

在没有提到盛宣怀的生平事迹以前，我需要先将盛宣怀在当时最为人所攻击的特点指出来加以说明 —— 那就是他的财产问题。

盛宣怀的出身不过是中人之产的官宦家庭，世居江苏武进，而从未以财富闻名于乡里。但是在盛宣怀做到邮传部尚书以后，关于他的财产传说便已十分骇人听闻。据说，他的全部财产值银数千万两。清代末年，银子还很值钱，白米一石不过值银一两多而已。数千万两的财富，在当时没有第二个人能够与之相颉颃，称其为富可敌国并不过分。也许当时曾有人怀疑这是不可能的事，但在盛宣怀死后，由于剖析遗产，其实际情形便逐渐透露出来了。

盛宣怀共有八子五女，但当他在民国五年去世时，活着的儿子只有五个。盛宣怀在临死之前，曾将他的遗产四六分析，规定以十分之四设立愚斋义庄，专办慈善救济事业，其余十分之六，则分为六股，五个儿子各得一股，另一股留作其妻庄氏养老之用。根据盛家传出的盛宣怀遗产总数，计有武进县城内周线巷住宅一所，共计房屋二百四十余间；愚斋义庄田产三千余亩，另外则尚有苏州、杭州等地的地产，嘉定、常熟等地的数十家当铺。现金及有价证券方面，计盛妻庄夫人的"颐养费"银七十万两，财政部卷烟库券银七十万两。轮船招商局老股一万一千股，折合新股二万二千股，每股票面值二百两，共计值银四百四十万两。汉冶萍公司股份二万零二百六十七股，每股票面值银圆五十元，共计价值银圆一百万零一千余元。另有积余公司的股份一万七千股，仁济和股份四千八百股，每股价值若干，未见宣布。此外，盛宣怀在上海租界地区内的房地产亦有很多。租界内的房地产都很值钱，估计不下银一千余万两。以这几项约略估计，其全部财产的总值已超过银二千万两。何况招商局及汉冶萍公司的股票都只按票面值计算，以当时时值而言，尚不止此。而盛家所藏的珠宝珍玩、藏书楼中的珍贵图书，以及妻妾、诸子的私蓄等，均未计算在内。只以二千万两银子来说，当时的"豪富"要推盛宣怀为第一了。

当年李鸿章逝世时，据说其全部遗产约值银一千万两。这一数目已可称举世无匹，想不到后来盛宣怀的财产还一倍于此而不止！盛宣怀的官位远不及李鸿章，他居然能借兴办实业的机会积聚到如此巨大的财产，足见他的手腕实在高明之至！既然他的巨额财产都是由做官办实业而来，他的升官发财与政治恩怨，便一定会在实际政治上发生大大小小的影响。只此一点，他便有研究讨论的价值。因此，我们需要专写一文来了解他。

盛宣怀，字杏荪，号愚斋，晚年又号止叟，江苏常州府武进县人。祖父盛隆，举人出身，曾官浙江海宁州知州。父盛康，道光二十四年甲辰科进士出身，官至湖北盐法道。按，李鸿章亦是道光二十四年甲辰乡试恩科的举人，而盛宣怀正是在这一年出生的，由于这些渊源，盛宣怀之父盛康虽是李鸿章的科举前辈，后来却与李鸿章结成金兰之交。因此，盛宣怀在后来也成了李鸿章的世侄。盛康官不过道台，对盛宣怀没有太大的帮助，但因有李鸿章的照拂，盛宣怀后来在北洋得到了发迹的机会。

说到盛宣怀的出身资格，其实卑不足道——他虽然也曾读书应科举，却只能中一名秀才，想考一名举人，连应三次乡试不第，在最后一次参加乡试时，他已因参与李鸿章的幕府得有劳绩，被累次保举至加衔布政使的候补道了。道员四品，布政使则二品，带布政使衔的候补道，已经算是"大员"了，如果再参加乡试考举人，给那些年轻秀才们看了实在是笑话。为了这一缘故，他只好放弃科举之路，专心从事以官员身份办理工商的实际事业。据野史传闻，盛宣怀曾拜李鸿章为义父，所以李鸿章才对盛宣怀倚信有加。这一传说是否属实，固然很难得知，但如以盛宣怀所得自李鸿章的特别照顾而言，也未始没有这种可能。

盛宣怀入李鸿章之幕是同治九年二月的事；这一年盛宣怀二十七岁，已经具有秀才身份。同治初年，太平天国及捻乱相继平定，全国治安逐渐恢复，唯一成为祸患的只是西北的回乱。同治九年，李鸿章奉命带兵由直隶入陕，协助左宗棠讨伐回逆，原在李鸿章幕中的杨宗濂函招盛宣怀前来相助，被李鸿章派充行营文案兼会办营务处，由此得有功名，从候补知县逐渐保升至道员，并赏加二品顶戴。李鸿章入陕剿回的时间很短，不久便因天津发生教案，中、法两国间的外交关系紧张，而仍调回直隶。盛宣怀在李幕中立功得官，都是在这以后的一段时间内。同治十二年，李鸿章以直隶总督兼北洋大臣的身份，札委唐廷枢与徐润二人于上海创设轮船招商局，唐充总办而徐充会办。过了不久，李鸿章又添派了另一个人来充任会办，这个人就是盛宣怀。唐廷枢和徐润都是上海洋人的买办出身，熟悉航运业务，由他们担任总办与会办，当然十分适合，但是，盛宣怀却并非这样的人才，他之充任会办，看起来便好像是以李鸿章的亲信而隐负监督的责任了。由于此一渊源，终于使盛宣怀插足于上海的工商界，成了一个具有官僚身份的实业界人物。

　　在清朝的同治、光绪年间，李鸿章是主持"自强维新"运动的要角。经由他所创办起来的"洋务"事业，大至耗费数千万两的新式海陆军，小至培植翻译人才的"广方言馆"，项目极多，属于通信及运输方面的铁路、轮船与电报，亦是其中的一部分。我们不能怀疑李鸿章创办这些新兴事业有什么不正当的意图，但是，他和他手下的一大批人曾因创办这些新兴事业而大得其利，无论如何总是不争的事实。例如向外国造船厂订购新式的铁甲兵舰，每艘动辄费银数十万两，洋枪、大炮等新式军械的费用也很贵。照外国商家的规矩，订立合约购买这些船舰、枪炮，经手人都有一定的佣金可拿，英文称为"康密新"。李鸿章耗资数千万两建立北洋的新式海陆军，即使他不想赚取回佣，外国人也一定照规矩致送"康密新"，这笔收入就十分可观了。盛宣怀受李鸿章之命会办招商局，经手购买轮船的银钱往来，其后又以"官督商办"的名义纠集商股创办电报，及与外国资本家订立合约，借贷大批款项建造铁路，其中亦同样有一定的酬劳可得。盛宣怀以这些地方的巨额收入，分出一部分来结交权贵，赂遗当道，而将大部分纳入自己的私囊，不但很容易博得上级长官的垂青，他自己的私囊也很快地充实起来。此真是所谓"既得银子，又红顶子"，天下最便宜的事情莫过于此。

李鸿章的财产能够达到千万之数，盛宣怀也有很大的贡献。亦因为有李鸿章的大力支持，盛宣怀的事业也就蒸蒸日上了。综其一生所办的交通、矿冶事业，可说以招商局起家，以铁路致富，以办电报而得享大名，以投资矿冶事业而得以交结权要。如此这般地交相为用，多财善贾而长袖善舞，终于使他由一名不第秀才而逐渐升为主管全国交通、行政的邮传大臣，他的财富也远超于李鸿章之上。

招商局的创办动机起于海运漕粮。同治初年，浙江地方当局派候补知府朱其昂为海运委员，负责将浙江省应运的漕粮在上海雇觅轮船，自海道直运天津。试行数年，不但安全迅速，而且比河运节省很多运费。事情非常凑巧，盛宣怀也恰好在这段时间内，在上海结识怡昌洋行的买办唐廷枢、宝顺洋行的买办徐润，知道经营轮船运输有大利可图，于是共同合伙买船两艘，从事沿海航线的客货揽载。此时见浙江漕粮亦用轮船海运，便以为不妨将运载漕粮的范围扩大，而由民间专门组织一个轮船公司来承运，不但可以抵敌外国势力的侵入，并可乘机发展国人自营的航业。他将此一构想向李鸿章提出，李鸿章大为赞成。因为，香港方面的英、美两国船公司，如怡和、太古、旗昌等洋行，此时正在大举开拓中国的沿海及内河航线，业务日益发达。李鸿章目睹中国的航利被夺，中国商民从事帆船航业的生计日见窘迫，正苦于无策应付，听到盛宣怀的建议之后，便觉得此正是发展中国航业以抵敌外国航业的大好时机，便以北洋通商大臣的名义正式札委唐廷枢为总办，徐润为会办，命他们召集商股，成立航运公司，以开拓航运业务。

这样，中国历史上的第一家民营轮船公司便诞生了。

招商局成立之初，名为"轮船招商公司"，预定召集商股银一百万两。但最初的成绩并不理想，一年中所招到的商股只有四十七万六千两，尚不足半数，所拥有的轮船也只有"伊敦""永清""福星""利运"四艘，不但资本不足，运输能力也很有限。但这家公司有两项条件是洋公司所不能及的：第一，清政府规定，政府官物的运输必须交由这家公司优先运载，洋公司不得有所异议。由江、浙运往北京的漕米每年有四百多万石，即使分配海运的漕额只有十分之四五，亦可得运费银三十余万两，乃是一笔极大的生意。由于漕米亦是政府官物之故，由招商局承运，这一笔运费就是招商局的稳定收入，足以使招商局在一开始就立于不败之地。第二，当时的外国船公司所经营的沿海航运，对中国乘客的待遇极为恶劣，中国人花费了很多钱买票坐船，还得受外国人的气。自从招商局成立之后，很多人都因为对外国人的敌视态度而自动搭乘招商局的船，因此使招商局增强了对外国船公司的竞争力量。由于这两项有利的条件，仅有四条船的招商局经营一年结算盈亏，居然赚了很多钱。这一来，使外国船公司大为眼红，嫉恨之余，便使出跌减运价的撒手锏来与招商局竞争，希望把立足未稳的招商局一举挤垮，好让他们继续把持中国的航运利益。却不料招商局有漕米的运费收入为主要财源，即使跌减运价吃了亏，仍然支持得住，倒是美商旗昌轮船公司在这场剧烈的竞争中大受其害。该公司旗下的大小轮船共有十六艘，开支极大，因跌减运价而致收入剧减，加上揽载生意亦大不如前之故，竟致无法支持，不得不减价出让。招商局在两江总督沈葆桢的大力支持之下，一举筹拨公款银一百万两，作为政府借贷的"官本"。有了这一笔新增的巨额资本，招商局竟然有勇气以分期付款的方式，出资二百二十二万，将旗昌公司辖下的全部轮船及码头、栈房等一起接买下来。这样一来，招商局即刻由四条船的小公司变成二十条船的大公司，不但根基稳固，与洋公司竞争的力量也增强了不少。论其时间，则不过是招商局成立五年以后的事。

招商局买受旗昌轮船公司辖下的轮船十六艘，以及该公司设在上海、天津、宁波与长江沿岸各埠的码头、栈房，耗资二百二十余万，这笔钱数目不能说不大，经手交涉及过付银钱的就是盛宣怀。据当时传说，盛宣怀在这项交易中颇曾得到一些好处——外国人习惯中的回佣。盛宣怀以政府官员的身份出任招商局会办，竟然在轮船买卖中收受回佣，自然是有玷官箴之事，物议沸腾的结果便是御史上章弹劾，及奉旨交与两江总督刘坤一及直隶总督李鸿章查覆。李鸿章虽然为盛宣怀开脱罪名，刘坤一却不肯代人受过。由于李、刘二人的覆疏内容互不一致，再有谕旨查询，刘坤一便直截了当地上疏劾奏盛宣怀了。光绪七年三月二十六日，刘坤一在《覆李捷峰》的信中提到此事，说：

> 招商局一案，合肥力庇盛道，迫弟再疏劾之，始奉旨交译署查议，看来无非含糊了结。似此迁就姑息，天下将无是非之公。弟之第二篇实为纪纲起见，非断断求胜也。

又在同年四月三十日的《覆李勉林》信中说：

> 招商局一案，昨经译署主稿，仅将盛杏苏交北洋察看，仍令弟与合肥调取卷宗账簿，查明有无私得洋人中金。不知此等中饱之资，绝无自留字据在局之理；即有，亦谁肯交出？弟第二折业将此层声明，译署无非借此敷衍了事，不值一笑也。

"译署"是"总理各国事务衙门"的简称，"合肥"则指"合肥相国"李鸿章。李鸿章一力为盛宣怀护航，总理衙门又受到李鸿章的关说嘱托，其结果当然可以使一天大事化为乌有。但是，事实总是事实，即使李鸿章有办法可以一手遮天，也总无法禁止人们之口耳相传。其中的实情大致可以在刘坤一写给李鸿章的信中见其梗概。信云：

> 招商局之事，治晚先经请示左右，旋奉覆令各自覆奏，以杜人言。敝疏所叙该局员私得中金一层，系据芝田诸君禀揭，并非别有搜求，发折后即经钞呈冰案，可见治晚初无成见。现经尊处查出，行用即芝田诸君所谓中金，此六七万巨款，保无染指分肥。此系取自洋人，于我何损？治晚绝不再效丰干饶舌。

据此云云，则旗昌轮船公司之出让，洋人在这次交易中共曾交付银六七万两的回佣，此款究系盛宣怀独得，还是尚有他人共同分肥，已经是一个不容易了解的问题，而且事实上也不需要再做深一层的推敲研究。因为，我们从此一事件中已经可以很清楚地看出，盛宣怀不但工于心计，善于趋附逢迎，而且深知发财要诀。旧时的官僚专门以贪赃枉法的行为黩货营私，这种行为不但容易招致民怨，而且也很容易败露。清代法律对于贪赃枉法案件的惩罚极重，杀头、充军都是极寻常的事，对于所贪污的赃银，如果追赔不足，更须抄没家产抵偿。但自"洋务"勃兴之后，向外国购买的船舰、枪炮及器材、物料，动辄价值银数十百万两，照外国规矩坐享回佣不但得来极易，而且不能被指为贪赃枉法，真可说是最新颖也最安全的发财快捷方式。在当时，懂得这一发财门径的人极少，除了那些在外国洋行中充任买办的华人之外，再就是在外国银行中做职员的中国人，就中又以久居香港、惯与外国人交易的为多。盛宣怀在上海结识了洋行买办唐廷枢、徐润等人，又和他们合伙买轮船经营航业，渐渐地也熟悉了其中的巧妙。于是，他便可以用他应付官场的本领，到工商活动中大展身手。旗昌轮船公司的回佣事件，只是一连串同类活动中的一例，以后的同类事件正多，只要我们细心钻研探讨，便可以发现很多的证据。

上文说到盛宣怀出任招商局会办之后不久，便因收受旗昌轮船公司的巨额回佣而致引起告讦弹劾，虽然因李鸿章之大力支持而得告无事，毕竟足以影响盛宣怀的名誉。但若以盛宣怀长期涉足于招商局所得的全部利益而言，这区区六七万两银子即使全归盛宣怀所得，为数亦甚为有限。试看他后来的财产中拥有招商局股票一万一千股，占该局的全部股份二分之一强，总值银四百四十万两，便可知道他在招商局所发的财有多少。这些股票有很多是他以不正当的方法巧取豪夺而得。股票以外，他在上海租界内所拥有的很多地产有许多亦是以类似的方法得来。这在徐润所撰的年谱中，有很明白的事实可查。至于他所以能够取得这些机会，则与他握有招商局的大权有关。

招商局创立之初，原派唐廷枢为总办，徐润为会办。盛宣怀后来虽然也成为会办，他的主要工作只是办理漕粮运输，无权干预局内的主要行政业务。其后盛宣怀被参，交由北洋察看，唐廷枢又受李鸿章之命前往天津照料开平煤矿的业务，招商局中的行政大权便由徐润一人执掌。徐润以会办总管招商局的行政业务，其时间直至光绪九年底；接下来继续掌权的就是督办盛宣怀了。徐润离开招商局，是因为他在招商局会办之外，自己同时经营很多房地产及股票、茶庄等生意，投资数目较大。光绪九年，中国因越南问题与法国交恶，战争大有一触即发之势。上海商场的感觉灵敏，一遇到这种情形，信用收缩，头寸调度不灵，徐润经营的商业便有濒临破产的危险。盛宣怀在这时候乘机向南、北洋通商大臣各上一禀，强调徐润的生意失败，势将牵动招商局。于是兼任北洋通商大臣的直隶总督李鸿章就据此详文撤换徐润，而以盛宣怀继其事。李鸿章札饬招商局的原文如次：

为札饬事。照得上海轮船招商总局规模日扩，事务益繁，前经饬派唐道廷枢、徐道润总理局务，并委张道鸿禄、郑道观应帮同筹办运漕，揽载各事。兹查唐道既须往来津、沪，现又远赴西洋，徐道驻局总理银钱，未能慎重调度，以致挪欠过多。兹须从新整顿，收紧局面，议立经久规条，责成各员妥慎经理。除已于盛道等会议局务禀内分条明晰批示外，该局员等务当恪遵谨守，必信必果，以期持久，而图自强。查郑道笃实正派，向在太古公司专办轮船，熟悉利弊，应饬于揽载之外，会同唐、徐二道总办局务，实事求是，务使众商悦服，船务起色。其提纲挈领，调度银钱大事，暂令盛道宣怀会同郑、徐二道认真秉公商办，俟唐道回沪后，随时察酌饬遵。除分行外，合行札饬。

创办于清代末年的招商局，其组织体系非常奇特。它虽然是一个召集商股而成的民营事业，但其中有甚多的官拨银两供其周转之故，所以其名义谓之"官督商办"。意思是说，此公司的股份虽由商民凑集，主事者却是政府所派的官员；如上文所提到的唐廷枢、徐润、郑观应、张鸿禄等，都是捐纳而来的"候补道"，虽主管招商局之事，却又须接受北洋通商大臣的监督指挥。北洋大臣为什么会有监督指挥招商局之权？则又因为此局系由北洋大臣札派唐廷枢等人出面召集商股而设立，在理论上属于北洋体系之故。当时的北洋大臣就是直隶总督李鸿章。李鸿章与盛宣怀有特殊渊源，早年虽因参劾事件而被迫不能过问招商局之事，此时时机来到，正可假此名义，为盛宣怀安排复出之机。这其中的关系，在徐润自撰的年谱中有极明白的记载，说：

按，癸未上海法、越之变，市面闭塞，宝源祥公司却有不可收拾之势，于招商局根底深厚，固无恙也。盛杏翁借端发难，个人具禀南、北洋大臣，以该局本根不固，弊窦滋生，几难收拾。润既挟孤直之行，素无奥秘之援，致奉参革，兼以泰山压卵，谁敢异言？致润有屈莫伸。查商局历届账略，自同治十二年癸酉至光绪九年癸未六月止为十届，统共除支外，实余银一百零四万二千四百五十一两九钱五分三厘，则该局之稳固实情，可大白于天下，不知杏翁当日何所见而云然？其居心尤不可解。偏听独任，痛心千古，付之一叹而已。

上文所说的"奥秘之援"与"偏听独任"等话，大概都指李鸿章倚信盛宣怀之事而言；所谓"泰山压卵"，亦就是指李鸿章以北洋大臣的身份干涉招商局事务，而使盛宣怀继徐润总理招商局全部"银钱大事"。不过，盛宣怀虽然挟李鸿章的势力攘夺徐润的总理大权，在徐润总理局务之下的招商局业务措施确实也不无可议之处。郑观应所撰的《盛世危言》后编，载有他在此时上呈李鸿章指出招商局的"利弊管见"十条，其中两条说到，招商局过去所购新船，并未按照公开招标的办法登报公告，以致价格吃亏，而经手人得以浮开价格，从中渔利。修理船只的情形亦复如此，以致各种油漆、铁工、木工等皆被人把持，任意虚报价格，不无徇私之弊。另外几条提到购料之靡费、客票之走漏、添煤之以少报多、煤栈之偷卖虚报，都是属于财务方面的漏洞。至于管理方面的疏忽，如各船、各栈的司事人员官场习气太重，事不躬亲监督，以致船上的茶房、水手携带私货太多，而客商交运各物反因错淆混乱而屡次须由公司赔偿，无形中亦增加了公司的损失。这些事实颇足以使李鸿章相信，徐润总理招商局局务，似不无因外鹜太多之故，以致不能将全部精神投注于局务之管理整顿，再加上挪用招商局银钱的可能嫌疑，当然需要另换他人接管了。但如李鸿章所换的不是盛宣怀，我们便不能说他在这件事情上有间接帮助盛宣怀之嫌，如今所换的接替人竟是盛宣怀，由于他与李鸿章的关系密切，而他的操守又十分可议，我们便不能不认为有此嫌疑了。

郑观应《盛世危言》后编《覆张君弼士书》云："迨至癸未年，徐会办因买地欠庄巨款搁浅，牵动招商局，李傅相札委观应与盛君杏荪总办。甲申中、法之役，马眉叔将招商局全售旗昌洋行。中、法事平，李傅相札委盛君为督办，向旗昌赎回。"据此云云，可知招商局的管理大权，在光绪十年的中法战争结束之后就由盛宣怀独掌了。盛宣怀继徐润之后管理招商局，对于徐润总理时代的招商局弊窦有无改进？由马相伯在光绪十一年调查招商局业务情形所上的调查报告看来，似乎并未有所改善。而马相伯在当时更曾指出招商局的一项重大缺点，便是对于船只的增添扩充漫无计划，以致招商局所负担的成本太重，相对地减少了应有的盈利。他在报告书中说：

> 总局之弊，失之太浮，举措无当，全凭私臆。有如南洋轮船方苦亏耗，忽造"致远""拱北""图南""普济"四艘，银五十一万两，更无望余利矣。又添造"广利""富顺"钢身快船两只，银四十余万两，不知是何用意。长江轮船本足驶用，又添造"江裕"一船，银二十四万两，吃本如此巨大……

马相伯报告书中所提到的招商局新建各船，都是徐润总理招商局时代所建造的，虽然耗资甚巨，并且徐润亦因此而大遭谤议，但在徐润手中所大力扩充的招商局资产，在后来却变成了盛宣怀借以获利的工具。综计在徐润离开招商局的时候，招商局所有的船只是江轮八艘、海轮十八艘，合共江海轮二十六艘。盛宣怀接掌招商局，一直到光绪二十九年，这时的直隶总督兼北洋大臣已换了袁世凯，袁世凯知道盛宣怀在轮船、电报、铁路各项交通事业中得利太多，决心要将他撤换。除电报与铁路另由他人接管外，招商局的总办一职，袁世凯找了他的亲信人物候补道杨士琦来接办。由于杨士琦须在京中供职，上海招商局的局务势难兼顾，因此又由袁世凯委派盛宣怀的敌对人物徐润充为会办，代理总办职务。根据徐润在光绪三十二年报陈北洋大臣的招商局简明账略看来，招商局所有的江海轮船，自光绪十年至二十九年为止，共只添造两条新船。他在光绪二十三年，也曾为招商局的旧事上呈李鸿章为自己分辩，其中说：

> 光绪十七年，职道蒙李傅相札委，会办开平等处矿务，迄于今日，久不问招商局之事。习闻该局获利富厚，成效昭彰，固皆后来诸公调度经营之力，然回念畴昔，苟非将旗昌轮船公司并入，以及自保船险，与金利源码头各口岸码头房产立基于前，岂能收效于后若此！所谓见功于成事之后，必先致功于创事之日者也。

照徐润的说法，招商局在后来十数年中获利富厚，是由于他在总理招商局的期间已将一切根基做好，盛宣怀接掌以后，才能因缘时会，坐享成功。如果说得更明白一点，则盛宣怀担任督办时代的招商局，以不添新船的方式从事经营，即使积弊不除，也理应包赚不赔。因为，任何一家轮船公司的经营惯例来说，要希望开拓业务，必须从减低成本及增加收入两方面入手。减低成本的方法之一，是逐年调拨一定的盈余收入，用来建造航行快速而节省燃料的新船，相对地减少旧船的消耗。增加收入的方法之一，则是以舒适而安全快速的新船来招徕主顾，以增加本身的竞争力量。所以，无论从减低成本及增加收入两方面而言，营运所得的盈利，必须以一部分用再投资的方式从事汰旧换新，必不可以将盈利全部分配于股东，而使船公司丧失竞争的力量。徐润造船太多，其步骤也许操之太急，但是，盛宣怀执掌招商局十九年之久而只添新船二艘，坐视船只老旧而年年尽分盈余的做法，也未免太短视、太现实了。招商局的全部股额只有两万股，盛宣怀一人持有一万一千股，乃是招商局的最大股东，逐年盈余完全分配，最大的得利者便是盛宣怀自己。他的这种做法一方面固然可以迎合大多数股东的愿望，另一方面也不无图利一己之嫌。虽然我们不能知道盛宣怀的这种做法究竟为自己赚了多少，但若从他后来为了图谋兴建平汉铁路的督办一职，竟至不惜投资数百万接办张之洞所建的汉阳铁厂一事，便可知道他在招商局所赚的钱实在太多。至少，那几百万两银子便是他在招商局督办任内所得的利益。至于招商局的全部股额不过只有两万股，创办人如唐廷枢、徐润、朱其昂等都握有相当多的股份，盛宣怀如何能在后来独有一万一千股之多，那就是不可知的谜了。

盛宣怀初任招商局会办，因经手买受旗昌轮船公司的栈、埠、船只而涉嫌收受回佣致被参劾一案，发生在光绪六年。自此以后，直到光绪九年，他有三年多的时间不曾过问招商局的内部事务。但是，他虽然在招商局方面暂时失意，由于李鸿章的支持，他在另一方面又有了创获，那就是他一生中所办实业工作的第二项——电报。此正是所谓失之东隅而收之桑榆，在盛宣怀来说，正大可欣慰。

中国设立电报，亦像轮船、火车一样，都是先由外国传入，又几经争议，等到完全了解其价值之后，方才急起直追，唯恐不及的。招商局创办于同治十二年，为时最早；铁路之兴建，迟至光绪二十余年方才开始，为时最迟；至于电报则介于二者之间，开始于光绪六年，其后决定仿照招商局的办法"官督商办"，则已是盛宣怀暂时脱离招商局以后的光绪八年。时间上的配合如此凑巧，我们如果要说，中国的电报是由于盛宣怀的创办而得推广，固然不错；如果要说是李鸿章为了要替盛宣怀安排新的出路之故，而特地在这一时间内指派盛宣怀担任此一职务，以致他适逢其会地在此时获得了此一美誉似乎也并无不可。不过，无论怎么说，盛宣怀创办电报的美誉总是要永久流传下去了。

萧一山《清代通史》记述外国电信技术传入中国的情形说：

中国电信之开创，始于大北（丹麦）、大东（英国）两公司海底电线之架设，然尚为国际性质。光绪八年，英使阿礼国欲由陆路修电线，总署严词峻拒。次年，英使威妥玛请修海底电线，由香港循广州达天津，线端在船内安放，不牵引上岸。许之，是为中国境内有一完全电报线路之始。陆线方面，则丹麦商人开始架设淞沪线，英国亦于同治九年架陆线达九龙。光绪五年，李鸿章于大沽北塘海口炮台设电线达天津，始为中国自设陆线之始。

由英国公使阿礼国请修陆路电报线被拒，到李鸿章自设大沽北塘海口炮台至天津的陆路电线，中间相隔的时间整整十年。为什么中国政府最初不准洋人架设电报线路，到后来却又自己架设起来了呢？其中的原因，一是不愿意外国人借通信便利而肆其侵略之阴谋，二是当时还有很多人基于迷信的思想，认为电线不可架设。如光绪元年九月，工科给事中陈彝奏请中止架设电报线的疏片中说：

> 铜线之害不可枚举，臣仅就其最大者言之。夫华、洋风俗不同，天为之也。洋人之有天主、耶稣，不知有祖先，故凡入其教者，必先自毁其家木主。中国事死如事生，千万年未之有改，而体魄所藏为尤重。电信之设，深入地底，横冲直贯，四通八达。地脉既绝，风侵水灌，势所必至，为子孙者心何以安，传曰："求忠臣必于孝子之门。"借使中国之民肯不顾祖宗邱墓，听其设立铜线，尚安望尊君亲上乎？

这种迷信荒诞的理论在现在看起来固然十分可笑，在当时却有绝大的阻挠力量。例如光绪元年福州英国领事未得中国政府之许可，擅自架设电线，不久即被当地百姓拆毁，便是明白的证据。电报通信的真正价值只有少数具有新知识的军政要员才能由军事学的观点加以体认。亦因为有他们的呼吁，政府当局方才知道电报的重要性而亟亟谋求推广。光绪六年八月，直隶总督李鸿章奏请开办电报，在他所上的奏片中就曾极力强调电报在军事方面的实用价值，说：

> 用兵之道，必以神速为贵。是以泰西各国于讲求枪炮之外，水路则有快轮船，陆路则有火轮车，以此用兵，飞行绝迹。而数万里海洋，欲通军信，则又有电报之法。于是和则以玉帛相亲，战则以兵戎相见，海国如户庭焉。近来俄罗斯、日本均效而行之，故由各国以至上海，莫不设立电报，瞬息之间，可以互相问答。独中国文书尚恃驿递，虽日行六百里加紧，亦已迟速悬殊。查俄国海线可达上海，旱线可达恰克图，其消息灵捷极矣。即如曾纪泽由俄国电报到上海祇须一日，由上海至京师现须轮船附寄，尚须六七日到京，如遇海道不通，由驿必以十日为期。是上海至京仅二千数百里，较之俄国至上海数万里，消息反迟十倍。倘遇用兵之际，彼等外国军信速于中国，利害已判若径庭；且其铁甲等项兵船在海洋日行千里，势必声东击西，莫可测度，全赖军报神速，相机调度。是电报实为防务必需之物。现自北洋以至南洋，调兵、馈饷，在在俱关紧要，亟宜设立电报，以通气脉。如安置海线，经费过多，且易蚀坏。如由天津循运河陆路以至江北，越长江，由镇江达上海安置旱线，即与外国通中国之电线相接，需费不过十数万两，一年半可以告成。约计正线、支线横亘，须有三千余里，沿路分设局栈，长年用费颇繁。拟由臣先于军饷内酌垫筹办，俟办成后，仿照轮船招商章程，择公正商董招股集资，俾令分年缴还本银，嗣后即由官督商办，听其自取信资，以充经费。

李鸿章是清朝同治、光绪年间推行"自强维新"运动的领袖人物，他以军事必需的理由建议创办电报，虽然执持迷信思想的顽固派依旧要反对，可是当国的慈禧太后和恭王却不能不赞成他。何况他所提出来的办法，也同招商局一样是由"官督商办"，政府虽然暂时垫下资本，日后仍可由商人集资缴还，不须支用公帑而仍能收到使用电报之目的，政府当局自然更不能反对他了。这个"官督商办"的好主意由盛宣怀传记资料中看来，也是出于盛宣怀的设计。盛用颐撰《显考杏荪府君行述》(《盛宣怀行述》)云：

> 时文忠督直久，内政修举，海内辑安，恒思效法欧西，为自强大计。知府君夙以开通风气自任，辄垂问商榷。府君以为，欲谋富强，莫先于两大端，两者为何？铁路、电报是已。路事体大，宜稍辽缓，电则非急起图功不可。文忠惧然曰："是吾志也，子盍为我成之。"府君唯唯，是为办理电报之始。当同治之季，日本窥台湾，沈文肃诸公即屡言电报之利，奉廷谕饬办而不果行。往岁文忠始招丹麦人设线于大沽北塘炮台，传令通信，莫不称便。其时英国海线已由香港至广州，循通商各口以达天津者十年矣，至是复援前案引线达上海，且先在香港对岸设陆线至新安县属九龙地方，丹国水线亦由吴淞上岸，设陆线抵上海，势将延入内地。庚辰秋，府君亟请于文忠，照轮船办法招集商股，奏设津、沪陆线，通南北两洋之邮，遏洋线潜侵之患。并请即设电报学堂，育人才，备任使。

庚辰就是光绪五年。盛宣怀于光绪五年秋间建议李鸿章仿照招商轮船公司的办法开办电报，李鸿章也就在这年八月奏请由北洋先行垫款架设津、沪陆线，然后招商设立电报局，由商人分期缴还所垫资本，以后即由商人投资经营。自盛宣怀的传记资料中看来，这一整套办法完全出于盛宣怀的设计，而由李鸿章付诸实施。"官督商办"的原则一经清政府批准，由商人集资开设的电报局旋即成立，主持此一电报局的"总办"当然更是非盛宣怀莫属了。盛宣怀善于利用李鸿章的关系创办实业，又利用"官督商办"名义取得所办实业的领导地位，所用的方法大抵如此。

在上引盛用颐所撰的盛宣怀传记中，有一点很值得我们注意，即他与李鸿章所谈到的开办铁路、电报两大建设项目，其时间究竟在何时？假如盛宣怀在同治十二年以前就已看到这一需要，那么，他的高瞻远瞩确实值得后人钦佩；假如他的此一构想在同治十二年以后方才成立，那时他已奉李鸿章之派遣在招商局充任会办了，他在那时方始有此想法，便与招商局的创办成功大有关系。招商局的成功，使他体认到交通建设是有大利可图的新兴事业。由于当时国内尚缺乏这些新兴的交通工具，而上海得风气之先，早有外国人为之宣传媒介，自不难有目光敏锐而头脑灵活如盛宣怀之亦官亦商者流，憬然了悟到此正是值得大力推广的有利事业。于是，他以往来南北洋之便，向李鸿章提出了他的构想。盛宣怀不是最先接受西洋教育之人，我们不能想象他在全国风气未开之先，就能预先看到现代化交通建设对于中国社会的意义。所以，我们可以这样猜想，他对于铁路与电报的认识，大概也还是在上海担任招商局会办工作之后逐渐建立起来的。其后，适逢他在招商局初次尝到失意的滋味，于是，转而尝试另一项新的事业。更因电报局的官督商办制度亦由模仿招商局的办法而来，这一推想也就更有成立的可能。

清代末年的各项新式交通事业在开办之初都有很大的利润。这是因为中国旧式交通工具极为落伍，行旅往来唯有帆船、车马，通信则专恃驿递，不但旷时费日，旅费昂贵，而且时虞劫盗，生命、财物皆无保障。一旦有快速而安全的交通工具出现，无不群趋而往。掌有这些交通工具的机构乘机抬高价格，自然可以利市百倍。《徐润年谱》中有一段话，说到咸丰十一年上海宝顺洋行经营长江轮运获利情形如次：

当时有长江轮船四只：一"总督"，二"飞似海马"，三"气拉庹"，四"哥多索摩礼"，另申港轮船二只，小夹板船二只。各船之中，以"总督"一只获利最厚，盖成本轻，载货多。该船在香港多时，无人过问。适汉口开埠，宝顺行主闻该轮价甚便宜，因即置买修饰，来申放汉，往返一次所收水脚，足敷成本。缘彼时客位每客价银七十五两，每吨货价银二十五两，往来一律。加以下水时拖带本地钓钩船四艘，或带镇江，或交上海，每艘装货五六百吨，每吨水脚银十五两，故获利最厚。

　　清代末年的白银购买力高，一两可以值到现在的美金三十元左右。由汉口搭乘宝顺洋行的长江轮至汉口，每一乘客的票价高至白银七十五两，折合现在的币值约为美金二千二百元，足够买飞机票到美国去了。就事实而论，当时的轮船客运成本何尝需要这么多钱，无非是船公司老板基于供求关系而乘机抬高价格而已。招商局成立以后，即使外国公司因竞争而削价，仍是有"大利存焉"。至于盛宣怀后来所设立的电报局，因为国内并无外商所设的电报局可以竞争之故，更无疑具有独占性质，所以利润也是很高的。盛宣怀奏疏内，有一件《查电报局收支数目》折，开列由光绪八年至二十四年的历年收支数目，所收电报费，自第一年的银圆六万余元逐年递增，到光绪二十四年，一年所收已增至银圆一百一十四万六千余元，十七年间所增加的倍数是 19.8 倍。虽说他已将逐年盈余中的极大数目都用到开辟新线的用途上去了，但到光绪二十四年以后，新增的路线已逐渐减少，逐年所得盈余就是纯利润了。何况新路线增加则收入亦相对递增，其利润之稳固可靠并不逊于轮船与铁路。盛宣怀以大股东而兼为督办大臣，当然更可以握定利权，充盈囊橐了。

盛宣怀自创办电报之时开始，即被李鸿章派委为"官督商办"的督办大臣。自此直到光绪二十九年袁世凯继任直隶总督兼北洋大臣，盛宣怀所掌握的交通事业逐一为袁世凯所夺，督办大臣的宝座亦让予袁党人物吴重熹为止，前后担任电报局督办大臣凡二十年之久。在这一段长时间内，他借经营电报而赚大钱，虽然十分令人嫉视，却也曾凭借电报通信之便利，在国家面临空前危难的时候，发挥他居中联络的力量，达成一项救国救民的伟大功绩，在历史上留下美誉。这就是"庚子拳乱"时由盛宣怀所策动，而由刘坤一、张之洞等人联合主持的"东南互保"。

发生于光绪二十六年的"庚子拳乱"，直接引起八国联军的武装入侵。当京、津各地区惨遭战祸之时，上海方面的英国军舰，亦曾以保护长江沿岸的英国商民为借口，企图驶入长江，进占沿岸商埠。这种情势可能产生的后果将会非常恶劣——入侵的英国海军将会与中国军民彼此敌视，北方的战祸很可能在长江沿岸各省蔓延开来，届时不但地方惨遭荼毒，人民惨遭杀戮，而在全国情势普遍混乱的局面之下，后来的《辛丑条约》也就很难在短时间内签订，中国的元气将斲伤更剧，此后的发展也就更加艰难困苦了。在这十分重要的关键性时刻，忽然有人出来策动长江各省的督抚与各国驻沪领事谈判，适时地阻止了这一情势的出现。此人对于国家社会的贡献为何，也就不言而喻。盛用颐所撰的盛宣怀传记，记述此事的经过情形说：

> 庚子五月，拳匪事起。府君在鄂途次飞电荣相裕督："拳民已毁路戕官，当以匪论，请痛剿，勿养痈遗患。"抵沪未旬日，诏令沿江、沿海各省招拳民御外侮。府君心知其矫伪，以所关至重大，飞饬各电局但密呈督抚，勿声张，又电告各疆帅勿转行，不则酿巨变。粤、江、鄂、闽四督帅皆赞成，李文忠自粤来电，亦有"乱命不可从"之语。时各国纷调兵

舰，江海各口，人心惶惶。府君首倡东南互保之议，密电各帅，既得同意，遂昌言于各领事曰："各国公使现在围城，各总领事应从权主持办事。各督抚已奉诏自保疆土。今与诸君约，长江及苏、杭内地外国人生命、财产，由各督抚保护之，上海租界中外商民生命、财产，由各国公同保护之，此疆尔界，各不相扰。"越日，即偕沪道余擂珊中丞联沅，暨江鄂代表道员沈蔼沧中丞瑜庆、陶桀林京卿森甲，与驻沪领事商讨办法九条，即世所称东南保护约款也。

盛用颐的这段记述文字内容不免稍涉夸诞，尤以前半段为甚。其实在情形应该参看另外一些当事人的叙述，庶几可以窥见当时的事实真相。赵凤昌所撰的《惜阴堂笔记》记叙东南互保事，则云：

庚子拳匪之祸，当日中外报章、事后官私奏记，亦已详尽，惟东南互保之议如何发生，则无人能言之。予既为发议之人，更从事其间，迄于事平，应撮其大要记之。

自五月初良乡车站拳匪发难，京、津响应，各省人心浮动，或信以为义民，或迷其有神术。上海远隔重洋，忽传城内已有拳匪千人，飞渡而至，旅沪巨室纷纷迁避内地，有刚首途而被劫者。其时南北消息顿阻，各省之纷乱已日甚，各国兵舰连樯浦江，即分驶沿江海各口岸保护侨商。英水师提督西摩拟入长江，倘外舰到后与各地方一有冲突，大局瓦解，立召瓜分之祸。忧思至再，即访何梅生老友商之云："事已至此，若为身家计，亦无地可避。吾辈不能不为较明白之人，岂可一筹莫展，亦坐听糜烂？"其时各省无一建言者，予意欲与西摩商，各国兵舰勿入长江内地，在各省、各埠之侨商、教士，由各省督抚联合立约，负责保护。上海租界保护，外人任之，华界保护，华官任之，总以租界内无一华兵，租界外无一外兵，力杜冲突，虽各担责任而仍互相保护，东南各省一律合订中外互保之约。梅生极许可，惟须有任枢纽之人，盛杏生地位最宜，谓即往言之。并云此公必须有外人先与言，更易取信，当约一美国人同去。旋杏生约予往晤，尚虑端、刚用事，已无中枢，今特与外人定此约，何以为继？予谓此层亦有办法，可由各省督抚派候补道员来沪，随沪道径与各国驻沪领事订约签字，公不过暂为枢纽，非负责之人，身已凌空，后来自免关系。即定议由其分电沿江海各督抚，最要在刘、张两督。刘电去未覆，予为约沈爱沧赴宁，再为陈说。旋得各省复电派员来沪，盛即拟约八条，予为酌改，并为加汉口租界及各口岸两条，共成十条，并迅定中外会议签约之日，其会议之所，即在新建会审公廨。盛既不在签约之列，对外即不便发言。又虑沪道余联沅向拙于应付，即为定中外会议座次——外人以领袖领事在前，以次各领事；中则以沪道在前，盛以太常寺卿为绅士，居次，与余道坐近，再次各省派来道员。先与余约：倘领事有问，难于置答者，即自与盛商后再答之，庶有转圜之地。议时，领袖系美国古纳总领事，果因五月二十五日上谕饬全国与外人启衅，开口即云："今日各督抚派员与各国定互保之约，倘贵国大皇帝又有旨来杀洋人，遵办否？"此语颇难答，遵办则此约不须订，不遵办即系逆命，逆命即无外交，焉能订约？余道即转向盛踟蹰，盛告余："即答以今日定约系奏明办理。"此四字本公牍恒言，古领向亦解之，意谓已获俞允，即诺诺，而两方签约散会。盛回来，甚服予之先见，预与余道有约，幸渡危境。予亦极称其迅答四字之圆妙。自此互保签约后，西摩及各外舰停止入江，内地免生外衅，不致全国糜烂，难于收拾，亦云幸矣。

赵凤昌出身张之洞的幕府，与张之洞的关系甚为密切；沈爱沧即沈瑜庆，《盛宣怀行述》中写作沈蔼沧，当时方以候补道身份在刘坤一幕府。由于赵凤昌与沈瑜庆之穿针引线，《东南互保条约》的计划方能得到张之洞与刘坤一的赞同。当时，张之洞是湖广总督，刘坤一是两江总督，其辖属正是长江中下游的湘、鄂、赣、皖、苏五省。既有刘、张二人主持在先，其他各省督抚自然闻风响应。所以，《东南互保条约》自设计以至订约，始终以赵凤昌、何嗣焜（上文所说之何梅生）、沈瑜庆诸人出力最多。赵凤昌、何嗣焜之所以要邀请盛宣怀出为枢纽之人，乃是因为他身为全国电报局的督办大臣，适宜于居中联络之任，如此而已。看赵凤昌的记述，盛宣怀在最初尚因身为政府官员，不敢故违中枢决策为疑，颇有畏缩趑趄之状，赖有赵凤昌、何嗣焜之解释，方敢暂为担当。然则，《盛宣怀行述》中所说的"首倡东南互保之议"云云，未免亦有掠美之嫌了。不过，话又得说回来，当此之时，也幸亏盛宣怀已经办好了许多电报局与有线电报，所以才能在千钧一发的重要时刻借电报联络的便利征得各省的同意。若是中国在当时还没有如此便利的电报网，赵凤昌、何嗣焜即使有东南互保的构想，亦无法使之实现。就此一事而言，盛宣怀所办的电报专业还真是保全东南半壁的大功一件。

　　庚子东南互保，为国家保全元气不少，所以慈禧太后在第二年回銮北京以后，也很觉得当年幸亏有此一保，否则将更不知增加多少"纵拳庇匪"的罪孽。为了有此觉悟，所以对当时的一班立功之人都有加衔宫保的赏赐。当时蒙此荣褒的共有三人——保全山东的袁世凯、扈从西幸有功的岑春煊与倡议东南互保的盛宣怀，一律赐予太子少保的宫衔。袁世凯、岑春煊都是二品实职的巡抚，加衔太子少保，与他们的本官都能相称；盛宣怀此时的本官只是三品的宗人府府丞，看起来便觉得他的恩命更不寻常。事实也确实如此，庚子东南互保使盛宣怀的声名一时显赫起来，很多人都以为他本来只是李鸿章的得力干部，想不到他居然颇有政治家的担当与识力，当然要使慈禧太后以下的权要们都得刮目相看。我们现在当然已经知道，盛宣怀的此一觉来富贵无非是因缘时会，因人成事而已。不过，他既然有此一份好运，前途当然更好。所以，他在《辛丑条约》签订以后，一再得到逾越寻常的升迁，几年之后，更攀升到了主管全国交通行政的邮传部尚书，达到他一生事业的顶点。关于这一方面，我们且留待后文再详；现在还需要补述的，是他在轮船、电报以外的另一项交通建设——铁路。

在盛宣怀所从事的各项交通事业中，招致谤议最多的便是铁路。其原因是铁路建设所耗费的资金最多，而当时的清政府在屡次战败之后，民穷财尽，无法筹集大量资金来建设铁路，不得已只好出之以借贷外债的方法。而盛宣怀奉派为铁路总公司的督办大臣时，又正值中日甲午战争之后，中国的国力衰微已极，外国资本家深恐铁路借款无法收回，在谈判借款条件时总是多方要索，诛求无厌。为了达到借款筑路之目的，盛宣怀不能坚持应有的立场，以致损失权利太多。他自己又在其中得到太多的好处，终于使他的辛苦经营成绩亦被丛积的谣言所埋没，功不抵过，说来诚然深可慨叹。凌鸿勋先生所撰的《盛宣怀与中国铁路》一文，对于盛宣怀建造铁路的成绩颇致推崇，以为盛宣怀在光绪二十二年至三十二年担任铁路总公司督办大臣期间，共计造成铁路两千一百余公里，其长度超过民国成立以至民国二十年所造成的铁路里数，其成绩甚有可称。但我们若从另一个角度来观察，便不难发现，盛宣怀之热心造路，其真正动机并不纯正——不在福国利民，但求营私自肥。这里面的关系可以从他谋求铁路总公司督办大臣所使用的手法看出其中之端倪。

要知道盛宣怀用何种手法谋得铁路总公司的督办一职，可以先看胡思敬《国闻备乘》一书中的记述。《国闻备乘》卷一，"盛杏荪办洋务"一条说：

盛宣怀办洋务二十余年，电报、轮船、矿利、银行皆归掌握，揽东南利权，奔走效用者遍天下，官至尚书，资产过千万，亦可谓长袖善舞矣。其始起推挽，由李鸿章。鸿章内召，王文韶继为北洋大臣，倚之如左右手。北洋京畿左辅，为洋务总汇之地，湖广总督张之洞忌之。是时芦汉铁路议成，南端由之洞主政，北端由文韶。文韶欲保用宣怀，恐之洞不从，遣宣怀诣武昌探其意旨。之洞办武昌铁政，亏空过百万，方窘迫莫知为计。宣怀至，许为接办，任弥补。之洞大喜，遂与文韶合疏保荐宣怀为督办芦汉铁路大臣。

　　盛宣怀为谋求获得铁路督办大臣而付出的代价，是答应替张之洞设法弥补汉阳铁厂的亏空，并且接下他的烂摊子。如果我们不作进一步观察，还不能够知道：盛宣怀答应接办汉阳铁厂这个烂摊子，所需投下去的资本是多少。所需要冒的风险有多大。关于这一点，盛宣怀在光绪三十四年二月奏上《汉冶萍煤铁矿现筹合并扩充办法》一疏中曾有说明，可以窥见其经过情形之概略。疏云：

　　　窃维湖北汉阳铁厂前因官费难筹，经前督臣张之洞于光绪二十二年五月遵奉谕旨招商承办，奏明饬将湖北铁厂归盛宣怀招集商股经理。臣谬膺艰巨，勷集商股。当时煤矿未成，化铁甚少，外状颇危，人情观望。尚赖轮、电两局各华商，及通商银行、纺织公司各华商力顾大局，陆续凑入股份银二百万两，以立根本。臣不自量力，一身肩任，初谓筹款数百万即足办理，实不知需本之巨，有如今日之深入重地者。盖东亚创局，素未经见，而由煤炼焦，由焦炼铁，由铁炼钢，机炉名目繁多，工夫层累曲折，如人觅针，茫无头绪。及至事已入手，欲罢不能，惟有躬冒奇险，精思锐进，艰危困苦，绝不瞻顾，期于必成。于是重息借贷，百计腾挪，开辟萍乡煤矿，以济冶铁之需，添造新式机炉以精炼钢之法，铁路、轮船、码头、栈驳，处处钩连，无一可缺，借贷利息，愈久愈增。查自光绪二十二年五月奉饬招商接办起，截至三十三年八月为止，铁厂已用商本银一千二十万余两，煤矿轮驳已用商本银七百四十余万两。

即使说盛宣怀对于汉阳铁厂在后来需要投下如此巨大的资金，是他当初所未曾料到的事，但他在奏疏中既说，接收之初就已准备"筹款数百万"，来为湖北铁厂作起死回生之计，而且该厂在当时显已呈现"外状颠危，人情观望"的情形，则盛宣怀愿对此厂投资数百万两，显然也是极大的冒险行为了。为了获得张之洞的支持，以求得到铁路督办大臣的位子，竟至愿冒虚掷数百万两的危险，当然意味铁路督办大臣所能得到的利益远胜于此了。就我们现在所能看到的情况来说，盛宣怀的动机确实有可能是这样的。

据凌鸿勋先生所撰的《中国铁路志》说，盛宣怀出任铁路总公司的督办大臣以后，先后与比、英、美等国签订条约，以借款筑路之法筑成芦汉、沪宁、汴洛、正太、道清等五条铁路，借款条约大致都包括如下各点：

一、按借款总额的九折交付现款，即回扣一成。

二、筑路所需材料，必须向借款国家购买。

三、借款系分为二十年或三十年偿还，在未偿清债务之前，铁路的行车管理之权由借款的银公司管理，并每年分取百分之二十的盈余。

四、铁路的总工程师及总会计均由借款银公司推荐外籍人员充任，以致全路的用人行政之权，亦操于洋人之手。

上面所举的三、四两点，也许只是路权损失的问题，盛宣怀于此并无好处，但若以一、二两点而言，其中的可能花样就多了。凌鸿勋先生所撰的《盛宣怀与中国铁路》一文中曾经说到，沪宁铁路于光绪三十一年完成苏州、上海段之后不久，盛宣怀的督办大臣一职便被袁世凯夺去，由唐绍仪继任其事。该路原订合同借英款三百二十五万镑，至此，因原预算超出，由唐绍仪与英国公司商定，续借六十五万英镑，合计总工程费为三百九十万镑。但是，唐绍仪与英国公司商定的借款条款与盛宣怀时代稍有不同，除二、三、四款仍照旧规外，第一款所定的借款回扣，却由原来所定的九折实付，提高为九点五五折实付。亦就是说，由于唐绍仪的交涉，中国方面所能实际收到的借款比原来增多了百分之五点五。洋人办事，例有回佣，改为九点五五折实付后，回扣的数目只剩下百分之四点五了。在这剩下的百分之四点五当中，唐绍仪与经手的外国人仍有利益可得，并不至于吃亏，所减去的百分之五点五，很明显是盛宣怀为自己所扣的虚头。沪宁铁路的借款情形如此，其他四路的情形当然相同，基于此一标准，试为盛宣怀算一算他在这些借款中所额外多得的利益究有多少，便可知道盛宣怀之所以亟亟谋求铁路督办大臣，究是有何种企图。

盛宣怀担任铁路督办大臣九年，经造铁路五条，悉以借款筑路的方法筑造。总计这五条铁路的全部借款总额，约为英金一千零六十五万镑。以百分之五点五计，盛宣怀在应得回佣之外所增加的虚头，共计英金五十八万五千七百五十镑。以当时的镑价计算，英金一镑约值中国的白银七两五钱至八两，以此换算中国的货币，全部价值约为银四百四十万两。这只是额外多取的回扣部分，除此之外，尚有购买材料方面的花样，与督办大臣的巨额薪酬。

民国初年，在北洋政府中有"财神"之称的梁士诒，曾经在盛宣怀离开督办大臣一职后做过"五路提调"，所管的便是盛宣怀筑造的五条铁路。据《梁士诒年谱》所说，这五条铁路的借款合同内都有规定，铁路督办大臣月支薪水公费银一二千至三四千两不等，照例在总工程费内开支。五路合计，督办大臣的月支薪水公费，在银二万两以上。月银二万，在盛宣怀来说，也许是戋戋小数，但若以当时一般官吏之薪额而言，就是骇人听闻的大数目了。至于材料购买方面的花样，虽无具体资料可指，但若以他的亲信干部朱宝奎在后来与他反目成仇一事而言，其中的弊窦显然也是十分严重的。

胡思敬《国闻备乘》卷三，"朱宝奎叛盛归袁"一条说：

> 常州朱宝奎游学西洋归，夤缘入盛宣怀门。宣怀以乡谊，处以铁路局小差。人颇机警，渐被亲任，不数年，由同知捐升道员，遂充上海电报局总办，凡各局弊窦，无不知之。窥宣怀有婢绝美，求为簉室，宣怀不许，由是离交。私发路局积弊，并抄录累年洋商交涉案，叛归袁世凯。世凯久涎铁路、招商、电报三局之利，而不详其底蕴，至是得所借手。遂参宣怀，尽撤其差，以铁路局交唐绍仪，招商局交杨士琦，电报局交吴重熹，而保朱宝奎为邮传部侍郎，后为岑春煊劾罢。

《国闻备乘》的这一段记录大致正确，但亦不免稍有错误。例如朱宝奎在充任盛宣怀的亲信时期，不只做到上海电报局总办为止，否则他又何能知悉铁路局中的积弊？由盛用颐所编的盛宣怀奏疏电稿《愚斋存稿》卷七中见之，在光绪二十八年九月，盛宣怀奏报《淞沪铁路工竣造销》一折，其中曾有朱宝奎的名字，当时他的职衔乃是铁路公司的"购料处道员"。可知朱宝奎在做过上海电报局的总办以后，又曾担任过铁路购料处的美差。当时的铁路材料都从外国买来，其中的浮报价格及收取回扣，弊窦百出。朱宝奎以盛宣怀的亲信而膺此要职，在总工程费八千余万两中经手购买材料，其作用何在，不问可知。亦正因为朱宝奎在深悉电报局的弊窦之外，又知道借款中的回扣之弊及铁路购料之弊，所以才能以这些有用的材料，作为叛盛归袁的进身之阶。如其不然，袁世凯纵能知悉电报局之弊，亦绝不能同时知道铁路方面之弊，其事理殊为明白。至于《国闻备乘》所说，袁世凯在知悉盛宣怀的营私舞弊内情之后，"遂参宣怀，尽撤其差"，亦不无错谬。因为袁世凯的《养寿园奏议辑要》中并未见有参盛之疏，《光绪东华录》中亦没有这样的记录。由《光绪东华录》《愚斋存稿》及《梁士诒年谱》等有关史料看来，袁世凯之夺取招商局、轮船及电报、铁路诸利权，乃是逐步实现的行动，并非在短时间之内所一举完成的。

《愚斋存稿》卷前附有《盛宣怀行述》，其光绪二十八年之记事云：

> 九月，大父弃养，府君哀痛太过，疾又剧作，随即电请开去各差缺，俾安心守制。旋奉谕旨："芦汉、粤汉铁路总公司及淞沪铁路筹款、购地、买料、修工事宜，仍着盛宣怀一手经理。"钦此。文襄复力陈铁路不可易人，府君三辞不获。十一月，直督袁公莅沪临吊。府君为言："电报宜归官有，轮局纯系商业，可易督办，不可归官。某本不愿利权久操，为世指目。"袁公入都谋之荣相，即另简电政大臣，但改官办而不还商本。轮局亦由北洋派员接替。

盛宣怀于光绪二十八年九月丁父忧，袁世凯亦适于此时请假回河南原籍葬亲，事毕之后，即由河南取道武昌乘兵舰沿长江而下，到盛宣怀的武进老家来吊祭盛宣怀之父丧，时间上的凑合如此巧妙，真是不可思议之事。《光绪东华录》卷一百七十六，光绪二十八年九月甲戌条记云：

> 谕：朕奉慈禧端佑康颐昭豫庄诚寿恭钦献崇熙皇太后懿

旨，袁世凯着赏假四十日回籍葬亲。该督之母刘氏，着加恩赐祭一坛，着河南巡抚派员前往致祭。

袁世凯在此时请假回籍葬亲，然后纡道前往南京、上海一带，很可能是有意的安排。是不是朱宝奎的叛盛归袁，便是在袁世凯出京以前发生的事？是不是袁世凯来到上海，便是因为寻觅机会而图乘此对盛下手？由许多事情之发生时间来看，似乎正有此种可能。因为，袁世凯此时的身份是直隶总督兼北洋大臣，轮船招商局及电报局都归他指挥监督，借盛宣怀丁忧守制之名而撤调他的招商局督办之职，当然是袁世凯权力范围之内的事。至于电报局之收回官办，并非同时发生之事。《光绪东华录》卷一百七十七，光绪二十八年十一月己巳条记云：

> 谕：各国电务，多归官办，凡遇军国要政，传递消息，最称密捷。中国创自商办，诸多窒碍，亟应收回，以昭郑重，着袁世凯、张之洞迅将中国所有电线核实估计，奏请筹拨款项发还商股，即将各电局悉数收回，听候遴派大员认真经理，以专责成，而维政体。

这段谕旨中的"听候遴派大员认真经理"一句最堪注意，分明在说，盛宣怀以"官督商办"方式所办的电报，经理殊多不善。虽未说其中多弊，意思亦很明显了。所以，接下来的谕旨便是：

> 前因电务为军国要政，应归官办，已谕令袁世凯、张之洞筹还商股，将各电局悉数收回，候派大员经理。着即派袁世凯为督办大臣。直隶布政使吴重熹，着开缺以侍郎候补，派为驻沪会办大臣。该局改归官办之后，其原有商股不愿领回者，均准照旧合股，朝廷于维持政体之中，仍寓体恤商情

之意。该大臣等务当统筹全局，认真办理，将从前积弊，一律剔除，以期上下交益。

由这段谕旨的内容看，其指责盛宣怀管理下的电报局积弊甚多的意思，更是明显地形诸文字了。盛宣怀管理之下的电报局积弊甚多，袁世凯并未明白参劾，只是借改商办为官办的方式，将电报局的管理权从盛宣怀手中收回，显然还是顾虑盛宣怀在慈禧太后跟前的"帘眷"尚隆，慈禧太后也许还念着盛宣怀当年借电报局的枢纽地位倡导东南互保，甚有功绩，袁世凯不敢冒昧从事，所以才需要出以这种迂回曲折的手法。这种情形在盛宣怀的传记资料中也可明显地看出来。《盛宣怀行述》：

> 癸卯二月，两宫谒陵，道经所管铁路。袁公约北上襄办大差，因在制不入觐。或劝从权易吉，府君执不可。旋奉旨，准素服冠顶，在保定迎驾请安。三月初十日召见，先垂询病状，后述蒙尘情形，且谓："非汝等力保东南，恐无今日。"命赏福字匹头、饽饽、肉食。并奉懿旨，以承办大差一切周妥，交部优叙。恩意稠渥，犹前日也。

但是，这种情形并不能维持很久，原因是芦汉铁路在光绪二十四年开工建造之后，到光绪三十年便已分段通车营业，三十年一年中所得的净利是银二百三十七万五千余两，三十一年一年所得的净利是银圆三百五十三万四千余元。按照盛宣怀与借款公司所立合约，借款建造的比国公司可以在借款未还清以前，逐年分取铁路盈利的百分之二十。在订约之时，一般人都不相信此路造成之后能有盈余可得。现在路尚未成，一年所得净利即达银圆三百万以上，而比国公司根据合约分享盈余，每年可得银圆六十万之多。加上借款回扣与逐年所需负担的利息，以及比国公司把持路政等不合理现象，许多人都觉得，盛宣怀与比国公司所订的借款筑路合约损失的利权太多，不无出卖国家权益而图利个人之嫌。与此同时发生的，还有沪宁铁路的用途浮滥、借款太多的问题。于是，不但舆论之指责繁兴，各地士绅更纷纷上书抨击，一时之间，盛宣怀竟成了万矢群集的攻击对象。为了平息谤言起见，他在光绪三十一年八月奏上一折，以"五路以次奉准订约，各处分别开工，深恐顾此失彼"为言，请求添派会办大臣，一驻京会办芦汉铁路，一驻沪会办沪宁铁路，并保荐李鸿章之子李经方堪以充任。奏上之后，奉旨交与商部会同直督兼北洋大臣袁世凯议奏。袁世凯乘机提出建议，芦汉、沪宁二铁路即派唐绍仪以会办大臣的名义接办。由于唐绍仪的介入，铁路方面的内部底蕴完全暴露了出来，于是，盛宣怀的铁路总公司和督办大臣名义都保不住了。《盛宣怀行述》记其事云：

> 乙巳（光绪三十一年）十月，遵旨自沪赴荥泽，会同唐公绍仪验收桥工，并举行全路落成典礼。未及复命，因触发咯血旧疾，奏明回沪就医。比岁以来，维新志士本其爱国热诚，视借款造路如鸩毒蛇蝎，不加研求，一唱百和，至有路成地亡之说。宁沪、苏杭甬皆踵粤汉而起，争议收回自办，风潮勃兴。府君既重视舆论，又以路约、借约悉根于朝旨部令，未尝丝毫自尊，然不能尽人而喻之，殊觉进退维谷。幸唐公奉命接替，遂奏请裁撤总公司，并归办理，以一事权。报销既竣，如释重负。

粤汉与苏杭甬铁路亦是盛宣怀主持铁路总公司时，所拟议借款兴造的未成铁路。由于五路的既成事实在前，人们深恐他所签订的合约一如芦汉、沪宁，所以不但反对借款兴建，并且要求收回自办。在这种情形下，盛宣怀的借款造路办法势必要改弦易辙，他的铁路总公司当然也非撤销不可。这是他自办实业以来所栽的最大跟斗。而且不仅此也，由于唐绍仪介入铁路，而唐绍仪又将精于综核钩稽的梁士诒请到铁路督办公署来做总文案，无形中等于又培植了另一个铁路专家出来。梁士诒出身翰林而曾居袁世凯的幕府，与北洋的关系极深。袁世凯自从有了梁士诒这一铁路专家，便更可以放心大胆地与盛宣怀作对，盛宣怀的利益到此时便更加岌岌可危了。《三水梁燕孙年谱》说到此事，云：

> 吾国铁路，创始于李鸿章、刘铭传，主其事者，则以唐景星（廷枢）、伍廷芳为先进。盛为后起，逢迎李意，掠美擅权，坐拥厚资。自设立铁路总公司，内容尤深秘不可言。先生佐唐钩稽清厘，欲扫除荡涤一切。旧日有关系人闻之，大惧。先生之与盛结怨，亦自此始。

梁士诒后来在光绪三十三年十一月被邮传部奏派为新成立的铁路总局局长。三十四年三月，朝中有旨，命中外大臣保举人才以备任使，袁世凯上疏荐举梁士诒，疏中对他的评语是："心精力果，学术兼优，经邮传部奏充铁路总局局长，将历年与各国所订借款造路合同，钩稽得失，于事权利益，挽回不少。"唐绍仪与梁士诒竭力厘清铁路公司的积弊，固然为国家挽回不少利权，而其真正目的亦并不在此。刘成禺所撰的《世载堂杂忆》有一条说：

> 袁世凯既为北洋大臣，势浸浸盛，欲练兵，办新政，而苦经费不足。袁之智囊杨士琦乃献策，尽收盛宣怀所办事业，以给用度。杨遂以候选道而为候补四品京堂，督理招商局及电报局矣。厥后入商部，为左丞，皆由于此。

刘成禺说杨士琦曾接管盛宣怀的电报局，当然不对，但他指出袁世凯收夺盛宣怀所办的各项交通事业，是为了觊觎这些事业获利优厚，希望借此增多利源，以充实北洋的势力，则是很能道破袁世凯之政治野心。由于这一缘故，盛宣怀与袁世凯成了政敌。所以，不但袁世凯要利用唐绍仪与梁士诒来清查盛宣怀的铁路积弊，盛宣怀也要在瞿鸿禨与岑春煊计划倒袁时在幕后出力支持。袁世凯在"丁未政潮"时所写给端方的密札中，曾说："举武进、郑、张，上均不以为然，人得借口谓其推翻大老，排斥北洋，为归政计，因而大中伤。武进供给，亦有人言及，恐从此黄鹤一去矣。"信中所说的"郑、张"，指郑孝胥与张謇，"武进"，就是盛宣怀的代名。所谓"武进供给"，意思是说，瞿、岑二人所密谋的倒袁计划，金钱方面的来源是由盛宣怀负责供给的。由此可知，袁世凯攘夺盛宣怀的轮船、路、电利益，到后来已发展成为政治上的恩怨斗争了。这种关系继续发展下去，无疑会对实际政治发生影响。后来的事实演变亦正是如此。

袁世凯在光绪二十八年被任命为直隶总督兼北洋大臣，其时荣禄还是领军机大臣。到光绪二十九年三月荣禄病死，庆王奕劻入领军机。从这时开始，直到光绪三十四年十二月慈禧和光绪相继病卒，袁世凯被逐出军机，放归洹上为止，前后六年之间，正是袁世凯势力的全盛时代。盛宣怀既然成了袁世凯的敌人，在袁世凯当权的时候，当然不会有他的出头机会。何况轮船、电报、铁路的几个"督办"大权尽为他人所夺，盛宣怀即使于心不甘，亦只好隐忍待时。好在政治人物的升沉荣辱往往随时而变，袁世凯的时代不一定能永远继续下去，盛宣怀的翻身机会总是有的。

盛宣怀前此所办的轮船、电报都是"官督商办"性质，铁路总公司的督办大臣亦出自政府所派。如以当时的政治制度来说，都是属于官员的"差使"，与本人的官位是两回事。譬如说，盛宣怀在开始参加轮船招商局时，他的官职是候补道，由北洋大臣札委为招商局的会办。候补道是"官"，招商局会办是"差"。后由招商局会办变为电报局总办，仍只是差使的变更，候补道的官员身份如旧。由于他是北洋大臣李鸿章的亲信，在光绪十年时，又由李鸿章奏署天津海关道，摄篆四月，这就不是"委差使"而是做官了。清末官场的习惯，凡是督抚大吏的红人，在本官之外兼上许多个差使乃是常有的事。所以，盛宣怀在光绪十二年简授山东登莱青兵备道后，虽然说已由候补道变为实缺官，他所担任的招商局督办与电报局督办二差，一样可以兼领遥摄。至光绪十八年调补天津海关道兼津海关监督后，官运愈见走红，地位也愈见重要。光绪二十二年，王文韶、张之洞合疏奏保盛宣怀督办铁路，于是清政府便降旨，将盛宣怀开去津关道实缺，作为"四品京堂候补"，充任铁路总公司的督办大臣。这是因为清政府认为铁路督办的工作重要，盛宣怀无法以天津海关道遥领，所以开去实缺而改为候补，俾能专心从事。此时的铁路督办大臣，也仍是差使。由于铁路及电报方面的劳绩，北洋大臣王文韶一再奏保，盛宣怀的"四品京堂候补"不久便补到太常寺少卿的实官。京官到了"京堂"的地位，升迁就很容易，何况他在"庚子拳乱"时还有"倡议东南互保"的特殊功绩。所以，在光绪二十七年两宫回銮以后，宗人府府丞出缺，慈禧便以盛宣怀指名补授。按照惯例，宗人府府丞正三品，由正四品的通政司副使或大理寺少卿循序升转，向来不需要另外请旨补授。盛宣怀由太常寺少卿越次得此，显然是慈禧太后对他的"殊恩"。京官中的正三品，宗人府府丞的序列最高，再上升，就是二品的侍郎或副都御史，有资格被称为"卿贰"大僚了。盛宣怀之由宗人府府丞升工部左侍郎，也不过只是隔了一年多的事情。宗人府府丞和工部左侍郎也都是实官。虽然无碍于他所兼领的轮船、电报、铁路诸差，但袁世凯在此时业已渐露头角，盛宣怀的好运不久便要遭遇挫折。及至诸差先后被袁所夺，工部左侍郎的本官又因父丧丁忧之故而被开去，孑然一身，百无聊赖，其境况之落寞，看来也颇为可怜。不过，由于盛宣怀此时业已具备二品大僚的身份，此时虽不幸顿挫，遇到时机来临时，就不愁没有翻身的本钱。因为，侍郎去尚书不过一阶，只要朝里有人，何愁不能升官？一旦官位到手，大权在握，到时候还怕不能扬眉吐气吗？

胡思敬《国闻备乘》说，盛宣怀"服阕还朝，遍交朝贵，皆不得其欢心，卧病僧舍几不起。后数年，度支部办预算表，梁士诒与唐绍仪把持邮政，皆粤党也，泽公谋欲去之，莫能窥其底蕴。盛宣怀乘机进贿，遂起用为邮传部尚书"。按，盛宣怀之升任为邮传部尚书，已是宣统二年十二月间的事。其时，袁世凯已被逐归里，朝局早已变革，而盛宣怀却并无进用的机会。其原因是此时正是亲贵用事的时候，袁世凯倒台之后，政治大权落入载涛、载洵与镇国公载泽等一班少年亲贵之手，非攀附这些人的关系不能进用。而袁世凯虽然暂时垮台，他与庆王奕劻所结合的势力仍在当时的政府中具有很大的影响力，所以唐绍仪与梁士诒也仍然可以把持交通事业，使得度支部尚书载泽对之无可措手。盛宣怀后来之能够复出，一方面固然由于载泽之立意要整顿交通事业方面的收入，盛宣怀能够投合其需要，另一方面也还是金钱运动的力量。《凌霄一士随笔》记述此事，另有更为详尽的探讨，云：

> 唐绍仪之议印藏条约，梁士诒为随员之长，甚见倚任，比归，督办铁路，所辖铁路凡五，以士诒充提调。旋设邮传部，绍仪为侍郎，复引士诒入部，授参议，后迁右丞，主铁路局。仕腾权重，谤亦随之，驯有"五路财神"之号，其受攻击始此，后之大著财神之名，亦以此为权舆焉。载泽长度支部时，在政府中独树一帜，以集中财权为务，犹载涛之集中军权也。盛宣怀希进用，厚结载泽，志在邮部。载泽以邮部为富有收入之机关，为扩张势力计，遂言于载沣，召用宣怀，授邮部侍郎。宣怀受事，即以裁抑铁路局为第一着。沈云沛以农工商部右丞署邮部侍郎，且晋署尚书，与宣怀旗鼓相当。盖云沛以奕劻为奥援，而宣怀则挟载泽之势以敌云沛，其胜负之

判,决于尚书之谁属。与云沛之进退有密切关系者,首为士诒。士诒为云沛谋真除尚书,即所以自救,而尚书一席,卒为宣怀所得。

　　自载沣监国后,北府(原注:俗称醇王府为北府)声势骤隆。太福晋(原注:载沣生母)颇暗中干政。宣怀谋擢尚书,介府中管事人某通殷勤。士诒为云沛画策,亦留意斯途,且欲为特别设法。而宣怀捷足先登,兼有载泽之助,云沛仅恃奕劻,遂相形见绌。宣怀擢尚书,云沛乃授吏部侍郎。吏部昔称六曹之长,而此时已成闲署,且行将裁撤矣。云沛由绚烂而平淡,觉鸡肋之寡味,未几即乞休。宣怀如愿以偿,意气发抒,遂贯彻其主张。以侍郎李经方接收铁路局,并彻查士诒历年经手之五路款目,风行雷厉,不稍宽假。迨袁世凯入京组阁,士诒始恢复已失之势力,且以叶恭绰承其衣钵,交通系之名词,乃渐成立焉。

　　如上云云,则盛宣怀之由起复而至升任邮传部尚书,中间还着实费了许多气力。胡思敬说,盛宣怀因进贿载泽而得用为邮传部尚书;《凌霄一士随笔》亦说,盛宣怀之进用,由厚结载泽及交通醇府太福晋而来。然则盛宣怀为了达此目的,所花费的代价一定不小。胡思敬的《国闻备乘》卷四,另有一条记此,云:

　　　　盛宣怀既失铁路之利,郁郁不伸者累年。已而袁世凯黜,载泽与粤党争权,窥其有隙可乘,遂贿载泽六十万金,起用为邮传部尚书。

　　如果胡思敬所说的确有其事,则盛宣怀所用于通贿载泽的,便已有六十万金之巨,再加上醇王太福晋方面的费用,合起来便更可观了。

盛宣怀多财善贾，百十万两银子在他并不算是大数目。只是，他之亟亟谋求得此一官，究竟是为了恩怨报复还是另有目的？这倒也是很值得研究的问题。

盛宣怀于宣统二年十二月升任邮传部尚书，翌年四月，清政府实行"责任内阁"制度，奕劻为第一届的内阁总理大臣，盛宣怀亦由邮传部尚书改为邮传部大臣。再过了四个多月，"辛亥革命"就因武昌起义而爆发了。袁世凯再度出山，继奕劻组阁，盛宣怀则在奕劻下台之前就已被革职，从此退隐不仕。综计他以邮传部尚书及邮传部大臣身份绾领全国交通行政的时间，不过只有九个月而已。《盛宣怀行述》记叙他在这段时间的具体政绩说：

> 计自受事数月若收回邮政，接管驿站，规划官建各路，展拓川藏电线，厘定全国规制，靡不灿然毕举，逐件施行，又加以币制改革，细极毫芒，振需追求，急于星火。余若度支部四国银行借款、川粤汉铁路借款，商订合同，尤为繁重。府君向以勇猛精进任事，当百端填委，一一应之以整暇，虽不遑寝处，而未尝言劳。

盛宣怀出生于清道光二十四年甲辰，也就是他父亲盛康中进士那一年，到了宣统三年辛亥，他已经六十八岁了。一个望七之年的衰耄老翁，而且素患痰喘咯血之病，这时为了做官，竟不惜以衰暮之余年孜孜兀兀，不遑寝处，究竟所为何来？据《梁士诒年谱》所说，盛宣怀在此时之所以要再度出山，其处心积虑之目的，就是要报复当年的政治仇怨。抄录一段年谱中的记载如下，以供研究比较之用。《三水梁燕孙年谱》宣统三年正月二十四日记：

> 邮传部尚书盛宣怀奏撤先生铁路总局局长职，并请派员

调集该局历年账册及收支凭证，逐一查核其中有无弊端。在先生交卸局长之后，将经手账目送交清查款项处，竟数十人日夜钩稽册籍，凡三阅月，无丝毫出入，事遂白。在盛宣怀未长邮传部以前，已有给事中及各道御史七人奏参先生"把持路政，任用私人，虚糜公款"等词。及盛到任，参揭益厉，发踪指示，固昭然若揭也。

又宣统三年四月记云：

自先生被革去铁路总局长后，盛宣怀得发舒其意，与载泽、郑孝胥等相结欲大有作为，而先从铁路收归国有入手。时清廷当积弱之后，威信久失，革命运动潜滋暗长，将一触即发。盛氏懵焉不察，欲倚以有成，结果反成亡清之导火线，实亦盛氏之所不及料也。然盛之所以坚持铁路国有主张，其意不过在复前此所绾铁路被夺于唐绍仪之仇，且借以恢复势力，固无所谓政策也。特画策者为之缘饰推行，勾结以成其事耳。三月中，给事中石长信奏，铁路亟应明定干路国有、枝路民有，俾维大局，奉旨交邮传部议奏。盛覆奏称："该给事中所言，系国计、民生兼顾，所有明定统一之法，似不可再事因循，应请明降谕旨，晓示天下。"至是，遂有所谓铁路国有政策之宣布，其中布置，固早定之豫也。

梁士诒既然也是盛宣怀的政敌，他的话就是"仇口之言"，不可以完全相信。不过，《梁士诒年谱》说铁路国有政策乃是载泽、盛宣怀、郑孝胥诸人筹之已熟的"大计"，石长信的奏折不过是互相呼应的发动信号，这话大概不错。《凌霄一士随笔》亦有相似的说法，云：

泽、盛分据财政、交通，高掌远跖，实奕劻之劲敌。庆内阁成立，载泽辈即谋倒阁。其时谙于政情者多谓继奕劻为总理大臣者，必载泽无疑。载泽既思组阁，则延揽当时有名流之目者以厚声势。如张謇、郑孝胥等，载泽皆竭力罗致，预储为新阁大臣之选。謇、郑孝胥以在野之身，均特蒙召对，载泽力也。张系健将孟昭常，在京办一《宪报》，攻击庆内阁失政最力，其言论颇见重一时。嗣以赞成铁路国有政策，为清议所不满。及川、鄂事起，宣怀罢斥，《宪报》亦停刊。

这一段话与《梁士诒年谱》所说的内容颇相符合，可知当时的事实大概即如此。照此说来，盛宣怀以邮传部大臣的身份提出铁路国有政策，并能得到内阁及摄政王载沣的赞同，与载泽之全力支持大有关系。盛宣怀纵或有假借此事以报复唐绍仪、梁士诒的用心，亦是因事势顺利而乘机做顺水推舟的助力，此事的主要策动力量固不在盛宣怀个人也。

按，清代末年政治腐败，朝纲混乱，自从醇王奕谡在光绪十年柄政之后，便已有如石走坡之势，历经戊戌政变及"庚子拳乱"，到庆王奕劻入主军机的时代而达于极点。当时亦有很多忧国之士希望能够加以挽救改革，如康有为、梁启超辈所领导的维新运动，瞿鸿禨、岑春煊等人所策划的倒袁计划，都是此类。虽则他们所希望达到之最后目的并不一样，其出发点都在谋求改革不良政治，则是一样的。宣统年间摄政王柄政而亲贵揽权，其中亦不乏识见明敏的有为之才，如绾领财政的度支部尚书载泽即是。他在此时计划推翻庆内阁而自为之代，其目的未尝不是在取得政权之后，能一展其救国救民之抱负。这是因为载泽幕下颇多才智之士，目睹国势阽危而民心思变，很希望能以改良政治的方法争取人心之向附，从而消弭政治革命之出现，其识见亦殊为正确而远到。他们所提出的铁路国有政策，纵使在当时甚为人所诟病，论其方针，固甚正确。于此，我们应该顺便在这里谈一谈载泽之为人。

载泽乃是清仁宗嘉庆帝第五子惠端亲王绵愉之后，降袭镇国公。因为他的妻子乃是光绪皇后隆裕之胞妹，隆裕在宣统朝成了皇太后，所以载泽在宣统年间也甚有权势。关于他在宣统朝出掌财政大权以后的具体政绩，杨寿枏所撰的《觉花寮杂记》中颇有介绍，摘引两条如下。其一条云：

> 户部之权以北档房为最重，司员中才望卓著者，始派此差，光绪末年，改为承参厅，设左右丞二，左右参议二，各司公牍，先送厅核定准驳，丞参画诺，然后呈堂。宣统中，泽公以贵胄为尚书，威权最重。其人刚毅廉正，不受请托，亲贵如洵、涛，枢臣如庆、那，亦慑其威棱。度支部奏请之事，内外官奉行惟谨。故清理财政、实行预算、提陋规、剔中饱，严核浮滥，雷厉风行，节省至一万万元以上，虽部臣疆吏不便其所为，未有敢公然抗令者。鼎革以后，整理内外财政，犹以宣四预算为蓝本。袁项城置诸案头，手自批注。尝语余曰："前清预备立宪，惟度支部最有成绩，余皆敷衍耳。"时部中司员以兼清理处差事为荣，公牍皆自办，不假手胥吏，故非才不得入选。民国以来，居财政要职者，半为清理处旧僚也。

又一条云：

> 余任度支部参议时，尚书为镇国公载泽，左右侍郎绍公英、陈公邦端。泽公刚严而能断，绍、陈二公明练吏事，余既任清理财政处总办，预定程序，期以六年竣事。第一年调查全国财政，令各省造送财政说明书。第二年试办各省预算，令财政统一于藩司。第三年试办全国预算，划分国家税、地

方税。第四年实行预算，办理决算。第五年施行会计法、金库制度。第六年各省设立财政司。自此事权统一，法制严明，使全国财政如辐在毂，如网在纲，度支部通盘筹划，调剂盈虚，而清理之事毕矣。试办三年，仅成立预算，画分两税。鼎革后，所定计划尽付东流。今则财政杂糅，征敛繁重，政府恣其掊克，计吏肆其侵渔，余所抱政策与时枘凿，不敢复谈财政矣。

杨寿枏在前清度支部任职时，受载泽之命清理全国财政，正是载泽所推行的财政改革计划之一。如果清理财政的计划能如杨寿枏所说，在六年之内分期完成，不仅全国财政可纳入统收、统支的预算规制，各项政治革新亦可视财力之所及逐步实施。盖财政为庶政之母，唯有在财政走上轨道之后，各项兴革措施方有实施之可能。立宪维新、改良政治，此实为首要之图。由袁世凯对载泽整理财政措施之推挹，可知载泽对于革新财政不但有计划，而且有贯彻执行之决心与毅力。清理财政方面的工作成绩既有可称，假如铁路国有政策不因遭遇意外的纠纷而致挫折，相信亦可以在载泽的坚强毅力与决心之下产生良好的结果。至此，我们应该回过头来观察一下，载泽与盛宣怀所计划推动的铁路国有政策，其本身是否有可议之处？

全汉升撰《铁路国有与辛亥革命》一文，在检讨了清代末年商办铁路历久无成的情形之后，认为铁路国有的政策并无错误。文中说：

> 清政府于光绪二十一年设立铁路总公司，派盛宣怀为督办铁路大臣。因为，当日国内资本缺乏，故建筑铁路所需巨额资本，不得不倚赖外债来应付。自光绪二十一年至二十九年，芦汉、正太、沪宁、汴洛、粤汉、津浦、道清等铁路的借款合同，以及苏杭甬、浦信、广九各路的借款草约，都由盛宣怀以铁路总公司督办的资格，来与外人订立。盛氏大借

外债的结果，路权丧失，自然要引起国人强烈的反感。因此，自光绪二十六年至宣统二年，全国各省都普遍发生拒借外债、废弃成约，而把铁路收回自办的运动。在当日收回自办的铁路中，以自美国合兴公司赎回自办的粤汉铁路最为重要。此外，当日由国人集资商办，有川汉、赣路、闽路、粤路、浙路、西潼、新宁、豫路、桂路、腾越、同浦等组织。可是，这些由国人集资商办的铁路，由于股本筹集的困难、管理效率的低下，和组织的不健全，建筑的效率非常之慢，或甚至长期不能开工。例如光绪三十四年上谕说："铁路为交通大政，绅商集股请设公司，奏办有年，多无起色，坐失大利，尤碍交通。"又如汪康年在宣统三年五月初一《刍言报》发表《论铁路国有与民有》一文中说："夫所谓民有者，谓其招股商办也。今各省皆于未招股之前，举绅士为总协理，而学界中人为之羽翼，后即召集巨股，而前之总协理盘据如故也，虽有股东会不能伸其意见也，是于'商办'二字不合矣。……况各省筹款难，不能动工者，其总协理以下，坐耗薪水如故也。筹款易者，则争角剧烈，靡费尤甚。于是，七八年之久，集款一二千万，仅成路一二百里者有之；集款数百万，仅成路数十里者有之；而用人之冗滥、采办之侵蚀，与官办无异。夫如是，吾安能主持民有之说乎？"又，宣统三年八月，御史史履晋说："夫各省商办铁路为世诟病，授人以口实者，约居多半。或款不足而先事铺张，竭小民之脂膏，供个人之挥霍。或款已集而互争权利，因私家之水火，误公事之进行。而所举总理，部中一奏之后，遂诿卸责任，绝不督催监察，认真整顿。"商办铁路成绩的恶劣，促使清政府改变他的铁路政策，即由商办改为国有。而在当日铁路政策改变的过程中，粤汉及川汉铁路商办情况的不能令人满意，尤其是最重要的关键。

粤汉及川汉两铁路的情况如何不能令人满意？这在盛宣怀的《愚斋存稿》中亦有具体记录可查。引叙两段简单的文字，就可以大致概括。一是宣统三年五月，盛宣怀奏上《遵筹川粤汉铁路收回办法》折内所说到的粤汉路商办情形，云：

> 鄂、湘商股，固甚微薄。瑞澄电称，鄂路并无尺土寸料，湘路虽有米捐、盐捐、田租、房租，然路线甚长，民计甚窘，竭力搜索，告成无期。

川路方面，则宣统三年五月初五日，盛宣怀在写给护理四川巡抚王人文的信中，引叙四川京官甘大璋等人的话说：

> 现开工二百余里，九年方能完功，全路工竣，需数十年。后路未修，前路已坏，永无成期。前款不敷逐年工用，后款不敷股东付息，款尽路绝，民穷财困。

商办铁路的成绩恶劣如此，为了能把攸关国家经济发展的交通命脉——铁路从速建成，除了把商办铁路收回官办以外，似乎没有更好的办法；而收铁路为官办，即是改商办为国有的政策改变问题了。但这里面所牵涉的问题甚多。第一，改商办为官办之后，势必要使已集的商股遭受损失。如果退还商股的办法被认为不公平，受损失的商民势将群起而与政府为难。第二，当初之所以要将商借外债的铁路收回自造，原为防止路权落入外国资本家之手。如果在收回官办之后，政府仍因无法筹集资金而借贷外债，无疑又将引起舆论之责难。清政府在宣布铁路国有政策之后所引起的种种纠纷，事实上也就是因此而起。

清政府的铁路国有政策宣布于宣统三年四月十一日。这一天所颁布的上谕说：

中国幅员广阔，边疆辽远……必得有纵横四境诸大干路，方足以资行政而握中央之枢纽。从前规划未善，并无一定办法，以致全国路政错乱纷歧，不分枝干，不量民力，一纸呈请，辄行批准商办。乃数年以来，粤则收股及半，造路无多，川则倒帐甚巨，参追无着，湘、鄂则开局多年，徒资坐耗。竭万民之脂膏，或以虚糜，或以侵蚀，恐旷时愈久，民累愈深，上下交受其害，贻误何堪设想！用特明白晓谕，昭示天下，干路均归国有，定为政策。所有宣统三年以前，各省集股商办之干路，延误已久，应即由国家收回，赶紧兴筑。除枝路仍准商民量力而行外，其从前批准干路各案，一律取销。至应如何收回之详细办法，着度支部、邮传部懔遵此旨，悉心筹划，迅速请旨办理，该管大臣毋得依违瞻顾，一误再误。如有不顾大局，故意扰乱路政，煽惑抵抗，即照违制论。将此通谕知之！

这一道上谕颁布之后不久，邮传部大臣盛宣怀即与英、法、德、美四国的银行代表签订合同借款英金六百万镑，约合银四千七百万两，以供兴建粤汉、川汉二路之用。清政府为什么要在宣布铁路国有政策之后不久，便立即商借外债兴建粤汉、川汉二路？其中原因，自然因粤汉路筹议已有基础，着手较易，川汉路的问题最多，必须早日为之解决，而粤汉为南北之干线，川汉为入藏的重要通路，清政府此时正在亟亟经营康、藏一带，此路的军事价值极大，更必须提早完成。与宣布铁路国有政策及大借外债同时见诸行动的，则是邮传部所订定的退还粤汉、川汉二路商股的办法。这在粤汉路方面，还不致引起太多的困扰；在川汉路方面所引起的麻烦就太大了。

粤汉铁路的筹款主要得力于广东华侨的侨汇。兼以广东的富庶情形亦比川汉路所经过的四川、湖北二省为优，所以不但股本筹集的情形较有可观，退还商股也不致引起太多的麻烦。川汉路的情形就大不相同。一方面，由于民间缺乏宽裕银钱之故，自由认购根本不可能，于是乃不得不出以随租谷派购的强迫性质。这些"商股"一旦要退还，计算起来就很困难。造路须买材料，这些千辛万苦地筹措起来的资本，有三百五十万两银子存放在上海银行生息，不料却被经手的保管员施闰章私自用来投资营商，以期获得利润。结果这笔存款被钱庄倒账，损失将近三百万两。邮传部所订的退还商股办法，因租谷难以分还而意欲以填给股票的方式换发旧股，而不肯偿还现金，对于被施闰章所倒的三百万两巨款则不愿由公家给予补偿。四川绅民认为，邮传部的这种做法是"倒款固永不归还，路本亦必折扣"，老百姓吃亏太大，不能承认。正在争持不下，盛宣怀与四国银行团签约借款英金六百万镑的消息亦传播出来了，四川各地的绅民团体一时大哗。铁路公司召开临时大会，到会者有数千人之多，都以为："收路国有，川人可从；收路为他国所有，川人死不能从！"可知盛宣怀以借贷外债筑路的办法所引起的激愤达到何种程度！四川的铁路风潮后来愈闹愈凶，政府坚持原有主张，不肯让步，护理四川总督赵尔丰素有"屠户"之名，更专用军警的力量从事残酷的镇压。于是，由"争路"演变到"起义"，四川境内骚动频传，清政府在不得已的情况之下，调派端方为督办粤汉、川汉铁路大臣，在湖北省选派新军入川"平乱"。湖北的防务空虚，四川又祸乱方兴，正是革命党图谋起事的大好机缘。于是，霹雳一声，武昌的起义行动发生了。其时间是辛亥的阴历八月十九日，亦正是端方带了湖北新军入川之后不久的事。

辛亥革命发端于湖北新军的武昌起义，此事所引起的广大反应，恰如铜山西崩而洛钟东应，酝酿已久的全国革命行动即刻在长江中下游各省得到普遍的响应。不过只有一个多月的时间，已有十五个省份先后宣布起义独立。所以，武昌起义的晴天霹雳好像是清王朝的丧钟，爱新觉罗氏的气运从此走到了它的终点。到了战乱愈见扩大、局面愈形不可收拾的时候，朝中群臣检讨革命运动之所以勃发，都以为盛宣怀实在是罪魁祸首。例如御史王宝田的奏疏中说：

> 此时鄂事决裂，实由川民之变。其致变之由，由于收回铁路国有之政策。而主持此事者，则邮传部尚书盛宣怀也。

又，御史史履晋的奏疏中说：

> 窃自铁路国有政策宣布以来，全国哗然，民心尽失，以致四川糜烂，湖北遂乘机起事。赵尔丰之激变，瑞澂之潜逃，固罪无可逭，而罪魁祸首，则为盛宣怀。夫干路国有，未尝不持之有故，言之成理。借款造路，亦未可厚非，然其中须有手段，非徒恃强权即可冒昧从事也。乃盛宣怀昧于众怒难犯、专欲难成之理，欲快其独揽利权、调剂私人之计，一旦发难，未经阁议，遽先将先朝谕旨一概取消。所定接收给票之法，又不一律，以致人心激愤，大起风潮。而犹不悔悟，迨事变猝起，复主持严办。压力愈大，反动力亦愈大，革党土匪遂乘隙煽惑，酿成大乱。盛宣怀之肉，岂足食乎？

这两道奏折将武昌起义的酿变远因归咎于盛宣怀，虽然也曾指斥他意在独揽利权，尚未明白说明其独揽利权的具体事实。至如下面的奏疏就说得更明白，也更不客气了。宣统三年九月五日，御史范之杰疏云：

> 臣以为乱之作也，不作于作之日，则必有所由生。就川、鄂变乱既生而言，督臣诚不能无罪。然便一己之私图，激万民之公愤，敢为祸首，不恤人言，神奸巨蠹，横绝今古，推

厥罪魁，盖莫如邮传部尚书盛宣怀者。盛宣怀负国务大臣重任，主张铁道国有，事前既无准备之方，临事又无应变之术，祸延至今，大局岌岌，所谓政策，固如是乎？……况川、粤同是国民，待遇应无歧视。乃盛宣怀于发还路股，故为区别，不予一律。其原因实由铁路国有命下之日，即遣心腹赴粤，以贱价收买股票，凡得十之三四。发还六成，所赢已巨，今更以十成给付，获利实属不资。若川汉之股，盛宣怀向未收得，遂不惜种种剥削之计划，逼勒川民，以致酿成巨患。此实盛宣怀阶之厉也。

果如此说，则盛宣怀之借实行铁路国有政策而乘机自营其私，不但有失国务大臣之风格，更应对四川铁路风潮之发生负其责任。因此之故，即使铁路收归国有的政策在当时确有其必要，但因盛宣怀挟私徇利之故而使事理之措施不得其平，则盛宣怀之推行铁路国有政策，便不能辞卸处置不当的咎愆。清末推行各项新政，往往因主事者不得其人之故，而使良法美意成为虐民的暴政，盛宣怀之于铁路国有政策，大概也属于这一类的情形。亦正因为有这种情形存在的缘故，即使铁路收归国有是很正当的政策，亦难以得到正当的体认了。

盛宣怀因推行铁路国有政策不当，而致点燃了辛亥大革命的导火线，顿时使他成了众矢之的，所有言路上的弹劾，一起集中于他一人之身。在这种情形之下，他的邮传大臣一职当然无法保持。宣统三年九月五日，摄政王面奉隆裕皇太后谕旨："资政院奏，《部臣违法侵权，激生变乱，据实纠参》一折，据称：'祸乱之源，皆邮传部大臣盛宣怀欺蒙朝廷，违法敛怨，有以致之。'此川乱之起，大半原因，即以该部奏定，'仅给实用工款以国家保利股票，不能与粤路商本一律，照本发还，又将施闰章等所倒数百万弃置不顾，怨苦郁结，上下争持。川乱既作，人心浮动，革党叛军乘机窃发，该大臣实为误国首恶'等语。盛宣怀受国厚恩，竟敢违法行私，贻误大局，实属辜恩溺职。盛宣怀着即革职，永不叙用。"这一道上谕断送了盛宣怀的政治生命，代替其职位者又是袁党人物唐绍仪。又过了六月，庆内阁总辞，袁世凯受命组织内阁，盛宣怀乃狼狈出京，由青岛避往大连，最后转往日本。但是，后来流传一种说法，竟有人相信袁世凯之再度出山，还是出自盛宣怀的大力推毂哩！这一种说法可以江庸所撰的《趋庭随笔》为代表，引述如下：

> 醇亲王摄政季年，凡分三派：载洵、载涛两贝勒分领海军部、军咨府为一派，载泽管度支为一派，庆亲王奕劻、那桐、徐世昌任总协理为一派。武昌兵起，洵、涛以张绍曾首倡十九信条，亟欲拉之，而庆、那、徐皆意在袁世凯，屡言于朝，摄政不从。邮传部侍郎杨士琦乃属该部参议林炳章惠亭，浼其妇翁弘德殿授读陈宝琛伯潜，于摄政前推举项城。伯潜素不悦袁，弗为动。惠亭遂就本部尚书盛宣怀谋之，力言："时局阽危，非袁不足以救国。军枢意并如此，而摄政弗听。公若能忘旧怨，得泽公一言，必可转圜。"盛谓："果于国有益，何有私憾？"于是由盛说载泽，由载泽说摄政，而项城起用矣。

这一种说法究有几分可靠性？很难知道。若由袁、盛积怨多年的情形来说，盛宣怀于袁世凯之图谋再起，方忧惧之不遑，又何致从旁为之推挽？何况载泽亦深知庆、袁勾结之深，载泽既反对奕劻，当然也就没有替奕劻援助袁世凯的道理。所以，这种说法殊不合于当时之实际政情。黄濬撰《花随人圣庵摭忆》，就曾力辟此说之错误。他说：

> 一昨从友人假得一卷书，题为《三十年来燕京琐录》，署为"习庵漫笔"。习庵，不知谁某，所言有异于向壁构造者。虽间有随俗雌黄，而采辑略备，聊为之考订数事。……其言

袁世凯再出，盛宣怀主之甚力，则大误。力主召袁者，载洵
也，盛与载泽，皆不以为然。及闻旨将下，盛谒载涛于军咨府。
盛年已七十余，平日喘息甚剧，须两人夹持之。是日，盛马
车至府门下，犹两仆掖之。及上楼，挥肱去仆，危梯健步，
见载涛，屈膝乞赐放归。涛允为言，宣怀始顿首谢。下楼时，
颜尽赤。盖袁入京，而盛先数日南行。识者谓盛不行，必及于祸。
两人久相阸，断无主之甚力之说也。

在《袁世凯与庆亲王》一文中，笔者曾经指出，袁世凯虽然通赂
权门而挥金如土，然而他本人却不是一个唯利是图的琐鄙之人。他之
所以要攘夺盛宣怀的轮船、电报、铁路等交通事业，主要原因是由于
这些事业的利润极为巨大，盛宣怀窟穴其中，为袁世凯所不能甘心。
他以收归官办的理由，一一攘夺，入己掌握，一方面可以多辟利源以
实现他的政治野心，一方面则可借整饬贪污而建立他自己的政治声誉。
一举两得，再好没有。我们知道，袁世凯的狼子野心固然在清朝末年
就已经逐渐为有识人士所看破，但是一般人士对他的看法，总认为他
是一个有担当、有作为而不事聚敛的干练政治家。像盛宣怀这样但知
聚敛搜括、处心积虑用一切手段营私自肥的人，在袁世凯看来，只不
过是一个贪得无厌的琐鄙小人而已。当他在辛亥九月受命继奕劻组织
内阁之时，如果盛宣怀还在京中，他很可能基于振奋士气人心的理由，
要求杀盛宣怀以谢天下之人。所谓奸雄手段，本来异于常人，盛宣怀
深知其中厉害，岂有不及早见机而作之理？他之不可能为袁世凯再出
之事从旁推毂，从这一方面来看也是十分明白的。

"辛亥革命"成功，民国肇建之后，盛宣怀因被革命政府视为侵
渔国家利益的豪门巨阀之故，他在武进县老家及苏、杭各地的巨额地
产及当铺等，都曾被当地的革命政府没收。这使得盛宣怀因不敢回原
籍而寄居日本，一面又纷函各地的亲朋好友设法为他隐匿财产。这在

北京大学整理出版的一本《盛宣怀未刊信稿》中，可以看到很多具体的事实。他的财产之多，在这里也可以看出一些端倪。在这本信稿中，有很多信函是实在无法向人公开的。例如，他在光绪三十四年三月五日写给大学士兼军机大臣张之洞的信中说：

> 前所面奏"内府公股"一节，力筹以公济私之款，居然得有一百二十六万两。俚拟将自己创始股份凑入报效，计可得二百万元。所有经手零星之款，一概和盘托出。前蒙中堂首赞其成，谨拟书稿呈鉴，未及面陈。明日邸堂处所留一份，谅可邀核。邸意先行代奏，如慈意许可，再令其具折。尚乞中堂玉成之为祷。

这一封信所透露的内容，是他要以报效内府公股的办法向慈禧太后呈献汉冶萍公司的股份二百万元，以为取悦求宠的手段，而当时在军机的张之洞和奕劻（信中所说的"邸堂"）居然都赞成其事而为之代奏。举此一事，可知盛宣怀通赂权门的手段如何高明。然则，他之能够久掌轮船、电报、铁路之利，当也是以类似的手法取得当政人物之容隐。又如他在写给大学士陆润庠、贝子溥伦、直隶总督陈夔龙、两广总督袁树勋、邮传部侍郎吴郁生等人的信中，也是以报告汉冶萍公司如何得利、优先股所有无多的语气向人示惠，一方面招揽股份，一方面借此结为党援。在如此这般的情形之下，汉冶萍的利益无形中也就成了权要亲贵们的共同利益，盛宣怀所推行的各种业务也就得到很多的助力。《民国经世文编》载有叶景葵所撰的《汉冶萍国有策》一文，主张汉冶萍公司不应作为私营的企业。他所列举的理由中，有一条说：

> 汉厂创自张（之洞）氏，而冶矿系盛氏所赠，萍矿则厂呈而始发见。盛氏之得冶矿，在有意、无意间，其初不过一

小部分耳。自归汉厂后，乃以官力圈购左右诸山，又旁及鄂、赣沿岸。萍矿之辟，及萍醴路工之敷设，亦非官力不办。

由此可知，盛宣怀挟持官方力量以发展汉冶萍公司，实为汉冶萍公司在最初得到成功的重要因素之一，而这些官方助力之来，则又与盛宣怀之结纳权要甚或致送干股等事大有关系。至于盛宣怀在汉冶萍公司的发展过程中乘机培植势力，把持业务，则又与他之"督办"轮船、电报、铁路等交通事业所用的方式大同而小异。民国以来，许多人谈起盛宣怀其人，莫不视为借官办实业而侵渔发财的腐败官僚。由上文所举的种种事实看来，这种批评似乎并不苛刻。唯一对此曾表异议的，是吴相湘先生所撰的《清末建设与盛宣怀》一文。他说：

> 盛宣怀在清末政治上地位之重要，不下于李鸿章、张之洞、袁世凯，而所从事建设各端，对于国家关系之大，尤远非李、张辈所能及。世徒以其铁道国有政策为引起革命导火线，乃并其一生业绩而忘之。又以其身后颇为富有，甚至以之与今日毫无建树而但有贪污之腐败官僚相提并论，似欠平允。余因次其一生事迹之有关建设者，以实吾随笔，俾今日谈建设者有所借镜，而使一班大言炎炎其实毫无事业可稽者得稍知愧怍，或于挽回风气一点，不无若干裨益也。

吴先生的话也许是有所感而发。因为盛宣怀虽然贪了很多钱，对于轮船、电报、铁路、矿冶等事业确实也有一些创办建设之功，其劳绩亦不可一笔抹杀。但若以他所贪得的巨额财富（请注意，此与"颇为富有"四字大有差别）与他所办的实业而言，便不免使人觉得，他所做的太少而所取的太多。然则，吴先生对他所做的恕词，未免还是过分溢美了一点。假若他身后所遗留的财产确实只是"颇为富有"，而并非银数千万两之巨，我们对于吴先生的恕词应该是可以接受的。如今我们所见到的事实既是如此，则盛宣怀之一生总难以洗尽他唯利是图而长袖善舞之恶名了。

综观盛宣怀之一生，唯一可以称道的地方似乎只有两点：第一，是他一生之中所办的慈善事业颇多。每逢国有灾歉，他总能创捐巨款，为救济灾黎之用。陈夔龙为盛宣怀撰神道碑，有一段话说：

> 天性仁厚，勇于为善，前后所筹大小赈务，至不可胜计，捐私帑无虑百数十万。最后被朝旨为红十字会会长，专以慈善为职志，其规模概皆公所手定者也。

又，陈三立所撰《盛宣怀墓志铭》亦曾强调此点，云：

> 生平既尽瘁国事矣，于赈灾愈引为己责，层累募金，出私财赴之如不及，遂成故事，为万方饥黎所托命。至今无复大力号召继规如公者，世乃益慕思公矣。

富而好施，有人饥己饥、人溺己溺之心，这是很难得的德行。至于第二点，则是他在办理交通建设事业之时，捐资倡办北洋大学及南洋公学，培养人才，振起教育之事。北洋大学在民国以来始终办理不辍，南洋公学在后来改组成为交通大学，所培养的交通专业人才最多。教育不但是百年树人的大计，新式教育所培养的人才尤为推动国家进步的原动力。盛宣怀虽然因长袖善舞而为清末以来全国首屈一指的大富豪，若论到他在这两方面的功绩，倒是对国家社会颇有实际贡献的。